인·간·과·자·연·의·형·이·상·학

심신
문제

이 저서는 2009년도 정부재원(교육부)으로 한국연구재단의 지원을 받아 연구되었음
(NRF-2009-812-A00063).

This work was supported by the National Research Foundation of Korea Grant funded
by the Korean Government(NRF-2009-812-A00063)

인·간·과·자·연·의·형·이·상·학

심신
문제

백도형 지음

아카넷

면에는 안과 겉이 있다. 예를 들자. 종이는 앞뒤 양면을 갖고 지구는 내부와 외부를 갖는다. 평면인 종이를 길쭉한 직사각형으로 오려서 그 양끝을 맞붙이면 역시 안과 겉 양면이 있게 된다. 그런데 이것을 한번 꼬아 양끝을 붙이면 안과 겉을 구별할 수 없는, 즉 한쪽 면만 갖는 곡면이 된다. 이것이 제군이 교과서를 통해서 잘 알고 있는 뫼비우스의 띠이다. 여기서 안과 겉을 구별할 수 없는 곡면을 생각해보자. (중략)

끝으로 내부와 외부가 따로 없는 입체는 없는지 생각해보자. 내부와 외부를 경계 지을 수 없는 입체, 즉 뫼비우스의 입체를 상상해보라. 우주는 무한하고 끝이 없어 내부와 외부를 구분할 수 없을 것 같다.

– 조세희, 「뫼비우스의 띠」 중에서

철학 공부를 시작하고 직업 연구자가 된 이후 내 나름으로는 즐겁게 진행해 온 연구를 다듬어 이제야 첫 책을 낸다. 박사학위를 받은 이후 몇 번책을 내려고 생각했지만 게으름과 안이함 탓에 번번이 미루곤 하였다. 하지만 몇 번을 미루는 사이 몇 개의 새로운 생각이 덧붙여진 셈이니, 그런대로 잘 되었다고 합리화해 본다.

지금까지 오는 동안 소중한 배움과 깨달음을 주신 나의 여러 선생님들이 계시다. 김여수 선생님, 그리고 작고하신 김태길 선생님께서는 명료하게 사유하는 모범이 되심으로써 어렵기만 했던 철학을 대하는 태도를 일러 주셨다. 그 덕에 분석철학의 주제를 전공으로 정하게 된 것이다. 이태수 선생님과 김남두 선생님의 고전철학 세미나에 참여하면서 더욱 더 분석철학에 필요한 철학의 엄밀함을 배울 수 있었다. 나의 학부 마지막 학기에 느닷없이 나타나셔서(복직하셔서) 물 흐르는 듯 현하지변(懸河之辯)의 열정적인 강의를 통해 철학 공부가 단지 다른 철학자들의 생각을 추적하는 것에 그쳐서는 안 되며 자기의 생각을 펼쳐내고 발전시키는 것으로 나아가야 한다는 강력한 자극을 내 마음에 새겨 주신 분은 이명현 선생님이시다. 대학원에서도 논문지도 교수를 맡아 주셔서 논문을 쓰는 과정에서 내 생각을 펼 수 있도록 늘 격려해주셨다. 또 초창기 분석철학회에서 처음 뵈었던 정대현 선생님, 엄정식 선생님을 통해서 나는 늘 탐구하고 질문하는 연구자의 참 모습을 새겨 본다. 심리철학의 흐름을 보여주는 수업을 하신 김광수 선생님 덕에 이 분야에 대한 문제의식과 나의 생각의 단초를 가다듬을 수 있었다. 직접 강의를 통해 가르쳐 주셨고 박사논문 심사를 맡아서 지도하셨음에도, 얼마 전에는 생각의 다름을 따져 묻는 논쟁을 선선히 잘 받아주셔서 내 생각을 반성하고 밀어가는 큰 힘을 주시기도 하였다. 석사논문을 준비할 때 행위론과 관련된 좋은 책과 자료를 선뜻 제공하며 도움을 주신 조승옥 선생님도 계시다. 조 선생님의 박사학위 논문은 내가 알기로는 심리철학과 김재권 선생님의 수반 이론에 대한 국내 첫 학위논문이라서 심리철학을 처음 파악하는 데에 큰 도움이 되었다. 또한 선생님들뿐만 아니라 대학원 시절 여러 선후배 동학들과 나눈 대화와 토론은 나의 철학을 자라나게 한 든든한 밑거름이었다.

박사과정을 수료하고 심신 문제를 주제로 박사논문을 쓰기로 정했고, 이명현 선생님의 권유와 도움으로 김재권 선생님이 계시는 미국 브라운 대학교에서 1992년부터 2년 간 공부하며 논문을 준비할 수 있었다. 처음 뵌 이래 지금까지 김재권 선생님께로부터 받은 도움은 정말 헤아릴 수 없이 많다. 그냥 도움 받고 배운 정도가 아니다. 김재권 선생님 자신이 심리철학 분야의 세계적인 일류 철학자로서, 내가 이 책에서 가장 많은 지면을 통해 탐구하고 분석하고 있는 대상이기도 하다. 사실 이 책에서 김재권 선생님 철학에 대한 나의 생각은 비판적인 내용이 대부분인 것으로 보이지만, 결론의 차이는 기초적인 전제의 차이에서 비롯한 것일 뿐 논의의 마디마디마다 김재권 선생님의 생각에 크게 힘입고 있다. 수시로 선생님과 만나며 처음 구상한 나의 생각을 다듬어 발전시킬 수 있었다. 선생님께서는 내가 당신과 다른 생각을 갖고 있음에도 선생님에 대한 비판적 아이디어를 키워보도록 기꺼이 토론해주셨다. 철학자는 자신의 생각을 해야 하니, 오히려 생각이 다른 것이 마땅하다고 말씀하셨다. 또한 몇 편의 엉성한 초고들을 그야말로 세심하게 읽으셨고 유익한 지도 논평을 통해 선생님과 다른 나의 생각이 더 성장할 수 있도록 가르쳐 주셨다. 그뿐만이 아니다. 그 동안 선생님께서 쓰셨던 모든 문헌들을 통해 그리고 진지한 일대일 토론을 통해 나의 철학을 다듬어 갈 수 있도록 하셨으니, 말하자면 김재권 선생님이 몸소 나의 연구대상이 되어 주신 셈이다. 단지 읽고 깨달을 뿐 아니라 모르는 대목이 생길 때마다 직접 뵙고 여쭙고 가르침을 들을 수 있는 생생한 기회를 아낌없이 주셨다. 선생님의 가르침은 귀국 후에도 이어졌다. 최근까지도 이메일을 통해 드린 안부 인사를 빙자한 여러 질문은, 선생님의 금쪽같은 시간을 자주 빼앗았지만 선생님께서는 그때마다 유익한 말씀과 격려를 아끼지 않으셨다. 그 사이에 선생님과 또 다른 즐거운 인연들이 생겼고, 2003년 연구년으로 재차 방문했을 때에는 철학 공부 이외에도 선생님 가족과 우리 가족이 그야말로 즐거운 시간을 함께했다. 김재권 선생님과의 만남과 오늘까지 이어지는 배움은 나의 학문 인생에서 가장 큰 행운이다.

부모님께도 감사드린다. 아버님, 어머님께서는 내가 생각과 소신을 가다듬고 지킬 수 있도록 굳건한 바탕이 되어 주셨다. 부모님 덕택에 내가 모자라지만 학자로서 어느 정도 구실을 할 수 있다고 생각한다. 어려서부터 아버님께서 일러주신 '정직한 인생을 살 것, 성실히 임할 것, 열심히 할 것'이라는 말씀은 철학도로서 뿐만 아니라 생활인으로서 나의 삶을 지지하는 영원하고 반듯한 지침이다. 삶의 반려자이면서 가장 가까운 동료 철학자이기도 한 혜경은 나에게 인생의 재미와 지혜를 나누어 주는 벗이기도 하다. 두 아들 기성과 기창은 부족한 애비를 늘 즐겁게 해주고 기운을 불어넣어 주는 원동력이다. 공부의 부족을 핑계로 연구실에 붙박다시피 하고 충실한 역할을 못하는 나에게 따뜻한 사랑과 평안함을 주는 가족에게 늘 감사한다. 항상 사랑해주시는 장인어른, 장모님께도 감사드린다. 장인어른께서는 학자로서의 본을 보여주시고 늘 삶의 중요한 가르침을 주신다.

그 동안 내게 좋은 연구 환경을 제공해 준 숭실대학교와 학자로서의 바람직한 방향을 잃지 않도록 자극해주는 철학과를 비롯한 숭실의 여러 선후배 동료 선생님들께도 감사드린다. 부족한 수업이나마 참여해 교학상장의 지혜를 깨닫고 성찰하게 해주는 숭실대학교 철학과의 학생이면서 동료 철학도이기도 한 모두에게도 사랑과 감사의 인사를 보낸다. 또한 인애소년단의 여러 선후배 동무들에게도 늘 베풀어 주는 우정과 사랑에 대해 고맙다는 말을 전하고 싶다.

지난 몇 년 간 이 연구를 통해 얻은 보편자, 속성 등 형이상학의 문제의식을 발전시키는 데에 도움을 얻기 위해 작은 윤독회 모임을 꾸려왔다. 같이 참여하시는 여러 선후배 동료 철학자 선생님들로부터 주로 배우고 있는데 이 지면을 빌어 진심으로 감사드린다는 말씀을 전한다. 한국연구재단과 한국학술협의회가 우리 윤독회를 여러 번 지원해 준 것에 대해서도 감사드린다. 모자란 내용을 멋진 책으로 꾸며주신 아카넷 출판사에도 감사드린다. 특히 이 책의 편집을 맡아준 담당자는 숭실대학교 철학과의 내 첫 학생 중 한 사람이라는 귀한 인연 덕분에 궂은일도 마다하지 않고 여러 모로 애써 주었다.

이 책은 한국연구재단의 지원으로 이루어졌다. 한국연구재단은 이번뿐

만 아니라 여러 차례 필요할 때 요긴한 연구지원을 해 줬다. 여러 분들의
도움으로 이 책이 나오게 되었다. 다시 한 번 감사드린다.

2014년 6월

백도형

| 차례 |

책을 내면서 | 006

서론

1. 심신 문제의 성격 | 015

2. 심신 문제의 기원 – 데카르트의 제1원리와 실체 | 019

3. 이 책의 논의 구조 | 025

제1장 정신 인과의 쟁점

1. 환원주의와 '복수 실현 가능성 논변' | 031

2. 데이비슨의 무법칙적 일원론 | 036

3. 비환원적 유물론의 신화 | 046

제2장 보편자와 인과법칙

1. 보편자로서의 속성과 실재론 | 057

2. 인과, 법칙, 보편자 | 070

3. 물리주의와 보편자 | 080

제3장 비환원적 물리주의와 부수 현상론 시비

1. 데이비슨과 김재권의 심신 이론과 사건 이론 | 087

2. 출구 없는 속성 이원론 – 포더의 사례 | 104

3. 참을 수 없는 존재론의 가벼움 | 124

4. 일반화 논변과 계층식 존재론 | 146

제4장 제거주의 비판

1. 잘못된 비판 – 인지적 자살 논변 | 168

2. 제거주의와 실재론 | 179

제5장 심신 환원주의와 보편자

1. 김재권의 심신 환원주의 | 202

2. 기능적 환원을 통한 새로운 심신 동일론 | 221

3. 김재권과 암스트롱의 기능적 환원주의와 실재론 | 232

4. 기능적 환원주의 비판 | 259

제6장 존재와 언어: 속성과 술어

1. 속성과 환원 | 273

2. 존재적 환원과 언어적 환원 | 277

3. 속성과 그 서술 | 283

4. 정신 인과의 문제의 잠정 결론 | 300

제7장 의식의 일인칭적 주관성

1. 의식과 물리주의 | 305

2. 잭슨의 지식 논변 | 309

3. 의식의 '어려운 문제' | 318

4. 김재권의 거의 충분한, 적절히 충분한 물리주의 | 322

5. 의식의 존재론적 주관성 | 327

제8장 데카르트식 구도 반성

1. 정신과 물질 | 338

2. 주관과 객관 | 342

3. 존재와 인식 | 347

4. 실체와 속성 | 352

5. 잠정 결론: 지금까지의 심신 문제에 대한 진단 | 358

제9장 시론: 심신 유명론으로서의 4차원 개별자론

1. 데이비슨의 사건 이론과 4차원 개별자론 | 368

2. 술어화 불가능성 | 375

3. 인과와 필연성 | 381

4. 과학의 다양성과 물리주의 | 389

5. 문화 형이상학으로서의 4차원 개별자론 | 395

6. 4차원 개별자론과 제거주의 | 398

7. 맺음말: 최소 존재론의 이중 의미 | 402

참고문헌 | 409

찾아보기 | 423

1. 심신 문제의 성격

형이상학을 연구하는 철학자들은 동서고금을 막론하고 대체로 세계를 통일된 방식으로 설명하려고 한다. 그러한 시도 과정에서 전통적으로 어려운 문제가 바로 인간 존재에 관한 논의다. 우리 자신이 인간인 만큼 인간 문제는 가장 중요한 관심의 대상일 수밖에 없지만, 인간은 나머지 자연 세계와는 다른 독특한 존재자이기 때문에 인간을 포함한 세계 설명의 통일성을 어렵게 한다. 인간의 이러한 독특함의 핵심이 바로 인간이 가지고 있는 것으로 보이는 정신 내지 마음이다.[1] 정신의 존재는 인간을 다른

1　일단 정신이 존재한다는 것이 어떤 형식으로든 인정된다면, 과연 이러한 정신을 인간만이 갖는 것인가, 아니면 동물 내지 다른 존재자들도 가질 수 있는 것인가가 문제될 수 있다.

자연 존재자들과 구별되게 해주었고, 인간이 이러한 정신, 그중에서도 이성을 가진다는 믿음으로 말미암아 전통 학문에서는 오랫동안 인간을 만물의 영장으로 대접했다. 이러한 정신을 자연 존재자와 같은 방식으로 설명하는 데에는 많은 제약이 있는 듯하다.

정신은 세계에 존재의 차원을 넘어선 의미의 차원을 제공하는 근원으로 여겨지며, 인간·사회·역사·문화 등 인간이 만들어낸 모든 거시적인 존재자의 성립 근거가 된다. 만일 정신이 존재자의 영역에 포함되지 않는다면 이상의 모든 거시적인 것들도 존재한다고 말할 수 없다. 따라서 이러한 정신 내지 정신적인 것이 세계의 존재 방식에 어떻게 자리매김하고 있는가는 형이상학의 근본 문제이면서도 대부분의 인문사회과학 등 특수 과학과 문화의 성립에 기초가 되는 문제다. 이러한 측면에서 가장 주목할 만한 철학적 주제가 인간에 관한 형이상학의 전통적인 문제인 심신 문제(Mind-Body Problem)다.

심리철학에서 심신 문제는 자연계에서 인간이 갖는 독특한 이중적인 지위를 해명하려는 문제다. 즉 인간은 한편으로는 자연계에 속하기 때문에 신체 차원에서는 분명히 자연의 지배를 받는 존재이지만, 다른 한편으로는 자연을 극복하고 오히려 지배할 수도 있는 정신 내지 이성을 지닌 존재이기도 하다. 최근에는 인간의 자연 지배가 지나쳐서 '정복' 또는 '착취'라는 말이 더 어울릴 정도로 자연과 생태의 회복이 문제가 되고 있지 않은가! 하여간 이러한 인간의 두 가지 측면, 즉 정신과 신체, 마음과 몸 간의 관계가 무엇인지를 해명하는 것은 인간 이해에 가장 핵심적인 부분이기 때문에 특별히 서양철학에서 심신 문제는 인간과 관련된 형이상학의 오랜 주제이면서도 지금까지도 뜨거운 쟁점으로 남아 있다.

이 문제가 인간에 관한 가장 근본적인 형이상학 문제이다 보니 이 문제의 향방에 따라 다른 철학적, 과학적 쟁점들에까지 미치는 파급효과와 영향이 크다. 심신 문제는 철학 내부에서 여러 문제들과 관련을 가질 수밖에 없다. 우선 도덕적 책임의 근거를 물어 윤리학의 근본을 반성하게 하는 자유와 필연의 문제, 인간과 생명의 존엄성을 다루는 생명윤리 문제들도 심신 문제에 영향을 받는다. 근본적으로 인간의 독특한 특성을 해명하는 문제라는 점에서 철학적 인간학의 논의는 사실상 심신 문제 논의의 향방과 직결된다. 심신 문제가 자연 속의 인간 위상을 결정하는 문제이면서 자연과 다른 인간의 특별함을 탐구하는 문제라는 점에서 그렇다.

철학 이외의 분야에도 영향을 미친다. 자연과 인간의 관계로 인해 학문 분야가 세분화되었다. 즉 자연을 연구 대상으로 하는 자연과학과 인간을 연구 대상으로 하는 인문학, 그리고 인간들이 갖는 사회성에서 비롯된 여러 사회 현상을 연구 대상으로 삼는 사회과학 등으로 구분하는 것이 어느덧 학문의 관행이 됐다. 여기서 자연과학과 구별되는 인문학, 사회과학의 학문적 위상과 방법론적 특색 등이 학계에서 자주 거론되는 쟁점이기도 하지만, 심신 문제는 바로 이러한 문제에 직접적인 영향을 미치는 더 근본적인 문제다. 예컨대 최근의 심리학이나 인지과학에서 문제가 되는 인간의 마음과 컴퓨터의 관계도 바로 그런 사례다. 컴퓨터는 실제로 외부적으로 드러나는 인간 정신 활동의 상당 부분을 모의화(simulate)할 수 있다. 그리고 이러한 컴퓨터의 발전이 지금까지도 과거에 상상했던 것 이상으로 발전해왔음을 염두에 둔다면, 미래의 발전이 어디까지 미칠 수 있을지 그 한계를 지금 미리 명확하게 선을 긋기는 어렵다. 하지만 컴퓨터의 발전이 전통적인 심리학의 발전을 추월하다 보니, 최근에는 오히려 역으로 컴퓨터 연구의 성과와 방향을 인간 심리 연구의 모형으로 삼는 '인지과학(cognitive science)'이라는 새로운 학제 간 분야도 생겨서 활발히 논의되고 있다. 하지만 이렇게 컴퓨터가 인간의 행동을 상당한 정도로 모의화할 수 있다고 해도 과연 컴퓨터에 인간의 마음과 같은 것이 존재한다고 할 수 있을 것인가? 컴퓨터도 생각할 수 있는가?

또한 자연과학과 인문사회과학의 관계에 관한 논의는 자연스럽게 미시적인 것과 거시적인 것의 관계 일반에 관한 논의로 확장할 수 있고 실제 학계의 논의에도 그러한 확장이 반영되고 있다. 즉 최근에 많이 논의되고 있는 신경 과학, 인지과학, 사회 생물학, 분자생물학, 사회심리학, 진화 심리학 등 미시적인 것을 통해 거시적인 것으로 접근하려는 방식에 관해 심신 문제는 철학적·형이상학적으로 접근할 수 있는 모형과 통로를 제시해준다. 자연과학의 대상인 자연에 대비되면서 인문사회과학의 대상이 되는 거시적인 것 일반을 '문화'라고 본다면, 심신 문제에 관한 논의는 최근에 관심 대상으로 떠오르고 있는 문화 연구와 문화 콘텐츠 연구의 토대를 위해서도 필요한 논의라고 할 수 있다. 문화야말로 인간 정신의 의미, 상징, 표상, 지향 작용에 의해 성립하는 것이 아닌가!

이렇듯 심신 문제는 철학의 전통적인 문제의 하나이면서도 새 천 년을 맞아 그동안의 학문 흐름을 반성하고 새로운 시대를 준비하는 요즈음, 학문 각 분야의 지도를 재구성하고 교통정리를 해줄 수 있는 형이상학적·개념적 기반을 제공하는 근본적이고 포괄적인 문제다. 이 책에서는 심리철학계에서 가장 중요하고 근본적인 심신 문제의 쟁점들을 살펴본다. 특별히 심신 문제에서 최근까지 가장 뜨거운 쟁점이 되고 있는 두 가지 문제, 즉 정신 인과(mental causation)의 문제와 의식(consciousness)의 문제 중심으로 살펴보겠다.

본론에서 본격적으로 두 쟁점을 다루기 전에 역사적 배경을 얻기 위해서 서론의 나머지 부분에서는 심신 문제의 철학사적 기원과 두 쟁점의 역사적 맥락을 먼저 살펴보겠다.

2. 심신 문제의 기원 – 데카르트의 제1원리와 실체

서양철학에서 심신 문제를 현재의 형태로 자리잡게 한 철학사적 원조
는 르네 데카르트(1596~1650)다. 서양 근대 철학의 역사를 통해 잘 알려
져 있듯이 데카르트는 그동안의 모든 지식을 비판하고 새로운 토대 위에
서 새로운 지식을 세우고자 했다. 그래서 기존의 모든 지식을 남김없이
비판하고 재검토하려고 후대에 '방법적 회의'라고 불리는 단계적 의심의
방법을 통해 기존 지식들을 모두 해체했다. 그리고 새로운 지식의 토대
로 "나는 생각한다. 고로 나는 존재한다(cogito ergo sum)"라는 말로 잘 알
려져 있는 생각하는 자아의 존재를 제시했다. 그는 생각하는 자아의 존재
를 모든 앎의 명석판명(clear and distinct)하고 확실한 명증적인 토대로 재
정초했다. 이것이 데카르트의 '제1원리'로 서양 근대 철학과 근대 인식론,
근대 합리론 철학의 기원을 마련한 철학사의 획기적인 전환점으로 지금
도 평가받고 있다.

데카르트의 제1원리가 심신 문제에서 차지하는 의미에 관해 이렇게 생
각해볼 수 있다. 다음의 두 진술을 비교해보자.

① 저 장미는 붉다.
② 저 장미는 내게 붉게 보인다.

①은 실재, 즉 객관적 사태에 대한 진술인 데 반해, ②는 현상, 즉 나에

게 주어진 감각 내용에 대한 진술이다. 그런데 데카르트는 방법적 회의를 통해 실재에 관한 객관적 진술인 ①과 같은 것을 비판한 반면, 오히려 ②와 같이 현상에 관한 주관적 진술에 의심의 여지없는 확실성을 부여하며 제1원리로 삼고 있다. 그는 신체를 통한 감각 지각 내용은 의심할 수 있기 때문에 확실한 것이 아니지만, 지각하고 있다고 그렇게 생각하는 나 자신의 존재는 명석판명하고 확실한 것으로서 모든 지식의 토대가 됨을 선언했다. 생각의 내용은 의심의 여지가 있고 심지어 전능한 악마에 의해 기만당할 수도 있지만, 그렇게 생각하는 나 자신의 존재는(설사 기만당해 잘못 생각하는 나일지는 모르지만) 의심할 수 없이 확실하다고 주장했다.

그런데 문제는 이러한 제1원리가 어떠한 신체적·물질적 요소도 배제된 순수 자아, 즉 순수 정신적인 것이라는 점이다.[2] 철학사를 통해 잘 알려져 있듯이 이러한 제1원리를 도출시키기 위해 데카르트는 기존 지식을 모두 비판하는 소위 '방법적 회의' 과정을 거치면서 신체, 물질, 또는 객관적 세계에 관한 지식(즉 앞의 ①과 같은 종류의 지식)을 모두 미리 배제해버리기 때문에 그 결과 남아 있는 제1원리는 순수 정신적인 존재자일 수밖에 없기도 하다.

최근 심리학과 심리철학에서 마지막 난제로 떠오르고 있는 의식 문제는 바로 데카르트가 ②를 명석판명한 제1원리로 봄으로써 등장했다. 의식은 가장 전형적인 정신 현상이면서도 가장 해결이 어려운 문제이기도 하다. 의식은 그 본성상 주관적, 사적(私的, private), 일인칭적, 질적이라는

---

2 서양근대철학회(2001), 103쪽. 곧 언급하겠지만 바로 이 점이 1~6장까지 앞 부분에서 살펴보려는 정신 인과의 문제와 함께 심신 문제의 또 다른 한 축이 되는 의식 문제가 제기되는 철학사적인 계기가 됐다. 의식 문제에 관한 보다 상세한 내용은 7~8장 참조.

특성을 갖는다. 따라서 객관적인, 실증적인, 계량적인 연구를 지향하는 과학적 방법으로는 원천적으로 포착하기 어려운 측면이 있다. 그래서 의식은 데카르트로부터 비롯한 심리철학의 가장 근원적인 문제이면서도 심리학과 심리철학의 마지막 남은 난제라는 의미에서 '마지막 문제'로 불리기도 한다.

데카르트가 확실성의 토대로 삼은 생각하는 자아야말로 의식하는 자아다. 그는 생각의 내용은 의심의 여지가 있고 오류 가능성이 있더라도 생각한다는 것 자체는 의심의 여지없이 확실하다고 주장했다. 이때의 확실성은 생각의 주체 자신에게 확실하다는 점에서 의식의 확실성이라고 할 수 있다. 그리고 주체 자신에게만 확실하다는 점에서 의식 현상은 그 주체에게만 '특권적 접근(privileged access)'을 허용한다고 한다. 이러한 의식 현상은 일인칭적이고 사적이다. 의식 현상에 관한 지식은 당사자와 제삼자 간에 비대칭성을 드러내지만 물리 현상에 관한 지식은 그렇지 않다. 그런 점에서 물리 현상은 삼인칭적·객관적이다. "열 길 물속은 알아도 한 길 사람 속은 모른다"는 우리 속담은 이러한 물리 현상과 의식 현상의 차이와 간격을 잘 보여준다.

또한 이렇게 주관적이고 일인칭적인 의식 현상에 관한 지식은 다른 지식이나 관찰로부터 매개·추론되는 것이 아닌 주관의 직접적 경험(direct experience)이라는 특색을 갖는다.[3] 즉 의식에 관한 지식은 '어떻게 아느냐'라는 물음이 무의미하다. 그냥 알 뿐 그 이상의 증거 문제는 적절치 않다. 그러니 데카르트의 관점에서는 의심의 여지가 있을 수 없고, 제1원리가 될 수 있는 것이다. 따라서 이러한 의식은 그 본성상 과학의 객관적 연

---

3 Kim(1996/1997), 1장 참조.

구에 포섭될 수 없는 것처럼 보인다. 물론 의식 현상의 신체적·생리적· 기능적 토대를 과학적으로 추적하는 것은 가능하며 실제로 많은 연구가 있었다. 하지만 이러한 연구는 삼인칭적인 객관적 연구이기 때문에 의식 의 일인칭적 주관성을 포착하기 어렵다. 20세기 초에 프로이트가 무의식 을 중심으로 다룬 정신분석학 연구 의의 중 하나는 이렇게 과학적으로 포 착하기 어려운 주관적인 의식이 아닌 무의식을 정신의 근원으로 보았다 는 데에 있다. 주관적이라서 과학적으로 해명하기 어려운 의식의 배후에 의식의 토대가 되는 무의식이 깊이 놓여 있으며, 이러한 무의식은 의식 현상이 아니므로 의식과 같이 일인칭적 주관적으로 연구할 필요 없이 정 신분석학 방법을 통해 객관적으로 연구할 수 있다는 것이 프로이트 주장 의 의의 중 하나로 볼 수 있을 만큼 의식은 과학적 연구의 한계 밖에 있는 심리 현상으로 여겨졌다. 그래서 이러한 주관적인 의식 현상의 존재를, 20세기 이후 자연과학의 급속한 발전에 의해 과학적 설명으로 새롭게 뒷 받침된 인간의 신체를 비롯한 자연 세계의 존재와 어떻게 조화시키느냐 가 심신 문제의 뜨거우면서도 중요한 쟁점이 되고 있다.

한편 제1원리를 확보한 데카르트는 이후 신(神) 존재 증명, 신의 성실 성 증명을 통해 방법적 회의에서 배제했던 물질과 객관 세계에 대한 지 식의 정당성을 회복시키며, 이렇게 정당화된 정신, 신, 물질 삼자에 '실체 (substance)'라는 제1존재 범주를 부여했다. 데카르트는 실체를 "존재하기 위해서 다른 어떤 것도 필요로 하지 않는 것"이라고[4] 규정한다. 이러한 그 의 실체 개념은 독립성, 자족성, 폐쇄성을 갖는 것으로 볼 수 있다. 실체 의 정의를 엄밀히 적용하면 신만이 실체이지만 세계와 분리된 신만을 실

---

4 데카르트(1644/2002), 51절(원석영 옮김, 아카넷, 43쪽).

체로 놓는다면 피조물인 세계의 존재를 설명할 수 없기 때문에, 데카르트는 신을 무한 실체로 정신과 물체를 유한 실체로 주장하면서 후자에 관해 "그것들이 존재하기 위해서 필요로 하는 것은 단지 신의 조력뿐"이라고[5] 원래의 규정을 완화시킨 새로운 실체 규정을 제시한다. 그리고 두 유한 실체인 정신과 물질의 속성이 각각 사유와 연장(延長, extension)이라고 주장한다. 바로 이러한 실체 논의에서 그의 심신 실체 이원론이 제기되는 것이며, 이것이 심신 문제가 서양철학사의 무대에 본격적으로 등장하는 역사적인 시발점이 됐다.

그런데 문제는 데카르트의 실체 개념의 특징인 독립성, 자족성, 폐쇄성이다. 그가 주장한 대로 정신적인 것과 물리적인 것이 서로 다른 실체에 속하는 이질적인 것들이라면, 게다가 실체가 독립성, 자족성, 폐쇄성의 특징을 갖는다면 어떻게 정신과 물질, 즉 심신의 두 영역을 교차하는 인과가 성립할 수 있는가 하는 것이 문제가 된다. 데카르트의 실체 개념대로라면 두 영역을 교차하는 인과적 상호작용은 발생할 수 없는 것이어야 한다. 하지만 우리가 지금 논의하려는 심신 문제의 첫 번째 쟁점인 정신 인과가 바로 심신 실체 간에 이러한 인과적 상호작용이 일어나는 전형적인 사례다. 만일 정신 인과 등 심신의 인과적 상호작용이 발생한다면, 두 영역은 더 이상 '두 영역'이 아닌 동일한 하나의 영역으로 보아야 할 것이다. 그래서 데카르트의 심신 실체 이원론은 심신의 인과적 상호작용을 인정하는 한 실체 이원론을 유지하기가 어렵다. 실체 개념이 갖는 독립성, 자족성, 폐쇄성 때문에 심신의 인과적 상호작용을 인정하게 되면 이원론을 유지하기가 어렵게 되며, 이원론을 유지하려면 실체의 독립성, 자족

---

5   데카르트(1644/2002), 52절(원석영 옮김, 아카넷, 43쪽).

성, 폐쇄성을 버리거나 심신의 인과적 상호작용을 포기해야 하는 것으로 귀결된다.[6] 잘 알려져 있듯이 데카르트는 '송과선(松果腺, pineal gland)'에서만 유일하게 심신의 인과적 상호작용이 일어난다는 것을 예외로 제시하고 있지만, 하나의 작은 구멍이 큰 둑을 무너뜨릴 수 있듯이 이러한 예외 제시는 오히려 자신의 심신 실체 이원론의 약점을 스스로 드러낸 셈이 됐다.

더구나 특별히 최근에 세력을 얻고 있는 물리주의(physicalism) 진영에서 주장하는 것 중 하나가 바로 물리 영역의 인과적 폐쇄성(the causal closure of the physical domain, 앞으로 '물리적 폐쇄 원칙'으로 축약함) 원칙이다. 이 원칙에 따르면 어떤 특정한 시각에 어떤 원인을 갖는 어떠한 물리 사건도 물리적 원인을 갖는다. 즉 물리 사건이 개입하는 인과관계는 물리 영역 이외에는 어떠한 원인과 결과도 갖지 않음을 뜻한다. 그런데 이러한 물리적 폐쇄 원칙을 받아들일 때, 물리적인 것과 구별되는 정신적인 것의 실재를 따로 인정하는 것이 어려워 보이기 때문에 정신 인과의 위상이 매우 불투명해진다.

정신 인과의 문제란 정신적인 것이 어떻게 자연계의 인과에 개입할 수 있는가의 문제다. 우리는 물리적인 인과관계 속에 정신 사건이 개입하는 여러 형태의 정신 인과를 예시할 수 있다. 첫 번째로, 물리적인 원인이 정신적인 결과를 야기하는 인과가 있다. 예컨대 화상을 당하거나 무엇에 찔리는 등의 신체 손상 사건이 아픔이나 불안 등을 유발하는 경우다. 두 번

---

6 이러한 문제는 현대에 와서 비로소 제기된 것이 아니고 데카르트 당시에도 보헤미아의 엘리자베트 공주, 가상디(Pierre Gassendi) 등에 의해 제기됐다. Kim(1996/1997), 226~227쪽 참조.

째로, 첫 번째와는 반대 유형인데 정신적인 것이 원인이 되어서 물리적인 결과를 야기하는 인과 유형이다. 예컨대 아픔 때문에 사지를 꿈틀거린다든가, 화가 나서 돌멩이를 발로 찬 결과 유리가 깨지는 경우라든가, 시원한 것을 마시고 싶은 바람이 냉장고 문을 열게 하는 등의 인과가 벌어지는 경우다. 마지막으로 정신적인 것들 간에 인과관계가 성립하는 경우다. 추리 과정, 연상 과정 등 심리 과정들의 사례를 들 수 있겠다. 이러한 세 가지 인과 유형이 모두 정신 인과에 해당된다.

그런데 데카르트의 심신 실체 이원론에서는 세 번째 정신적인 것들 간의 인과관계를 제외하고는 이러한 정신 인과가 제대로 설명될 수 없음을 보았다. 첫 번째와 두 번째 유형은 심신의 인과적 상호작용으로, 데카르트의 실체론에 따르면 자족성, 독립성, 폐쇄성을 띤 심신 실체 간에 일어날 수 없는 인과적 교차가 바로 이러한 정신 인과의 두 가지 유형이기 때문이다. 그렇다면 어떠한 심신 이론으로 정신 인과의 문제를 제대로 설명할 수 있을까? 또한 의식의 문제까지도 해명할 수 있을까? 이러한 난제에 대답하려는 것이 지금까지의 심신 이론들이며 이 이론들을 검토하고 진단하면서 새로운 해결책을 제시하는 것이 이 책에서 내가 하려는 일이다.[7]

3. 이 책의 논의 구조

앞으로 이 책에서 전개할 심신 문제에 관한 나의 생각을 간략히 소개하면 이렇다. 심신 문제에 관한 지금까지의 논의들을 검토해본 결과, 대

---

7 이 절의 일부는 백도형(2009)에 포함된 내용을 토대로 이루어졌다.

부분의 논의들에 아직 정당화되지 않은 어떤 전제가 숨어 있음을 발견하게 됐다. 그 전제가 제대로 밝혀지지 않은 것이 지금까지의 심신 문제를 꼬이게 한 원인이며, 그것을 해명해 심신 문제를 재검토하는 것이 문제를 풀어나가는 데에 필요한 올바른 길이라고 생각한다. 그 전제 중 하나가 보편자로서의 속성 문제다. 즉 지금까지의 논의들은 대부분 보편자 실재론을 암암리에 전제하고 있다는 것이다. 하지만 심신 문제를 다루었던 어떠한 논의도 보편자 문제를 부각시켜서 심신 문제와 관련지은 적이 없다.[8] 심신 문제에서 흔히 거론되는 중요한 주장 중 하나가 물리적인 것과 구별되는 정신적인 것의 실재, 즉 정신 실재론(mental realism)인데, 이때의 정신 실재론은 정신 속성 실재론에 다름 아니기 때문에 여기에 보편자로서의 속성 실재론이 개입할 수 있는 여지가 생기는 것이다.

그리고 보편자 문제와 함께 그동안 심신 문제를 설정해온 중요한 틀로 데카르트식의 구도가 있음을 보일 것이다. 데카르트가 심신 실체 이원론으로 심신 문제를 서양철학에 제기한 이래 그가 제시한 '심신' 개념은 심

---

8 필자가 심신 문제와 보편자 문제의 관련을 처음 인식한 것은 1990년대 초반이며 백도형 (1993)에서 처음 언급했고 백도형(1995A), (1995B), (1995C), (1995D)를 통해 본격적으로 논의하기 시작했다. 그리고 '심신 유명론(psychophysical nominalism)'이라는 입장도 1995년에 쓴 그 논문들에서 처음 제시했다. 그 이후 Robb(1997)은 정신 인과의 문제에 관해서 필자의 주장과 유사하게 보편자로서의 속성 문제가 밀접하게 관련되어 있음을 논하고 있다. 최근에 존 하일(John Heil)도 이러한 생각에 동참하고 있다. Heil(2003), Heil & Robb(2003) 참조. 그리고 Robb(1997)에 대한 반론으로는 Noordhof(1998)이 있고, 이에 대한 대답으로 Robb(2001)이 있다. 그는 필자의 심신 유명론(필자의 심신 유명론에 관해서는 이 책의 9장 참조)과 유사하게 추상적 개별자(trope)를 통한 해법을 추구하고 있다. 또한 최근 출판된 Gozzano, Simone and Orilia, Francesco(eds)(2008)에서는 심리철학에서 보편자 문제를 중요한 쟁점으로 다루고 있으며, 편집자 서문에는 이러한 쟁점의 시원으로 필자가 예전의 논문들에서 주장했듯이 (또한 이 책의 3장 1절에 나와 있듯이) 데이비슨과 김재권의 사건 존재론 차이를 비교하고 있다(7~8쪽 참조).

신 문제의 기본 구도를 설정했고 이후 심신 이론들에도 큰 영향을 끼치고 있다. 20세기 이후 과학, 특히 물리학의 급속한 발전으로 최근에는 물리주의를 옹호하는 것이 주류 입장이 되었기 때문에 이제는 데카르트식의 실체 이원론은 거의 받아들여지지 않지만, 데카르트에 의해 처음 심신 문제가 제기된 만큼 그가 토대를 놓은 '심신' 개념은 지금까지도 거의 모든 심신 이론가들의 개념 사용에 일종의 관행이 되어 막대한 영향을 주고 있다. 특히 이 책의 후반부인 7~8장에서 다룰 의식의 문제에서 그런 영향이 보인다. 그래서 이 책에서는 전반부에서 정신 인과의 문제를 다루면서 그 속에 숨어 있는 보편자 문제를 함께 주목할 것이고, 후반부에 의식의 문제를 다룰 때에 문제 설정의 역사적 토대가 되는 데카르트식 구도를 재검토하려고 한다. 그렇게 본다면 보편자 문제는 정신 인과의 문제와, 그리고 데카르트식의 '심신' 구도는 의식의 문제와 좀 더 직접 관련이 있다. 하지만 이 두 가지 숨어 있는 전제는 정신 인과와 의식 문제 각각을 넘어서 이 두 문제를 포괄하는 심신 문제 전체에 서로 섞여 있는 채로 깊이 스며들어 있음을 이 책 전체를 통해 보일 것이다. 따라서 이 두 전제를 검토해 심신 문제를 이루고 있는 기본 틀을 재검토하고 그것을 통해 대안적인 최선의 심신 이론을 제시하는 것이 이 책을 쓰는 목적이기도 하다.

이 책의 이러한 작업은 이중의 과제를 동시에 수행하는 셈이다. 첫 번째 과제는 물론 최선의 심신 이론을 구성하는 것이지만, 그러기 위해서는 기존의 심신 이론들이 전제하고 있는 토대와 틀 자체를 비판적으로 재검토하고 지양해야 하는 두 번째 과제가 함께 수행되어야 한다. 이러한 이중의 과제를 함께 수행하는 것은 결코 쉽지 않다. 토대와 틀 자체가 문제임을 지적하고 근본적인 반성이 필요하지만, 지금까지의 심신 문제에 관한 이해는 바로 그 토대와 틀 위에서 역사적으로 축적되어 이루어졌기 때문에 내가 제시하려는 최선의 심신 이론 또한 어느 정도는 불가피하게 그러한 토대와 틀을 바탕으로 보이고 이해될 수밖에 없다. 이러한 이중적인 과제의 특성은 때로는 근본적인 반성이 생각처럼 간단치 않은 것이 되게 하고, 그래서 그러한 이중적인 과제의 수행은 마치 넓은 바다 한복판에 떠 있는 채로 배를 수선해야 하는 '노이라트의 배'의 어려움을 겪을 수밖에 없다.[9] 이러한 점을 염두에 두면서 앞으로 이 책에서 제시할 논의 구조를 간단히 살펴보자.

우선 1~6장에서는 정신 인과의 문제를 살펴보면서 보편자 문제와 어떻게 정신 인과의 문제와 관련되는지 살펴볼 것이다. 이러한 재조명 결과 정신 인과의 문제에 관한 나의 잠정 결론은 두 가지 선택지가 된다. 첫째 보편자 실재론을 인정하지 않으면 비환원적 물리주의 또는 적어도 비환원적 일원론의 입장이 성립할 수 있다. 둘째 만일 보편자 실재론을 인정한다면, (사실상 지금까지 대부분의 논의들은 이렇게 보편자 실재론을 암묵적으로 인정한다고 보는데 논의들이 제시하는 결론과는 달리) 정신적인 것의 존재를 완전히 부정하고 정신적인 것의 상식적인 설명 체계인 지향 심리학(intentional psychology)[10]이 거짓 이론임을 주장하는 제거주의(eliminativism)[11]만이 유일하게 성립할 수 있을 뿐이다. 이것이 이 책의 전반부에서 다루는 정신 인과의 문제의 잠정 결론이다.

---

9 Neurath, O. (1932/1959), 201쪽 참조.

10 '지향 심리학'이란 인간의 행위를 바람(desires)과 믿음(beliefs) 등 지향적 태도를 통해 설명·예측하려는 상식적 이론 체계를 말한다. 이러한 지향 심리학이 등장한 최초의 문헌은 아리스토텔레스의 『니코마코스 윤리학』일 만큼[김선희(1991), 20쪽 참조] 지향 심리학은 지금까지도 상식화된 유서 깊은 전통 심리학 이론 체계이기도 하다. 최근의 논의에서는 보통 '통속 심리학(folk psychology)'이라 불리기도 한다. 하지만 앞으로 이 글에서는 '통속 심리학'이란 말 대신 '지향 심리학'이라고 쓰겠다.

7장 이후의 후반부에서는 의식의 문제를 다룰 것이다. 전반부에 살펴본 보편자로서의 속성 문제가 의식의 문제도 재조명하는 키포인트가 될 것이다. 후반부에서는 이것과 함께 특별히 의식의 문제를 해결하기 위한 새로운 제안을 덧붙이려 한다. 즉 의식의 문제를 비롯한 심신 문제는 데카르트의 개념 구도를 바탕으로 이루어진 것이라는 점을 인식하고 이것을 반성하는 것이 의식 문제를 비롯한 심신 문제를 해결하는 데에 필요함을 지적하려고 한다.

6장까지 전반부의 잠정 결론으로 두 가지 선택지를 제시한 것은 앞에서 언급한 대로 이 책의 과제가 이중적임을 감안하면 불가피한 것이다. 즉 제거주의는 현재까지 심신 문제를 규정해온 중요한 토대와 틀 중 하나인 보편자 실재론을 유지하는 경우에 귀결될 수밖에 없는 불가피한 선택지이고, 또 다른 선택지는 보편자 실재론을 극복할 경우에 구성할 수 있는 입장이다. 그리고 7장 이후 후반부의 논의 결과는 보편자 실재론의 문제 등 심신 문제의 암묵적인 전제는 데카르트가 심신 문제를 제기하면서 설정한 틀을 바탕으로 지금까지 유지되어온 것임을 보여준다.

이 책의 결론 부분인 9장에서는 1~8장에서 제시한 내용을 중심으로 그간의 문제점들을 해결할 수 있는 나의 대안 형이상학을 제시하려고 한다. 그 대안은 한편으로는 최선의 심신 이론이 되어야 하며, 다른 한편으로는 종래의 심신 이론들이 전제하고 있는 토대와 틀에 대한 반성이 녹아 있어야 한다. 그런 점에서 9장에서 제시하려는 나의 대안은 그러한 반성을 통해 정신 인과의 문제에 관해 6장에서 잠정 결론으로 제시한 두 선택지 중 하나를 최종적으로 낙점하는 것이기도 하다. 그러한 나의 최종적인 선택

---

11 '제거적 유물론(eliminative materialism)'이라고도 불린다.

은 심신 문제의 관점에서 본다면 심신 유명론(Psychophysical Nominalism) 이고 일반 형이상학의 관점에서는 4차원 개별자론(Four-Dimensional Particularism)이다. 심신 유명론으로서의 4차원 개별자론은 도널드 데이비슨(Donald Davidson, 1917~2003)의 사건 개별자론을 발전시키고 확대한 것이기도 하다. 1~6장의 잠정 결론에서는 보편자로서의 속성 실재론을 받아들이느냐에 따라 받아들일 경우 제거주의를, 받아들이지 않을 경우 비환원적 일원론의 입장을 옹호하는 것이 가능하다. 그리고 마지막 장인 9장에서는 그중 후자인 비환원적 일원론이 심신 유명론임을 보이고 더욱 포괄적인 형이상학으로서 4차원 개별자론으로 발전할 수 있음을 보일 것이다. 이러한 과정을 통해 전반부의 잠정 결론에서 두 가지 선택지 중 심신 유명론으로서의 4차원 개별자론이 더욱 설득력 있고 유망한 입장임을 보일 것이다. 4차원 개별자론을 옹호하는 것은 단순히 하나의 입장 선택을 넘어서 지금까지의 심신 문제가 놓여 있는 토대에 관한 성찰과 형이상학적 재검토를 포함하는 것이다.[12]

---

12 우리 심리철학계에서 'mental'의 번역어에 관해 논쟁이 있었다. 정대현(2001)의 "책을 내면서"와 김재권(1996/1997)의 "역자 서문"에서는 '정신(적)'이라는 번역어를 비판하는 내용이 있다. 인지과학 등 최근 심리철학의 논의가 데카르트의 정신 실체를 더 이상 받아들이지 않는 상황에서 '정신(적)'이라고 번역하는 것은 오해의 여지가 있다는 주장이다. 필자는 예전부터 '정신(적)'을 번역어로 용인하여 이 책에서도 빈번하게 사용했다. (이러한 필자 주장에 관해서는 백도형(1997B)의 후반부를 참조) 데카르트의 입장은 받아들여지고 있지 않지만 그가 제시한 개념 구도를 바탕으로 현대 심리철학 논의가 진행되고 있다는 이 책의 주장처럼, 심신 문제의 역사적 맥락과 연속성을 놓치면 작금의 문제를 제대로 파악할 수 없기 때문에 일상적으로도 친숙한 '정신(적)'을 굳이 배제해서는 안된다.

1장
정신 인과의 쟁점

1. 환원주의와 '복수 실현 가능성 논변'

서론의 2절에서 본 대로 데카르트의 심신 실체 이원론이 정신 인과의 문제의 걸림돌이 되고 있는 상태에서 이 문제를 가장 깔끔하게 해결하는 방법은 유물론(materialism) 내지 물리주의 입장을 취하는 것이다. 실제로 20세기에 들어와서 자연과학, 특히 물리학의 급속한 발전으로 세계의 모든 존재를 과학적으로 파악할 수 있다는 낙관적인 생각이 팽배하게 되었고, 물리학은 세계를 가장 포괄적으로 설명할 수 있는 일반 과학의 자리를 굳히고 있다. 과학과 물리학에 대한 이러한 낙관론은 심신 문제에 관해서도 실제로 많은 영향을 끼쳐서 20세기 중반 이후의 심신 이론은 실체 차원에서는 물리주의를 당연시하면서 속성 차원의 문제로 전환되어 전개되었다. 그리고 속성을 다루는 심신 이론들 중 가장 먼저 등장했다고 볼 수 있는 것이 정신 속성과 물리 속성의 동일함을 주장함으로써 물리주의의 강한 형태를 띠는 심신 동일론(mind–body identity theory 또는 psycho-physical identity theory)이다.

심신 동일론은 가장 강한 형태의 심신 환원주의라고 할 수 있다. 심신 환원주의는 심리 속성 혹은 정신 속성이 물리 속성으로 환원될 수 있다는 입장인데, 심신 동일론은 단지 환원을 주장하는 정도가 아니라 심리 속성이 물리 속성과 동일하다는 주장이기 때문이다. 심신 동일론이나 환원주의는 제거주의와 함께 가장 강력한 형태의 물리주의 입장이다. 하지만 최근 심리철학의 주류 입장이라고 볼 수 있는 비환원적 물리주의와 제거주의[1]가 심리 속성과 물리 속성 간의 환원을 부정하는 데 반해, 심신 동일론은 환원을 인정할 뿐만 아니라 심리 속성과 물리 속성의 동일함을 주장함으로써 가장 강력한 형태의 심신 환원을 표방한다.

1950년대 말에서 1960년대에 걸쳐 유행했던 심신 동일론은 바로 데카르트식 심신 실체 이원론이 거부된 이후 강력한 대안 형이상학으로 등장했다. 논리실증주의의 영향력이 아직 적지 않았던 그 시절은 과학적 세계관의 구축이 철학의 중요한 이념이었고, 정신 현상에 관한 심신 동일론은 그 당시에도 발전 중에 있던 신경 과학에 대한 기대를 발판 삼으면서 이러한 이념을 가장 산뜻하게 충족시켜줄 것으로 보여 과학적 성향을 띤 당시의 많은 철학자들을 매료시켰다. 왜냐하면 심신 동일론은 우리의 심리적 직관들을 크게 훼손시키지 않고도 과학으로서 심리학의 위상을 확고하게 해준다. 즉 심신 동일론에서는 정신 현상은 바로 물리 현상이고, 그에 따라 심신 법칙과 심리 법칙은 물리법칙과 동일한 정당성을 가질 수

---

1 비환원적 물리주의는 다음 절과 3장에서, 그리고 제거주의는 4장에서 상세하게 살펴본다.

있으며 이 경우 심리학의 과학성도 아주 손쉽게 확보된다.

심신 동일론 등 심신 환원주의의 이러한 장점은 제거주의와 비교해 볼 때 더 분명히 드러난다. 즉 제거주의는 심리학을 신경 과학으로 대체해 제거하려는 입장으로 정신 현상의 존재 자체를 부정해버릴 뿐만 아니라 설명해야 할 것으로도 인정치 않음으로써, 또한 우리의 직관과도 맞지 않게 심리학을 연구함으로써 우리가 충족시키고자 하는 관심도 무시하고 마는 극단적인 입장이다.[2] 그에 반해 심신 동일론 등 심신 환원주의는 물리주의적 일원론이면서도 정신적인 것을 '세계의 합법적 실체들(legitimate entities)'로 인정하는 입장[3]으로서, 우리의 직관에도 부합하고, 이렇게 확보되는 과학적 심리학은 심리학에서 우리가 염두에 두고 있는 "주제를 바꿀(change the subject)"[4] 필요 없이 우리가 알고자 하는 심리 현상에 대한 설명을 만족스럽게 해줄 수 있다. 따라서 심신 동일론의 매력은 정신적인 것들, 특히 정신 인과에 관해 우리의 직관들을 크게 훼손시키지 않고도 물리주의와 조화할 수 있는 손쉬운 설명을 제공하는 데에 있다. 즉 정신 속성이 갖는 인과적 역할은 그것과 동일한, 혹은 적어도 그것이 환원될 수 있는 물리 속성의 인과적 힘에 의해 완벽하게 보전된다.[5]

그러나 위와 같은 매력을 지닌 동일론도 힐러리 퍼트남(Hilary Putnam)과 제리 포더(Jerry A. Fodor) 등이 제기한 '복수 실현 가능성 논변'에 의해

---

2   Churchland(1981), 61쪽 참조.

3   Kim(1972), 180쪽, 그리고 Kim(1984B), 259쪽 참조.

4   Davidson(1970/1980), 216쪽.

5   물론 이러한 주장에 대해 환원주의는 정신적인 것의 자율성을 확보할 수 없는 입장이어서 제거주의와 별다른 것이 없다는 비환원주의의 반론도 있을 수 있다. 환원주의에 관한 좀 더 상세한 설명은 5~6장 참조.

심리철학계의 주류 지위를 빼앗기게 되었다. 그 내용은 다음과 같다.[6]

① 심신 동일론 또는 환원주의에 따르면 정신 속성인 고통은 두뇌가 갖는 물리·화학 속성이거나 그것으로 환원될 수 있다고 한다.

② 만일 서로 다른 물리·화학 속성을 지니면서도 고통이라는 동일한 정신 속성을 지니는 상이한 두 종의 경우만 찾아낸다면, 동일론 내지 환원주의는 무너지고 만다.

③ 그런데 그런 경우를 찾아내는 것이 전적으로 불가능하진 않다. 예컨대 문어와 포유류의 뇌는 서로 다른 물리·화학적 구조를 갖지만, 고통과 같은 동일한 정신 속성을 지닐 수 있다.

즉 고통이라는 정신 속성이 복수의 형태로 상이하게 물리·화학적으로 실현될 수 있다면, 고통이 개입되는 정신 인과의 인과적 힘은 사실상 고통이라는 정신 속성에 의해 획득되는 것이 아니라 각각의 고통을 실현하는 상이한 물리·화학 속성들에 의해 획득되는 것이므로 환원주의가 보전하고자 했던 정신 속성의 인과적 역할은 부정되는 것이다.

최근의 심리철학 흐름을 언급할 때, 이 논변은 환원주의적 심신 동일론에 종언을 고한 주장으로 평가받고 있다.[7] 실제로 심리철학의 역사에서도 이 논변에 의해 심신 환원이 부정됨으로써 심신 동일론 등 심신 환원주의

6　복수 실현 가능성 논변이 처음 제시된 대표적인 논문은 Putnam(1967/1980), Fodor (1974/1980) 등임.

7　5장에 나오는 김재권과 암스트롱의 기능적 환원주의는 이 논변에 의해 좌초된 환원주의의 부활을 시도하는 입장이라고 볼 수 있다. 필자는 6장에서 이 논변과 상관없이 다른 관점에서 환원주의에 대해 더욱 상세하게 논하고 있다.

의 세력이 1960년대 말에서 1970년대로 넘어오면서 급속도로 약화되었고 그 이후 두 갈래의 입장이 등장했다. 첫 번째 입장이 제거주의다. 심신 환원의 부정 결과 물리적인 것으로 환원되지 않는 정신적인 것은 결국 존재하지 않는 것으로 봄으로써 정신적인 것에 관한 전통적인 설명 체계인 지향 심리학은 세계에 관한 거짓 이론에 불과한 것으로 간주하여 제거하고 신경 과학 등 과학적 심리학으로 대치되어야 한다는 입장이 제거주의다. 두 번째 입장은 비환원적 물리주의인데, 이 입장은 정신적인 것은 물리적인 것으로 환원되지 않고 나름대로의 자율성을 지닌 영역이라는 것이다. 즉 두 입장 모두 심신 비환원과 물리주의를 함께 옹호하지만 제거주의가 정신적인 것에 극도로 부정적인 태도를 취하는 데 반해, 비환원적 물리주의는 정신적인 것에 긍정적 태도를 보이며 심신 비환원을 정신적인 것의 자율성을 확보하는 논거로 삼고 있다.

이러한 두 가지 입장들 중 심리철학계에서는 비환원적 물리주의 입장이 환원주의가 붕괴된 이후의 주류 입장이 되었다. 그 이유는 비환원적 물리주의가 제거주의에 비해 더 논리적이어서가 아니고 우리의 상식적 직관에 더 어울리는 것이기 때문에 많은 철학자들에 의해 선호되었다고 할 수 있다.[8] 이제 다음 절에서는 이러한 비환원적 물리주의에 관해 살펴보겠다. 특별히 가장 대표적인 입장이라고 할 수 있는 도널드 데이비슨의 무법칙적 일원론을 살펴보는 것으로 비환원적 물리주의에 관한 논의를 시작하겠다.

---

8 이러한 점은 '심신 유명론'과 제거주의라는 두 가지 선택지를 제시하는 1~6장의 잠정 결론과도 관련된다. 사실 제거주의는 물리학과 신경 과학 등 현대 과학의 발전과도 잘 어울리는 선명한 물리주의 입장이기 때문에 자연과학에 대한 심리학 등 특수과학 분야(또는 인문사회과학, 거시 과학)의 자율성을 옹호하는 사람이 아니라면 더 효과적으로 주장하기에 용이한 입장일 것이다.

2. 데이비슨의 무법칙적 일원론

1) 심신 이론

조금 전에 언급했듯이 데이비슨이 그의 심신 이론인 무법칙적 일원론 (anomalous monism)을 발표할 무렵에는 심리철학계에서 심신 환원주의, 그중에서도 가장 강한 형태의 환원주의인 심신 동일론이 주류를 차지하고 있었다. 심신 환원주의와 동일론은 이후 데이비슨 등이 주장할 비환원적 물리주의보다 더 강한 물리주의의 입장이다. 아직 비환원적 물리주의와 같은 온건한 물리주의의 입장이 등장하기 전이기 때문에 당시의 논의는 심신 동일론 대 데카르트식 반(反)물리주의의 이분법 형태를 띠었다. 반면에 퍼트남, 포더 등의 복수 실현 가능성 논변, 그리고 데이비슨의 무법칙적 일원론이 등장하면서 비로소 보다 온건하고 약한 물리주의 입장인 비환원적 물리주의가 싹트게 됐다.

데이비슨은 1970년 논문인 「정신 사건들」[9]에서 다음의 세 가지 원칙을 제시했다. 그중 세 번째 원칙이 정신적인 것의 무법칙성 원칙이므로 이런 원칙들을 바탕으로 한 그의 심신 이론을 '무법칙적 일원론'이라 부른다.

① (적어도 어떤) 정신 사건은 물리 사건과 인과적으로 상호 작용한다.
② 사건들이 원인과 결과로 관계될 때, 이러한 사건들이 적절히 서술되어서 적용되는 닫혀 있고(closed) 결정론적 체계의 법칙들이 있다(인과성이 있으면 반드시 법칙이 있다. 즉 원인과 결과로 관계되는 사건들은 엄

---

9   Davidson(1970/1980).

격한 결정론적 법칙에 지배된다).

③ 어떠한 엄격한 심신 법칙도 없다(그것을 기초로 해서 정신 사건들이 설명
되고 예측될 수 있는 엄격한 결정론적 법칙들이란 존재하지 않는다).[10]

얼핏 보아 이 세 가지 원칙은 서로 모순인 것 같다. 첫째 원칙에서는 심
신 간에 인과관계가 성립함을 인정하는데, 둘째 원칙에 의하면 인과관계
가 성립하는 곳에는 결정론적인 법칙이 있다. 이 두 가지 원칙이 모두 참
이라면, 심신의 인과관계를 만족시키는 심신 인과 법칙이 있다는 것으로
귀결될 듯하다. 하지만 세 번째 원칙은 이러한 '귀결'과는 상반되게 심신
법칙(또는 심리 법칙)의 존재를 부정하고 있다는 점에서 이 세 원칙은 서로
모순되고 동시에 참일 수 없어 보인다. 하지만 데이비슨은 언뜻 서로 모
순되어 보이는 이러한 세 원칙을 모두 참이 될 수 있게끔 조화시키려 한
다. 그는 이러한 세 원칙을 주장함으로써 심신 간의 환원을 부정하고 그
때까지의 주류 입장이던 심신 동일론이라는 강한 물리주의 입장을 거부
하면서도 물리주의 자체는 유지하려 한다. 이러한 비환원적 물리주의 입
장은 정신적인 것과 물리적인 것이 구별된다는 직관을 받아들이면서도
물리주의적 일원론을 유지함으로써 데카르트식 실체 이원론에서 보이는
심각한 존재론적인 문제를 피할 수 있다는 장점을 지닌다. 심신 동일론
에 대한 또 다른 비판인 퍼트남, 포더 등의 복수 실현 논변을 받아들이는
철학자들은 역시 비환원적 물리주의의 또 다른 형태에 속하는 기능주의
(functionalism) 입장을 제시했고 이러한 기능주의를 바탕으로 인지주의라
는 새로운 심리학 입장이, 더 나아가 인지과학이라는 새로운 분야가 등장

---

10 Davidson(1974/1980), 231쪽[괄호 속은 Davidson(1970/1980), 208쪽].

했다.[11] 이러한 여러 새로운 분야의 형이상학적 토대로서, 또 상반되어 보이는 여러 직관들을 조화시켜주는 매력적인 입장으로서 비환원적 물리주의가 각광받게 되었고 1970년대 이후 지금까지도 심리철학의 새로운 주류 입장이 됐다.

그렇다면 비환원적 물리주의 입장을 성립시키는 데에 중요한 역할을 했던 데이비슨의 무법칙적 일원론과 그것을 이루는 앞의 세 가지 원칙은 어떻게 조화롭게 성립하는가? 요점을 미리 말하면 '개별자 동일론(token identity theory) 또는 개별자 물리주의(token physicalism)'라는 새로운 형이상학이 이 세 원칙을 조화시키는 바탕이 됐기 때문이다. 이러한 개별자 동일론을 처음으로 제시한 사람은 데이비슨으로, 그의 사건 개별자론이 토대가 된다(그의 이러한 사건 이론에 관해서는 조금 후에 자세하게 살펴보겠다).

2) 행위론

하지만 데이비슨의 비환원적 물리주의의 싹은 1970년에 발표한 그의 논문 「정신 사건들」에서 무법칙적 일원론을 본격적으로 제시하기 이전부터 존재했다. 「정신 사건들」이 심신론 분야에 중요한 한 획을 그은 논문인 것처럼, 1963년에 발표한 논문인 「행위, 이유, 원인」[12]은 바로 그러한 싹을 보여주면서 심리철학의 또 다른 분야였던 행위론의 역사에 중요한 분기점을 이룬 논문이었다. 이제 이 논문 내용을 중심으로 데이비슨의 행위론을 살펴본다.[13]

---

11 기능주의에 관한 상세한 내용은 3장 2절에서 다룰 것이다.
12 Davidson(1963/1980).

당시에 행위론은 심리철학의 한 분야이기도 하면서 역사학과 사회과학의 방법론적 토대를 다루는 과학철학(특히 방법론을 다루는 역사철학이나 사회과학철학)의 한 분야이기도 했다. 과학적 설명의 특징을 일반 법칙에 의한 설명으로 보는 헴펠(Carl G. Hempel)의 포괄 법칙 설명 모형(covering law model of explanation)이 자연과학을 전형으로 하는 과학적 설명의 유력한 모형으로 등장한 이래 역사학을 비롯한 인문사회과학에도 헴펠의 법칙적 설명이 적용되는가, 그리고 그럼으로써 과연 인문사회과학이 자연과학과 동일한 방법론적 위상을 지니는가 하는 것이 1940~50년대까지도 방법론 분야의 중요한 쟁점이었다.[14] 이러한 쟁점을 해명하기 위해 자연과학과 대비되는 구별 근거로서 인문사회과학이 자연 현상과는 구별되는 인간 행위에 토대를 두고 있다는 것에 주목하게 되었고, 그에 따라 행위론이 심리학과 심리철학적 관심뿐만 아니라 방법론(그리고 역사철학, 사회과학철학)적인 관심의 초점이 되었다.

이러한 쟁점 내용에서 이해할 수 있듯이 당시의 유력한 입장은 논리실증주의와 헴펠의 입장을 이어받아 자연과학과 인문사회과학 간의 방법론적 통일을 통해 통일과학의 이념을 지향하는 방법론적 일원론, 그리고 자연과학으로부터 인문사회과학을 방법론적으로 구별하려는 방법론적 이원론[15] 두 가지였다. 데이비슨의 논문 「행위, 이유, 원인」은 서로 상반되어 화해하기 어려운 이 유력한 두 라이벌 간의 긴장을 완화하고 조화시키되,

---

13 데이비슨의 행위론에 관한 상세한 내용은 백도형(1988) 참조.
14 이러한 방법론의 쟁점에 관해서는 von Wright, G.(1971)를 보라. 또한 이명현(1981/1982)도 참조.
15 이러한 방법론적 이원론은 드로이젠, 딜타이, 리케르트, 카시러 등 해석학과 신칸트학파의 전통에서 유래했다.

단순히 절충하는 것이 아니라 참신한 시각에서 이 문제를 근본적으로 재조명하는 새로운 행위론을 제시했다.

일반적으로 행위론에서는 행위의 이유(reason)와 행위의 원인(cause)을 서로 구별한다. 원인은 행위를 물리적인 측면에서 이해할 때, 즉 행위를 신체 동작(bodily movements)의 관점에서 볼 경우에 행위를 물리적으로 야기시킨(caused) 것으로서의 원인을 말한다. 반면에 이유는 행위를 단순히 신체 동작의 측면만이 아니라 정신적인 것으로 이해할 경우에 행위자가 그 행위를 하게 된 것으로서의 이유를 말한다. 그리고 아리스토텔레스 이래 지금까지도 대체로 행위자가 가진 바람[또는 욕구(desire)]과 믿음(belief)을 바로 행위의 이유라고 보는 것이 상식으로 여겨졌다.[16] 그래서 원인에 의한 행위 설명은 글자 그대로 인과적 설명이므로 헴펠식의 법칙적 설명 모형이 적용될 수 있지만, 이유에 의한 행위 설명은 '합리적 설명(rational explanation)' 혹은 '합리화(rationalization)'라고 불리며, 특히 방법론적 이원론자들은 이러한 합리적 설명이 인과적 설명과 다르며 헴펠의 모형을 그대로 적용할 수 없다고 주장한다. 즉 이원론자들은 행위의 이유와 원인을 구별해 서로 다른 차원의 것으로 주장하는 데 반해, 일원론자들은 원인 이외에 이유의 존재를 부인하거나 이유를 원인에 환원될 수 있는 것으로 본다. 행위론에서는 방법론적 일원론을 지향하는 입장을 '행위인과론(causal theory of action)'으로, 비판하는 입장을 '반(反)인과론'으로

---

16 심리학이나 심리철학에서 흔히 'folk psychology('통속 심리학', '민간 심리학' 등으로 번역)'라 불리는 전통 심리학의 특징이 바로 이것이다. 통속 심리학이란 인간의 행위를 바람과 믿음 등 지향적 태도를 통해 설명·예측하려는 상식적 이론 체계를 말한다. 최근의 논의에서는 보통 '지향 심리학'이라 불리기도 하고 '상식적 심리학'이란 말도 보통 통속 심리학을 의미한다. 서론의 각주 10번 참조.

부르기도 한다.

그렇다면 데이비슨은 이러한 행위론의 전통적 대립을 어떻게 해소하는가? 요점부터 말하자면 데이비슨은 인과론의 입장을 취하지만, 방법론적 일원론에 친화적이면서 헴펠식의 법칙적 설명 모형을 옹호하는 다른 인과론자들과는 달리 법칙적인 설명은 받아들이지 않는다. 조금 전에 살펴본 그의 심신론인 무법칙적 일원론의 싹이 이미 그의 행위론에서 나타나고 있는 것이다.

그는 인과론만이 행위를 실제 야기시킨 참 이유(즉 행위자가 그 행위를 행할 때 지녔던 바로 그 이유, 그것에 의해 행위가 이루어졌다고 말할 수 있는 이유)를 설명할 수 있다고 주장한다. 반면에 이유에 의한 행위 설명은 정당화의 기능만 가질 뿐 진정한 설명의 기능은 갖지 못한다고 한다. 즉 인과론은 다음의 두 가지 행위 설명을 구별해줄 수 있으며, ①과는 구별되는 ②와 같은 설명을 하려는 것이다.[17]

① 그는 운동을 했다. **그리고(and)** 그는 체중 감량을 하길 원했고, 운동이 그렇게 되도록 해준다고 생각했다.
② 그는 운동을 했다. **왜냐하면(because)** 그는 체중 감량을 하길 원했고, 운동이 그렇게 되도록 해준다고 생각했기 때문이다.

반면에 인과론을 옹호하지 않고 이유에 의한 설명만을 받아들인다면 ①과 ②를 실질적으로 구별하는 방법을 확보할 수 없다는 것이다. "어떤 사람이 어떤 행위의 이유를 가질 수 있고 그리고 그 행위를 수행한다고

---

17 Davidson(1963), 11~12쪽.

해도, 그 이유는 그가 그 행위를 행한 이유가 아닐 수 있다. 이유와 이유가 설명하는 행위 간의 관계에서 중심이 되는 생각은 그가 이유를 가졌기 때문에(because) 그 행위를 수행했다는 것이다."[18]

이렇게 인과론을 옹호하면서도 데이비슨은 (인과)법칙에 의한 설명 모형에 따른 행위 설명은 인정하지 않는다. 즉 인간 행위에 관해서는 법칙에 의한 설명과 예측을 할 수 없다는 반인과론의 입장을 받아들이는 셈이다. 그에 따르면 두 사건 간의 인과관계에 대한 전형적 진술인 'A는 B를 야기시켰다(A caused B)'는 'A', 'B'라는 두 사건 서술을 포함하는 법칙의 존재를 논리적으로 함축(entail)하는 것으로 해석할 수도 있지만, 'A', 'B'라는 두 사건 서술이 아니더라도 사건 A와 B에 관한 어떤 다른 참인 서술을 사례화하는(instantiated) 인과법칙의 존재를 논리적으로 함축하는 것으로 해석할 수 있다.[19] 데이비슨은 이러한 후자의 해석만을 자신의 인과적 행위 설명에 적용한다. 이러한 후자의 해석은 'A', 'B'라는 두 사건 서술을 포함하는 법칙의 존재를 함축하지 않는다는 점에서 전자의 해석보다 '약한' 해석이다. 그러한 후자의 해석은 두 사건 A와 B 간의 개별적인 인과관계의 존재를 인정하더라도 'A', 'B'라는 두 사건 서술에 의해 이루어지는 법칙의 존재를 인정하지 않는다는 점에서 앞에서 본 무법칙적 일원론의 세 원칙 주장과 맥을 같이한다고 볼 수 있다. 지금의 논의가 인간 행위와 관련된 인과관계 논의이고 두 사건 서술 'A', 'B' 중 적어도 하나 혹은 둘 다는 행위와 관련된 심리 서술일 것이므로, 행위 인과에 관한 이러한 데이비슨의 해석은 이후 등장할 그의 무법칙적 일원론의 전조가 된다.

---

18 Davidson(1963), 9쪽. 강조는 원문 그대로다.
19 이상의 두 가지 해석에 관해서는 Davidson(1963/1980), 16~7쪽 참조.

지금까지 심신론과 행위론에 관한 데이비슨 이론의 윤곽을 살펴보았다. 언뜻 그의 입장은 심신론이든 행위론이든 기존의 상충하는 두 가지 직관을 나름대로 절반씩 수용하면서 조화를 꾀한 것으로 보인다. 하지만 이론 차원에서 이러한 조화나 절충은 그리 쉽게 이루어지는 것이 아니다. 실제로 데이비슨의 이론이 원래 상충하는 직관들이 갖고 있는 모순점들을 과연 제대로 소화하고 극복하고 있는가 하는 의심은, 그의 이론이 나온 후부터 지금까지도 그것에 대한 비판적 논의와 관심의 열기를 뜨겁게 유지하는 불씨가 되고 있다. 이제 지금까지 살펴본 그의 심신론과 행위론의 바탕이 되는 사건 이론을 살펴볼 것이다. 데이비슨의 사건 이론을 기초로 그의 심신론과 행위론을 재조명해보면 그의 이론이 단순한 절충안이 아니라 기존 관점의 토대를 근본적으로 재검토해 새로운 시각을 제공한 것임을 알 수 있다.

3) 사건 이론

데이비슨의 존재론에서 가장 기본적인 존재자는 '사건(event)'이다. 즉 그에게는 인과관계의 두 항도 사건이며, '행위'도 사건의 일종이다. 데이비슨의 사건은 구체적인 개별자(concrete particulars, token)이고, 시공간(spacetime) 내에서 자기 위치를 점하고 있으며, 반복되지 않고 일회적인 개별자다.[20] 데이비슨은 모든 사건이 물리적이라고 주장하는 물리주의자이며 그런 점에서 존재론적 일원론 입장을 취한다.[21]

---

20   Davidson(1970/1980), 209쪽.
21   Davidson(1970/1980), 214쪽.

데이비슨은 사건과 사건의 서술(description)을 구별한다. 사건이 존재 차원으로 본 것이라면 사건의 서술은 언어 차원에서 본 것이다. 데이비슨의 사건은 앞에서 보았듯이 일회적이고 구체적인 개별자이므로 '유일한 참인 서술'을 허용하지 않는다고 볼 수 있다. 사건의 서술은 그 서술 주체의 보는 관점에 의존할 수밖에 없어서 유일한 하나의 서술만으로 그 사건의 전모를 완전히 서술하는 것은 불가능하기 때문이다. 그래서 동일한 하나의 사건에 대해 서술 주체의 보는 관점에 따라 상이한 여러 서술들이 적용될 수 있다. 데이비슨의 경우에 어떤 사건이 물리적인가 정신적인가의 구별은 언어 차원의 서술에 의해 정해진다. 즉 데이비슨의 경우에는 "어떤 사건이 정신 사건이라는 것은 그 사건이 정신적인 서술(mental description)을 가질 때, 그리고 오직 그때에만 그러하다".[22] 이렇게 데이비슨에서는 "정신적인 것은 존재론적 범주가 아닌 개념적 범주일 뿐"[23]이다. 조금 전에 보았듯이 데이비슨은 모든 사건은 물리 사건이라는 물리주의를 옹호한다. 그에게 '정신 사건'은 정신 서술을 적용받을 수 있을 때에 존재론적으로는 물리 사건이면서도 동시에 정신 사건이 될 수 있는 그런 것이다.

동일한 한 사건에 대해 상이한 여러 서술이 가능하다면, 여러 사건 서술들이 있을 때 어떠한 사건을 동일한 것으로 볼 수 있을까? 데이비슨에 따르면 "사건들이 정확하게 동일한 원인들과 결과들을 갖는다면, 그리고 그때에만 그 사건들은 동일"하다.[24] 즉 이러한 동일성 조건이 충족되면, 서로

---

22 Davidson(1970/1980), 211쪽.
23 Davidson(1987), 46쪽.
24 Davidson(1969/1980), 179쪽.

다른 서술을 갖는 두 사건들은 동일한 하나의 사건이라는 것이다. 데이비슨의 경우, 이러한 동일성과 인과관계는 사건이 어떻게 서술되느냐에 상관없이 개별적인 사건들의 외연적인 관계로 존재 차원에 속하는 반면, 인과적 설명과 법칙은 내포적인 사건 서술과 관계되어 언어 차원에 속한다. 즉 법칙은 언어적인 것으로[25] 존재 차원의 인과적 필연성이 아니다.

데이비슨은 이렇게 존재 차원인 사건과 그것의 언어 차원인 사건 서술을 구별하고 그 연장선상에서 인과관계는 존재 차원의 개별 사건들 간의 것으로 보는 반면, 법칙은 언어 차원에 속하는 것으로 본다. 이와 같은 사건 이론에 의해 앞에서 보았던 그의 심신론이 귀결되는 것이다. 즉 무법칙적 일원론의 세 원칙에서 심신의 인과적 상호작용이 존재한다는 첫째 원칙은 존재 차원인 개별 사건들 간의 일인 데 반해, 인과관계가 있으면 법칙이 있다는 둘째 원칙의 '법칙'은 언어 차원의 법칙을 말하는 것이다. 또 둘째 원칙에서 "적절히 서술되어서 적용되는"이란 의미는 물리적으로 서술될 때에만 법칙에 포섭될 수 있음을 말한다. 이것은 그가 물리 영역의 인과적 폐쇄성 원칙을 인정함으로써 물리주의를 표방하는 데에서 기인한다. 반면 그는 정신 영역은 물리 영역에 포함된 것으로 본다. 정신 영역 내부의 인과관계는 외부의 물리 영역에까지 미칠 수 있는 것이기 때문에 물리 영역이 인과적으로 닫혀(causally closed) 있는데 반해 정신 영역은 닫혀 있지 않다고 말한다. 이러한 정신 영역에서 일어나는 인과가 바로 정신 인과인데, 정신 영역이 인과적으로 닫혀 있지 않다는 점에서,[26] 그리

---

25 Davidson(1970/1980), 215쪽.
26 "물리 이론은 포괄적인 닫힌 체계를 제공해줄 수 있지만, …… 정신적인 것은 …… 닫힌 체계를 구성하지 못한다."[Davidson(1970/1980), 223~224쪽]

고 항상 물리적인 것이 정신 인과에 개입할 수 있다는 점에서 데이비슨의 셋째 원칙처럼 정신 영역과 관련된 어떠한 엄격한 인과법칙(즉 어떠한 심리 법칙, 심신 법칙)도 존재할 수 없다는 것이다. 일견 상호 모순되는 듯한 무법칙적 일원론의 세 원칙이 그의 사건 이론을 토대로 이렇게 설명될 수 있다.

3. 비환원적 유물론의 신화

심신 동일론과 환원주의가 인기를 잃은 후, 대체로 1970년대 이후부터 최근까지는 물리주의 입장들 중 데이비슨의 무법칙적 일원론과 같은 비환원주의 입장이 심신 이론의 주류를 형성하게 되었다. 그의 무법칙적 일원론, 기능주의 등의 비환원적 물리주의가 심신 이론을 다루는 최근의 철학계에서 가장 영향력 있는 주류 위치를 차지하게 된 것은 기존 입장들인 데카르트식 실체 이원론과 심신 환원주의의 난점들 때문이기도 하지만 그 밖에도 크게 다음의 세 가지 이유를 제시할 수 있다.

첫째, 개별자 동일론의 발견이다. 개별자 동일론은 비환원적 물리주의의 존재론적 기반이 되는 입장이며, 이에 대해 환원주의의 토대가 되는 입장을 유형 동일론(type identity theory)이라고 한다. 환원주의가 정신 사건들과 물리 사건들을 유형 짓는 정신 속성과 물리 속성 간의 환원, 혹은 심리 유형과 물리 유형 간의 동일성을 옹호하는 데 반해, 비환원적 물리주의는 심신 환원도, 심리 유형과 물리 유형 간의 동일성도 부정한다. 그러나 이렇게 유형들 간의 동일성 내지 환원을 부정하면서도 개별 사건으로서 정신 사건과 물리 사건이 동일한 사건일 수 있음은 인정함으로써 비

환원적 물리주의 역시 물리주의이게끔 하는 존재론적 장치가 바로 개별자 동일론이다.[27]

따라서 이러한 개별자 동일론이라는 생각을 통해서 유형 동일론 내지 환원주의가 물리주의의 필요조건이라는 생각에서 벗어날 수 있게 되었다. 즉 환원주의는 순수한 물리주의를 넘어선, 필요 이상으로 강한 물리주의라는 것이다. 개별자 동일론이 인식되기 전에는 환원주의를 부정하는 것은 곧 반(反)물리주의, 반유물론, 나아가 데카르트식 이원론을 취하게 되는 것으로 생각했다. 그러나 개별자 동일론의 가능성이 제시됨으로써 환원주의가 아니면 이원론이라는 배타적인 이분법이 종식되고, 제3의 새로운 대안이 생긴 것이다. 따라서 이원론의 전통적인 문제점들에 익숙하고 물리주의의 상식적 호소력을 외면할 수 없으면서도 환원주의에 거부감을 가지고 있던 많은 철학자들에게 개별자 동일론의 비환원적 물리주의는 매력적인 것이 아닐 수 없었다.

둘째, 이렇게 개별자 동일론이라는 보다 약한 물리주의 형태를 통해서 물리주의에 관한 새로운 규정이 제시됨에 따라 물리주의 입장을 취하면서도 심신 간의 환원을 부정할 수 있는 가능성이 제기되었으므로, 이전에는 서로 양립하지 않는 것으로 여겨졌던 심리적인 것과 물리적인 것이 조화될 수 있다는 희망을 가지게 되었다.[28] 예컨대 철학사를 통해 전통적인

---

27 데이비슨뿐만 아니라 포더도 개별자 물리주의를 옹호한다. Fodor(1974/1980) 그리고 이 책의 3장 2절 참조.

28 그래서 비환원적 물리주의에 속하는 입장들 중, 많은 것들이 속성 이원론(property dualism)으로 분류되기도 한다. 그러나 속성 이원론은 비환원적 물리주의자들의 기대처럼 진정한 물리주의 자격을 갖고 있지 못하다. 이러한 생각은 이제 살펴볼 김재권의 비환원적 물리주의 비판에서 중요한 요소가 된다. 또 3장 2절도 볼 것.

문제로 자리 잡아온 결정론과 행위의 자유 양립 가능성이라든가, 객관적인 자연 세계 속에서 주관적인 정신성을 자리매김할 수 있는 가능성 등을 비환원적 물리주의로 해명할 수 있을 것으로 보이기 때문이다. 즉 비환원적 물리주의는 정신적인 것의 자율성을 물리주의 입장에서 별 무리 없이 가장 자연스럽게 조화시킬 수 있는 입장으로 생각되어 많은 철학자들을 매료시켰다.

서론에서 언급했듯이 심리철학이나 심리학 등 인간 정신에 대한 탐구가 이루어지게 된 동기가 자연의 일부로서 자연의 지배를 받고 있으면서도 때로는 그 자연의 힘을 극복하고 지배하기까지 하는 양면성을 지닌 인간에 관해 탐구하려는 것이라면, 그래서 그런 인간을 여타의 자연과 구별해주는 인간의 본질이라 생각되어온 인간 정신을 탐구하려는 것이라면, 비환원적 물리주의의 이러한 가능성은 단지 환원주의 등 이전의 물리주의가 가지고 있는 난점들을 해결한다는 차원에서뿐만 아니라, 물리주의를 버리지 않으면서도 인간의 양면적인 모습을 해명해줄 수 있는 최선의 입장으로서 오래도록 심신 문제에 골치 썩어온 많은 철학자들을 고무시킨 것이다.

셋째 최근에 학제 간 융합 분야의 전형으로 주목받고 있는 인지과학의 발달도 심신 이론에서 비환원적 물리주의를 세워준 데에 한몫했다. 인지과학의 세력 확대는 단순히 인지심리학이라는 심리학의 한 조류 차원을 넘어서 다양한 학문 영역에 막대한 영향을 끼치고 있다. 인지과학은 종래의 학문 분류 방식에 관해 새로운 패러다임을 제시함으로써, 이전에는 뚜렷한 관련이 없어 보였던 많은 분야들에 새로운 학제 간 협동 작업의 틀을 제공했고, 요즈음 구미의 많은 대학에서는 아예 협동 차원을 넘어서 인지과학 분야가 독립된 학과로 편성됨으로써 학문 영역의 지도를 새로 그리고 있는 실정이며, 다른 분야들에게까지 자신의 정체성을 반성케 하는 파급효과를 던져주고 있다.

그런데 이러한 인지과학의 철학적 근거가 바로 비환원적 물리주의의 한 형태라고 볼 수 있는 기능주의다.[29] 기능주의는 앞에서 살펴본 환원주

---

29 엄밀히 말하자면 기능주의 자체는 비환원적 물리주의에 관한 어떠한 형이상학적 함축도 갖지 않는 입장이다(기능주의에 관해서는 이 책의 3장 2절도 참조). 심지어는 기능주의 입론 자체는 물리주의가 아닌 이원론과도 양립할 수 있다. 왜냐하면 기능주의 자체가 심·물 간의 관계가 아닌 심리 속성과 기능 속성 간의 관계만을 문제 삼고 있는데, 여기서 기능 속성이 비물리적인 것일 수도 있음을 결코 배제할 수 없기 때문이다. 반면에 물리 속성과의 관계에 대해선 '복수 실현 가능성 논변'만을 언급하면서 동일한 기능 속성이 상이한 방식으로 물리적 실현을 이룰 수 있음을 언급할 뿐이다.

그러나 과연 어떤 기능주의자가 이원론 등을 주장하려고 물리주의를 부정할 수 있겠는가? 실제로 기능주의자들 중 반물리주의를 옹호한 사람은 하나도 없었고 앞으로도 없을 것 같다. 물론 논리적인 가능성을 부정할 수는 없다. 그러나 물리주의를 부정할 경우 그에 따른 존재론적 부담을 극복하기란 그리 용이한 일이 아니다. 만일 기능 속성을 물리 영역으로부터 배제할 수 있다면, 두 영역 간의 인과관계는 어떻게 설명할 수 있을 것인가? 이것이 간단한 문제라면 정신 인과는 애당초 문제조차 되지 않았을 것이다. 어떤 기능주의자도 그와 같은 존재론적 부담을 감수하면서까지 기꺼이 반물리주의를 표방하지는 않을 것이다.

결국 설사 기능주의 입론 자체에 어떠한 존재론적 함의가 없다고 하더라도 기능주의의 존재론적 입장은 물리주의, 그중에서 비환원적 물리주의로 보아도 무방할 것이다. 이와는 다르게 기능주의를 심리 속성과 기능 속성 간의 환원을 주장하는 환원주의의 한 형태, 즉 '기능적 환원주의(functional reductionism)'로 파악하는 시각도 있다. 예컨대 한때 기능주의의 창시자이기도 했던 퍼트남은 Putnam(1988)에서 환원주의를 비판하는 논거가 그대로 기능주의를 비판하는 데에 적용될 수 있음을 보이고 있다[Putnam(1988) 특히 1, 5~6장을 볼 것]. 그러나 이때의 환원주의는 심신 문제에서 논의되는 심신 환원주의가 아니라 심리 속성과 기능 속성 간의 환원을 주장하는 입장이다. 기능주의기 '복수 실현 가능성 논변'이라는 문제의식을 공유하고 있다면 결코 어떠한 경우도 심신 간의 환원을 인정하진 않을 것이기 때문이다.

물론 기능주의 자체에는 어떠한 존재론적 함의도 없다. 예컨대 Fodor(1985/1990)에서 제리 포더는 현재의 주류 심리철학자들을 그 입장에 따라 분류하고 있는데(사실상 그 분류 대상의 대부분이 기능주의자들인데), 아예 그 논의의 첫 머리에서 모든 분류 대상자들을 존재론에 염증을 느낀 사람들로 규정하고 있다. 그러나 김재권 등의 비환원적 물리주

의에 대한 비판들 중 '복수 실현 가능성 논변'에 바탕을 두고 창안된 입장으로 물리·화학적인 성분은 다르더라도 동일한 기능을 가질 수 있다는 점에 착안해 등장했다. 즉 기능주의는 정신을 컴퓨터 모형으로 설명하는데 정신 현상을 소프트웨어에, 그것의 기반이 되는 물리적 실현(realization)을 하드웨어에 비교하고 있다. 컴퓨터가 작동할 때 서로 다르게 제조된 하드웨어들에서도 동일한 소프트웨어가 작동해 동일한 연산이 일어날 수 있듯이, 정신 현상도 물질적인 동일성을 바탕으로 하지 않고서도 동일한 기능을 유지할 수 있다는 것이다.

이렇게 기능주의라는 철학적 기초를 토대로 발전한 인지과학은 지각·학습·추리·언어 현상 등의 심리 현상들을 더욱 깊이 이해할 수 있는 틀을 제공해주었을 뿐 아니라,[30] 종래 행위 철학에서의 난점이었던 인간 행위의 인과성과 합리성을(즉 행위의 원인과 이유를) 통일적으로 설명해줄 수 있는 방식을 보여줌으로써,[31] 철학·심리학뿐만 아니라 인지과학 연구를 협동해 수행하고 있는 관련된 제반 과학 분야의 발전에 획기적으로 기여하고 인간 이해의 차원을 한 차원 높였다고 할 수 있다. 이러한 인지과학의 영향

의 비판으로 존재론의 문제가 최근의 심리철학계에 다시 뜨거운 쟁점으로 등장했음을 감안한다면, 그리고 그들의 비판이 전혀 무의미하지 않다면 이들이 언제까지나 존재론의 문제를 피할 수도 외면할 수도 없을 것이다.

사실 1990년대 이후 '정신 인과'라는 주제로 존재론적 문제인 심신 문제가 다시금 활발히 논의되고 있는데, 나의 개인적인 느낌으로는 김재권 등의 비판으로 가장 큰 주류 입장이었던 기능주의가 부수 현상론(epiphenomenalism)이 될 위기에 직면했다는 것이, 해묵은 문제로 보였던 심신 문제가 새삼스럽게 다시 뜨거운 관심을 받으며 재등장하게 된 이유인 듯하다.

30 Johnson-Laird(1988/1991) 참조.

31 예컨대 Fodor(1975), (1987) 각각의 1장을, 그리고 이 책의 3장 2절을 볼 것. 물론 이것은 앞에서 살펴보았던 데이비슨과는 다른 방식이었다. 앞으로 이 책 3장에서는 행위의 인과성과 합리성을 조화시키는 데이비슨과 포더의 이론을 서로 비교할 기회가 있을 것이다.

력 확대에 힘입어 그 철학적 기초인 기능주의가 최근 심신 이론의 주류로 급부상함과 동시에 그것의 존재론적 입장인 비환원적 물리주의가 당연한 것으로 새롭게 인식되고 있다.

그런데 최근에 정신 인과의 문제가 새삼스럽게 다시 뜨거운 쟁점으로 등장하게 된 것은 바로 이렇게 심신 이론에서 주류 위치를 차지하면서 당연한 상식적 입장으로 자리를 굳힌 듯이 보였던 비환원적 물리주의의 존재론적 측면에 심각한 문제점이 제기되었기 때문이다. 이전에 비환원적 물리주의에 속하는 개별적 입장들 각각에 대한 비판이 없진 않았지만,[32] 비환원적 물리주의 일반에 관한 포괄적인 존재론적 비판이 제기되었다는 점에 문제의 심각성이 있는 것이다. 이제 그 비판을 살펴보기로 하자. 여기서는 이러한 비판의 선봉장 격인 김재권의 대표적인 비판 논문인 「비환원적 유물론의 신화」[33]의 논변을 살펴보겠다.

김재권은 「비환원적 유물론의 신화」에서 결론 내리길 비환원적 유물론[34]

---

32 예컨대 기능주의에 대한 감각질(qualia) 문제가 있었다. 이에 관해선 Block(1978/1991), Jackson(1982/1990), (1986/1991) 등을 볼 것. 그리고 데이비슨의 무법칙적 일원론에 대해선 부수 현상론에 불과하다는 비판이 있었다. 김재권의 「비환원적 유물론의 신화」에 앞서 이러한 비판을 제기한 글로는 Stoutland(1980), Honderich(1982), Kim(1984C), Sosa(1984) 등이 있다. 또 같은 해에 나온 Antony(1989), McLaughlin(1989), Horgan(1989) 등도 참조. 이에 대한 데이비슨의 반박인 Davidson(1993)과 그것에 대한 재반박 글들이 Heil & Mele(eds)(1993)에 수록되어 있다.

33 Kim(1989B).

34 현대 심리철학계에서는 전통적인 표현인 '유물론(matcrialism)'보다 '물리주의(physicalism)'라는 표현을 선호하는 것 같다. '유물론'은 글자 그대로 물질만이 존재한다는 형이상학 입장인데 데카르트 이래로 물질의 본성을 연장(extension)으로 보는 생각이 지금도 일상적으로 많이 받아들여지고 있는 현실에서 파동(wave), 장(field) 전하 등 전통적인 '물질' 개념과는 상이해 보이는 물리 존재자들도 포괄할 수 있기 위해서는 '물리주의'가 보다 적절해 보이기 때문이다. 하지만 김재권 등 이 책에서 앞으로 언급할 많은 철학자들이 이러한 자이를 알고 있음에도 불구하고 대체로 두 용어를 같은 의미로 함께 쓰곤 하는 점을

은 일관성을 갖고 자신의 입장을 유지할 수 없으며, 결국 제거주의·환원주의·이원론 중 어느 하나로 될 수밖에 없고, 따라서 확고한 입장이 못된다는 것이다. 그의 논변을 요약해보면 다음과 같다.[35]

① 인과관계는 법칙의 뒷받침을 받아야 한다.

② 그런데 정신에 관한 법칙, 즉 심신 법칙과 심리 법칙은 존재하지 않는다.

③ 따라서 정신 사건을 포함한 인과관계는 어떤 것이라도 물리적 법칙을 사례화해야 하고, 그에 따라 물리적 서술로 나타나든가 또는 물리 사건의 유형에 속하게 된다.

④ 따라서 인과관계를 이루는 모든 사건들은 물리 사건들이 되며, 결국 정신 속성들은 아무런 인과적 역할을 하지 못한다.

⑤ 따라서 데이비슨의 무법칙적 일원론과 같은 비환원적 물리주의는 제거주의와 구별될 수 없다.

⑥ 만일 비환원적 물리주의자가 데이비슨과 달리 자신의 입장이 제거주의의 한 형태라는 것을 인정치 않는다면, 그는 정신 실재론을 인정할 것이다. 정신 속성은 인과적 속성(causal properties), 즉 그 속성에 의해(in virtue of its property) 사건이 인과관계에 개입하게 되고 만일 그러한 속성이 없다면 개입하지 않게 되는 그러한 속성이어야 한다고

고려하여, 앞으로 이 책에서도 '물리주의'를 주로 쓰되 '유물론'도 같은 의미를 가진 것으로 함께 쓰겠다. 두 명칭을 위와 같이 차별화할 수도 있지만 물리주의는 엄연히 유물론의 철학적 후예인 것은 분명하며, 서로 다른 차이를 강조하는 것이 오히려 더 큰 오해를 불러일으킬 수 있기 때문이다.

35 Kim(1989B), 33~36쪽(논변 1~5), 43~45쪽(6~10).

가정한다.

⑦ 그런데 어떠한 물리주의자들도 물리적 폐쇄 원칙을 인정할 것이다. 이때의 물리적 원인은 그것의 물리적 속성에 의해 물리 사건을 야기한 것으로 추정된다.

⑧ 결국 두 원인(정신적 원인과 물리적 원인)의 문제가 제기되어 물리적 폐쇄 원칙은 유지될 수 없으며, 그 경우 물리주의를 옹호할 수 없다.

⑨ 그렇다고 물리적 폐쇄 원칙을 고수하려고 정신적 원인과 물리적 원인은 동일한 것이라고 문제를 회피하면 환원주의가 되어버린다.

⑩ 결론적으로 비환원적 물리주의는 존재론적으로 확고한 입장이 아니다.

이것이 「비환원적 유물론의 신화」에서 김재권이 비환원적 물리주의를 공격하는 논변이다. 이 논변은 크게 두 부분으로 나눌 수 있다. 먼저 ①~⑤까지를 첫 번째 부분으로 볼 수 있고, 나머지 ⑥~⑩을 두 번째 부분으로 볼 수 있다. 정신 속성을 인정하느냐 하지 않느냐에 따라 비환원적 물리주의를 두 종류로 나눌 수 있다면 논변의 첫 번째 부분은 정신 속성을 인정치 않는 경우인데, 이때의 비환원적 물리주의는 제거주의가 될 수밖에 없다는 것이 요지다. 논변의 두 번째 부분은 정신 속성을 인정하는 것으로 정신 실재론을 옹호하는 비환원적 물리주의의 경우다. 이때에는 이원론이나 환원주의로 갈 수밖에 없는데, 이원론은 물리주의와 양립할 수 없는 입장이며 환원주의는 비환원주의와 양립할 수 없는 입장이기 때문에 어느 경우도 비환원적 물리주의자에게는 봉쇄되어 있는 선택일 뿐이라는 논변이다. 논변의 두 부분을 종합해본다면 결국 비환원적 물리주의는 제거주의로 떨어질 수밖에 없거나, 그렇지 않으면 그 자신과 모순되는 이원론이나 환원주의를 택할 수밖에 없으므로 결국 그 자체의 입장을 제대로 유지할 수 없다는 것이다.

이러한 주장을 다른 방식으로 표현한다면, 정신적인(혹은 심리적인) 것은 결국 부수 현상(epiphenomena)에 불과하다고 말할 수 있다. 왜냐하면 정신적인 것은 인과관계 속에서 인과를 유발시키는 역할을 할 수 없으므로 결국 존재자로서 합당한 지위를 가질 수 없기 때문이다. 정신적인 것은 독자적인 존재자의 지위를 갖지 못하고 단지 물리적인 것에 기생하거나 물리적인 것으로부터 파생되어 나온 것, 즉 부수 현상에 불과하다(이렇게 특히 비환원적 물리주의의 경우에 정신적인 것은 부수 현상에 불과하다는 비판 논변을 나는 이 책에서 앞으로 '부수 현상론 시비'라고 부르겠다).[36]

정신적인 것이 존재론적으로 독자성을 갖지 못하고 물리적인 것에 기생하는 부수 현상에 불과하다는 점은 다음과 같이 설명할 수도 있다. 정신적인 것은 결국 물리적인 것 없이는 존재할 수 없다. 만일 이 세계에서 모든 물리적인 것이 사라진다면 정신적인 것도 함께 사라질 수밖에 없을 것이다. 즉 정신적인 것은 결코 물리적인 것과 **독립적으로** 존재할 수는 없을 것이며, 이런 뜻에서 정신적인 것은 부수 현상에 불과하다는 것이다.[37] 비환원적 물리주의자가 정신적인 것이 부수 현상에 불과하다는 이러한 비판을 부정하고 싶어도 쉽게 그럴 수 없는 것이, 부수 현상임을 부정해 정신적인 것에 존재론적 독자성을 부여한다면 (앞의 논변 ⑥ 이하의

---

36 특히 김재권은 '인과적 배제(causal exclusion)' 혹은 '설명적 배제(explanatory exclusion)'라는 특유의 원칙을 동원하여 비환원적 물리주의를 비판하고 있는데, 이러한 비판 역시 부수 현상론 시비의 일종으로 볼 수 있다. 김재권의 '배제 원칙(exclusion principles)'에 관해선 Kim(1988), (1989A), (1990A)을 볼 것. 이러한 배제 원칙들은 앞에서 살펴본 그의 논변과 유사한 내용이므로 이 글에서는 따로 언급하지 않겠다.

37 이러한 부수 현상론 시비를 바탕으로 국내 분석철학계의 속성 이원론자들을 비판한 것으로는 이 책의 3장 3절 참조.

귀결처럼) 비환원적 물리주의로서 자신의 입장을 제대로 유지할 수 없기 때문이다.

앞에서 본 바와 같이 물리주의를 인정하면서도 심신 간의 환원은 부정함으로써 물리주의와 정신적인 것의 실재성을 별 무리 없이 조화시킬 수 있다는 게 비환원적 물리주의의 매력인 것으로 생각되었다. 그러나 앞의 비판에 따르면 물리적인 것에 환원되지 않는다는 정신적인 것은 결코 독자적인 존재론적 지위를 갖지 못한다. 그렇다면 비환원적 물리주의가 가진 매력은 완전히 허구인 셈이다. 이와 같은 비환원적 물리주의에 대한 김재권 등의 강력한 비판이 옳다면, 결국 정신 인과의 문제는 최초에 출발했던 원점으로 완전히 되돌아갔다고 볼 수 있다. 유력한 대안들에 모두 문제가 있음이 드러난 셈이기 때문이다. 이것이 우리가 처해 있는 상황이다.[38]

---

38 이 장의 1, 3절 중 일부는 백도형(1995C)에, 그리고 2절의 일부는 백도형(2012A)에 포함된 내용을 토대로 이루어졌다.

2장

보편자와 인과법칙

1. 보편자로서의 속성과 실재론

이러한 상황에서 우리는 어디서부터 문제를 풀어나가야 할까? 문제가 이런 식으로 원점으로 되돌아왔다면 우리는 심신 문제를 전면적으로 재검토해야 할 것이다. 이 책에서는 형이상학의 전통적인 문제인 **보편자(universal)로서의 속성의 존재론적 지위** 문제가 심신 문제를 해명해줄 수 있는 열쇠임을 주장하려고 한다. 그러나 사실상 지금까지 심신 문제에 관한 이론들은 그런 점에 거의 관심을 두지 않았고 그 때문에 심신 문제, 특히 정신 인과의 문제가 난맥상을 보이고 있는 것이다. 나는 이러한 생각을 심리철학과 심신 문제에 관심을 두고 검토하기 시작한 이래로 줄곧 해왔고 그동안 여러 논문들을 통해 발표했다.[1] 이 책에서는 이러한 생각들을 정리하면서 새롭게 발전시키려고 한다.

나의 요점부터 간단히 밝힌다면 정신 인과에 관한 지금까지의 논의들은 대체로 보편자 실재론을 무비판적으로 전제하고 있다는 것이다. 그런 점이 제대로 해명되지 않는다면 정신 인과의 문제의 핵심은 드러나지 않는다는 게 나의 생각이다. 그래서 여기에서는 우선 정신 인과의 문제의 바탕에 깔려 있는 보편자 이론과 가장 가까워 보이는 호주의 철학자 데이비드 암스트롱(David M. Armstrong)의 입장을 중심으로 **보편자로서의 속성**에 관해 살펴보려고 한다.[2] 또한 그의 보편자 실재론은 자연법칙에 관한 실재론으로까지 이어지는데, 이러한 자연법칙의 문제 또한 심신 문제에서 파생하는 심리학의 과학성 문제[3]와 밀접하게 연결되므로 자연법칙에 관한 그의 입장까지도 아울러 살펴보겠다.[4]

형이상학의 오랜 문제인 보편자 문제가 어떻게 정신 인과의 문제와 관련될 수 있는가? 요점은 이렇다. 대체로 많은 심신 이론들은 물리적인 것

---

1   1992년 박사과정 수료 논문[후에 수정 발전시켜 백도형(1995D)로 간행]을 쓸 때에 이런 생각(심신 문제와 보편자 문제의 관련)을 처음 구상했고, 처음 논문으로 간행한 것은 백도형(1993), (1995A), (1995B)였다.

2   암스트롱은 보편자 문제를 논의한 대표적인 현대 철학자이면서 심신 문제에 관해서도 중요한 입장을 갖고 있지만, 그 자신도 심신 문제와 보편자 문제를 명시적으로 관련짓지는 않았다. 다만 그가 이 두 문제를 서로 잘 포괄할 수 있는 자연주의(naturalism)를 옹호한다는 점은 분명하다(그의 자연주의 입장에서 이러한 관련이 당연한 것이라 생각하고 굳이 명시적인 연결을 보이지는 않았을 수도 있다). 암스트롱 입장에 대한 이러한 해석에 관해서는 이 책의 5장 참조.

3   심리학의 과학성 문제, 즉 심리학이 철학으로서의 심리학인가, 과학으로서의 심리학인가의 문제는 3장 2절에서 데이비슨과 포더의 입장을 비교하면서 본격적으로 다룰 것이다.

4   나는 지금까지의 정신 인과의 문제가 암스트롱의 보편자 실재론과 유사한 형태의 속성 실재론이 암묵적으로 깔려 있음에도 이 점을 놓치고 있는 데에서 어려워졌다고 생각하는 만큼, 이 책의 마지막 장(9장)에서 제시할 나의 대안 이론(심신 유명론 그리고 4차원 개별자론)은 암스트롱의 이론 및 그와 유사한 실재론 형이상학을 갖고 있다고 판단하는 김재권의 심신 이론과 대조될 수 있는 모형이 될 것이다.

과 구별되는 정신적인 것의 존재를 옹호하려 하고 그러기 위해 정신적인 것의 실재론을 옹호한다. 이러한 실재론은 정신 실체 실재론이거나 정신 속성 실재론의 형태로 이루어진다. 서론에서 살펴보았듯이 전자는 데카르트식의 실체 이원론이 대표적인 사례였고, 20세기 이후 자연과학이 발달한 지금은 실체 차원에서는 물리주의 일원론을 당연시하는 분위기가 되어서 정신적인 것의 실재를 속성 차원에서 옹호하려면 후자, 즉 정신 속성 실재론의 입장을 띨 수밖에 없다는 것이 최근 심리철학계의 일반적인 대세다. 지금까지 심신 이론들에서 문제시되었던 심신 환원도 결국 정신 속성과 물리 속성 간의 환원이다. 이런 점에서 보편자로서의 속성 문제가 심신 문제의 암묵적인 기초가 된다고 볼 수 있다.

게다가 이 책에서 다루려는 것처럼 심신 문제는 최근에는 의식의 문제와 함께 정신 인과의 문제를 주요 쟁점으로 삼아 논의되고 있다. 즉 물리 세계에서 어떻게 정신적인 것이 인과적인 역할을 갖느냐가 문제의 초점이다. 여기서 '정신적인 것이 인과적인 역할을 갖는다'는 것은 정신 속성이 세계에 존재하는 인과관계에 변화를 유발시킬 수 있는 힘을 가짐을 말한다. 따라서 정신적인 것이 실재한다는 정신 실재론을 주장하기 위해서는 정신 속성이 인과적 속성임을 인정해야 한다. 즉 그 속성에 의해 사건이 인과관계에 개입하게 되고 만일 그러한 속성이 없다면 개입하지 않게 되는 그러한 속성임을 인정하는 것이다. 요컨대 정신 실재론 혹은 정신 인과를 옹호하기 위해서는 속성 실재론(property realism)을 그 존재론적 토대로 인정해야 하는 것이다.

그런데 우리는 보통 인과관계를 일반 법칙의 뒷받침을 받는 것으로 생각한다. 즉 원인과 결과 간의 관계인 인과관계는 각각의 고유성·개별성보다는 일반성·보편성을 통해 이해되어야 한다. 따라서 이렇게 법칙의 지배를 받는 인과관계를 유발하는 속성이란 보편자로서의 속성이어야 한다. 보편자로서의 속성이 전제되지 않는다면 그것이 유발한 인과관계는 법칙의 지배를 받을 수 없다. 왜냐하면 보편자가 없이는 원인과 결과의 동일성이 확보될 수 없어서 법칙이 갖는 필연성 내지 규칙성, 일반성 등이 유지될 수 없기 때문이다.[5] 이런 연유로 보편자와 속성의 존재론이 심신 문제에 깊이 개입해 있는 것이다.

예컨대 조금 전에 살펴본 김재권의 비환원적 물리주의에 대한 비판 논변도 보편자 실재론을 전제로 삼고 있다. 정신 인과에 관한 대부분의 논의들이 이렇게 보편자 실재론을 토대로 성립하고 있는 까닭은 정신 실재론을 당연한 것으로 받아들이기 때문이다. 이때의 정신 실재론은 (앞에서 김재권의 논변에서도 보듯이) 정신 속성의 실재론으로서 정신이 **그 속성으로 말미암아**(in virtue of its mental property) 세계에서 벌어지는 인과관계에 능동적인 역할을 담당한다는 주장으로 표현된다. 그래서 만약 정신 속성이 이러한 인과적 효력(causal efficacy)을 갖지 않는다면, 정신적인 것에 독자적인 실재성을 부여할 수 없으며 결코 존재하는 것으로 볼 수 없다는 것이다.[6]

그런데 앞에서 제시된 김재권의 비판 논변 중 단계 ①에서 보듯 인과관계는 법칙의 뒷받침을 받아야 한다. 즉 원인과 결과의 관계들인 인과관계들은 각각의 고유성·개별성보다는 일반성·보편성을 통해 이해되어야 한다. 따라서 이렇게 법칙의 지배를 받는 인과관계를 유발하는 속성이란 보

---

5 앞에서 본 (또한 3장 1절에서도 살펴보게 될) 데이비슨의 심신 이론 법칙이 일반적인 법칙과 다른 점은 그가 보편자로서의 속성 실재론을 받아들이지 않는다는 것과도 일맥상통한다.

6 Kim(1989B), 35쪽을 볼 것. 또 Kim(1992A), 135쪽도 참고할 것.

편자로서의 속성이어야 한다. **보편자로서의 속성**이 전제되지 않는다면 그 것이 유발한 인과관계는 법칙의 지배를 받을 수 없다.

나는 이러한 보편자로서의 속성 존재론이 정신 인과의 문제를 해명하는 데 선결되어야 할 문제라고 생각한다. 보편자 문제는 지금까지 그 논의의 축적도에 비해 속 시원한 진전이 없는 정신 인과의 문제를 해명해줄 중요한 단서가 될 수 있다. 그래서 정신 인과의 문제와 그것에 관한 지금까지의 논의들을 본격적으로 검토하기 전에 이 장에서는 그에 앞선 예비 과정으로서 보편자와 속성의 존재론에 관해 검토하려 한다. 우선 전통적으로 형이상학에서 보편자가 논의되게 된 배경부터 살펴본다. 도대체 속성은 무엇이고, 보편자란 무엇인가?

우리는 보통 자연 세계를 개체와 속성 혹은 관계를[7] 통해 파악하고 있다. 예컨대 〈이것의 이러저러함〉으로 말이다. 이렇게 이해하는 것이 우리의 일상적인 세계 인식 방식이다. 속성이란 이때의 〈이러저러함〉에 해당하는 것이다. 그렇다면 속성이란 것이 도대체 왜 필요한 것일까? 개체만으로 세계에 대한 인식이 완성되는 것이 아닐까?

철학사를 통해 볼 때 속성이 문제시된 것은 '같음의 문제'와 그것에서 비롯된 '하나[一]와 여럿[多]의 문제'를[8] 통해서다. 도대체 어떻게 다른 개

---

7 보통 존재론에서 관계란 둘 이상의 개별자들 사이의 경우이기 때문에 속성의 경우보다 한 개 이상의 개별자가 더 개입하고 있다. 하지만 이 경우도 주체가 되는 개별자 이외의 나머지 것들은 관계에 그 대상으로 포함시킬 수 있기 때문에 결국 관계는 넓은 의미의 속성에 포함되는 것으로 볼 수 있다. 이 책에서 앞으로 언급하는 '속성'은 관계까지도 포함하는 넓은 의미의 속성이다. 그리고 관계에 대해서는 꼭 따로 언급할 필요가 있을 경우에 언급하겠다.
8 철학사에서 이러한 문제가 최초로 제시된 것은 플라톤의 대화편인 『파르메니데스』와 『소피스트』였다.

체들이 하나의 모습을 띠며 같을 수 있는가? 어떻게 여러 사물들은 여럿이면서 동시에 하나일 수 있을까? 예컨대 어떻게 이 책과 저 장미는 서로 다른 사물들이면서도 붉은색을 띠며 서로 같을 수 있는가? 어떻게 이 거울과 저 창문은 서로 같은 모양(예컨대 사각형)을 지닐 수 있는가? 너와 나는 얼굴도 피부색도 성(性)도 다른데 키는 같다. 이러한 종류의 같음은 일상적인 인식뿐만 아니라 과학 이론적인 인식에서도 드러난다. 내가 이 벽과 저 돌을 만질 때의 감촉은 물이나 아이스크림 혹은 공기를 만질 때의 느낌과는 구별되는 모종의 비슷함(우리가 일상적으로 '단단함'이라 말하는)을 지닌 것 같다. 이 나무 책상과 저 철판은 서로 같은 무게를 가진 것 같다. 이런 말과 생각 속에 같음과 동일함이 들어 있다.

이 문제를 개별자(token)와 유형(type) 간의 관계로 다시 설명할 수 있다.[9] 예컨대 다음의 물음을 생각해보자. 다음의 대괄호 안에 몇 개의 단어가 있는가?

[사과   사과]

이 물음에 대해선 2개와 단지 1개뿐이라는 두 가지 대답이 있을 수 있다. 개별자와 유형의 구분을 사용한다면 다음과 같이 대답할 수도 있다.

[ ] 속에는 한 유형의 두 개의(개별자로서의) 단어 '사과'들이 있다.

---

9   Armstrong(1989), 1~2쪽에서 참조함. 암스트롱에 의하면 개별자와 유형의 구분은 퍼어스(C. S. Peirce)가 의미론을 논하면서 처음으로 했다고 한다.

그러면 이때 개별자로서의 두 '사과'들을 하나의 유형으로 보게 하는 것은 무엇인가? 바로 이것이 두 단어의 동일함이라고 말할 수 있는 것이다. 속성이란 이러한 동일함 혹은 같음을 지닌 것으로 보이는 여러 개별자들을 하나의 유형으로 묶어주는 근거가 된다.

여기서 우리가 한 가지 주의할 점은 속성이란 **존재론의 범주에 속하는** 것으로 **인식론 혹은 의미론의 범주가 아니라는** 것이다. 속성이 존재론의 범주에 속한다는 것은 속성이 **우리의 정신으로부터 독립해서 존재**한다는 말이다. 따라서 속성은 언어 범주인 술어(predicate)와는 구별되며, 앞에서 살펴본 여럿을 하나로 만들어주는 **동일함의 존재론적 근거가 된다.**[10]

이러한 속성은 보통 **보편자로서의 속성**이다. 조금 뒤에 살펴볼 유명론과 같은 개별자 존재론(particularism)을 옹호하는 이들은 세계에 존재하는 것은 개별자들뿐이라고 하여 보편성을 부정함으로써 아예 속성을 인정하지 않고 속성 없는 개별자들(bare particulars)만을 인정하거나, 속성을 인정하더라도 보편자로서가 아닌 각각의 개별자에 독특한 것으로서의 속성, 즉 각각의 개별자들 상호 간에 어떠한 동일함도 부여하지 않는 속성으로서 인정할 뿐이다.[11] 그들의 개별자들은 자기 동일성 이외에는 어떠한 동일성도 서로 갖지 않는, 어떠한 동일함의 반복도 일어나지 않는 개별자들이다. 그러나 보편자로서의 속성을 인정하면 세계에 존재하는 개별자

---

10 우리는 일상적이 술어로 속성을 표현하고 있지만, 술어는 단지 동일함의 인식론적·의미론적 근거일 뿐이다.

11 개별자 존재론자들 중 이러한 후자의 예로는 Campbell(1990)의 추상적 개별자(trope, abstract particulars) 또는 라이프니츠의 '단자(monad)'를 들 수 있다. 사실 개별자로서의 속성을 인정하는 이러한 경우들이 있을 수 있고 또 실제로 철학사에 존재했었기 때문에 유명론과 실재론의 대립을 단순히 속성의 실재 여부에 대한 이견만으로 생각하는 것은 충분하지 않다. 그때의 속성이란 반드시 보편자로서의 속성임이 지적되어야 한다.

들 간에 모종의 동일함이 **있음**을 인정할 수 있고 그 동일함이 반복되어 일어날 수 있음도 인정할 수 있다. 즉 각각의 개별 사례들에서도 보편자로서의 속성은 엄격한 동일성을 갖게 한다.

보편자로서의 속성의 존재를 인정하는 입장을 **실재론**(realism)이라고 하며 부정하는 입장을 **유명론**(唯名論, nominalism)이라고 한다. 철학사를 살펴보면 실재론은 주로 플라톤 이래 선험 철학을 옹호하는 사람들이 표명했지만, 유명론은 최근까지도 대체로 경험론의 입장을 가진 사람들이 옹호했다.[12] 이렇게 된 데에는 나름대로 이유가 있다. 왜냐하면 보편자는 그 역사적 근원인 플라톤의 이데아 이래로 경험에 의해서는 접근할 수 없는 것들로 생각되었고 항상 선험적인(a priori) 인식에 의해 파악될 수밖에 없는 것으로 간주됐다. 이에 반해 경험이란 것은 특정한 시간과 공간, 그리고 특정한 인식 주체를 전제로 해서만 성립하는 것으로 항상 개별적이고 구체적인 것이다. 경험론의 입장에 따른다면 (귀납 논증에 대한 흄의 회의론에서 엿볼 수 있듯이) 그러한 개별적인 경험들 간에 보이는 닮음 내지 동일함은 경험 자체로는 근거를 세울 수 없는 것이다.

그러나 이러한 철학사의 전통과 달리 최근에는 물리주의가 당연시되면서 보편자 실재론을 옹호하면서도 플라톤주의를 계승하는 선험주의는 거부하는 입장이 설득력 있게 제기되고 있다. 이러한 입장을 체계화한 대표적인 인물로 암스트롱이 주목받고 있다.[13] 그는 보편자란 존재론적 범주로

---

12 물론 극단적인 경험론자들인 흄이나 논리실증주의자들은 경험에 의해 정당화되지 않는 형이상학에 극단적인 거부감을 갖고 있기 때문에 보편자 문제와 같은 존재론을 결코 다루지 않는다.

13 암스트롱의 이러한 실재론 입장은 Armstrong(1978A), (1978B), (1983), (1989) 등의 단행본으로 계속 출간되었다.

서 그것의 실재 자체는 우리의 인식으로부터 독립되어 있지만 세계 속에 **실제로 어떤** 보편자들이 존재하는가의 문제는 결코 선험적으로 결정할 수 없다고 주장한다. 그 문제는 궁극적으로 발달한 총체적인 과학의[14] 결과를 근거로 답할 수 있다고 한다.

그는 이러한 자신의 보편자 실재론을 경험적 실재론[immanent realism, 혹은 후험적(a posteriori) 실재론][15]이라고 하면서 선험적 실재론을 비판한다. 그에 의하면 선험적 실재론은 세계 안에 실제로 어떤 보편자들이 존재하는가의 문제에 대한 답을 의미론적으로 결정하려고 한다. 즉 술어나 일반 언사(general word or phrase)에 대응하는 것으로 보편자를 생각한다는 것이다. 그러나 암스트롱에 의하면 이러한 생각은 잘못이다. 보편자는 **존재론적 범주**이기 때문에 자연언어의 술어나 일반 언사에서 보편자를 도출할 수 없다. 그래서 그는 보편자가 과학에 의해서 그것도 현재의 과학이 아니라 궁극적으로 발달한 최종적이고 총체적인 과학의 결과에 의해 드러날 것이라고 주장한다.

그는 이러한 점을 더욱 분명히 하기 위해 사례화의 원칙(the Principle of Instantiation)[16]을 제시한다. 이것은 보편자를 지배하는 원칙으로서 속성이란 반드시 어떤 실제 개별자의 속성이어야 하며 관계도 실제 개별자들 간

---

14 그는 총체적 과학에 물리학뿐만 아니라 화학, 우주론까지도 포함시킨다. 그러면서 그는 자신이 물리주의를 옹호하지만 물리주의가 참인가 하는 문제는 좀 더 사변적인 것이라며 우선은 자연주의를 표방한다고 말한다[Armstrong(1983), 82쪽].

15 '내재적 실재론'이라는 번역이 더 좋을지 모르지만 우리 철학계에 더 잘 알려져 있는 힐러리 퍼트남의 'internal realism'을 흔히 '내(재)적 실재론'으로 번역하는 것이 이미 관례화되어서 '경험적 실재론'으로 번역했다. 이 번역어는 이좌용(1988)을 따른 것이다.

16 우리 철학계와 논리학계에서는 'instantiation'의 번역어로 보통 '예화'를 쓰지만, 일상 언어와 좀 더 비슷하고 친숙한 번역어인 '사례화'를 썼다.

에 성립해야 한다는 원칙이다. 그러나 그에 따르면 여기서 '실제하는(real)'이라는 것이 반드시 현재에만 국한된 것은 아니다. 이 점에 관해서는 과거나 미래도 현재와 동등하다. 즉 보편자가 반드시 지금 사례화되어야 할 필요는 없다. 다만 그의 보편자는 시공간적인 현실계에만 국한될 뿐이다. 즉 그는 현실계주의(actualism)[17]를 옹호하며, 그의 실재론에 가능 세계의 실재에 관한 주장들은 포함되지 않는다.[18]

그는 이러한 원칙을 제시하는 이유로 자신이 자연주의를 옹호하기 때문이라고 밝히고 있다. 자신이 정의하는 자연주의는 단지 시공간적인 단일 세계(the single, spatio-temporal, world), 즉 물리학, 화학, 우주론 등 과학에 의해 탐구되는 세계 이외에는 어떠한 것도 존재하지 않는다는 입장이다.[19] 따라서 사례화되지 않은(uninstantiated) 보편자를 인정하는 것은 자연주의를 거부하는 것이며, 우리가 보편자의 존재를 사례화되는 것들로만 제한한다면 유명론을 거부하면서도 자연주의를 옹호할 수 있다고 한다.

그러면서도 그는 개체와 보편자라는 두 범주를 모두 인정하는 입장을 보인다. 둘 중 어느 하나가 다른 하나로 환원될 수 없다고 주장한다. 그는 이 둘 모두 '사태(states of affairs)'에 근원을 두고 있기 때문이라고 주장하며, 둘 중 어느 하나도 사태로부터 독립해서 존재할 수 없다고 말한다.[20]

---

17 '현실주의'가 흔히 고려할 수 있는 번역이겠지만, 이 표현은 '이상주의'와 대비되는 의미로 이미 일반화된 것 같아 '현실계주의'라고 번역했다.

18 Armstrong(1983), 8~9쪽 참조.

19 '그의 자연주의와 그것에 근거한 사례화의 원칙, 사태 이론에 관해서는 Armstrong(1983), 82~84쪽 참조. 또한 최근 저서인 Armstrong(1997), (2010)과 논문(1999)에서 포괄적으로 다시 제시하고 있다.

20 이러한 자연주의가 그의 보편자 실재론을 심신론에서의 물리주의, 그리고 과학적 실재론과 동시에 옹호할 수 있는 토대를 제공해주며, 물리주의를 옹호하는 많은 심신 이론가들

지금까지 철학사에 등장했던 많은 보편자 실재론은 대체로 보편자의 존재만을 인정하고 개별자는 보편자들로 이루어진 다발로 보는 입장, 즉 개별자의 존재는 보편자의 존재로 환원해서 설명하는 입장이었다. 그에 비해 암스트롱의 실재론은 보편자와 함께 개별자들의 실재도 인정한다. 보편자뿐만 아니라 그것의 담지자로서 개별자의 존재까지 인정하는 것은 바로 사례화의 원칙과 그것의 토대가 되는 자연주의 때문이다.[21] 개별자들

이 그러한 실재론에 암묵적으로 공감하고 있다.

나중에 3장과 5장에서 상세하게 제시하겠지만 김재권의 속성에 관한 입장도 암스트롱의 경험적 실재론의 입장과 유사하다. 그러나 지금 이 주에서 말하는 사례화의 원칙과 자연주의에까지 김재권이 공감하고 있는 것 같진 않다. (사실 처음에는 나도 이 주에 포함된 부분까지도 둘이 유사한 생각을 공유하고 있다고 생각했다.) 김 교수는 나와의 사적인 대화에서 이에 관한 질문에 대해, 자신이 비록 사건 이론에서 개체와 속성을 시간과 함께 사건을 구성하는 요소로 보며 그때의 속성은 암스트롱의 보편자와 같이 선험적으로 알려지는 것이 아닌 궁극적인 과학의 결과로 드러나는 것으로, 그리고 그 나름대로 인과적 역할을 가진 것으로 보긴 하지만, 자신이 암스트롱의 그 이상의 생각(예컨대 이 주에 제시된)까지도 공유하고 있는지는 분명치 않다고 대답했다. 자신은 그 문제에 관해 아직 암스트롱처럼 체계를 세워서 생각하지 않았다고 말했다. 또한 암스트롱의 입장은 자신의 입장보다 유명론적 요소를 더 많이 가지고 있는 것 같다고 말했다. 그리고 자신은 암스트롱의 현실계주의에 전적으로 동의하진 않으며, 두 범주 실재의 문제에 대해서도 자신의 사건 이론이 그 둘 모두를 사건의 구성 요소로 포함하고는 있지만 자신의 입장은 그 문제에 관해선 중립적이라고 답했다. 예컨대 자신의 사건 이론에서는 개체가 속성들의 다발로 환원된다는 입장도 고려할 수 있다고 말했다. 참고로 김재권이 Armstrong(1986)에 대해 논평한 글로 Kim(1986)이 있음을 밝혀둔다. 이 글에는 암스트롱의 형이상학에 대한 김재권의 의견이 포함되어 있다.

21 이렇게 개체와 보편자의 두 범주를 모두 인정하는 실재론이 바로 암스트롱의 경험적 실재론이 갖는 독특함이다. 지금까지 보편자 실재론은 암스트롱이 비판했던 플라톤식의 선험적 실재론이었다. 선험적 실재론은 보편자의 실재만을 인정하며 개별자는 보편자들의 다발로 이루어진 것으로 본다. 그리고 유명론은 개별자의 존재만 인정하며 보편자의 존재는 부정하는 것이다. 즉 암스트롱이 비판하는 두 입장인 선험적 실재론과 유명론은 개별자와 보편자의 두 범주 중 하나의 범주만을 인정하는 것이다. 반면에 암스트롱의 경험적 실재론은 개별자와 보편자로 이루어진 사태를 기초 존재자로 보고 두 범주를 모두 인정하는 것이다.

에 의해 사례화되는 보편자들의 존재만을 인정하여 보편자와 함께 개별자를 중요한 존재 범주로 인정하는 암스트롱의 입장은, 경험 과학을 뒷받침하는 형이상학을 추구하는 그의 모습을 보여준다. 즉 그는 경험적 인식과 함께 자연법칙 또한 과학의 근본을 이루는 것으로서 어느 하나도 버리지 않고 두 가지 모두를 포용하는 입장을 제시하고 싶었던 것이며, 이러한 바람에서 그의 보편자 실재론이 등장한 것이다.

암스트롱의 보편자로서의 속성은 술어 등에 의해 의미론적으로 파악된 것이 아니고 궁극적 과학에 의해 존재론적으로 밝혀지며 인과적 효력(causal efficacy 혹은 causal power)을 가지는 것으로 특징지을 수 있다. 예컨대 어떤 것이 참 속성이냐 아니냐는 그것이 인과적 힘을 지니고 있는지 여부로 판가름할 수 있다. 이 말은 세계에 실재하는 보편자로서의 속성들이 어떤 것들인가는 결국 최종 과학에 의해 결정되어야 한다는 앞에서의 견해와 일맥상통하는 것으로, 실재하는 세계를 있는 그대로 서술해줄 최종적인 과학 법칙은 참 속성들을 그 종속 변항으로 드러내면서 자연에 내재하는 필연성, 즉 인과적 필연성을 드러내줄 것이다. 이러한 점들은 암스트롱의 생각이 과학적 실재론(scientific realism) 및 법칙 실재론(nomic realism), 그리고 인과 실재론(causal realism)도 지향하고 있음을 보여준다.[22]

---

22 암스트롱은 보편자가 갖는 이러한 인과적 효력을 유명론과 선험적 실재론에 의해서는 설명할 수 없다고 보며 이 점을 자신의 경쟁 이론을 논파하는 주된 논점으로 삼고 있다[Armstrong(1978A)를 참조할 것]. 암스트롱과 이러한 견해를 공유하는 철학자로는 Dretske(1977), Tooley(1977) 등이 있다[Tooley(1987)도 참조]. 이 글에서 앞으로 중요하게 살펴볼 김재권도 이러한 생각을 공유하고 있다[김재권의 보편자 실재론에 관한 보다 자세한 내용은 이 책의 3장 1절과 5장을 참조. 또 Kim(1988)도 참조]. 그리고 포더도 유사한 생각을 하고 있다. 예컨대 Fodor(1974/1980), 123쪽에서 그는 다음과 같이 말한다.

그러나 선험적 실재론자들이 생각하는 것처럼 술어나 일반 언사의 사용 사실을 통해 보편자의 존재를 의미론적으로 상정한다면 그런 보편자는 존재론적인 의미를 갖는다고 볼 수 없다.[23] 물론 언어란 그것이 쓰이는 사회에서 그 의미를 공유해야만 사회 구성원들의 의사소통 수단으로 사용 가능한 것이 되는 만큼 완전히 자의적이라고는 할 수 없으나, 우리의 정신에서 완전히 독립된 객관적 실재라는 존재론적 의미를 갖지는 못한다는 것이 암스트롱과 같은 실재론자의 입장이다.[24] 사실 과학의 정당화를 거치지 않고도 자연 언어의 술어는 얼마든지 만들어질 수 있다. 그러나 그런 술어들이 모두 인과적 힘을 갖는 속성들에 대응해 인과적 설명에 사용될 수 있는 것은 아니다.[25] 이상의 논의들을 정리해 경험적 실재론의 기본 입론들을 구성해보면 다음과 같다.[26]

"대충 과학에서의 종 술어들은 순수 법칙에서 종속 변항이 되는 어휘들을 가진 술어들이다."(포더에 관해서는 이 책의 3장 2절을 보라) 또 제거주의자인 Churchland(1985/1989)에서도(특히 288쪽 이하를 보라) 비슷한 생각을 엿볼 수 있다(처치랜드의 제거주의에 관해서는 이 책의 4장을 보라). 앞에서도 언급했듯이 이렇듯 심신 문제를 다룬 대부분의 철학자들이 보편자 실재론을 옹호하고 있다는 점이 보편자 문제를 검토해야 하는 중요한 동기를 제공하고 있다.

23 Armstrong(1978A)의 7장을 참조할 것.

24 이러한 생각이 전형적인 실재론으로 내가 이 책에서 대안으로 제시하려는 심신 유명론으로서 4차원 개별자론과 대비된다. 암스트롱과 같은 전형적인 실재론과 비교한다면 4차원 개별자론은 실재론의 '언어적 전환(linguistic turn)'으로 볼 수도 있다. 이 책 9장 참조.

25 이러한 견해는 설명 실재론(explanatory realism)으로 표명된다. 설명 실재론은 인과 실재론을 전제로 하고 있다. Kim(1988)을 참조할 것. 김재권은 인과 실재론과 설명 실재론을 바탕으로 정신 인과의 문제에서 '인과적 배제', '설명적 배제'의 원칙을 제시하면서 비환원적 물리주의를 비판하고 있다.

26 다음의 논제들은 지금까지의 논의를 토대로 삼고 Putnam(1981)의 49쪽에 있는 형이상학적 실재론의 논제들을 염두에 두고 구성했다.

① 보편자로서의 속성은 우리의 정신으로부터 독립해 확정적으로 존재하는 것이므로 우리의 인식 또는 언어로부터 그 존재함을 유추할 수 없다.

② 세계 속에 실재하는 참 속성은 인과적 힘을 지닌다. 즉 세계 속의 인과관계를 유발시키는 데에 나름대로 역할을 한다.

③ 이렇게 인과적 힘을 갖는 보편자로서의 속성들로 구성되는 자연 세계에는 인과적 필연성이 내재해 있다.

④ 어떠한 속성, 그리고 어떠한 필연성이 존재하는가는 (일상 언어에 의해서가 아니라) 궁극적이고 최종적인 과학에 의해 밝혀질 것이다.

⑤ 즉 최종 과학 법칙들은 자연에 내재하는 인과적 필연성들과 상응하는 것이며, 그 법칙의 종속 변항들은 실재하는 참 속성들에 상응한다.

이제 다음 절에서는 이상의 보편자에 관한 논의를 바탕에 두고 역시 암스트롱의 논의를 중심으로 자연법칙으로서 인과법칙에 관해 좀 더 상세히 살펴보자.[27]

2. 인과, 법칙, 보편자

자연법칙의 본성에 관한 지금까지의 철학적 논의들은 크게 '규칙성 이론'과 '필연성 이론'이라는 두 갈래의 입장으로 정리할 수 있다. 규칙성 이론은 자연법칙에 필연성이 내재해 있음을 인정하지 않는다. 그것에는 단지

---

27 이 절의 일부는 백도형(1995A)에 포함된 내용을 토대로 이루어졌다.

보편적인 규칙성만이 존재한다는 입장이다. 이때의 '규칙성'이란 시공간 세계 내에서만 성립하는 규칙성으로 사실 차원의 우연적인 것이지, 시공간 세계를 초월해 모든 가능 세계에서까지 성립하는 필연성을 띠지는 않는다. 반면에 필연성 이론은 자연법칙에 모종의 필연성이 내재해 있다는 입장이다. 이때의 '필연성'을 어떻게 규정하는가는 철학자들의 주장에 따라 차이가 있다. 다만 규칙성 이론과의 중요한 차이를 말한다면, 필연성 이론가들은 자연법칙의 필연성이 객관적 근거를 지닌다고 주장한다는 점이다.[28]

암스트롱이[29] 제시하는 경험적 실재론의 법칙관은 이러한 두 갈래의 입장들에 더해 일종의 '제3의 길'을 제시한 것으로 볼 수 있다. 조금 전에 본 대로 암스트롱은 자신의 보편자 실재론, 즉 경험적 실재론에 바탕을 두고 법칙 실재론은 물론 과학적 실재론까지 주장한다. 그의 주장에 따르면, 자신의 입장은 규칙성 이론이 갖는 잘 알려진 난점들을 극복하면서도 종래의 필연성 이론과는 달리 자연주의를 옹호하는 입장이라는 것이다.

암스트롱의 주장에 따르면, 경험론의 정서가 지배했던 자신 이전의 분석철학계에서 자연법칙의 본성에 관한 주도적 입장은 규칙성 이론이었다. 이러한 규칙성 이론의 유래는 경험론의 입장을 철저하게 밀고 나갔던 흄의 인과론이다. 잘 알려진 대로 흄은 인과관계에 '항상적 연접(constant conjunction)' 관계는 있지만, 그것을 넘어서는 필연성은 인과관계에 객

---

28 국내 문헌으로 이러한 두 가지 입장을 다룬 글로는 김효명(1988) 참조.
29 보편자뿐만 아니라 자연법칙에 관한 입장에서도 암스트롱과 함께 드레츠키, 툴리 등이 유사한 입장을 제시했다. 그들의 입장에 관해서는 Dretske(1977), Tooley(1977) 등을 보라. 국내 문헌 중 암스트롱의 자연법칙관을 다룬 것으로는 이좌용(1996)이 있고, 암스트롱의 보편자 실재론을 다룬 것으로는 이좌용(1988)이 있다. 이 논문들은 모두 암스트롱의 실재론을 옹호하는 시각에서 쓰였다. 또한 툴리의 이론에 관한 것으로는 탁석산(1996)이 있다.

관적으로 내재해 있는 것이 아니라고 말한다. 단지 인과법칙의 '필연성'은 유사한 인과관계를 수차례 경험해 생기는 마음의 습관으로 인해 인식하는 것이라고 했다. 그러므로 흄의 입장에서는 귀납 논리에 관한 회의적 태도에서 보이듯이 자연과학 법칙에 관한 인식은 경험에 의해서 정당화되지 않는다. 그는 자연법칙에 의존해 성립하는 과학적 지식에 대해서 회의론의 입장을 취했다.

서양 근대 철학에서 역사적 기원을 보더라도 경험론은 당시에 학문적 세력을 얻고 있던 자연과학적 인식을 옹호하고 모형화하려는 것을 지향하는 데에서 비롯되었다. 그런데 흄이 잘 보여주었고 후에 칸트가 확인했듯이, 경험론은 그 원칙을 일관되게 철저히 밀고 나가면 오히려 자연법칙의 정당성을 뒷받침하지 못하는 한계가 있다. 하지만 자연법칙의 존재야말로 근대 이후 자연과학이 여타 다른 학문 분야들에 비해 위력을 지니게 된 중요한 요소다. 자연법칙의 존재로 인해 과학의 설명이 다른 분야들에 비해 더 강한 설명력을 보이고 더욱 정확한 예측을 가능케 한다는 점은 굳이 헴펠의 설명 이론을 언급하지 않더라도 지금까지 자연과학계와 과학철학계를 포함해 많은 이들의 상식으로 자리 잡고 있다.

암스트롱의 문제의식은 이러한 경험론의 자연법칙관, 즉 규칙성 이론에 대한 한계 인식에서 비롯한다. 조금 뒤에 좀 더 상세하게 언급하겠지만 그가 경험론 모두를 완전히 부정하는 것은 아니다. 다만 전통적으로 반(反)형이상학적 태도를 견지해온 경험론에 존재론 내지 형이상학의 요소를 가미해 경험론의 생각들 중 현재의 과학관과 어울리는 중요한 요소들을 계속 유지하면서도, 과학의 핵심 요소라고 할 수 있는 자연법칙의 정당성을 뒷받침하는 입장을 세워보려고 한다.

암스트롱이 제시하는 존재론적 요소로서 가장 중요한 것이 보편자 실재론이다. 그는 자연법칙을 보편자들 간의 관계로 보아 자연법칙의 존재론적 근거를 제시하고 그 정당성을 철학적으로 확보하려고 한다. 하지만 그는 이렇게 한편으로 형이상학 이론을 제시하면서도, 다른 한편으로는 경험론의 인식론적인 우위를 인정하려 한다. 즉 자연과학이 경험적인[선험적(a priori)인 것이 아닌] 인식에 토대를 두고 있다는 점을 계속 받아들이려고 한다. 하지만 우리가 이미 잘 알고 있듯이, 경험론이란 그 역사적인 시원에서부터 최근에 이르기까지도 반(反)형이상학을 가장 중요한 특징의 하나로 삼고 있지 않았는가? 그렇다면 이러한 경험론의 특징을 받아들이면서도 보편자의 실재를 인정하는 형이상학 이론을 내세우는 것은 언뜻 서로 어울리지 않는 듯이 보인다.

이러한 점을 인식했기 때문인지 암스트롱은 전통적인 형이상학의 시각에서 본다면 상당히 제한적인 보편자 실재론을 제시한다. 그것이 바로 앞 절에서 살펴본 그의 경험적 실재론이다. 그는 먼저 '자연주의'를 표방한다. 즉 보편자가 존재한다는 자신의 주장은 형이상학적 입장이지만, 어떠한 보편자가 실제로 존재하는가 하는 점은 궁극적으로 발달한 자연과학이 답해야 할 문제라는 것이다. 이러한 점에서 그는 전통적으로 보편자 실재론에 덧씌워졌던 '플라톤주의'를 벗어나는 보편자 실재론을 구성하고자 한다. 그가 이 대목에서 강조하는 것은 언어 차원의 술어와 존재 차원의 보편자로서의 속성에 대한 철저한 구별이다. 그의 주장에 따르면 과거의 보편자 실재론은 술어의 존재에 대응하는 것으로서 보편자의 존재를 설정했다. 하지만 실재하는 세계의 참된 모습은 우리가 기존에 사용하는 언어(술어)에 의해 판명되는 것이 아니라 과학에 의해 결정되어야 하는 것이라고 주장하면서, 그런 의미에서 자연법칙을 이루는 보편자들로서 구체적으로 어떤 보편사들이 존재하는가의 문제는 자연과학, 그중에서도 기존의 혹은 현재의 자연과학이 아닌 궁극적으로 발달한 미래의 총체적인 자연과학에 의해 판명되어야 한다는 것도 이미 앞 절에서 살펴본 대로다.

자연법칙을 보편자들 간의 관계로 보는 그는 개별자들에서도, 또 보편자로서의 속성들에서도 '차(order)'에 의한 구별을 인정한다. 개별자가 갖는 속성은 1차(first-order) 속성, 즉 1차 보편자다. 1차 보편자는 2차(second-order) 개별자이기도 하다.[30] 따라서 2차 개별자인 보편자가 갖는 속성은 2차 속성, 즉 2차 보편자인 셈이다. 그에 의하면 보편자들 간의 관계인 자연법칙은 2차 개별자들 간에 성립하는 보편자로서의 관계인 셈이므로 결국 2차 보편자다. 그리고 2차 보편자로서의 자연법칙에도 1차 보편자와 마찬가지로 사례화의 원칙을 적용한다. 즉 자연법칙도 시공간적인 현실계에만 국한할 뿐 그것을 넘어선 가능 세계에서의 법칙을 인정하지 않는다.[31] 어쨌든 그는 직관적으로 자연 세계에 존재하는 것처럼 보이는 자연법칙의 존재를 설명하기 위해 보편자 실재론의 입장을 취하는 것이다.

이상의 논의들을 추가해 바로 앞 절에서 정리한 암스트롱의 경험적 실재론의 기본 입론들을 다시 구성해보면 다음과 같다. 바로 앞 절의 입론에서 ②~③이 추가됐다.

① 보편자로서의 속성은 우리의 정신으로부터 독립해 확정적으로 존재하는 것이므로 우리의 인식 또는 언어로부터 그 존재를 유추할 수 없다.
② 현실계의 개별자들에서 사례화되는 보편자들만이 존재한다.

---

30 Armstrong(1983), 89쪽.
31 이런 생각도 결국 심신 이론으로서 물리주의와 잘 어울리는 입장이라고 할 수 있다.

③ 보편자와 개별자는 모두 사태에 근원을 두고 있으며 서로 환원되지 않는다.

④ 세계 속에 실재하는 참 속성은 인과적 힘을 지닌다. 즉 세계 속의 인과관계를 유발시키는 데에 나름대로 역할이 있다.

⑤ 이렇게 인과적 힘을 갖는 보편자로서의 속성들로 구성되는 자연 세계에는 인과적 필연성이 내재해 있다.

⑥ 어떠한 속성, 그리고 어떠한 필연성이 존재하는가는 (일상 언어에 의해서가 아니라) 궁극적이고 최종적인 과학에 의해 밝혀질 것이다.

⑦ 즉 최종 과학 법칙들은 자연에 내재하는 인과적 필연성들과 상응하는 것이며, 그 법칙의 종속 변항들은 실재하는 참 속성들에 상응한다.

암스트롱은 이러한 자신의 보편자 실재론인 경험적 실재론을 통한 법칙론이 규칙성 이론의 난점들을 극복할 수 있다고 주장한다. 그가 말하는 규칙성 이론의 난점들은 무엇인가? 규칙성 이론에 대해서는 암스트롱이 문제를 제기하기 전에도 많은 이들이 거론해온 중요한 난제가 있다. 규칙성 이론은 법칙과 우연적 일반화(accidental generalization)를 의미 있게 구별할 수 없다는 것이다. 즉 자연법칙에는 모종의 양상 효력(modal force)이 내재하는 듯하고, 바로 자연법칙이 이러한 양상 효력을 지니기 때문에 그것을 토대로 자연과학이 법칙에 의한 설명과 예측에서 다른 분야가 누릴 수 없는 독보적인 위상을 점하게 된 것이다. 그런데 규칙성 이론은 이것을 제대로 구별하지 못해 자연과학에서 당연시되어온 자연법칙의 강점을 설명해낼 수 없다는 것이다.

모종의 양상 효력을 논할 때, 많이 거론되는 것이 반사실문(counterfactual)이다. 즉 우리의 상식적 직관에 비추어볼 때, 자연법칙은 반사실적 조건을 만족시킬 것 같고 바로 그런 점 때문에 자연법칙이 과학에서 설명과 예측의 도구로 사용되는 것인데, 규칙성 이론은 법칙이 반사실적 조건을 충족시킬 수 있음을 설명하지 못한다는 것이다.[32] 'F이면 G다'라는 법칙에 관해 규칙성 이론에서 말하는 바는 단지 '$(x)(Fx{\rightarrow}Gx)$'라고 표현되는 것 이상이 아니다. 그렇다면 이것이 말하는 것은 단지 F의 외연이 G의 외연에 포함된다는 것뿐이다. 따라서 전건의 외연에 포함되는 것 이상을 주장하는 반사실문을 규칙성 이론으로는 충족시킬 수 없다.

규칙성 이론이 자연법칙이 갖는 반사실적 상황을 해명할 수 없다는 것은, 그 입장이 토대로 삼고 있는 경험론의 기본 생각을 염두에 두면 이해할 수 있다. 경험론에서 모든 인식적 정당화의 토대로 삼고 있는 관찰 경험은 지극히 개별적이고 구체적인, 또 그런 점에서 단순한 감각 경험이다. 즉 특정한 시공간과 특정한 인식 주체의 제약하에 있는 것이다. 따라서 경험론의 기본 생각을 더욱 철저하게 적용할 경우, 확실하다고 말할 수 있는 것은 지금 이 순간에 여기서 내가 갖는 지극히 개별적이고 단순한 감각 경험뿐이다. 우리는 흔히 인식에서 개념을 통한 일반화 작업을 하고 있지

---

32 와이너트(Friedel Weinert)는 단순히 우연적 일반화가 아닌 자연법칙이 설명할 수 있는 것으로 반사실적 조건 이외에도 다음과 같은 다섯 가지를 더 들고 있다.
① 실현되지 않은 물리적 가능성
② 귀납적 뒷받침
③ 설명력
④ 체계성
⑤ 보편성
하지만 내가 보기에는 반사실적 조건에 관한 생각만으로도 이것들에 관한 논의들에까지 유추해 확장할 수 있고, 그것만으로도 암스트롱이나 보다 더 강한 필연성 이론들과 규칙성 이론과의 입장 차이를 이해하는 데에는 충분하기 때문에 이 글에서는 더 이상의 자세한 논의를 하지 않았다. Weinert(ed)(1995)의 "Introduction", 18~25쪽 참조.

만, 사실 엄밀한 경험론의 입장에서 본다면 이때의 '일반화'는 적어도 개별적이고 단순한 감각 경험에 비해서는 정당화될 수 없는 것이다. 따라서 경험론을 철저히 밀고 나간 흄이 모종의 반복성과 필연성을 지니고 있는 자연법칙의 귀납적 인식에 정당성을 부여하지 않고 이를 회의적인 시각에서 보는 것도 이 때문이다. 자연법칙에는 개별적이고 단순한 감각 경험을 넘어서는 일반화가 반드시 필요한데,[33] 이러한 일반화는 적어도 흄의 경험론에서는 인식적 확실성을 부여받을 수 없는 것이기 때문이다.[34]

이러한 경험론의 기본 생각을 이해한다면 경험론자들이 주로 옹호하는 규칙성 이론이 반사실적 상황을 해명하지 못하는 까닭도 자연스럽게 이해할 수 있다. 앞에서 말했듯이 규칙성 이론가들의 '규칙성'은 사실 차원의 우연적인 것이므로 사실 아닌 반사실적 상황은 규칙성에 의해 해명될

---

33 바로 이것이 암스트롱이 자연법칙의 실재를 논하기 위해 보편자 실재론을 옹호해야 한다고 보는 이유이기도 하다.

34 철학사에서 흔히 알려져 있듯이 버클리가 물질 실체를 부정하고 그것을 관념들의 다발로 대체하는 것도 이런 이유 때문일 것이다. (또한 논리실증주의의 검증 원칙이 자연법칙과 같은 전칭명제를 무의미한 것으로 만들어버리는 것도 같은 이유에서 비롯한다.) 왜냐하면 조금 전에 말했듯이 경험론에서는 단순하고 개별적인 감각 경험만이 정당화될 수 있는 것이고 사물이나 실체는 그러한 감각 경험들을 합쳐서 일반화시킨 것에 불과하기 때문이다. 즉 경험론에 의하면 우리의 감각 경험을 반성해볼 때 사물이나 실체에 대한 인식은 우리에게 직접적이고 구체적으로 인식되는 것이 아니고 직접적이고 구체적인 감각 경험들을 종합하여 생겨나는 것이기 때문이다. 잘 알려진 대로 흄은 외부 경험뿐만 아니라 우리 정신 내부에서 일어나는 심리적인 경험에도 이런 생각을 적용해 결국 버클리가 부정했던 물질 실체뿐 아니라 정신 실체까지도 부정하고 있다. 즉 흄에 이르러 데카르트 이래로 거론되어 왔던 두 실체가 모두 부정된 셈이다. 이것을 버클리에서 흄으로 경험론이 전개되면서 두 실체가 각각 하나씩 부정된 것으로 볼 수도 있겠지만, 감각 경험의 개별적인 성격에 비추어볼 때 실체 등의 존재론 범주가 개별적인 경험만으로는 그 정당성을 확보할 수 없는 것이라는 점에서 실체 자체를 인정하지 않는 것으로 보아야 할 것이다. 하여간 이러한 점에서도 실체나 보편자 등 존재론 범주가 경험론에서는 정당성을 확보하기 어려운 까닭을 알 수 있으며, 경험론이 근본적으로 반(反)형이상학적 태도를 취하게 되는 이치도 알 수 있다.

수 없는 것이다. 규칙성 이론의 '규칙성'이 지니고 있는 '사실'은 경험 인식에 의해 정당화되는 것으로 우선 1차적으로 〈지금 여기서 나의 인식〉이겠고, 그다음에 2차적으로는 기억을 통해서라면 〈과거의 나의 인식〉도 포함될 수 있을 것이다. 즉 과거와 현재에 일어난 사실만으로 이해되는 규칙성인 셈이다. 그러니 현재까지 사실로 일어나지 않고 가정된 상황인 반사실적 상황은 규칙성이 옹호될 수 있는 외연의 범위를 넘어선다. 따라서 결국 규칙성 이론에서의 '규칙성'을 변화시키는 것이며, 이것은 결코 규칙성 이론으로는 해명할 수 없다.

암스트롱은 보편자 실재론을 옹호함으로써 규칙성 이론의 이러한 난점들을 극복하고 규칙성 이론에 의해 훼손된 양상 효력을 자연법칙에 되돌려주려고 한다. 즉 보편자의 실재를 인정함으로써 자연법칙에서 보이는 반사실적 상황을 해명할 수 있다는 것이다. 예컨대 반사실적으로 개별자 a가 F라는 반사실적 상황은 1차적 사실(first-order facts) 차원의 외연 변화를 유발함으로써 규칙성 이론의 경우에는 규칙성이 적용되는 외연을 넘어서지만, 보편자 이론의 경우에는 자연법칙이란 보편자를 바탕으로 한 2차적 사실(second-order facts)이기 때문에 아무런 변화를 유발하지 않는다.[35]

이상으로 암스트롱의 보편자와 그것에 기반한 인과법칙에 관한 입장을 살펴보았다.[36] 한편 실재론에 대립하는 입장인 유명론은 글자 그대로 이러한 보편자로서의 속성은 단지 이름에 불과할 뿐 존재 세계에 실재하

---

35 Fales(1993), 125쪽 참조.

36 암스트롱의 경험적 실재론에 기반한 자연법칙 실재론에 관한 나의 비판과 대안은 이 책의 9장 참조.

는 것이 아니라는 입장이다. 그런데 조금 전에 보았듯이 보편자로서의 속
성이란 세계에 존재하는 것으로 보이는 동일성의 존재론적 근거로서 제
시되었다. 그래서 유명론이 보편자로서의 속성의 존재를 인정치 않는다
는 것은 세계에 존재하는 것으로 보이는 동일성 자체를 부정하는 것이다.
즉 유명론이란, 세계는 서로 간에 전혀 동일함을 찾을 수 없는 개별자들
로 이루어진다는 입장이다.[37] 이러한 점에서 유명론의 입장은 개별자 존재
론이라고 말할 수 있다. 이러한 세계에서는 어떠한 보편성·일반성도 존재
하지 않는다. 물론 이러한 세계에서도 우리는 모종의 유사성을 인식할 수
있는데, 보편자로서의 속성을 부정하는 유명론에 따르면 이러한 유사성
은 존재 세계에 내재한 것이 아니고 우리의 인식 내지 언어 사용에서 비롯
하는 것이다. 즉 우리가 어떠한 동일함도 갖지 않는 개별자들을 언어를 통
해 서술(敍述, describe)하면서 동일한 술어를 적용시키는 데에서 유사성을
인식하게 되는 것이다. 이때에 동일한 하나의 개별자를 여러 가지 상이한
방식으로 서술할 수도 있다. 즉 여러 가지 상이한 술어가 적용될 수 있다.
따라서 보편자 실재론의 입장에서 동일함의 존재론적 근거가 되는 속성
은 유명론의 입장에서 언어적 술어 이상의 아무것도 아니다.[38]

---

37 물론 유명론이 우리의 세계 인식에서 모종의 닮은 것들을 인식할 수 있다는 것조차 부정
하는 것은 아니다. 단지 그 닮음이 어떤 존재론적 근거를 가진다는 것을 부정하는 것이다.
그리고 앞에서 잠깐 언급했지만 유명론에서도 개별자들 각각이 지니는 자기 동일성은 인
정할 수 있다. 단지 개별자들 간의 동일성을 인정하지 않는 것이다.

38 우리는 언어를 통해 개별자를 유형화·일반화시킨다. 따라서 유명론에서 어떠한 동일함도
서로 간에 갖지 않는 각 개별자들의 독특함은 사실상 언어로는 포착될 수 없다. 이러한 점
에서 유명론에서는 존재와 언어 간에 어떤 간격이 존재한다고 할 수 있겠고, 어떠한 언어
내지 이론으로도 세계의 모습을 있는 그대로 서술할 수 없다.
물론 보편자 실재론에서도 언어와 존재 간의 간격은 있을 수 있다. 즉 인간은 결코 최종 과
학을 얻을 수 없다는 점이 보편자 실재론의 입장에서도 지적되곤 했다. 그러니 이때의 '긴

이러한 유사성은 각 개별 존재자들 사이에만 있는 것이 아니라, 개별자들 간의 관계인 인과관계들에도 있을 수 있다. 보편자 실재론에서는 보편자로서의 속성을 인정함으로써 인과관계들 간의 동일함도 존재론적으로 근거 지을 수 있으며, 그에 따라 자연 세계에 존재하는 법칙적 필연성도 존재론적으로 성립할 수 있다. 그러나 유명론의 인과관계는 법칙적 필연성을 갖지 않는 개별 인과관계(singular causations)만[39] 있다.[40]

3. 물리주의와 보편자

그런데 이 책의 주제인 심신 문제가 가장 오래된 전통 형이상학의 문제들 중 대표적인 하나인 보편자 문제와 도대체 무슨 상관이 있는가? 특별히 한동안 반(反)형이상학의 기치를 내걸었던 분석철학계에 몸담고 있는 철학자들은 당연히 그런 의문을 가질 수밖에 없을 것이다. 이 절에서는 이러한 의문을 해명하기 위해 심신 문제와 보편자의 형이상학적 관련성을 먼저 설명하려고 한다.

격'은 인간 인식의 한계에서 비롯되는 것이지 유명론에서처럼 개별자들로 이루어진 세계와 그러한 개별자들의 독특함을 결코 포착할 수 없는 언어 간의 본래적인 간격은 아닐 것이다. 이러한 점에서 실재론에서 존재와 언어 간의 간격을 '인식론적 간격'이라고 한다면, 유명론에서 존재와 언어 간의 간격은 '존재론적 간격'이라고 할 수 있겠다. 나는 이 책의 9장 2절에서 이러한 '존재론적 간격'을 '술어화 불가능성(impredicability)'으로 제시한다.

39 데이비슨이 앤스컴과 함께 인과관계에 관해 개별 인과론의 입장을 취한다는 점은 데이비슨 입장의 유명론적인 면모를 보여준다. 데이비슨의 유명론에 관한 보다 자세한 내용은 3장 1절을 볼 것. 그리고 앤스컴의 인과론에 관해선 Anscombe(1971)을 볼 것.

40 이 절의 일부는 백도형(2000A)에 포함된 내용을 토대로 이루어졌다.

데카르트의 실체 이원론이 무너진 이후, 특히 20세기 후반의 심신 문제는 실체 차원에서는 물리주의 내지 유물론이라는 일원론이 당연시되었고 단지 정신 속성과 물리 속성 간의 관계를 따지는 속성의 문제가 되어버렸다. 이때의 속성은 유형(type)으로서의 속성이며, 심신 문제에서는 보통 '속성 일원론', '속성 이원론'으로 불리듯이 정신 유형으로서 정신 속성과 물리 유형으로서 물리 속성 간의 동일성 여부를 논의한다. 논리행동주의(logical behaviorism)처럼 언어 차원의 논의를 하지 않고 보통의 심신 이론들처럼 존재론의 문제를 다룬다면, 이때 보편자를 상정하지 않고 어떻게 유형으로서의 속성을 거론할 수 있겠는가? 논리행동주의에서 보편자를 논의하지 않는 것은 그 입장이 현대판 경험론인 논리실증주의의 심리철학 입장으로서 존재론이 아닌 언어철학의 입장이기 때문이다.[41]

심리철학에서 이런 보편자 문제와의 관련성은 정신 인과에 초점을 둘때, 더욱 짙어진다. 정신 인과도 인과 현상의 하나인 이상, 앞에서 본 대로 보편자 문제에 연루될 수밖에 없다. 정신 인과의 논의도 결국 법칙에 관한 논의와 연결된다. 정신 인과 내지 심신 문제가 논의될 때, 물리법칙과 비교되는 심신 법칙이나 심리 법칙의 성격과 실재성이 함께 거론되는 것은 결코 우연이 아니다. 마치 과학철학에서 과학과 사이비 과학 간의 구획(demarcation) 문제와 마찬가지로 심신 법칙·심리 법칙 문제가 심리학의 과학성 여부와 맞물려서 논의되었던 것은 널리 알려져 있다.[42] 과연 보편자를 인정하지 않고 이러한 논의들을 형이상학적으로 문제 삼을 수

---

41 논리행동주의는 6장에서 심신 환원주의와의 비교를 통해서 살펴볼 것이다.

42 예컨대 대표적으로 Davidson(1974/1980), Fodor(1974/1980), Kim(1985)에서 이런 심리적인 것의 법칙과 심리학의 과학성을 다루고 있다. 이에 관해서는 3장의 1~2절 참조.

있는 방법이 있을까? 그런데 문제는 보편자에 대한 이러한 당연한 인정이 암묵적인 인정에만 머무른 채 표면에 등장해 적극적인 검토 대상이 되고 있지 못하기 때문에 정신 인과의 문제를 해결하는 데에 가장 큰 장애가 되고 있다는 점을 아무도 인식하고 있지 않다는 것이다.[43]

하지만 실제로 정신 인과에 관한 대부분의 논의들은 명시적으로 드러내고 있지는 않지만 보편자 실재론을 무비판적으로 전제하고 있다. 그렇게 보이는 까닭은 대부분의 논의가 정신 실재론을 당연한 것으로 받아들이고 있기 때문이다.

정신 인과와 보편자의 관련 주장에 대해 이런 물음을 제기할 수 있다. 데카르트 이후 속성에 관해서 논의가 이루어지고 있는 것은 맞지만, 그 이유는 앞에서 언급했듯이 실체 차원에서는 물리주의라는 일원론이 대세로 인정받고 있기 때문이다. 그런데 물리주의라는 테이블 위에서 논의가 이루어지고 있는데 보편자라는 추상적인 존재자를 끌어들이는 것이 과연 적절할까? 이와 관련해 심신 문제의 논의에서 적절한 '보편자' 개념을 재검토하는 뜻에서 보편자에 관한 최근 논의를 주도하고 있는 암스트롱의 보편자 실재론을 주목할 필요가 있다. 암스트롱은 보편자 문제 등 최근의 형이상학 논의의 중심인물들 중 하나이면서도 강한 물리주의 입장이고 심신 문제에 관해서는 심신 동일론의 입장을 취하고 있기 때문이다. 지금까지 이 장에서 암스트롱의 입장을 중심으로 보편자에 관해 살펴본 것도 바로 그 때문이다.

앞에서도 언급했지만 전통적인 보편자 실재론은 흔히 '플라톤주의'로

---

43 최근 세계 철학계에서 정신 인과와 보편자 문제의 관련성을 논하기 시작했다. 서론의 각주 8번 참조.

불리는 선험적 실재론인 데 반해, 암스트롱은 물리주의자로서 자신의 보편자 실재론을 경험적(a posteriori) 실재론이라고 한다.[44] 선험적 실재론의 보편자는 개체를 초월한 플라톤식의 초월적 형상으로서 언어 차원의 술어에 대응되는 속성의 존재를 뒷받침한다. 그런데 문제는 술어에 대응함으로써 속성의 실재를 인정한다면 사례화되지 않은 속성의 실재까지도 인정하게 되는 셈이다. 예컨대 '빛보다 더 빨리 여행하는'이란 술어에 대응하는 속성의 실재를 인정하게 된다. 즉 의미론적인 고려에 의해 '하나와 여럿의 문제'라는 존재론의 문제 해결을 시도하는 셈이다.[45] 암스트롱에 의하면 개체의 인과적 힘은 그것의 속성에 의해 정해지는데 선험적 실재론을 옹호하면 개체의 인과적 힘이 개체를 초월한 플라톤식 형상에 의해 결정되는 것이다.[46]

---

44 암스트롱의 실재론을 부르는 영어 명칭은 'a posteriori realism' 또는 'immanent realism'이다. 'immanent realism'의 번역어로는 '경험적 실재론' 대신 '내재적 실재론'이 적절할 것도 같다(예전에 내가 학술지에 논문을 투고했을 때 익명의 심사위원도 그런 제안을 했다). 즉 이 두 번역어는 모두 암스트롱의 보편자 실재론에 적용될 수 있지만 개념상 차이가 있다는 점에서도 그렇다. '경험적 실재론'이라는 번역어는 이좌용(1988)에게서 옮겨온 것인데, 사실 나도 백도형(1995A)에서 이 번역어를 처음 사용할 때 동일한 고민을 했고 그런 점에서 '내재적 실재론'이란 번역어도 일리 있다고 생각한다. 하지만 최근까지도 우리 분석철학계에서 암스트롱의 실재론보다 친숙하게 알려져 있는 힐러리 퍼트남의 'internal realism'이 흔히 '내재적 실재론', 혹은 '내적 실재론' 등으로 번역되고 있는 실정을 감안해 이것과 혼동이 없도록 '경험적 실재론'이라는 번역어를 선택했고 그 후 계속 사용했다. 이 두 번역어는 암스트롱의 실재론을 지칭한다는 외연적 측면에서는 동일하지만 '경험적 실재론'은 '선험적(a priori) 실재론'에 대비되는 개념인 데 반해, 'immanent realism'은 '초월적 실재론(transcendent realism)'에 대비된다는 점에서 내포에서는 차이가 있는 것이 옳다. 좀 더 생각해볼 문제다[최근 김희정은 '임재적 실재론'이라는 번역어를 쓰기도 했다. 김희정(2006) 참조].

45 선험적 실재론에 관한 암스트롱의 비판은 Armstrong(1978A)의 7장을 참조할 것. 특히 이 문단의 내용은 64~65쪽 참조.

46 Armstrong(1978A), 75쪽.

따라서 암스트롱은 속성이 개체 안에 내재해 있다는 경험적 실재론을 옹호한다. 이러한 실재론은 선험적 실재론이 인정할 수 있는 사례화되지 않은 속성을 배제한다. 모든 보편자로서의 속성은 시공간 속에서 존재하는 개체에 의해 사례화된다. 또한 경험적 실재론에서 어떤 보편자가 실재하는가는 언어 차원의 술어에 의해 결정되는 것이 아니고 경험과학의 성과, 그것도 현재의 성과가 아닌 궁극적인 총체적 과학의 성과에 의해 결정된다. 즉 경험과학의 총체적인 성과를 통해 무엇이 진정한 보편자로서 실재하는가가 정해진다는 것이다. 그리고 물리주의를 옹호하는 그에게 이때의 '총체적 과학'은 최종 과학으로서 궁극적으로 완성된 물리학을 말하는 것이다.

경험적 실재론을 옹호하는 암스트롱의 보편자는 시공계에 존재하는 개체에 의해 사례화되는 물리 속성이다. 그에 따르면 이러한 보편자로서의 속성은 그것이 가지고 있는 인과적 힘에 의해 정체성이 결정되며 자연법칙은 바로 이런 보편자들 간의 관계라고 한다.[47] 즉 이러한 보편자는 자연법칙의 종속 변항으로서 자연법칙을 구성하는 물리 속성이 된다.[48] 그러니 이러한 보편자 실재론은 전형적인 물리주의자들이 옹호하는 실재론이며, 암스트롱이 바로 그런 전형적인 물리주의자인 것이다. 이와 같은 암스트롱의 경험적 실재론과 그것으로 이루어진 세계관은 물리학의 명제와 그것에 대응하는 세계 간에 성립하는 진리 대응설(correspondence theory of truth)을 전제로 했다는 점에서 물리주의의 가장 상식적인 세계관으로 이해할 수 있다.

47 Armstrong(1983), 6장 참조.
48 Fodor(1974/1980), 123쪽도 참조.

그렇다면 이러한 경험적 실재론으로 이해되는 물리법칙들을 살펴보자. 예컨대 $F=ma$, $E=mc^2$, $S=vt$ 등의 물리법칙이 있다. 여기에 나오는 질량, 속도, 가속도, 힘, 에너지, 거리(길이) 등등이 바로 보편자로서의 물리 속성들이다. 이 법칙들은 그런 물리 속성들 간의 관계를 표현하고 있다. 그런 의미에서 자연법칙은 보편자들 간의 관계다. 이와 같이 암스트롱 등의 경험적 실재론은 물리학에서 이해되는 법칙들의 논의에 관한 존재론적 근거를 잘 설명해주고 있으며, 물리주의자로서 자연스럽게 받아들일 수 있는 보편자 실재론의 형태다. 나는 바로 이러한 형태의 경험적 실재론이 작금의 정신 인과 등 심신 문제에 관한 논의의 근저에 있다고 생각한다. 심신 문제가 오랫동안 뜨거운 관심에도 불구하고 속시원한 해결 없이 난제로 남아 있는 것은 보편자 문제와의 이러한 밀접한 관련성을 주목하고 있지 못한 데에서 비롯되었다고 본다.

심신 문제와 정신 인과의 문제를 본격적으로 다루기 전에 굳이 보편자로서의 속성 문제를 짚고 넘어가는 이유는, 앞에서도 언급했지만 최근의 심신 문제를 제대로 이해하기 위해서는 여기서 논의한 보편자의 문제를 바탕으로 해서 심신 문제를 다시 검토할 필요가 있다고 생각하기 때문이다.[49] 특히 우리가 검토하려는 문제는 정신 인과의 문제다. 즉 인과적으로 닫혀 있는 물리 세계에 어떻게 정신적인 것이 인과적으로 개입할 수 있는가가 쟁점이다. 그런데 인과관계는 보통 인과법칙의 뒷받침을 받는 것으

---

49 1990년 1~2학기에 서울대학교 철학과 대학원에서 있었던 김광수 교수의 수업을 통해 심신 문제에 관한 여러 입장들을 검토하면서, 나는 심신 문제가 모종의 실재론 문제와 관련이 있다는 생각을 처음 하게 되었다. 그런데 그 후 이좌용(1988)을 접하면서 암스트롱의 이론을 알게 되었고, 그의 경험적 실재론이 바로 심신 문제 해명에 적절한 것으로 내가 찾던 '모종의 실재론'임을 발견했다.

로 이해되고 있다. 법칙은 보편자로서의 속성들을 그 종속 변항으로 삼아 구성된다. 그래서 특히 정신 인과를 주된 관심으로 삼는 최근의 심신 이론을 해명하기 위해선 보편자로서의 속성 문제를 검토하는 것이 필요하다.

여기서 암스트롱의 입장을 중심으로 살펴본 이유는 보편자로서의 속성에 관한 최근의 논의들 중 실재론을 전제로 한다면 물리주의가 갖는 상식적인 무게를 감안할 때 물리주의와 양립할 수 있는 그의 이론이 가장 옳다고 여겨지며, 또 정신 인과의 문제를 검토하는 데에도 가장 적합한 틀을 제공해주기 때문이다.[50] 예컨대 앞에서 본 김재권의 비환원적 물리주의 비판 논변도 그 구조를 제대로 이해하기 위해서는 지금까지 살펴본 보편자의 문제를 고려해야 한다. 왜냐하면 나의 해석으로는 김재권도 그의 존재론적 입장으로 미루어보면 경험적 실재론자이며, 지금 언급한 경험적 실재론 논제에 동의할 것이고 앞에서 자신의 논변도 그의 실재론적 입장을 전제로 성립하는 것이기 때문이다. 이제 3장 이하에서 이 점이 보다 자세히 전개될 것이다.

나는 지금 살펴본 보편자로서의 속성에 관한 논의를 바탕으로 심신 문제를 살펴보려고 한다. 도대체 심신 문제, 즉 정신 인과의 문제와 이러한 보편자와 속성에 관한 논의가 어떤 관련이 있는가? 이것이 3장 이하에서 전개될 내용이다. 정신 인과 등 심신 문제의 여러 중요한 구체적인 논의에 보편자 문제가 어떻게 연루되어 있는지 살펴보겠다.[51]

---

50 여기서 한 가지 주의할 점은 경험적 실재론은 물리주의와 양립할 수 있지만, 반드시 물리주의를 함축하는 것은 아니라는 것이다. 궁극적으로 발달한 최종 과학이 반드시 물리학이어야만 하는 것은 아니기 때문이다. 물론 암스트롱은 자연주의와 물리주의를 표방하고 있다.

51 이 절의 일부는 백도형(2004C)에 포함된 내용을 토대로 이루어졌다.

3장
비환원적 물리주의와 부수 현상론 시비

1. 데이비슨과 김재권의 심신 이론과 사건 이론

이제 다시 1장 말미에서 보았던 김재권의 「비환원적 유물론의 신화」 논변으로 되돌아가 보자. 김재권의 비판 논변을 제대로 비판·분석하기 위해서 보편자에 대한 고려가 필요하다. 특히 그의 비판 논변 중 앞 부분인 ①~⑤까지는 데이비슨을 겨냥한 비판이라는 점에서 그렇다. 이 절에서는 그 점을 상세하게 논하겠다. 우선 조금 전에 살펴본 보편자에 관한 논의를 도구 삼아 김재권의 논변과 그 비판 대상인 데이비슨의 무법칙적 일원론을 재검토하겠다.

비환원적 물리주의에 대한 김재권의 비판들이 단지 데이비슨과의 심신론에 국한된 이견에서 비롯한다는 생각은, 문제되고 있는 상황을 피상적으로 보는 것에 불과하다. 김재권의 논변에서 드리난 심신 문제에 관한 둘의 입장 차이는 보다 근원적인 차이에서 기인한다. 그것은 존재론, 특히 사건 존재론에 관한 둘의 입장 차이에서부터 추적해볼 수 있다. 좀 더 구체적으로 말하면 사건 개념에 관한 차이와, 거기에서 보이는 속성에 관한 존재론적 입장 차이, 즉 보편자로서의 속성의 실재를 인정하는가의 여부에 대한 입장 차이로 둘의 상이한 심신 이론이 귀결되는 것이다. 그렇다면 이제 사건 존재론에 관한 그들의 입장을 해명하고 그것을 바탕으로 심신 문제에서 둘의 입장 차이를 이해하고 평가하는 것이 필요하다. 그것이 바로 이 절에서 전개하려는 내용이다.

데이비슨에게도 김재권에게도 사건은 각각 자신의 존재론에서 주요한 존재자다.[1] 둘 다 인과관계를 사건들 간에 이루어지는 관계로 파악한다. 또 그들은 모두 물리주의를 옹호하며,[2] 그에 따라 물리적 폐쇄 원칙을 인정한다고 볼 수 있다. 그러나 속성의 존재론적 위상에 대해선 둘 간에 차이가 있으며, 그러한 차이가 둘 사이의 사건 개념 차이로, 그리고 이러한 사건 개념의 차이가 더 나아가 정신 인과의 문제의 입장 차이로 귀결된다는 것이 나의 생각이다. 결론부터 말하면 김재권은 보편자로서의 속성에

---

1 데이비슨과 김재권 모두에게 사건은 자신들의 존재론 논의에 가장 중심이 된다는 뜻에서 '주요한'이란 표현을 썼지만, 그렇다고 사건이 두 사람의 존재론 모두에서 가장 기초적인 존재자(basic entity)인 것은 아니다. 데이비슨의 경우에는 사건이 그의 존재론에서 가장 기초적인 존재자라고 할 수 있으나, 김재권의 경우에는 사건이 개체와 속성으로 이루어지는 것이기 때문에 개체와 속성이 가장 기초적인 존재자라고 하겠다(이 점은 김재권 교수가 나와의 개인적인 대화에서 지적한 것이다). 또 Kim(1966/1987), 93∼94쪽을 보라.

2 물론 물리주의(또는 유물론)의 의미는 그들에게 동일하지 않다. 우선 수반 개념의 강도에 대한 둘의 차이에 따라, 김재권의 물리주의 기준은 데이비슨의 기준보다 더 강할 것임이 분명하기 때문이다. 여러 수반 개념에 관해선 Kim(1984A), (1987)을 볼 것. 그리고 데이비슨의 물리주의에는 '물리 언어의 전 존재 영역에의 포괄적 적용 가능성'이란 언어적 전제가 덧붙여져 있는 것으로 보아야 한다. 이에 관한 상세한 논의는 9장 4절을 볼 것.

관해 **실재론**의 입장을 취하는 데 반해, 데이비슨은 **유명론**[3]의 모습을 띤다. 우선 둘의 사건 개념부터 살펴보자.

데이비슨에게 사건은 구체적인 개별자(token)다. 그것은 시공간 내에서 자기 위치를 차지하고 있으며, 되풀이되지 않고 일회적이며, 그 수를 셀 수 있는 개별자다. 이런 점에서 볼 때 그에게 사건은 외연적인 개별자이며, 거기에 속성은 존재론적으로 전혀 개입하지 않는다. 반면에 김재권은 사건을 〈어떤 개체가 어떤 시각에 어떤 속성을 예시화함(exemplifying)〉으로 본다. 즉 그의 사건 개념은 개체(object, substance), 속성, 시간의 세 가지 요소로 되어 있는데, 개체 그리고 시간과 함께 속성이 중요한 구성 요소로 포함되어 있다.[4] 이렇게 속성을 사건의 구성 요소로 삼음으로써 김재

---

3   유명론에 관한 암스트롱의 분류에 따른다면, 데이비슨은 유명론의 여러 형태들 중 술어 유명론(predicate nominalism)에 속한다고 할 수 있겠다. 이에 관해선 Armstrong (1978A), 11쪽 이하를 볼 것.

4   앞(2장)에서 살펴본 바 있지만 여기서 다시 속성이 존재론에서 갖는 의미를 되새겨볼 필요가 있다. 속성을 인정한다는 것은 서로 다른 개별자들 간에 모종의 동일함이 (단지 언어나 개념의 차원이 아니라) 존재함을 인정한다는 것으로, 결국 보편자로서의 속성을 인정함, 즉 보편자 실재론을 옹호함을 의미한다. 그리고 그러한 속성을 존재론적으로 인정하지 않는다는 것은 개별자들 간에 모종의 동일성이 존재함을 전혀 인정치 않는 것으로 그러한 동일성은 존재론적 차원이 아닌 우리의 인식이나 개념에 의한 닮음의 수준에 불과하다는 것이다. 그래서 데이비슨의 존재론에서 속성이 전혀 개입하지 않는다는 것은 결국 어떠한 동일함의 반복도 전혀 없는 개별자로서의 사건들만을 인정한다는 것과 상통한다.

여기서 주의할 점은 보편자 실재론을 옹호한다고 해서 반드시 개별자의 존재를 부정해야 하는 것도 아니고, 보편자 실재론을 부정한다고 해서 반드시 속성의 존재를 부정해야 하는 것도 아니라는 점이다. 앞의 경우 다발 이론(bundle theory)처럼 개별자를 부정하고 보편자로서의 속성만을 인정하며 그러한 속성들의 다발로서만 개별자를 인정할 수도 있겠지만, 암스트롱처럼 개별자와 속성 모두를 인정하는 두 범주 실재론의 입장을 취할 수 도 있다. 실재론을 부정하는 뒤의 경우에도 속성 없는 개별자만을 인정할 수도 있겠지만, 개별자와 함께 속성을 인정하는 입장도 가능하다. 단지 그때에는 설사 속성이 개별자와 함께 있다고 하더라도 서로 다른 개별자들과 그 속성들 간에 어떠한 동일함도 없는 속

권의 사건 이론에서는 데이비슨과 달리 동일한 사건 유형의 반복적 일어남을 설명할 수 있다는 점에서 이때의 속성은 보편자로서의 속성이라고 볼 수 있다.[5] 그러면 이러한 사건 개념에서 서로 간의 차이가 어떻게 심신론의 차이로 이어지는가?

데이비슨은 사건을 그것의 서술과 구분한다. 전자가 존재 차원에 속한다면 후자는 언어 차원에 속한다고 할 수 있다.[6] 그리고 그는 동일한 하나의 사건에 관해 여러 가지 상이한 서술들이 있을 수 있음을 인정한다. 또한 데이비슨에게 정신 사건과 물리 사건의 구분(그가 모든 사건들은 물리적이라고 보기 때문에 엄밀히 말하자면, 정신 사건인 물리 사건과 정신 사건이 아닌 물리 사건의 구분)은 전적으로 서술에 적용되는 언어적 기준에 의해서 이루어진다. 즉 데이비슨의 경우에는 "어떤 사건이 정신 사건이라는 것은 그 사건이 정신 서술(mental description)을 가질 때 그리고 오직 그때에만 그러하다".[7] 이렇게 데이비슨에서는 "정신적인 것은 존재론적 범주가 아닌 개념적 범주일 뿐"[8]이다.

여기서 동일한 한 사건에 대한 여러 상이한 서술들이란 점에서 사건 동일성의 기준이 문제가 된다. 데이비슨은 "사건들이 정확하게 동일한 원인

성이다. 따라서 그 경우 속성은 각각 그것이 속해 있는 개별자들로 환원되어도 무방한 것이기 때문에 개별자들 이상의 어떤 의미 있는 존재론적 범주가 되지 못한다(라이프니츠의 '단자'가 이에 해당한다고 볼 수 있다). 이 점에서 조금 전에 본 보편자 실재론으로서 두 범주 실재론과는 구별된다.

5   2장을 참조하라. 이러한 김재권의 사건 이론에 관해서는 Kim(1966/1987), (1972), (1973/1993), (1976) 등을 볼 것.

6   1장 2절 참조.

7   Davidson(1970/1980), 211쪽.

8   Davidson(1987), 46쪽.

들과 결과들을 갖는다면, 그리고 그때에만 그 사건들은 동일하다"[9]고 말한다. 이러한 동일성의 조건이 충족된다면, 두 사건들은 설사 그 서술들이 서로 다르더라도 동일한 하나의 사건이다. 이러한 동일성과 인과관계는 사건이 어떻게 서술되느냐에 상관없이 개별적인 사건들 간의 외연적인 관계이고, 반면에 인과적 설명·법칙의 경우에는 내포적인 사건 서술과 관계된다.[10] 그래서 구체자인 사건들 간에 성립하는 외연적인 관계들인 동일성 관계와 인과관계에는 보편자로서의 속성이 개입할 여지가 없고 아무런 역할을 담당하고 있지 않다. 즉 그의 존재론에서는 속성에 부여할 자리가 마련되어 있지 않다. 굳이 속성이란 것이 있다고 하더라도 그 '있음'은 개념적 범주에 의해 생겨나는 것이지 존재론적으로 의미 있게 실재하는 것은 아니다. 이렇게 볼 때 데이비슨은 속성을 단지 언어적인 술어로만 볼 뿐 그 이상으로는 파악하지 않는다는 점에서 유명론의 입장을 취한다고 볼 수 있다.

반면에 김재권의 사건 이론에서는 사건 개념에서 속성이 차지하고 있는 위치 때문에 동일성이나 인과성의 문제에서 속성은 엄연히 자신의 역할을 수행한다. 예컨대 〈어떤 개체 a가 시간 t에 속성 P를 예시화함〉이라는 사건과 〈어떤 개체 b가 시간 t*에 속성 Q를 예시화함〉이라는 사건의 동일성은 〈개체 a=개체 b, 속성 P=속성 Q, 시간 t=시간 t*〉의 경우에

---

9 Davidson(1969/1980), 179쪽.
10 보편자 실재론자 중 일부는 인과적 설명과 법칙이 내포적인 사건 서술에 관련되어 있다는 데에 동의하지 않을지도 모르겠다. 예컨대 암스트롱, 드레츠키, 툴리, 김재권 등 경험적 실재론의 입장을 가진 이들은 법칙을 보편자들 간의 관계로 파악하는데, 이때의 보편자는 엄연한 존재자로 언어적인 서술로부터는 독립되어 있기 때문이다. Armstrong(1983), Dretske(1977), Tooley(1977) 등을 참조할 것. 이에 관한 김재권의 생각은 이 책의 5장 3절 참조.

만 성립함으로써,[11] 속성의 동일성이 사건의 동일성에 필요조건으로 작용한다.[12] 왜냐하면 김재권의 사건 개념에 따르면, 속성은 사건의 구성 요소 중 하나이기 때문이다. 그에게는 그 속성이 정신적이면 그것으로 구성되는 사건은 정신 사건이 되고, 물리적이면 물리 사건이 된다.[13]

김재권은 동일성뿐만 아니라 인과성에서도 "개별 사건의 인과적 역할이나 효력에 관해 말하는 것은 결국 그 사건의 구성 요소인 속성의 인과적 역할이나 효력에 관해 말하는 것"[14]이라고 하면서 속성에 의미 있는 역할을 부여한다. 그런 점에서는 그도 앞(2장)에서 살펴본 경험적 실재론의 입장에 동의한다. 그의 속성은 인과적 힘을 지닌 법칙적 속성, 즉 보편자로서의 속성이다. 우리는 앞에서의 '비환원적 유물론의 신화' 논변 중 단계 ④, ⑥, ⑦ 등에서 그가 속성의 **인과적 효력**을 강조하는 모습을 살펴볼 수 있다.

이렇게 김재권의 입장에서는 데이비슨과는 반대로 정신적인 것은 개념적 범주가 아닌 존재론적 범주이므로 물리주의를 주장하면서도 정신 실재론(정신 속성 실재론으로서의)을 인정할 수 있는 것이다. 김재권이 정신 실재론을 유물론과 함께 주장할 수 있는 중요한 고리가 **환원주의다**.[15]

---

11 Kim(1972), 184쪽.
12 이러한 사건 동일성의 조건에 관한 문제점에 관해서는 5장의 각주 70번 참조.
13 Kim(1972), 183쪽.
14 Kim(1993B), 168쪽.
15 심신 환원을 인정치 않는 비환원적 물리주의나 제거주의에서와는 달리, 환원주의와 동일론에서는 정신 속성의 인과적 힘과 물리 속성의 인과적 힘을 동일시 또는 환원되는 것으로 간주해서 정신 인과의 문제를 해결할 수 있다고 김재권은 생각한다. 그는 그런 의미에서 환원주의가 정신 실재론을 인정한다고 주장하며, 환원주의가 정신 사건들을 세계의 합법적 실체들(legitimate entities in the world)로 유지해주는 물리주의적 일원론이라고 주장한다. Kim(1993B), 171쪽, 그리고 Kim(1972), 180쪽, Kim(1984B), 259쪽을 볼 것. 또 이 책의 5장을 볼 것.

1장에서 제시된 김재권의 논변에서 논변 단계 ⑨는 그 점을 분명히 보여준다. 김재권의 논변에 따르면 정신 속성의 실재를 인정한다면, 즉 정신 실재론을 인정한다면 비환원적 물리주의 입장을 결코 취할 수 없다.[16] 논변 단계 ⑧~⑩은 정신 실재론을 인정하는 비환원적 물리주의자들이 겪게 되는 곤경을 잘 보여준다. 그러나 데이비슨은 보편자로서의 속성의 실재를 인정치 않음으로써 김재권의 정신 실재론도 인정치 않는다. 그러므로 논변 단계 ⑧~⑩은 데이비슨에게보다는 오히려 속성의 존재론적 실재성을 인정하는 비환원적 물리주의자들에게 적절하다.[17] 적어도 논변 단계 ⑥ 이후는 데이비슨의 경우에는 해당되지 않는다. 즉 데이비슨은 김재권과는 속성과 사건에 관해 보는 시각이 다르다. 앞에서 본 데이비슨의 사건 존재론이 바탕이 된다면, 그의 심신 이론인 '무법칙적 일원론'도 외형상으로는 모순되는 것처럼 보이지만, 충분히 일관되게 유지될 수 있다는 점도 앞에서(1장 2절에서) 살펴본 대로다. 앞에서 본 무법칙적 일원론의 세 원칙을 다시 상기해보자.

① (적어도 어떤) 정신 사건은 물리 사건과 인과적으로 상호 작용한다.

---

16 그래서 환원주의를 인정하고 그것을 토대로 정신 실재론을 옹호하는 것이 최선의 방책이라고 김재권은 생각한다. 김재권의 정신 실재론과 환원주의에 관해서는 5장 참조.

17 이러한 김재권의 비환원적 물리주의에 대한 비판은 데이비슨이 아닌 정신 속성을 물리 속성과 함께 인정하는 속성 이원론자(예컨대 제리 포더류의 기능주의자나 창발론자)들에게는 치명적인 비판이 될 것이다. 왜냐하면 속성이란 술어와 달리 존재론적 범주로서 인간의 정신에서 독립되어 존재하는 것이기 때문에 이들은 진정한 물리주의자라고 할 수 없다. 그런 의미에서 이들에 대한 김재권의 비판은 데카르트의 실체 이원론에 대한 비판의 연장선에 있다고 볼 수 있다. 보다 자세한 내용에 관해서는 3장 2절을 볼 것. 창발론에 관한 이와 같은 비판으로는 Kim(1992A), 그리고 Searle(1992), 111~112쪽을 볼 것.

② 사건들이 원인과 결과로 관계될 때, 이러한 사건들이 적절히 서술되어서 적용되는 닫혀 있고(closed) 결정론적 체계의 법칙들이 있다(인과성이 있으면 반드시 법칙이 있다. 즉 원인과 결과로 관계되는 사건들은 엄격한 결정론적 법칙에 지배된다).

③ 어떠한 엄격한 심신 법칙도 없다(그것을 기초로 해서 정신 사건들이 설명되고 예측될 수 있는 엄격한 결정론적 법칙들이란 존재하지 않는다).

데이비슨이 무법칙적 일원론의 세 원칙을 제시하면서 정신 사건은 법칙에 부합하지 않는다고 보는 이유는 물리적인 것은 인과적으로 닫혀 있으나 정신적인 것은 닫혀 있지 않다고 보기 때문이다.[18] 즉 그도 물리주의자로서 물리적 폐쇄 원칙을 인정한다. 무법칙적 일원론의 첫째 원칙에서 물리 사건과 인과적으로 상호 작용하는 정신 사건은 결국 정신 서술을 지닌 물리 사건이며(즉 물리 사건끼리의 인과관계이며), 정신 속성(사실상 유명론자인 데이비슨에게는 정신 술어 이상의 것이 아닌)은 어떤 현상이나 사건을 정신적이게는 해주지만 인과적으로는 아무런 효력을 갖지 못한다. 결국 그는 정신 속성이 아무런 인과적 효력을 갖지 않는다고 보는 점에서 김재권의 '정신 실재론'을 그대로 받아들이지는 않을 것이다.[19]

이렇게 데이비슨의 사건 이론에 토대를 두면, 정신 사건과 물리 사건

---

18 Davidson(1970/1980) 224쪽.

19 데이비슨은 최근의 「생각하는 원인들(Thinking Causes)」[Davidson(1993)]이라는 글에서 자신에게 부수 현상론자의 혐의를 씌우는 비판자들에 대해 자신이 정신적인 것의 인과적 효력을 부정하고 있지 않다고 강변하고 있다. 그러나 여기서 주목할 것은 데이비슨이 주장한 정신적인 것의 인과적 효력은 정신 사건들의 인과적 효력이지, 정신 속성들의 효력이 아니라는 점이다.

간의 동일성과 인과적 상호작용을 인정하면서도 심신 법칙과 심리 법칙의 존재는 부정할 수 있는 가능성이 생긴다. 이렇게 볼 때 그의 무법칙적 일원론은 적어도 일관성의 문제에서는 별다른 하자가 없는 것 같다. 물론 김재권의 사건·속성 개념에 토대를 둔 채 비환원적 유물론(특히 무법칙적 일원론)을 주장한다면, 그것은 유지될 수 없을 것이다.[20]

　지금까지는 정신 인과의 문제에서 김재권과 데이비슨 간에 보이는 명백한 이견을 그들의 사건 개념으로부터 추적해보았다. 이번에는 이 문제를 그들의 인과성에 초점을 두고 살펴보자. 둘의 인과성 개념 역시 속성에 관한 자신들의 서로 다른 생각에 따라 달라진다. 앞에서 살펴본 대로 김재권의 사건 이론에서는 보편자로서의 속성이 중요한 자리를 차지한다. 따라서 동일성과 마찬가지로 인과성에서도 보편자로서의 속성은 중요한 역할을 담당한다. 그에 반해 데이비슨의 경우는 사건 개념에서 속성이 전혀 개입하지 않았듯이 개별 사건들 간의 외연적 관계인 인과성과 동일성 관계에서도 속성은 전혀 아무런 역할을 부여받지 못한다. 따라서 인과성은 이 둘에게는 전혀 다른 모습으로 나타난다. 심지어 최근의 글에서는 서로에게 자신의 인과 개념을 바탕으로 상대방을 평가한다고 비판한다. 먼저 데이비슨의 말을 들어보자.

　　그러나 김재권과 다른 [비판자]들에 의하면 AM+P는 정신이 인과적으로 무력함(the mental is causally inert)을 함축한다는 것이다. 김재권은 "데이비슨의 무법칙적 일원론에서 정신성(mentality)이 맡고 있는 역할이 무엇인가?"라고 묻고 이에 대해 "아무것도 없다"고 대답한다. 왜 그가 이렇게

20　다음의 3장 2절 논의 참조.

생각할까? 다음과 같은 그의 말에서 힌트를 얻을 수 있다. "무법칙적 일원론에서 사건들은 물리법칙을 사례화함(instantiate)으로써만 원인이고 결과다." 같은 생각이 "—에 의해(in virtue of)"라는 구절에 의해 표현된다. 사건들이 **그것들의 정신 속성에 의해** 원인이 될 때에만 정신성은 인과적인 효력을 갖는다(causally effective).[21]

김재권이 "기억해야" 한다고 요구하는 점은 "무법칙적 일원론에서 사건들은 법칙을 사례화함으로써만 원인이고 결과다"라는 점이다. 이것은 전혀 내가 주장하는 바가 아니다. 나의 사건과 인과성 개념을 토대로 한다면, 사건이 "—으로서(as)" 원인이 된다는 말은 성립하지 않기 때문에 나는 그런 주장을 할 수 없었다. AM+P+S는 다음의 가정을 바탕으로 성립한다. **사건들은 추상적이지 않은 특수자들(non-abstract particulars)이고 인과관계는 그러한 사건들 간의 외연적 관계다.** 김재권은 그의 글에서 이러한 가정에 대해선 논박하지 않았다. 그러나 그렇다면 "**—으로서 원인이 됨**(cause as)"이란 개념이 놓일 자리는 마련되어 있지 않다. 그 개념은 인과관계를 두 존재자들 사이의 관계가 아닌 셋 혹은 넷 사이의 관계로 만들어버린다. 여기서 가정된 사건과 인과성에 관한 입장에 따른다면, c가 법칙 l을 사례화함으로써 e를 야기시킨다는 것은 성립하지 않는다. 이것은 마치 a가 s라는 종류에 속함으로써 b보다 무게가 가볍다고 말하는 것이 성립하지 않는 것과 같다.[22]

---

21 Davidson(1993), 12~13쪽(강조는 데이비슨) (원문에서는 'Kim'으로 지칭되지만 이 글의 나머지 부분과 통일을 기하기 위해 인용문에서는 '김재권'으로 표시함. 'AM+P'는 세 가지 원칙들로 이루어진 그의 무법칙적 일원론을 의미함).

22 Davidson(1993), 6쪽(강조는 인용자) ('AM+P+S'는 AM+P에 수반을 보탠 것을 의미한다).

이에 반해 김재권의 말은,

> 「생각하는 원인들」에서 데이비슨은 그의 비판자들이 "c가 e를 야기시킨
> 다"는 이항관계로서의 인과관계를, "P로서의 c가 M으로서의 e를 야기시킨
> 다(c qua P causes e qua M)", "D라고 서술된 c가 D*라고 서술된 e를 야기시
> 킨다(c under description D causes e under description D*)" 등의 표현을 사용
> 함으로써 다항적인(multi-termed)(즉 이항 이상의), 아마도 비외연적인 관계
> 로 전환시키려 해왔다고 비난한다. 그는 양 항이 구체적 사건들로 되어 있
> 는 (어떻게 서술되는가에 상관없이) 외연적 이항관계로서의 인과관계를 파악
> 하려는 입장을 옹호한다. 그러나 이러한 것들은 전혀 지금의 주요 이슈가
> 아니다. (중략) **이슈가 되는 것은 항상 사건들 속성의 인과적 효력이다**(그 사
> **건 혹은 속성이 어떻게 서술되는가에 상관없이**). 비판자들이 논의해왔던 것은 인
> 과관계가 구체적 사건들 간의 이항적(two-termed) 외연 관계라는 것과 완
> 전히 일관성을 띠고 있다. 그들의 요점은 그러한 관계로는 충분치 않다는
> 것이다. 즉 이러한 구체적 사건들 간의 이항적 인과관계를 산출하고 근거
> 짓는 **사건 속성의 역할, 속성의 인과적 역할**에 관해 말하게 되는 방식도 우
> 리에겐 역시 필요하다.[23]

이쯤 되면 언뜻 보기에 둘 사이에 그리 쉬운 결판이 날 것 같지 않다.
앞에서 본 바와 같이 둘은 모두 인과성의 문제에서 이슈가 되는 것을 각
기 자기 나름대로 결정하고 있으며, 상대방이 결정한 것은 이 대목에서는
중요한 이슈가 아니라고 주장한다. 데이비슨이 여기서 문제로 선정하는

---

23 Kim(1993A), 21쪽(강조는 인용자).

것은 **외연적인 이항관계로서의 인과관계**이고, 반면에 김재권은 **정신 속성의 인과적 역할·힘**을 문제화한다.

그러면서도 둘은 상대방이 제시한 문제는 문제의 초점이 아니라고 주장한다. 데이비슨은 그의 사건 개념에서 속성 자체의 존재론적 역할을 인정치 않기 때문에 김재권이 문제로 삼는 **정신 속성의 인과적 힘**이 아닌 개별 사건으로서 정신 사건의 인과적 힘을 인정할 뿐이다.[24] 반면에 김재권은 데이비슨이 문제로 제시한 **외연적인 이항관계로서의 인과관계**는 자신도 거부하는 것이 아니기 때문에 문제의 핵심이 아니라고 지적한다. 김재권의 사건 개념에 따르면 속성은 사건의 구성 요소 중 엄연히 한 자리를 차지하고 있는 존재론적인 범주로서 언어적인 범주인 술어와는 다른 것이기 때문에, 김재권의 입장에서는 속성이 개입된다고 해도 외연적인 이항관계로서의 인과관계가 부정되고 인과관계가 3항 내지 4항 관계가 되는 것은 아니다.[25] 그리고 인과관계가 외연적인 이항관계임을 인정한다고 해도 속성 없는 구체적 사건들만으로 이루어지는 인과관계로는 충분하지 않고 이항관계로서의 인과관계를 낳고 근거 짓는 속성의 인과적 역할이 언급되어야 한다고 주장하는 것이다. 결국 앞에서 말한 대로 **속성의 문제, 즉 사건 개념에서 속성이 어떤 역할을 담당하는가의 여부**가 문제의 관건임을 잘 알 수 있다.[26]

---

24 Davidson(1993), 12쪽.

25 이 점은 김재권이 암스트롱류의 경험적 실재론에 공감하고 있음을 보여준다. 예컨대 Kim(1966/1987)의 2장 이후를 참조할 것. 또 이 책의 5장 참조.

26 어떤 사람은 지금까지 내 논변에 대해 데이비슨의 사건 개념만 가지고 그를 유명론자로 간주하는 비약을 범하고 있다고 생각할지도 모르겠다. 그러나 이러한 생각이 단지 그의 사건이 외연적이고 구체적이며 시공적 위치를 가지는 개별자로서 비반복적이고 셀 수 있다는 데에서만 나오는 것은 아니다. (물론 여기서 속성이 보편자로서의 속성을 말하는 것

이렇게 볼 때, 1장 3절에서 재구성된 김재권의 논변에서 핵심적인 고리는 결국 정신 속성의 **실재 여부**에 걸려 있다고 볼 수 있다. 즉 **정신 속성의 실재성을 부정하면 제거주의로, 인정하면 환원주의로 갈 수밖에 없다**는 논지다. 김재권의 비판 논변을 이렇게 해석할 때, 이 비판은 데이비슨 식의 유명론에는 적용되지 않는다는 것이 나의 요점이다. 우선 데이비슨은 유명론자로 속성의 존재론적 실재를 인정치 않을 테니 김재권의 논변 ⑥~⑩의 후반부는 분명히 그에게는 해당되지 않는다. 문제는 전반부인 ①~⑤인데, 데이비슨이 유명론을 받아들여 속성 실재를 인정치 않음을 분명히 한다면 제거주의와의 차별성 또한 분명하기 때문이다.

그러나 김재권은 내가 지금까지 제시한 논변에 쉽게 승복하지 않을 것이다. 그의 다른 여러 글들을 참고해볼 때, 그의 반박은 다음의 두 가지로 예상해볼 수 있다. 첫째[27] 지금까지 내가 제시한 무법칙적 일원론의 옹호 논변은 데이비슨의 사건 존재론이 정신 속성의 존재를 인정하지 않는다는 것을 전제로 이루어졌다. 그런데 앞의 1장 2절에서 보았듯이 그는 「행위, 이유, 원인」[28]에서 이유에 의한 행위 설명도 인과적 설명일 수 있음을

이기 때문에 데이비슨의 사건 개별자가 비반복적이고 일회적이라는 것만으로도 데이비슨이 실재론에 찬성하지 않음을 충분히 짐작할 수 있다.) 이미 살펴본 바와 같이 데이비슨의 경우는 사건들 간의 동일성이나 인과성을 해명할 때에 속성은 아무런 자리를 차지하지 못한다. 따라서 속성은 아무런 존재론적 역할을 갖지 못하며 그런 의미에서 데이비슨은 속성의 존재를 인정하지 않는다고 볼 수 있다. 그리고 그런 뜻에서 데이비슨을 유명론자로 볼 수 있다는 것이다. 물론 데이비슨은 속성의 존재에 관해서 어떠한 명시적인 언급도 하지 않았다. 그러나 그가 가장 기초적인 존재론적 단위로 간주하는 사건에서 속성이 아무런 역할을 하지 않고 있다면, 그 속성은 스티븐 쉬퍼(Stephen Schiffer)의 '명목뿐인 속성(pleonastic property)'에 불과하지 않을까? Schiffer(1990), (1987) 참조.

27 Kim(1993A), 5쪽을 볼 것.
28 Davidson(1963/1980).

보이려 한다. 즉 진정한 행위 설명이 되려면 그 행위를 야기시킨(caused) 참 이유를 지적하는 인과적 설명이어야 한다는 것이다.[29] 그렇다면 그도 정신 속성이 인과적 효력을 지니고 있음을 틀림없이 인정하는 것이 아닌가? 그렇다면 내가 제시한 논변의 근거가 무너지는 것 같다.

둘째[30] 비록 미시 물리 세계의 인과적 힘과 같지는 않더라도 정신적인 것은 전혀 무시해버릴 수는 없는 인과적 힘을 갖고 있다. 김재권은 그것을 '수반 인과(supervenient causation)'라는 개념으로 나타내고 있는데, 그것을 단순히 부정한다는 것은 인과성에 관한 중요한 사실을 놓치는 것이다. 그것을 놓치는 이론을 낳는 것이 설사 더 근원적인 존재론에서 비롯되는 것이라도, 차라리 그 존재론을 포기해야 하지 않을까? 비록 자신의 이론 체계 안에서 일관성은 유지될지라도 그 점을 놓치고 만다면 너무나도 상식에 어긋나는 것이 아닐까? 김재권은 정신 실재론자로서 이와 같은 두 가지 반박을 제시할 것이다.

우선 첫 번째 반박에 관해 살펴보자. 진정한 행위 설명은 실제로 행위를 야기시킨 원인이 되는 참 이유를 지적하는 인과적 설명이어야 함을 밝힌 것이 사실 행위론에서 데이비슨의 공헌 중 하나임에는 분명하다.[31] 그러나 이때의 인과적 행위 설명이 정신 속성의 인과적 힘을 인정하는 것이라곤 볼 수 없다. 단지 속성이나 서술에 상관없이 개별 사건으로서 정신 사건의 인과적 힘을 인정하는 것이었다. 단지 이것이 보이려는 것은 다른 이유들로부터 실제로 원인이 되었던 참 이유를 구분해내려는 것으로

---

29 Davidson(1963/1980), 11~12쪽. 이에 관한 자세한 설명은 1장 2절 참조.

30 Kim(1984B), 특히 259쪽을 참조할 것.

31 이 점에 관해선 이 책의 1장 2절과 백도형(1988)을 볼 것. 또 LePore & Loewer(1989), 175쪽도 참조.

개별 사건 차원의 것이지 그 이유를 가지면 반드시 그런 행위를 행한다는 것까지 함축하는 것은 아니기 때문이다.

이러한 김재권과 데이비드슨의 이견 역시 앞에서 본 둘의 사건과 속성 개념의 차이에서 비롯된 것이다. 보편자로서의 속성의 인과적 힘이란 존재 차원의 것으로서 데이비슨으로서는 인정할 수 없는 것이다. 반면에 그의 인과적 행위 설명이란 행위를 야기시킨 이유가 되는 바람과 믿음이라는 정신 사건을 서술하는 언어 차원의 것이다. 여기서 이유를 나타내는 '왜냐하면(because)'은 언어 차원의 것으로 서술과 설명을 하는 경우에 나타나는 표현일 뿐이다. 따라서 인과적 행위 설명이라고 해서 그 설명이 보편자 실재론자들이 염두에 두고 있는 존재 세계에 내재해 있는 필연성을 나타낸다고는 볼 수 없다. 이유는 행위의 필요조건이 되긴 하지만 충분조건은 될 수 없기 때문이다. 굴절된 인과 사슬(deviant causal chain)의 예는 바람과 믿음이 행위를 발생시키는 데에 필요조건은 될 수 있을지언정 충분조건은 될 수 없음을 보여준다.[32] 이런 점으로 미루어볼 때 김재권이 주장하는 정신 실재론이 정신 속성의 인과적 힘을 요구하는 것이라면, 데이비슨의 입장에서는 이를 결코 인정할 수 없다.

두 번째 반박에 대해서도 마찬가지로 응수할 수 있다. 앞에서도 지적했지만 데이비슨은 정신 인과 자체를 전적으로 부정하는 것이 아니다. 그가 부정하는 것은 정신 속성의 인과적 힘일 뿐이다. 개별 사건으로서 정신 사건의 인과적 힘은 그도 부정하지 않는다. 다시 한 번 강조하지만, 데이비슨이 정신 속성의 인과적 힘을 부정한다고 할 때, 그가 부정하는 핵심은 **정신적인 것 자체가 아니고 보편자로서의 속성의 존재론적 지위다.** 그

---

32 Davidson(1973A/1980), 79쪽 참조.

가 부정하는 속성은 정신적인 것과 물리적인 것의 구분에서는 완전히 중립적인 것이다. 따라서 그가 정신 실재론을 인정하지 않는다고 해도 그때의 '정신 실재론'은 정신 속성 실재론으로서의 정신 실재론이므로 반드시 제거주의로 귀결되어야 하는 것은 아니다. 이러한 두 번째 반박은 제거주의에만 해당될 뿐이지, 데이비슨의 무법칙적 일원론이 유명론적 심신 이론인 한 거기에는 적용되지 않는다.

이에 대해 다음과 같은 반론을 예상할 수 있다.

데이비슨의 무법칙적 일원론에서는 물리법칙은 인정하지만 심리 법칙이나 심신 법칙은 부정함으로써 물리적인 것과 정신적인 것을 엄연히 차별하고 있지 않은가? 그렇다면 사실상 그는 정신 인과 자체를 부정하고 있는 것으로 보아야 하지 않을까? 비록 그가 개별 사건으로서의 정신 인과는 부정하지 않는다고 할지도 모르지만 사실은 이 경우의 인과성도 물리법칙에 포섭됨으로써 성립하는 인과성일 뿐이다. 그렇다면 그때 인과관계의 한 항이 되는 개별적인 정신 사건은 물리 사건으로서의 정신 사건일 뿐이다. 결국 정신성은 아무런 인과적 역할을 하지 못하는 부수 현상에 불과하며, 무법칙적 일원론은 제거주의로 귀결될 수밖에 없다.

그러나 이때 주의할 것은 데이비슨의 경우 **법칙은 언어적**일 뿐 자연의 필연성과 같은 존재 차원은 아니라는 것이다. 따라서 설사 법칙성에서 물리적인 것과 정신적인 것 간에 데이비슨이 차별을 둔다고 해서 정신 현상이 부수 현상이 되는 것은 아니다. 데이비슨의 경우 인과성은 철저한 개별 인과로 그것이 어떻게 서술되는가와는 전혀 상관없이 성립한다. 물리적인 서술이 법칙의 지배를 받을 수 있다고 해서 그때의 인과관계가 바로 그 물리적인 서술 때문에 성립하는 것은 아니기 때문이다. 내가 방금 전에 정신적인 것과 물리적인 것에 중립적이라고 언급한 것은 존재자로서의 속성일 뿐이다. 따라서 이 경우 데이비슨이 중립적인 속성을 부정한다고 할 때 물리 속성을 제외한 정신 속성만을 부정하는 것은 아니다.[33] 이점은 언어적 법칙성과는 아무런 상관이 없다.[34] 바로 이 점에서 그의 입장은 제거주의와 좀 더 분명히 구별된다.

이제 이 점을 보다 상세하게 논하겠다. 우선 다음의 2~3절에서는 데이비슨과는 달리 보편자로서의 속성 실재론을 받아들이는 것으로 볼 수 있는 비환원적 물리주의 입장들을 살펴보고, 그러한 입장은 지금 말한 대로 김재권의 비판 논변 ⑥~⑩을 피할 수 없음을 보이겠다. 또 이 책의 4장에서는 제거주의의 존재론적 성격을 상세히 검토함으로써 유명론을 바탕으로 이루어진 데이비슨의 무법칙적 일원론이 어떻게 제거주의와 구별될 수 있는지를 논하겠다. 이러한 나의 논증이 옳다면 비환원적 물리주의에 대한 김재권의 비판은 적어도 데이비슨에게는 적절하지 않을 것이다.[35]

---

33 Davidson(1993), 12쪽 참조.

34 그러나 언어적인 법칙성을 물리적인 것에만 인정하는 데이비슨의 물리주의는 물리적인 것과 정신적인 것을 완전히 동등하게 생각하지는 않는다. 정신적인 것은 그 외연에 있어서 물리적인 것의 부분일 뿐이다. 모든 정신 사건들은 물리 사건들이지만, 모든 물리 사건들이 정신 사건들인 것은 아니기 때문이다. 따라서 그의 주장에 의하면 물리 영역은 닫혀 있지만 정신 영역은 닫혀 있지 않다. 그러나 이 점은 존재론적인 구분이라기보다는 언어적인 구분으로 보아야 할 것이다. 즉 물리 언어만은 다른 영역의 언어와 달리 존재 세계의 전 영역에 걸쳐서 적용될 수 있다는 그의 언어적 전제로부터 물리 영역과 다른 영역 간의 외연적 포함 관계가 이루어지는 것이다. 이에 관한 상세한 설명은 이 책의 9장 4절을 보라.

35 이 질의 일부는 백도형(1995A)에 포함된 내용을 토대로 이루어졌다.

2. 출구 없는 속성 이원론 – 포더의 사례

2절에서는 실재론, 특별히 정신 실재론까지도 인정하면서 심신 환원을 부정하는 입장의 전형적인 사례로 제리 포더(Jerry A. Fodor)의 초기 입장을 살펴보겠다.[36] 앞으로 살펴보겠지만 포더의 초기 입장은 이미 살펴본 데이비슨의 이론과 유사한 범위를 다루고 있지만 생각의 방향에서는 차이를 보이고 있어서 여러 쟁점에 대해 데이비슨과 좋은 비교가 될 수 있다. 그리고 포더의 초기 입장은 기능주의의 전형으로 최근까지 심리철학의 주류로 인정받고 있는 비환원적 물리주의 입장들 중에서도 대부분을 차지하는 가장 세력이 큰 입장의 모형이 될 수 있다.[37]

지금까지의 전체 논의와 비교하기 위해 이 절에서 다루는 포더의 초기 입장 윤곽을 이 책의 전체 논지와 관련해 제시해보면 다음의 세 가지로 요약할 수 있다.

      ⓐ 물리주의를 인정한다.[38]

---

36 좀 더 구체적으로 말하자면, Fodor(1987)와 같이 정신 실재론[혹은 지향 실재론(intentional realism)]을 주장하는 기능주의자들, 창발론자들 그리고 최근엔 Searle(1992) 등이 이에 속한다. 반면에 초기 기능주의자들인 Putnam(1967/1980), Armstrong(1968), (1970/1980), (1977/1991), Lewis(1972/1980) 등은 포더류의 형이상학적 기능주의와 같이 정신적인 것의 형이상학적 성격을 문제 삼은 것이 아니고 심리 언어의 기능을 다룬 것이기 때문에 이 글에서 문제 삼는 정신 실재론을 옹호한다고 볼 수 없으며, 따라서 지금 2절의 논의에는 포함되지 않는다. Searle(1992)에 대해선 백도형(1994)와 이 책의 7장 5절도 참조할 것.

37 물론 포더는 최근에 다른 주제로 관심을 돌리고 있고 초기와는 다른 입장을 취하고 있으며, 이 절의 목적이 포더 자체의 입장을 추적복원하는 것은 아니다.

38 유명론의 입장을 취하는 데이비슨도 물리주의를 옹호한다. 하지만 그의 물리주의는 존재 차원의 주장이 아닌 언어 차원의 주장이라는 게 나의 해석이다(이와 관련된 보다 자세한

ⓑ 정신 실재론을 인정한다.

ⓒ 그러나 심신 간의 환원은 인정하지 않는다.[39]

서론에서 살펴본 바와 같이 이러한 입장은 비환원적 물리주의의 전형으로 여러 가지 매력이 있다. 즉 물리주의를 받아들이면서도 심신 간의 환원을 부정함으로써 정신적인 것과 물리적인 것들을 서로 조화시킬 수 있고, 그에 따라 환원주의 등 강한 물리주의와는 달리 전통적인 인간관에서 보였던 인간의 양면적인 모습을 해명해줄 수 있게 되었다. 이러한 입장은 물리 속성과 정신 속성이 함께 존재함을 인정하면서도 둘 간의 환원은 거부하는 입장이기 때문에 흔히 '속성 이원론(property dualism)'이라고 불렸다. 이러한 속성 이원론은 현재 심리철학에서 가장 큰 세력을 형성하고 있는 입장으로서 좀 더 세부적으로 살펴본다면 기능주의, 창발론, 그리고 그 외 여러 다양한 갈래들로 분류할 수 있지만, 여기에서는 초기 포더의 기능주의를 중심으로 살펴보겠다.

사실 기능주의는 비환원적 물리주의 입장들 중 최근까지 가장 널리 성행하고 있는 입장이다. 논자마다 세부적인 내용에서는 약간의 입장 차이를 보이며 다양한 형태를 띠고 있다.[40] 여기에서는 이 책에서 다루는 다른 입장들과 전형적으로 비교되는 포더의 입장을 중심으로 다루겠지만, 다

내용은 이 책의 9장 4절을 볼 것). 이와는 대조적으로 여기에서 물리주의는 존재 차원으로 실재론을 옹호하는 물리주의자들의 것임을 감안한다면 물리 속성 실재론으로 보아도 무방할 것이다.

39 참고삼아 말하자면, ⓐ와 ⓑ만을 인정하고 ⓒ를 인정치 않는 입장은 바로 5장에서 살펴볼 심신 환원주의다.

40 기능주의와 그 주변의 여러 이론들의 갈래에 관해선 Fodor(1985)를 볼 것.

른 기능주의자들의 입장이나 창발론 등 다른 비환원적 물리주의 입장들도 이 절의 포더에 관한 논의에 준해서 이해할 수 있을 것이다.

조금 전에 말한 ⓐ~ⓒ는 포더의 입장을 이 책의 전체 논의 구도에 맞춰서 해석한 것으로 포더 자신이 제시한 표현은 아니다. 포더의 입장을 구체적으로 살펴보자. 포더는 물리주의를 당연시한다. 그러면서 그는 전통적이고 상식적인 심리학 체계인 지향 심리학의 설명을 유효한 것으로 생각한다. 그래서 지향 심리학의 설명이 제시하는 바람-믿음 등 지향 상태의 존재를 주장하는 지향 실재론을 주장한다. 이러한 지향 실재론은 정신 실재론의 일종이라고 볼 수 있다. 그는 지향 상태를 물리 상태와 구별되고 환원되지 않는 전형적인 심리 상태로 보기 때문에 물리주의의 바탕 위에서 지향 상태를 어떻게 설명해야 할지가 초기 포더 철학의 주된 관심이었다. 이런 점에서 앞에서 본 ⓐ~ⓒ가 그의 생각과 같다고 해석할 수 있다.

그에 따르면 지향 상태는 인과적인 힘을 가지면서도 의미론적인 가치를 지니고 있다(semantically evaluable). 바로 이 점이 지향 상태를 다른 존재자로부터 구별하는 독특한 특징이라고 주장한다.[41] 그러다 보니 칸트식으로 표현하면 "어떻게 유물론적 [지향] 심리학이 가능한지"[42]를 설명하는 것이 그의 과업이 됐다. 데이비슨과 마찬가지로 포더도 인간 행위나 행위의 이유가 되는 바람, 믿음 등 지향 상태가 인과성뿐만 아니라 합리성을 지닌다고 본다. 따라서 지향 심리학의 과학성이 데이비슨과 마찬가지로 포더에게도 대답해야 할 물음이 됐다. 하지만 언뜻 보면 유사한 비환원적

---

41 Fodor(1994), 292~293쪽.
42 Fodor(1994), 292쪽.

물리주의 입장을 공유하는 것처럼 보임에도 불구하고 심리학의 위상에 대해 포더는 데이비슨과 미묘하게 다른 방향을 취한다. 지향 상태의 인과적 힘을 인정하는 포더는 지향 심리학의 지향 법칙(intentional law)를 인정하고 그에 따라 지향 심리학의 과학성을 인정한다. 그러면서도 비환원적 물리주의자로서 포더는 물리학의 일반성을 인정하고 지향 상태를 가능케 하는 물리적인 기제(mechanism)의 존재를 인정한다. 즉 그는 지향 심리학을 물리학과 같은 일반 과학이 아닌 특수과학(special sciences)의 하나로 인정하는 것이며, 지향 법칙을 조건부 법칙(ceteris paribus law)으로 보는 것이다.[43] 하여간 포더는 심리학의 과학성을 제한적으로나마 인정해 '철학으로서의 심리학'을 주장하는 데이비슨과는 미묘한 차이를 보인다.

나는 둘 간의 이러한 미묘한 차이의 원인이 보편자로서의 속성과 법칙의 실재론에 관한 서로의 입장 차이 때문이라고 본다. 즉 데이비슨과는 달리 포더는 보편자와 법칙의 실재론을 (명시적으로는 아니지만) 받아들이는 것으로 보인다. 즉 그의 물리주의에는 (데이비슨의 물리주의와는 달리) 법칙 실재론의 내용이 포함되어서 우리가 앞에서 본 경험적 실재론과 비슷한 입장을 전제로 삼고 있는 듯하다. 포더는 "세계는 속성들과 그것들의 법칙적 관계들(nomic relations)을 가지고 있다"[44]고 말한다. 즉 포더는 보편자에 관해서는 직접적인 언급을 하진 않았지만, 물리학의 일반성을 인정하는 그의 물리주의에서 법칙의 일반성을 유지해주는 속성이란 결국 보편자로서의 속성일 수밖에 없다. 그의 경우에도 인과관계는 인과법칙에 의해 지지되며, 이러한 인과법칙은 속성들 간의 관계다. 그렇다면 이

---

43 조금 뒤에 자세하게 설명하겠다.
44 Fodor(1990A), 93쪽.

와 같은 포더의 물리주의는 실재론에 기반하고 있는 것으로 유명론에 토대를 두고 있는 데이비슨의 물리주의와는 다르다. 즉 데이비슨의 물리주의가 존재론적인 것이 아닌 언어적인 것에 불과한 데 반해, 포더의 물리주의는 보편자로서의 속성 실재론을 바탕으로 한 존재론적 물리주의다.[45]

따라서 포더는 데이비슨과는 달리 보편자로서의 속성의 인과적 힘을 인정한다. 즉 그의 입장에서는 김재권의 경우와 마찬가지로[46] 인과적 힘을 가지지 않는 속성은 존재한다고 말할 수 없는 것이다. 따라서 앞에서 본 대로 지향 상태의 인과적 힘을 옹호하면서 실재론을 옹호하는 것이 포더의 입장이다. 그래서 포더의 입장에서는 앞의 ⓑ에서 도출된 다음과 같은 ⓑ′를 덧붙일 수 있다.

> ⓑ′ 정신 속성(포더의 경우에는 지향 속성)은 물리 속성과 마찬가지로 인과적 힘을 갖는다.

그는 이렇게 정신 실재론(그의 표현대로라면 '지향 실재론')을 옹호하면서 지향 심리학을 부정하는 제거주의 입장을 비판한다. 그에 의하면 바람과 믿음이 행위를 야기시키는 데에서 볼 수 있듯이 지향 속성은 인과적 힘을 갖고 있으며, 그에 따라 생겨나는 정신 인과도 상당한 예측 가능성을 띤다는 것이다.[47]

---

45 이미 앞에서 제시한 내용 이외에 데이비슨의 물리주의에 관한 나의 추가적 해석은 이 책 9장 4절을 보라.

46 Kim(1992A), 135쪽, Kim(1989B), 35쪽도 참고.

47 포더는 이러한 지향 심리학의 예측 가능성을 예시하면서, 그에 비하면 자연과학의 하나인 기상학의 예측 가능성은 유치한 수준이라고 말한다. Fodor(1987), 1~6쪽, 특히 4쪽을 볼 것.

이러한 지향 실재론(사실상 정신 실재론)을 바탕으로 포더는 데이비슨과는 달리 심리학의 과학성을 인정한다. 인과적 힘을 갖는 심리 속성은 인과법칙의 지배를 받는 것이기 때문에 정신 현상에 관한 예측을 가능케 하는 심리학 법칙이 성립할 수 있다는 것이다(설사 그 법칙이 예외 규정을 가질 수 있는 법칙이긴 하지만). 이 점에 대해 포더의 입장은 데이비슨의 입장과 미묘한 대조를 이룬다. 비록 둘 다 겉보기에는 비환원적 물리주의란 입장을 공유하고 있는 것처럼 보임에도 불구하고 말이다.

앞에서 본대로 데이비슨은 심리학의 과학성을 부정한다. 심신 법칙, 나아가서 심리 법칙의 존재를 부정하는 그로서는 어찌 보면 당연한 일이다. 행위 등의 심리 현상에 관해서는 법칙에 의한 설명과 예측을 할 수 없다는 것이다. 이에 대해 헴펠 같은 이는 현재의 이론은 조야한 것이기 때문에 설명·예측을 할 수 없을 뿐, 이론이 다듬어지고 개선된다면 원칙적으로 불가능한 것은 아니라고 한다.[48] 그러나 데이비슨에 의하면 설사 이론상 개선될 수 있다고 하더라도, 심리 현상에 관한 법칙은 헴펠이 주장하듯 예측이 이루어질 수 있는 종류의 법칙은 아니라는 것이다.[49] 즉 행위에 관한 예측은 원칙적으로도 불가능하다. 이러한 점은 바람과 믿음이 행위자가 행위를 수행할 충분조건이 되지 못한다는 점에서도 그렇다.[50]

이에 반해 포더는 심리학이 물리학과 같은 일반 과학은 아니지만, 특수과학으로서 존립할 수 있다고 한다. 이제 심리학을 위시한 특수과학을 물

---

48 헴펠의 이러한 입장에 대해선 Davidson(1976/1980), 265~266쪽 참조.

49 Davidson(1963/1980), 15쪽.

50 Davidson(1974/1980), 232~233쪽. 충분조건이 되지 못함은 굴절된 인과연쇄(deviant causal chain 또는 wayward causal chain)를 통해서도 볼 수 있다. 굴절된 인과연쇄에 대해서는 백도형(1988), 113~114쪽 참조. 또 Brand(1984) 17~18쪽도 참조.

리학에 환원되지 않으면서 존립하는 것으로 보는 포더의 새로운 모형을 살펴보자.[51] 환원되는 과학[상위의(또는 거시적인) 과학, 예컨대 심리학]의 종 술어(kind predicate)에 상응하는 것이, 환원의 목표가 되는 과학[하위의(또는 미시적인, 기초적인) 과학, 예컨대 물리학]에서 이질적이고 비체계적인 술어들의 선언(選言)이 될 가능성은 경험적으로 얼마든지 있다. 그래서 포더는 심리 법칙 ①에 관해 ②라는 교량 진술(bridge statements)을 제시한다.

① $S_1x \rightarrow S_2x$

② $Sx \leftrightarrow P_1x \lor P_2x \lor P_3x \lor \cdots\cdots \lor P_nx$

②에서 우항의 '$P_1 \lor P_2 \lor P_3 \lor \cdots\cdots \lor P_n$'은 환원하는 과학의 종 술어가 아니다(각각은 종 술어들이겠지만). 그것이 종 술어가 아니라는 말은 ②가 법칙이 아니라는 말과 같다. 왜냐하면 포더에 따르면, 법칙다운(law-like) 보편 일반화가 되기 위한 필요조건은 그것의 전건과 후건을 구성하는 술어가 종 술어이어야 하기 때문이다.[52] 즉 ②는 제대로 된(full-fledged) 법칙이 아니라, 단지 참인 경험적 일반화를 나타내는 교량 진술일 뿐이며, 일종의 동일성 진술로 해석되어야 한다.[53] 그렇다면 결국 심리 법칙 ①은 교량 진술 ②를 통해 다음과 같이 ③으로 바꿔 쓸 수 있다. 마찬가지로 ③ 역시 제대로 된 법칙은 아니다. ②, ③은 제대로 된 법칙은 아니지만, 특수과학의 설명에서 법칙 역할을 수행한다.

---

51 이하의 내용은 Fodor(1974/1980), 127쪽 이하에서 요약.

52 Fodor(1974/1980), 127쪽.

53 Fodor(1974/1980), 127쪽.

③ $P_1x \vee P_2x \vee P_3x \vee \cdots\cdots \vee P_nx$

   $\rightarrow P*_1x \vee P*_2x \vee P*_3x \vee \cdots\cdots \vee P*_nx$

이제 포더는 이러한 새 모형이 갖는 두 가지 장점을 제시한다.[54] 첫째 특수과학이 예외를 가질 수 있음을 설명할 수 있다. ③에서 좌항의 선언지들 중 하나인 P_i가 우항의 선언지 중 어떠한 것과도 법칙적으로 연결되지 않는다면, ③에는 예외가 있을 수 있다. 그럼에도 ③에는 예외가 있을 수 있다는 것이 물리학의 법칙에 예외가 있음을 의미하는 것은 아니다. 왜냐하면 ③은 물리학 법칙이 아니며, 단지 특수과학에서 법칙의 역할을 수행할 뿐이기 때문이다.

둘째 도대체 특수과학이란 것이 왜 있는가를 설명할 수 있다.[55] 환원주의자들은 이 물음에 관해 전적으로 인식적인 답을 해야 했다. 즉 물리 입자가 파악하기에 너무 미세하다든지, 뇌가 내부에 있어서 우리가 볼 수 없다든지……. 그러나 뇌가 외부에 있어서 우리가 보게 되더라도 우리는 무엇을 찾아야 할지 알지 못할 것이다. 우리는 신경 과학적 사건에 심리학적 분류법(taxonomy)을 적용시키기 위한 적절한 이론적 장치를 갖고 있지 않다.[56] 따라서 뇌 신경들이 너무 미세해서 우리가 인식할 수 없다는 사실 때문에 심리학이 존재하는 것이 아니고, 오히려 신경학이 심리학에서 요구하는 종(kind)을 설정할(posit) 수 없기 때문에 심리학이 존재한다. 특수과학은 세계에 대한 우리의 인식적 관계의 성격 때문에 존재하는 것이

---

54 Fodor(1974/1980), 129~131쪽.
55 이하의 논변은 제거주의에 대해 지향 심리학의 옹호 논변으로도 쓰일 수 있다.
56 특수과학의 비환원에 관한 포더의 주장과 유사하게 역시 비환원주의자인 데이비슨도 이러한 상황에 관해 "주제를 바꾸는" 것이라고 했다. Davidson(1970/1980), 216쪽.

아니고, 세계가 구성되는(put together) 방식 때문에 존재한다.

결국 심리학의 과학성에 관해서 데이비슨은 부정적인 태도를, 포더는 긍정적인 태도를 취한다. 데이비슨과 포더 두 사람 모두 심리학이 물리학으로부터 자율적이라고는 생각한다. 그러면서도 둘은 심리학의 과학적 지위에 대해서는 이견을 갖는다. 데이비슨은 심리학을 과학이 아닌 철학으로 보는 데 반해, 포더는 심리학에 경험과학의 지위를 부여한다.

이러한 견해차가 심리학의 일반 법칙 인정 여부에서 비롯됨은 조금만 살펴보면 알 수 있다. 헴펠이 일반 법칙에 의한 설명·예측 모형을 과학적 설명 모형으로 제창한 이래,[57] 과학과 비과학의 구획 문제에서 일반 법칙은 과학성을 확보하는 핵심적인 기준으로 인정되어왔다. 데이비슨과 포더도 이 점에서는 모두 공통적이다. 그런데 이러한 일반 법칙을 보는 시각, 좀 더 정확히 말하면 일반 법칙의 기준을 평가하는 엄격함의 정도에서 둘은 차이가 있고, 그 차이가 심리학의 과학성에 관한 입장 차이로 귀결되는 것이다.

즉 데이비슨은 과학의 일반 법칙으로 엄밀 법칙(strict laws)을 요구한다. 즉 데이비슨은 '법칙'에 관해 매우 엄격한 입장을 취한다. 그가 생각하는 법칙은 정밀해야(precise) 하고, 어떠한 예외도 허용해선 안 되며, '다른 조건이 같다면(ceteris paribus)' 절을 가져도 안 되고, 개연적이어서도 안 되며, 사례들에 의해 뒷받침되어야 한다.[58] 그러나 포더에 의하면 심리학을

---

57 물론 헴펠 이전에도 근세 이래 그런 과학관이 있었고, 이러한 생각에서 과학과 인간 이성에 대한 낙관적인 생각이 나온 것이다. 예컨대 뉴턴의 고전물리학 체계는 이러한 과학의 모습을 잘 보여준다. 헴펠은 단지 이러한 과학관을 명시적으로 모형화했을 뿐이다.

58 Davidson(1970/1980), 219쪽, 그리고 Davidson(1973B/1980), 249쪽, 그리고 Lycan(1981), 12쪽 참조

포함한 특수과학의 법칙은 엄밀한 법칙이 아니고, '다른 조건이 같다면'과 같은 종류의 절을 가지는 조건부 법칙(ceteris paribus laws)이다. 이것은 데이비슨이 말하는 것과 같은 엄밀 법칙이 아니고, 단지 일종의 동일성 진술의 성격을 띤 참인 경험적 일반화에 불과하다. 하지만 포더는 이러한 조건부 법칙을 지니는 특수과학도 과학의 영역에 포함시켜야 한다는 것이다.[59] 즉 둘의 논의를 다음과 같이 요약할 수 있다.

① 둘 다 세계에 존재하는 모든 존재자들이 물리적이라는 것을 인정함으로써 물리학의 일반성을 주장하고 물리주의를 표방한다.

② 하지만 그러면서도 둘 다 유형 동일론이 아닌 개별자 동일론을 받아들이고 심물(혹은 심신) 간에 환원이 성립함은 부정함으로써 비환원적 물리주의의 전형적인 모습을 취한다.

③ 둘 다 일반 법칙에 의한 설명 및 예측이 과학의 조건이라는 점은 공통적으로 인정한다.

④ 또 둘 다 심리학이 조건부 법칙은 가질 수 있지만, 엄밀 법칙은 가질 수 없다고 생각한다.

⑤ 데이비슨은 과학의 조건인 일반 법칙을 엄밀 법칙으로 생각하는데 반해 포더는 조건부 법칙으로도 일반 법칙이 될 수 있다고 보기 때문에, 데이비슨은 철학으로서의 심리학을 주장하지만 포더는 과학으로서의 심리학을 옹호한다.

---

[59] 심리학 등 특수과학의 과학성에 관한 포더의 입장은 Fodor(1974/1980), (1989/1990)를 볼 것.

데이비슨은 법칙을 인정하지 않는다. 그러나 포더의 경우는 제대로 된 법칙은 아닐지라도 참인 경험적 일반화가 어느 정도 일반 법칙의 대용물 구실을 한다. 앞에서 본 바와 같이 데이비슨이 심리학에서 예측이 가능함을 원칙적으로도 인정치 않은 데 반해, 포더는 예측(아울러 반사실적 조건이 뒷받침되기도 한다는 것[60])이 가능함을 인정하고 있다.[61]

바로 이러한 차이에서 '과학으로서의 심리학'에 관한 입장 차이가 비롯되는 것인데, 지금까지의 논의를 더듬어본다면 이러한 둘의 차이는 결국 정신 속성(포더의 경우에는 지향 속성) 실재론을 인정하느냐, 즉 정신 속성의 인과적 힘을 인정하느냐 여부에서 비롯하는 차이임을 알 수 있다. 데이비슨의 경우는 유명론자로서 정신 속성의 인과적 힘을 인정하지 않기 때문에 심리 법칙을 인정할 수 없는 것이다.[62] 반면에 포더처럼 정신 속성의 인과적 힘을 인정한다는 것은 정신 속성이 법칙에서 종속 변항의 위치를 차지할 수 있음을 인정하는 것으로[63] 결국 심리 법칙을 인정하는 것에 다름 아니기 때문이다. 결국 포더의 경우는 다음과 같은 ⓑ″도 덧붙여 주장한다.

ⓑ″ 물리법칙과 함께 심리 법칙(지향 법칙)도 인정하므로 [지향] 심리학의 과학성도 인정한다.

---

60 Fodor(1974/1980), 124쪽 참조.
61 Fodor(1974/1980), 123쪽. 물론 예외가 있을 수 있다는 것도 함께 인정하지만.
62 브라이언 맥러플린은 데이비슨의 이러한 입장을 '유형 부수 현상론(type epiphenomenalism)'이라고 부른다. McLaughlin(1989)을 볼 것.
63 Fodor(1974/1980), 123쪽 참조.

이와 같이 포더가 제거주의에 대항해서 지향 심리학을 옹호하는 논거는 지향 심리학의 과학성을 인정한다는 것뿐만이 아니다. 그는 한 걸음 더 나아가 지향 심리학을 사용하는 것은 인간에게는 불가피하다고 주장한다. 왜냐하면 인간이 사용하는 말이란 것이 그 자체로 심리학적 범주이기 때문이다.[64] 비슷한 주장을 하고 있는 린 베이커(Lynne Baker)의 표현을 빌리면 지향 심리학을 부정하는 제거주의의 주장은 '인지적 자살행위(cognitive suicide)'[65]라는 것이다.[66] 지향성 등 심리 속성은 언어 자체를 형성하고 있는 것으로 인간이 결코 벗어날 수 없는 근원적인 속성이라는 것이다.

그런데 포더는 이렇게 물리주의와 정신 실재론을 함께 옹호하면서 ⓒ와 같이 심신 환원주의를 부정한다. 여기서 포더가 환원주의를 거부하는 생각을 한번 검토해보자. 환원주의자는 과학적 환원의 목표를, 환원되는 과학(특수과학) 각각의 종 술어와 동연(同延, coextensive)인 물리학의 종 술어를 찾는 것에 둔다고 할 수 있다.[67] 여기서 어떤 과학의 종 술어란 포더에 의하면 그 과학의 적절한 법칙에서 종속 변항(the bound variables)이 되는 술어다.[68] 그래서 법칙다운 보편 일반화가 되기 위한 필요조건은 그것의 전건과 후건을 구성하는 술어가 종 술어이어야 한다.

그런데 포더는 환원주의자의 과학적 환원 목표에 관해 비관적이다. 즉 모든 과학의 종 술어가 진정한 자연종인 물리적 종 술어에 동연으로 상응

---

64 Fodor(1987), 8쪽을 볼 것. 아마 이 점에 관해서는 데이비슨도 같은 견해일 것이다. Davidson(1975/1991)을 참조할 것.

65 Baker(1988).

66 제거주의를 비판하는 베이커의 인지적 자살 논변에 관해서는 4장 1절에서 상세하게 다룰 것이다.

67 Horgan(1981), 396쪽.

68 Fodor(1974/1980), 123쪽.

할 수 없다는 것이다. 포더는 그 이유로 세 가지를 들고 있다.[69] 첫째, 종종 물리적 서술에서는 전혀 공통되지 않은 사건들에 대해서 흥미로운 일반화(예컨대 반사실적 조건이 뒷받침되는 일반화)가 만들어진다. 둘째, 그러한 일반화에 포섭되는 (사건들의) 물리적 서술에 공통되는 것이 있느냐의 여부는 진리 여부·흥미·확증 정도 등 그 일반화에 관한 어떠한 중요한 인식론적 속성들과도 종종 전적으로 상관없다. 셋째, 그런데 특수과학의 작업이 바로 종류의 일반화를 형식화하는 것이다. 기능주의자로서 포더의 이러한 주장은 앞의 1장 1절에서 살펴본 '복수 실현 가능성 논변'의 정신을 그대로 받아들이고 있는 것이다.[70] 그래서 포더는 다음과 같이 말한다. "환원의 요점은 특수과학의 각 종 술어와 동연인 물리학의 자연종 술어를 찾는 것이 아니라, 오히려 사건들을 특수과학의 법칙들에 적합하게 하는 물리적 메커니즘을 해명하는 것이다."[71]

어떤 이는 이 문장에 주목해 포더가 환원을 부정하는 것이 아니라 종래 환원주의자들의 환원과는 다른 새로운 환원의 해석을 시도하는 것이며, 포더가 여기서 말하는 환원의 요점을 '이론 간의 환원(inter–theoretic reduction)'이라고 한다.[72] 그러나 포더의 입장을 환원으로 볼 것이냐 아니냐는 '환원'이란 말을 어떻게 볼 것이냐에 달린 말의 문제다. 중요한 것은 포더의 입장이 전형적인 환원주의 입장을 거부했다는 점에서 비환원적 유물론의 입장을 취한다는 점이다.[73]

---

69 Fodor(1974/1980), 124쪽.

70 Fodor(1974/1980), 123~127쪽에 그러한 예들이 많이 제시되어 있다.

71 Fodor(1974/1980), 127.

72 Horgan(1981), 397쪽.

73 포더가 데이비슨과는 달리 심리학이 일반 과학은 아닐지라도 특수과학으로서 존립할 수

물리학의 일반성을 인정하면서도 특수과학의 물리학 환원을 인정치 않는 비환원적 유물론은 그러한 입장의 근거로 독특한 존재론을 전개한다. 그것이 바로 개별자 동일론으로 이미 데이비슨도 이러한 존재론을 옹호하고 있음을 앞에서 본 바 있다.[74] '개별자 동일론'이란 앞에서 본 대로 그 이전의 동일론을 '유형 동일론'이라고 보는 것에 대해 붙인 이름으로, 유형 동일론이 속성 또는 술어 간의 동일성을 주장하는 데 반해 개별자 동일론은 그러한 속성이나 술어가 사례화하는 개별적인 존재자들 간의 동일성만을 주장하는 훨씬 약한 동일론이다.[75] 즉 개별자 동일론에서는 유형 간의 동일성·환원 가능성이 부정된다.

포더에 따르면 환원주의자들은 물리주의가 심신 환원을 함축한다고 생각한다.[76] 즉 그들의 생각에 따르면 철학자들이 환원주의를 주장하는 이유는 특수과학들과 대비되는 물리학의 일반성을 옹호하길 원하기 때문이다. 여기서 물리학의 일반성이란 어느 과학의 법칙에 포섭되는 모든 사건들은 물리 사건들이므로 결국 물리학의 법칙에 포섭된다는 것이다. 환원주의자들은 이러한 일반성에 의해 물리학이 기초과학(basic science)이라

있다고 한 점에서 그의 이론은 환원에 관한 새로운 해석이라고 생각할 수 있다. 그러나 그렇게 보는 한에서는 그를 비환원적 유물론이라는 명칭하에 놓을 수는 없을 것이다. 한편, 비슷한 맥락에서 포더를 비롯한 기능주의자들을 심신 비환원주의자로 보기보다는 심신 환원주의와는 다른 새로운 형태의 환원주의인 기능적 환원주의(정신 속성을 기능 속성에 환원되는 것으로 보는)로 분류하는 경향도 있다. 예컨대 Putnam(1988)은 후자의 맥락에서 기능주의를 또 다른 환원주의로 보고 복수 실현 가능성에서 기인하는 환원주의 문제점들을 공유하는 것으로 보고 있다.

74 개별자 동일론에 관해선 이 책의 1장 2절과 3장 1절에서 데이비슨에 관해 설명하면서 이미 언급했다. 포더는 이것을 개별자 물리주의(token physicalism)라고 부르는데, 이 양자는 같은 입장이다.

75 Fodor(1974/1980), 122쪽 참조.

76 이하의 내용은 Fodor(1974/1980), 120쪽에서 정리한 것임.

는 것과, 특수과학 이론들이 물리학 이론들로 환원되어야 한다는 것을 동일한 것으로 혼동했다. 그러나 포더는 (다른 비환원적 물리주의자들과 마찬가지로) 이러한 환원주의가 물리주의보다 더 강한 주장이라고 말한다. 따라서 물리주의가 옳다는 것이 환원주의까지도 옳음을 함축하지 않는다는 것이다.[77] 환원주의에 따른다면 특수과학들이 성공하면 할수록 그만큼 더 그 특수과학들은 사라져야 한다는 이상한 주장으로 귀결되지만, 지금까지 학문의 역사로 미루어볼 때 과학의 발전은 특수화된 분야들을 제거하기도 했지만 그만큼 특수화된 분야들을 증대시키기도 했다고 포더는 말한다.[78]

그런데 심신 환원을 부정한다면 어떻게 물리주의와 정신 실재론을 함께 옹호할 수 있을까? 다른 말로 바꾸어 말하면 어떻게 물리법칙과 심리법칙을 함께 주장할 수 있을까? 사실 이러한 물음에 대한 부정적인 인식에서 데이비슨은 '철학으로서의 심리학'을 주장하고 심리학의 법칙성을 부정한 것이다. 데이비슨은 이 점을 물리 현상이 갖는 인과성과 정신 현상이 갖는 지향성·합리성 간의 괴리로 이해한다.[79] 그렇다면 포더는 이러한 문제점을 어떻게 극복하고 '과학으로서의 심리학'을 제창했을까?

여기서 그가 제시하는 것이 '정신의 표상 이론(Representational Theory of Mind)'이다. 이 이론에는 여러 중요한 언어철학 이론이 포함되어 있지만,[80] 우리의 관심에서 중요한 것은 포더가 기호(symbol)로서의 지향 상태

---

77 여기서 포더 등 비환원적 물리주의자의 '물리주의'는 환원주의자들의 '물리주의'보다 훨씬 넓은, 그리고 훨씬 약한 의미의 물리주의라고 볼 수 있다.

78 Fodor(1974/1980), 120쪽.

79 그래서 앞에서도 보았듯이 데이비슨은 이러한 상황을 "주제를 바꾸는" 것이라고 했다. Davidson(1970/1980) 216쪽.

를 주장하면서 '컴퓨터 은유'를 제시한다는 것이다. 즉 그는 컴퓨터의 계산 모델을 도입해 정신 현상을 설명한다. 그가 컴퓨터 은유로 설명하려는 것은 무엇인가?

조금 전에 본 대로 데이비슨은 정신 속성 자체에 인과적 힘을 부여하지 않는다. 그는 정신 현상을 지향성·합리성을 통해서 이해해야 한다고 주장한다. 그러나 포더는 한편으로는 데이비슨처럼 정신 현상의 특성이 지향성·합리성이라는 점을 인정하지만,[81] 다른 한편으로는 정신 속성이 그 자체로 인과적 힘을 가진다고 인정한다. 그렇다면 결국 포더에게는 정신 속성도 인과성뿐만 아니라 지향성·합리성을 온전히 지니고 있는 셈이다. 즉 정신 현상은 인과성을 유발하는 힘을 지니면서도 그러한 정신 현상을 구성하는 명제적·지향적 대상 간에는 지향성이라는 의미론적 관계가 성립하는 것이다. 그의 컴퓨터 은유는 이러한 정신의 이중성과 그것에서 기인하는 속성 이원론을 설명하려는 장치다. 이런 점에서 그의 입장은 인지 과학의 토대가 된다.

컴퓨터야말로 기호의 인과적 속성과 의미론적 속성을 연결하는 장치다. 누구나 알고 있듯이 컴퓨터 작업은 소프트웨어와 하드웨어의 결합으로 이루어진다. 그래서 정신의 인과성은 컴퓨터 기계의 하드웨어 인과성

---

80 정신의 표상 이론에서 가장 중요한 점의 하나는 그것이 본유 관념(innate ideas)의 일종이라고 볼 수 있는 '사유 언어(language of thought 혹은 mentalease라고도 함)'를 상정한다는 점이다. 이에 관계되는 여러 논의들은 그것만으로도 하나의 독립된 논문을 작성할 수 있을 만한 방대한 내용인 데다가, 이 글에서 우리의 주된 관심은 정신 인과의 문제로 대표되는 심리철학 문제이므로 여기서는 더 이상 다루지 않겠다. 정신의 표상 이론에 관한 자세한 내용은 Fodor(1975), (1981A), (1987), (1990A) 등을 볼 것.

81 데이비슨과 마찬가지로 포더를 비롯한 기능주의자들도 명제 태도를 정신 현상의 전형적인 형태로 간주함을 상기할 것.

으로, 정신의 지향성이라는 의미론적 속성은 하드웨어에 적용되어 작동되면서도 그 동작까지도 제어할 수 있는 소프트웨어 프로그램이 갖는 의미론적 속성으로 설명할 수 있다.

이러한 컴퓨터 은유를 통해 비환원적 물리주의의 한 형태로서 기능주의가 인정하는 복수 실현 가능성과 그것을 통해 주장하는 반(反)환원주의가 이해될 수 있다. 왜냐하면 컴퓨터야말로 복수 실현 가능성이 성립하는 전형적인 경우이기 때문이다. 즉 하드웨어의 물리·화학적 구성 요소가 다르더라도 서로 동일한 프로그램을 작동시키면 동일한 입출력 결과를 낳는다는 것이 우리가 컴퓨터를 유용하게 사용하는 기본 이치이기 때문이다. 이러한 점에 착안해 정신 현상을 컴퓨터 모델로 설명하려는 시도가 바로 인지과학이다.

지금까지 살펴본 포더를 비롯한 기능주의 입장이 최근 학계에서 학제 간 연구의 전형으로 성가를 높이고 있는 인지과학의 형이상학적 토대가 된다. 인지과학에 대한 관심과 성취에 비례해 심리철학에서 기능주의도 확고한 주류 위치를 점하게 되었다. 그러나 이 책의 1장에서 살펴본 김재권의 비판 논변은 이러한 인지과학의 형이상학적 토대를 휘청거리게 할 수 있는 위력을 가지고 있다. 이제 그의 비판 논변의 의미를 다시 한 번 살펴보면서 인지과학의 가능성을 검토해본다.

이 글의 1장 3절에서 재구성된 김재권의 '비환원적 유물론의 신화' 논변에 의하면 포더의 기능주의와 같이 심신 환원을 인정치 않으면서도 물리주의와 함께 정신 실재론을 인정하는 입장들은 그 자체로 제대로 유지될 수 없다(그의 논변 중 이에 해당되는 부분인 ⑥ 이후를 다시 보기 바람). 나는 김재권의 비환원주의 비판 논변이 지금 논의하고 있는 포더의 기능주의처럼 보편자로서의 속성의 실재를 인정하는 비환원적 물리주의 입장에

치명적인 영향을 끼친다는 데에 전적으로 동의한다.[82]

사실상 언어 차원인 서술이나 술어의 경우에는 데이비슨처럼 그 언어 주체의 보는 관점에 따라 한 존재자에 대해 여러 가지 표현이 나올 가능성이 있다. 그러나 보편자로서의 속성이란 엄연히 존재 차원의 것이고 (2장 참조) 그런 만큼 우리의 정신으로부터 독립된 객관적인 것이어야 한다. 그렇다면 (게다가 물리주의라는 일원론의 입장임에도) 존재 자체가 이중적이라고 말하는 것은 결코 이해할 수 없다. 그것이 이중적이라면 그것의 서술이 이중(물론 언어 차원의 경우에는 그 이상 다중적인 것도 가능하겠지만)적 이라는 의미이어야 할 것이고, 그렇다면 이것은 분명히 존재 차원이 아닌 언어 차원의 문제다.[83]

그러나 포더와 같은 정신 실재론자(혹은 보다 넓게 보편자 실재론자)들이 실재한다고 보는 (보편자로서의 속성인) 정신은 분명히 언어 차원이 아닌 존재 차원의 문제다. 그래서 포더의 입장에서 본 대로 정신 속성의 인과적 힘을 인정하고 그에 따라 심리 법칙을 인정함으로써 '과학으로서의 심리학'을 제창할 수 있다. 김재권의 주장은 이러한 이중적인 존재관은 필연적으로 일원론이 아닌 이원론으로 빠질 수밖에 없기 때문에, 그래서 물리주의의 기본 전제인 물리적 폐쇄 원칙을 어길 수밖에 없기 때문에 그런 입장을 취하는 비환원적 물리주의는 성립할 수 없다는 것이다. 그런 위험

---

82 그렇다고 해서 내가 김재권의 비판 논변 전체에 모두 동의하는 것은 아니다. 바로 앞의 3장 1절에서 내가 해석한대로, 김재권 역시 정신 인과의 문제에 보편자 실재론을 무비판적으로 개입시키고 있다. 그러면서도 그러한 실재론에 관해 아무런 정당화 내지 반성 없이 당연시하고 있다. 그의 환원주의에 관해서는 5장 참조.

83 예컨대 나의 대안 형이상학인 4차원 개별자론을 참조하라. 자세한 내용은 9장 참조. 특히 언어 차원의 나원론에 관해서는 9상의 4~5절을 보라.

을 방지하고 물리주의 입장을 유지하기 위해선 자신처럼 환원주의를 주장할 수밖에 없다는 것이다.

결국 정신 실재론과 심신 비환원을 함께 옹호하는 한 정신 현상은 부수현상이 될 수밖에 없다는 것이 김재권의 비판 요지다. 정신 속성은 심신환원을 주장하지 않는 한 결코 독자적인 존재론적 지위를 가질 수 없다. 물리적인 것에 기생하지 않은 정신 속성의 인과적 힘이라는 것은 환상에 불과하다는 것이다.

조금 전에 본 대로 포더는 특수과학의 법칙이 물리학 법칙으로 환원되지 않는 점이 오히려 특수과학이 존재해야 하는 이유라고 주장하고 있지만, 특수과학의 존재론적 위상이 제대로 성립할 수 없다면 그의 주장은 성립할 수 없는 것이 되고 만다. (앞으로 4장에서 보다 자세하게 살펴보겠지만) 제거주의자들은 바로 심신 비환원이라는 이유를 자신의 주된 논점으로 삼는다. 똑같은 이유를 근거로 제거주의자들은 포더의 의도와는 정반대되는 주장을 하고 있는 것이다.

유감스럽게도 이에 대해 나로서는 결코 포더식의 속성 이원론 손을 들어줄 수 없다. 비록 제거주의 주장을 혐오하고 그것에 반해 지향 심리학을 옹호하려는 포더 등 속성 이원론자의 의도에 대해선 나도 전적으로 공감하지만, 보편자 실재론을 전제로 한다면 최후의 승자는 결국 제거주의자들이며, 따라서 제거주의를 면할 수 있는 유일한 길은 유명론을 옹호해야 한다는 것이 이 책에서 내가 논하려는 것이다.

그렇다면 비환원적 물리주의가 살 길은 전혀 없는가? 없다면 인지과학의 운명은 어찌 되나? 이러한 물음에 대해 나는 유명론을 선택하는 길이 있다고 대답한다. 유명론의 입장을 취한다면 비환원적 물리주의 내지 일원론을 별문제 없이 옹호할 수 있다는 것이 나의 생각이다. 인지과학과 그것의 이론적 기반이 되는 기능주의도 마찬가지다. 기능주의에서 다루는 정신 속성(혹은 지향적 속성), 기능 속성을 실재론자가 옹호하려는 존재론적 범주인 보편자로서의 속성으로 볼 것이 아니라, 단순히 언어 차원의 술어로 여긴다면 인지과학도 존재론적으로 별 하자 없는 입장이 된다. 단, 그 경우에 인지과학 이론 체계는 결코 정신세계를 있는 그대로 서술하는 최종 과학을 지향하는 것이 아니고, 정신세계를 설명하는 하나의 모델로 보아야 한다.[84] 즉 실재론적 세계관을 버리면 얼마든지 살아남을 수 있다. 그 경우 인지과학은 지향 심리학, 신경 과학의 이론 체계들과 함께 정신세계를 설명하는 데에 상호 보완적인 역할을 훌륭히 수행할 수 있을 것이다.[85]

지금까지 이 절에서는 포더의 입장을 중심으로 기능주의에 관해 살펴보았다. 포더식의 기능주의는 앞에서 본 데이비슨의 무법칙적 일원론과는 달리 보편자로서의 속성 실재론을 옹호한다는 것이 나의 해석이었다. 그러다 보니 데이비슨과는 달리 앞에서 본 김재권의 비환원적 물리주의

---

84 실제로 포더와 같이 실재론의 입장을 강조하는 이들을 제외한 대부분의 인지과학자들은 이러한 입장을 취할 것이다.

85 나의 대안 형이상학에 관해서는 이 책의 9장을 참조하라. 물론 나의 논점을 정당화하기 위해서는 이 글을 계속 더 진행시켜야 한다. 나의 이러한 주장과는 달리 실재론을 옹호하더라도 환원주의를 옹호할 수 있으면 제거주의가 아닌 정신 실재론을 옹호할 수 있다고 주장하는 김재권이 있기 때문이다. 물론 환원주의가 옹호될 수 있으면 그렇다는 데에는 나도 동의한다. 그러나 과연 환원주의를 쉽게 옹호할 수 있을까? 환원주의는 이미 심리철학 역사의 뒤안길로 사라져버린 입장이 아니었던가? 환원주의는 이미 비환원적 물리주의 입장들에 의해 완전히 논파되어버린 것이 아닌가? 따라서 김재권이 환원주의를 제대로 옹호하려면 그것으로 정신 실재론을 뒷받침할 수 있어야 할 뿐만 아니라, 환원주의에 대한 기존의 비판들까지도 극복할 수 있어야 한다. 5장에서 그의 환원주의 부활 논변을 살펴볼 것이다.

비판에 표적이 될 수밖에 없다.[86] 이제 다음 절에서는 포더식의 속성 이원론과 유사한 입장을 보이는 국내 철학계의 이론들을 검토함으로써 논의를 심화시키고자 한다.

3. 참을 수 없는 존재론의 가벼움

1) 속성 이원론과 '정신의 자율성'

물리적인 것과 구별되어 물리적으로는 결코 설명될 수 없는 듯이 보이는 정신적인 것의 특징 때문에 정신적인 것은 물리적인 것으로부터 독립적인 자율성을 띤 것처럼 보인다. 정신적인 것의 자율성을 옹호하는 인상을 주는 것이 사실 속성 이원론의 매력이기도 하다. 하지만 이러한 속성 간에 보이는 환원 불가능성이 실체 일원론이라는 또 다른 생각과 얼마나 잘 조화할 수 있고 일관성 있는 형이상학적인 입장으로 성립할 수 있는가가 문제다. '비환원적 물리주의'라는 입장은 글자 그대로 실체 차원의 물리주의와 비환원적 속성 이원론이라는 두 요소를 함께 주장하는 입장이기 때문에 정신 속성과 물리 속성 간의 비환원 관계만을 옹호하는 것으로는 그 입장을 유지하기에 충분하지 않다.[87] 하지만 속성 이원론자들 중 많

---

86 이 절의 일부는 백도형(1995C)에 포함된 내용을 토대로 이루어졌다.

87 나는 최근 심리철학계에서 많이 거론되는 의식 문제도 바로 이러한 경향을 보여주는 사례라고 생각한다. 이 문제는 의식으로 대표되는 정신적인 것이 갖는 본질적인 주관성에 초점을 맞추어 진행되고 있다. 하지만 그렇다고 데카르트식의 실체 이원론을 옹호하려는 것인지는 결코 분명치 않다. 의식 문제에 관해서는 이 책의 7~8장을 참조.

은 이들은 이러한 문제를 그리 심각하게 여기고 있지 않는 듯하고, 이러한 생각들을 특히 우리 철학계에서도 많이 볼 수 있다.

이 절에서는 우리 철학계에서 논의되었던 속성 이원론의 사례들을 검토하면서 비판해보려고 한다. 그런데 특별히 우리 철학계의 속성 이원론에서 주목할 것은 이러한 주장들이 앞의 1장 3절에서 논의한 김재권의 비판 논변이 잘 알려진 이후에도 그것을 전혀 의식하지 않는 듯이 이루어지고 있다는 점이다. 나는 이 절에서 이러한 입장들이 결코 김재권의 비판을 극복할 수 없다는 점을 확인하고, 다음 절인 4절에서는 이러한 김재권의 비판 논변에 대한 속성 이원론자들의 새로운 대응을 살펴보며, 이에 대해 김재권의 비판 논변과 상관없이 속성 이원론의 심각한 문제를 드러내는 새로운 논변을 제시하고자 한다. 즉 심신 문제를 새롭게 조명하기 위해서 이 문제를 존재론 일반으로 확장시켜 논의하고자 한다. 이렇게 논의를 확장시켜서 살펴본다면 최근까지도 심리철학계에서 당연시되었던 심신 속성 이원론이 얼마나 소박한 존재론인가 하는 것이 드러날 수 있다고 생각한다. 우선 이 절에서는 우리 철학계의 속성 이원론 논의들을 특별히 김광수, 소흥렬, 이승종의 최근 논문을 중심으로 살펴보겠다.[88]

김광수는 인간 행위의 자유 혹은 자율성을 정신적인 것이 갖는 자율성의 핵심으로 본다. 그는 최근의 논문인 「유물론과 자유」에서 인간 행위의 자유 혹은 자율성은 '**사실(혹은 존재)**'임에 반해, 이러한 자유를 문제삼는 유물론은 '**가설(혹은 이론)**'에 불과하다고 주장한다.[89] 그는 예전에 쓴 다른

---

[88] 이하 이 절의 내용은 김광수(2000), 이승종(1999)에 대해 각각 한국분석철학회에서 발표했던 당시 나의 논평문을 바탕으로 확장시킨 것이다. 이승종(1999)에 대한 당시 나의 논평문은 『연세철학』 9호(연세대학교 대학원 철학과, 1999)에 수록되어 있다. 나의 논평에 대한 이승종 교수의 답변은 이승종(1999)의 부록으로 첨부되어 있다.

논문 「하향적 인과 작용」에서도 다음과 같이 주장했다.

인간의 자유가 이론에 의해 확보되거나 유보되는 것이 아니라는 점을 확인해둘 필요가 있다. 우리는 우리가 자율적 존재라는 사실을 발견한 것이다. 돌멩이, 나무, 곤충, 짐승 등 다른 존재들에 비추어 인간은 자신의 생각과 판단에 따라 자유롭게 행위할 수 있는 정신적 존재라는 사실을 **우리는 우리의 직접 경험에 의해 발견한 것이다.** 그리고 이 사실의 존재는 설명의 대상인 것이지, 이론의 성격에 따라 거부될 수 있는 성질의 것이 아니다. **일반적으로 존재의 성격에 따라 이론의 운명이 결정되는 것이지, 이론의 성격에 따라 존재의 운명이 결정되는 것은 아닐 것이다. 따라서 인간의 정신에 관한 이론이 어떤 운명에 처하든, '인간 정신의 자율성'이라는 현상 자체를 문제 삼아서는 안될 것이다.**[90]

하지만 유감스럽게도 이러한 '사실'에 관해 김광수는 "우리의 직접 경험에 의해 발견"된 것이라는 주장 이외에 도대체 왜 이것이 사실인지 더 이상의 해명을 하고 있지 않다. 아니, 오히려 더 이상 해명할 필요를 느끼지 않는 것 같다. 예컨대 다음의 인용문도 보자.

필자가 김재권 교수의 입장을 비판한 점들 중에는 다음과 같은 것이 있었다. 유물론이 환원주의를 함축하면, 하향적 인과 작용이 불가능하고, 하향적 인과 작용이 불가능하면, 인간 정신의 자율성은 상실된다. **그러나 어**

---

89 김광수(2000) 참조. 특히 124~131쪽, 그중에서도 130쪽을 보라.
90 김광수(1994), 255쪽(강조는 인용자).

떠한 경우에도 인간 정신의 자율성이 상실되어서는 안 된다. 따라서 유물론은 환원주의를 함축해서는 안 된다. 그런데 김재권 교수에 의하면 모든 유물론은 환원주의를 함축한다. 따라서 김재권 교수의 입장에는 잘못이 있다.(…)[91]

필자는 하향적 인과 작용을 인정하는 것이 과연 물리적 영역의 인과적 폐쇄 원칙을 포기하는 결과를 가져올지 알지 못한다. 더구나 필자는 '완전한 물리적 이론'이 무엇인지, 그리고 그것이 왜 '순수 물리학'이어야 하는지 알 수 없다. 나아가 필자가 카드섹션의 예를 통해서 설명해본 하향적 인과 작용이 실제로 그렇게 일어나는지 필자는 알지 못한다. 그러나 분명한 것은 어떤 대가를 치르더라도 인간 정신의 자유는 보존되어야 하며, 인간에 관한 어떤 이론도 인간의 자유를 보존하는 방식으로 쓰여야 한다는 것이다. 따라서 물질만으로 자유로운 행위를 할 수 있는 인간을 '만드는' 것이 원칙적으로 불가능하다면, 우리는 유물론 자체를 포기해야 할 것이다.[92]

이 인용문들에서 인용자가 강조한 부분대로 김광수는 정신의 자율성을 단지 당위적인 차원으로서만 주장할 뿐 그 이상 어떠한 논증도 제시하지 않는다.[93] 혹 논증을 통해 정신의 자율성을 입증하려는 '구차한' 노력을

---

91 김광수(1994), 255쪽의 각주 10번(강조는 인용자). 이 부분은 김광수 교수가 쓴 그 이전의 여러 글들을 언급하면서 제시한 것이다.

92 김광수(1994), 278쪽(그 글의 가장 마지막 문단임, 강조는 인용자).

93 굳이 근거 제시가 있다면 다음과 같은 것들이 있다[김광수(1994), 272쪽에서 정리].
① 물리주의에 따르면 '나는 자유로운 존재다'라는 생각은 (물리적으로) 가능하지 않다.
② 하지만 '나는 자유로운 존재다'라는 생각은 가능할 뿐만 아니라 실재하기도 한 생각이다.
③ ①에서 거부되는 가능성은 물리적 가능성이지 논리적 가능성이 아니다.
④ 따라서 실재하는 것이 모두 물리적으로 가능해야 할 필요는 없다.
⑤ 따라서 적어도 인간 정신 현상에 관한 물리적 결정론을 적용해서는 안 된다.
또 같은 글 276쪽 이하에서는 카드섹션의 비유를 들면서 다음과 같이 말한다. "필자의 견

'자명한 사실'에 대한 모독이라고 생각하는 것은 아닐까? 그래서인지 김광수는 실로 서로 상충하는 듯한 정신의 자율성과 유물론의 입장들 중 정신의 자율성만을 온전히 보전하려는 입장 이외에 유물론과 조화를 꾀하려는 데이비슨이나 칸트의 시도에 대해 "나약"하다는 표현까지 서슴지 않는다.[94] 그러면서 그는 이러한 '사실'을 의심하는 모든 입장들이 이러한 의심 때문에 이론적 혼란에 빠지게 된 것이라고 주장하며 유물론의 입장들, 심지어 자유와 필연의 조화를 꾀하려는 데이비슨이나 칸트의 입장까지도 "철학적 스캔들"에 빠져버렸다고 주장한다.[95]

인간의 정신(마음, 의식)이 물질의 산물이라고 믿는 유물론자들이 안고 있는 가장 어려운 문제는, 과연 어떻게 그러한 일이 실제로 가능할지를 말하는 것이다. **유물론을 주장하면서도 어떻게 유물론이 참일 수 있는가를 말할 수 없으면, 유물론은 '과학적 이론'임을 가장한 또 하나의 형이상학에 불과할 것이기 때문이다.**[96]

하지만 이 인용문의 강조 부분을 '유물론' 대신 '정신의 자율성'으로 대치시키면 왜 안 되나? 예컨대 〈정신의 자율성을 주장하면서도 어떻게 정신의 자율성이 참일 수 있는가를 말할 수 없으면, 정신의 자율성은 '자명

해에 의하면 인간의 생각은 뇌세포들로 실현되지만 뇌세포들에 의해 상향적으로 결정되는 것은 아니다. 오히려 인간의 생각은 하향적으로 결정된다. 생각을 실현시키는 주체는 뇌세포들이 아니라 대뇌 자체인 것이다."(277쪽) 하지만 나는 유감스럽게도 이것들이 어떻게 근거로서 정당화될 수 있을지 모르겠다.

94 김광수(2000), 130쪽.
95 김광수(2000), 124쪽 참조.
96 김광수(2000), 132쪽(강조는 인용자).

한 직관과 당위'임을 가장한 또 하나의 스캔들에 불과할 것이기 때문이다〉라고 말이다. 물론 김광수가 이것을 허용하지 않는 이유는 앞에서 본 대로 그가 정신의 자율성은 '**사실**'로 보는 반면, 유물론은 '**가설**'로 보기 때문이다.[97] 하지만 이것이 더 이상의 논증 없이 강변할 수 있을 만큼 자명하고 영원한 사실인가? 예컨대 "옛날에는 병의 원인을 '귀신'이라고 생각했다. 그런데 '알고 보니' 병의 원인은 병균이었다!"[98] 귀신은 그 당시에 '사실'로 여겼을지 모르지만 이제는 그것의 실재를 아무도 인정하지 않는다. 그러나 김광수는 이러한 유비가 잘못된 것이라고 주장한다.

무엇보다도 비교되는 대상들의 유사성에 대한 판단이 잘못되었다. 마음이 존재한다는 것은 **사실**인 반면, 병의 원인으로서 귀신은 **사이비 이론의 산물**이었기 때문이다. 따라서 귀신을 대치하는 새로운 이론이 등장하는 순간 귀신은 제거되지만, 마음은 그런 방식으로 제거될 수 없다. 사실과 가설이 양립할 수 없을 때 문제 되는 것은 **사실**이 아니라 **가설**인 것이다.[99]

그렇다면 여기서 마음의 존재는 "사실"인 반면 귀신은 "사이비 이론의 산물"이라고 주장할 수 있는 근거는 무엇인가? 김광수는 단지 이것을 자명하다고만 생각할 뿐 더 이상의 근거를 제시하지 않는다. 하지만 이렇게 무조건적인 신념으로만 그친다면 철학적 주장이라고 할 수 없다. 그것은 논증이 아니라 간증에 불과할지도 모른다.

---

97 김광수(2000) 참조(특히 2장).

98 김광수(2000), 127쪽에서 든 예.

99 김광수(2000), 128쪽(강조는 인용자).

김광수는 이러한 내 비판에 대한 답변에서[100] 정신의 자율성은 심리철학이 설명해야 할 피설명항이기 때문에 이 피설명항을 부정하면서 심리철학을 할 수는 없다고 했다. 몇 대목을 인용해본다.

> 정신의 자율성은 심리철학이 설명해야 할 피설명항이다. 그런데 어떻게 이 피설명항을 부인하면서 심리철학을 할 수 있을까? 기이한 일이지만 지난 50여 년의 심리철학사 속에서 흔히 일어났던 일이다. 과학주의를 표방하는 분석철학자들이 내놓은 심리철학의 이론들이 피설명항을 부인한다는 것은 믿을 수 없는 사실이 아닐 수 없다. 그래서 필자는 이를 '철학적 스캔들'이라 명명했던 것이다.(8쪽)

> 실제로 자유의지와 결정론의 문제는 아직 풀리지 않은 철학적 난제들 중의 하나다. 그러나 심리철학은 이 문제가 없는 듯이, 즉 정신의 자율성이 사실이라는 것을 받아들이고 출발한다. 정신의 자율성은 심리철학에서 설명되어야 할 현상, 즉 피설명항(explanandum)인 것이다. 따라서 정신의 자율성을 받아들이지 않으면, 심리철학적 탐구 자체가 무의미해진다. 정신의 자율성이 심리철학의 피설명항이라는 것은 심리철학의 목적이 정신의 자율성을 이루는 데 관여한 모든 정신 현상들에 대한 최선의 설명(이론)을 정립하는 것임을 뜻한다.

> 유물론과는 달리 정신의 자율성은 이론이나 가설이 아니라 사실이기 때

---

100 김광수(2003). 그리고 김광수의 답변에 대한 나의 재반박은 백도형(2004B)의 내용을 수정·보완한 것임.

문에 유물론과 정신의 자율성이 양립할 수 없다면, 우리는 유물론을 포기해야 한다. 반면에 유물론을 살리기 위해서 정신의 자율성을 포기할 수는 없다. 정신의 자율성은 유물론 자체의 피설명항이기도 하기 때문이다.(7쪽)[101]

하지만 나는 정신(적인 것)의 자율성[102]이 심리철학의 피설명항임을 부정하는 것이 아니다. 그것은 분명히 심리철학의 아주 중요한 피설명항이다. 다만 나는 그것이 심리철학의 **유일한** 피설명항이라는 점을 부정하는 것이다. 정신적인 것은 어떤 점에서 분명히 물리적인 것과 구별되는 것 같다. 하지만 둘 사이에 인과관계(흔히 '정신 인과'라고 불리는)가 성립하는 것이 분명하다면, 둘 간에 어떤 존재론적 차별을 가하기는 어렵다. 이렇게 정신(적인 것)의 자율성뿐만 아니라 세계의 존재론적 무차별성 내지 단일성 또한 심리철학의 피설명항이다.[103] 심리철학이 아직까지도 난제에 머물러 있는 것은

---

101 위의 두 번째 인용문과 바로 몇 줄 다음에 나오는 다음의 인용문은 어떻게 조화될 수 있을까? "정신의 자율성은, 근세의 기계론이 등장하기 전에는 평범한 사실이었다. 심지어 정신(영혼)이 불멸한다는 주장도 공공연히 유포될 정도였다. 그러나 목적론적 세계관이 인과적 세계관의 도전을 받게 되면서 정신의 자율성은 설명되어야 할 경이로운 현상으로 부각되었다. 데카르트가 심신 이원론을 내놓게 된 것도 바로 이 새롭게 부각된 경이를 설명하기 위해서였다."(8쪽)

102 김광수 교수는 제목과 본문에서 줄곧 '정신의 자율성'이란 표현을 썼는데, 잘 알려져 있듯이 최근의 심리철학에서는 실체 차원의 정신과 함께, 아니 오히려 그것보다는 속성 차원의 정신적인 것을 많이 다루고 있기에 나는 이 글에서 주로 '정신적인 것의 자율성'이란 표현을 쓴다. 나는 이것이 '정신의 자율성'이란 표현이 의미하는 것을 포함하고 있다고 생각한다.

103 여기서 '존재론적 무차별성'은 일원론을 함축할 뿐이다. 최근의 많은 철학자들이 옹호하는 유물론 내지 물리주의는 이러한 존재론적 무차별성보다 진전된 주장이다. 나는 이러한 점에 착안해 물리주의와는 어떤 점에서 차별될 수도 있는 '심신 유명론으로서 4차원 개별자론'의 입장을 취하고 있다. 이러한 나의 입장은 명실상부한 비환원적 일원론으로 존재론적 일원론, 언어적 다원론의 형태를 띠고 있다. 이에 관해선 이 책의 9장을 참조.

이 두 피설명항의 긴장 관계를 명쾌하게 해명하기가 어렵기 때문이다.

그런데 만일 김광수의 주장대로 정신(적인 것)의 자율성만이 심리철학의 피설명항이라면,[104] 더구나 그것이 그가 여러 차례 반복해서 시종일관 강조하는 대로 "이론이나 가설이 아니라 사실"이라면, 도대체 왜 그렇게 단순한 심리철학이 오래도록 철학계의 뜨거운 문제로 남아 있는 것인지 도저히 이해할 수 없다. 그렇게 당연한데 왜 문제가 될까? 당연한 현상에 도대체 무슨 '경이감'(7쪽)이 생길 수 있을까? 게다가 그 문제는 왜 새삼스럽게 오래도록 많은 철학자들의 흥미를 끌고 있을까? 김광수의 주장대로라면 심리철학 논의에 참여하는 거의 모든 철학자들이 '스캔들'을 범하고 있는 셈이며 놀랍게도 사실상 그는 대놓고 그렇게 주장하고 있는 것이다.[105]

---

104 정신적인 것의 자율성과 함께 유물론의 입장을 함께 고려하는 것을 김광수 교수는 "유물론을 특별 대우"(5쪽)하는 것이라고 주장하는 것인가? 이러한 주장을 하는 것이 아니라면 정신(적인 것)의 자율성이 아닌 두 가지 피설명항을 모두 인정할 수 있어야 하고, 그렇다면 이 둘 간의 긴장 관계를 해명하기 위해 단순히 어느 하나를 당연한 것으로 둘 수는 없을 것이다.

105 재미있는 것은 앞의 인용문에서도 볼 수 있듯이 김광수 교수는 "자유의지와 결정론의 문제는 아직 풀리지 않은 철학적 난제들 중의 하나"임을 인정한다. 하지만 자유의지와 결정론의 문제야말로 심신 문제와 그 운명을 같이할 수밖에 없는 문제인 것이다. 바로 '자유의지'야말로 '인간 정신의 자율성'을 상징하는 주요한 요소들 중 하나. (김 교수가 '스캔들'을 범하고 있는 철학자들 중에 칸트와 데이비슨 등 자유와 결정론을 다룬 대표적인 철학자들을 언급하는 것은 따지고 보면 결코 우연이 아니다.) 전자의 문제가 난제인 이유는 바로 인간의 자유와 결정론 두 가지가 모두 각각 따로 보면 상식적으로 받아들일 수밖에 없는 것이면서도 함께 주장하기에는 서로 어울리지 않는다는 점 때문이다. 심신 문제를 중심으로 한 심리철학의 문제도 마찬가지로 각각 별개로 보면 상식적으로 받아들일 수밖에 없지만 서로 함께 주장해서는 어울리지 않을 것 같은 두 피설명항을 어떻게 조화롭게 설명할 수 있느냐의 문제다. 왜 김 교수는 자유의지와 결정론의 문제를 심신 문제와 다른 시각으로 보는 것일까?

심리철학의 문제들뿐만 아니라 아마도 거의 모든 철학적 문제들은 이와 같이 서로 조화되기 어려워 보이는 피설명항들 간의 긴장에서 발생한다. 이런 긴장 없이 한 가지 사실만이 그토록 분명하다면 그것은 문제로 제기되지도, 철학의 광장을 이토록 뜨겁게 달구어놓지도 않았을 것이다. 그렇다면 그것은 단지 너무나도 당연하기에 시시한 사실에 불과할 것이다. 한 손만으로는 결코 손뼉을 칠 수 없다!

두 가지 피설명항 중에 다른 하나를 애써 무시하면서 나머지 하나만을 인정하는 것은 그 주장의 선명성과 일관성은 높일 수 있지만 진지한 철학적인 입장으로는 미흡하다. 물리주의의 가장 강경한 입장인 제거주의가 그 주장의 명쾌함과 강력함에도 불구하고 아직 많은 철학자들의 공감을 별로 얻고 있지 못한 것도 그것이 나머지 다른 피설명항인 정신적인 것의 자율성을 전혀 진지하게 고려하고 있지 않은 것처럼 보이기 때문이다.[106] 실천 영역에서는 '선명성 경쟁'이 일관성의 강력한 효과로 간혹 호소력을 발휘할 수 있겠지만, 따지고 의심하는 것을 주업으로 삼는 철학계에서는 선명성만으로는 (거기에다 일관성이 덤으로 붙는다고 해도) 주목을 받을 수 없다. 서로 다르지만 고려할 만한 많은 것들을 분석하고 그러한 바탕 위에서 고민한 흔적을 보일 때에만 철학적인 깊이를 얻을 수 있다.

내가 김광수 등의 주장에 대해 그 주장 이상의 근거를 요구하는 것은 이러한 두 피설명항의 긴장 관계를 나름대로 해명할 것을 요구하는 것에

---

106 김광수(2003)의 15쪽 각주 28번에서 인용한 포더의 구절은 사실 김광수의 인용 취지와는 달리 '스캔들'을 범하고 있는 철학자 모두를 향하는 경고가 아니라 그중 가장 강경한 물리주의자들인 제거주의자들만을 겨냥하고 있는 것이다. 또한 그 대목에서 포더의 취지는 김광수가 옹호하려는 주관적인 정신의 자율성이라기보다는 믿음, 바람 등의 명제 태도로 표현되는 심리 언어의 물리 언어로의 환원 불가능성과 불가피성을 말하려는 것이다.

다름 아니다. 예컨대 정신 인과 현상 자체를 부정하거나 재해석해 그러한 인과적 교통에 근거한 존재론적 무차별성을 부정하고 다른 방식으로 해명하는 길이 있을 수 있다. 실제로 심리철학 논의에 참여하고 있는 많은 철학자들은 비록 아직 어느 누구도 철학계의 많은 이들에게 성공했다는 강한 공감을 주고 있지 못하지만, 이를테면 바로 이런 식의 어려운 시도를 각자 나름대로의 방식으로 꾀하고 있는 것이다. 단지 자신과 구별되는 모든 주장을 (그 속에서의 차별성은 전혀 헤아리지도 않은 채 한꺼번에) '스캔들'로 낙인찍어서 차별화하려는 것만으로는 해결되지 않는다.

또한 김광수는 김재권이 최근 우리 철학계에서 발표한 물리주의에 대한 회의적인 생각을 근거로 자신의 주장을 옹호하려고 한다.[107] 하지만 김재권의 생각 역시 두 피설명항 간의 긴장에 대해 다른 많은 철학자들도 함께 겪고 있는 고민 과정의 한 사례일 뿐이다. 김광수가 '스캔들'을 범하고 있다고 보는 다른 철학자들에게도 이 정도의 고민이 없겠는가? 물론 두 가지 피설명항 중 하나에만 몰두하고 다른 하나는 애써 무시하는 이들에게는 이런 고민이 애초에 전혀 필요 없을 것이다.

그런데 앞서 김광수에 대한 나의 비판에서 중요한 초점이 되는 것은 김재권의 결론적 입장이 아니라(예컨대 그가 결과적으로 환원주의를 취하느냐, 또 거기에서 어떤 변화가 있느냐의 여부가[108] 중요한 것이 아니라), 비환원적 물

---

107 김광수(2003), 21~22쪽. 김광수는 거기에서 김재권(2000), 148~149쪽을 길게 인용하면서 김재권이 물리주의에 대해 회의적인 생각으로 변신했다고 주장한다. 하지만 인용된 김재권의 주장 역시 다른 대부분의 심리철학자들과 마찬가지로 두 가지 피설명항 간의 긴장에 대한 철학적 고민을 피력한 것에 불과하다. 물리주의의 객관성과 함께 정신적인 것의 주관성을 함께 설명해야 할 피설명항으로 놓는 고민이 '변신'일 수 있으려면 변신 이전의 입장이 제거주의일 경우에만 해당될 것이다. 김재권의 이러한 주장에 관해서는 이 책의 7장 4절 참조.

리주의로서 속성 이원론을 인과적 배제 등의 논변으로 비판하는 대목이다.[109] 김재권은 내가 알고 있는 한 아직까지는 어디에서도, 심지어는 김광수가 인용하고 있는 문헌에서조차도 비환원적 물리주의 비판 논변에 대한 이 대목의 입장 변경이나 포기, 의심을 전혀 보이고 있지 않다. 이와 관련해 김광수 등 우리 철학계의 속성 이원론자들을 비판했던 나의 요점은, 바로 김재권의 배제 논변과 같은 속성 이원론에 대한 유력한 비판과는 대결하지 않은 채 심신 비환원성을 강변하는 것만으로는 정신(적인 것)의 자율성을 결코 설득력 있게 옹호할 수 없다는 것이다.[110]

소흥렬은 종교, 예술, 철학 및 과학 등 문화 영역이 존재론적으로 초자연적 또는 초월적 세계를 함축하지 않는다고 주장하면서도, 문화 세계를 자연 세계로 환원해 설명할 수 없다는 반(反)초월주의적 존재론, 그리고 반(反)환원주의적 실재론으로서 '문화적 자연주의'를 표명한다.[111] 그는 개체와 사건들의 존재를 인정하면서 "개체들의 세계는 작은 것들이 모여서

---

108 김재권의 환원주의에 관해서는 이 책의 5장 참조.

109 나는 비환원주의에 대한 이러한 비판이 김재권의 (심리철학에만 국한해본다면) 가장 큰 업적이라고 평가한다. 우리 학계에 널리 알려진 '수반' 이론보다도 오히려 더 그렇다고 생각한다. 심리철학계의 논의 흐름에 훨씬 더 크고 결정적인 영향을 끼치고 있다는 점에서도 그렇다.

110 김광수(2003)의 18~19쪽에서 김광수는 자신이나 어떤 비환원적 유물론자도 환원 불가능성이 정신의 자율성에 대한 충분조건이라고 주장하지 않으며 기껏해야 필요조건일 뿐이라고 주장한다고 말한다. 하지만 이 대목에서 나의 주장의 핵심은 심신 비환원성 이상의 그 어떤 근거도 제시하지 않으면서 '정신의 자율성'을 강변하는 것에 대한 비판이었다. 김광수 등 속성 이원론자들이 진정으로 이것을 '정신의 자율성'에 대해 필요조건에 불과하다고 인정한다면, '정신의 자율성'을 옹호하기 위해선 심신 비환원성 이상의 어떤 것이 더 필요하지 않느냐고 주장하는 것은 너무나도 당연한 게 아닌가? 이것이 바로 내가 김광수 등을 비판하는 핵심이고, 나의 이러한 주장은 단순히 증명의 부담을 떠넘기는 부당한 주장이 아니다.

111 소흥렬(1996), 9쪽. 특히 같은 제목을 가진 첫 논문을 주목하라.

큰 것을 형성하고, 그 큰 것들이 모여서 더 큰 것을 형성하는 방식으로 중층적인 구조를 이루고 있다"고 주장한다.[112] 하지만 이러한 중층적 내지 계층적 존재론을 당연한 것으로 여기고, 이에 대해 어떠한 반론이나 대안적 가능성도 고려하고 있지 않다. 다만 의식 현상을 과학적으로 설명하려는 진화론, 신경 과학, 인공지능학 등의 환원주의적 시도는 결코 해결할 수 없는 '비약의 문제'에 직면할 뿐이라고 주장한다.[113] 김광수와 마찬가지로 소흥렬도 물리적으로 설명될 수 없는, 즉 물리적인 것으로 환원될 수 없는 정신적인 것의 자율성만을 별 근거 없이 당연한 것으로 옹호할 뿐이다.[114] 이러한 소흥렬의 '문화적 자연주의' 역시 전형적인 속성 이원론이다.[115]

이승종은 그의 논문 「대칭적 전체론을 위하여」[116]에서 철학의 두 가지 스타일을 삼인칭 철학(externalism)과 일인칭 철학(internalism)으로 구분해 제시하고, 이러한 구분을 좀 더 첨예하게 하기 위해 이를 마음의 문제에 적용시킨다. 이러한 시각을 통해 이승종이 내린 결론은, 물리계에 대한 삼인칭 철학으로서의 인과론과 정신계(마음의 세계)에 대한 일인칭 철학으

---

112 소흥렬(1996), 10~13쪽, 인용문은 11쪽에서 따옴.

113 소흥렬(2000)을 참조. 특히 50~53쪽을 볼 것.

114 나는 정신적인 것의 자율성을 강조하는 이런 생각이 심리철학의 철학사적 기원이라 할 수 있는 데카르트가 제시한 기본 구도 때문에 이루어졌다고 생각한다. 이에 관한 자세한 생각은 7~8장을 참조.

115 그러면서도 소흥렬은 「관념론과 유물론의 종합」[소흥렬(1994)의 10장]에서 관념론과 유물론, 물질과 정신의 배타적인 대립을 지양하는 새로운 일원론적 존재론의 여운을 남기고 있다. 하지만 이러한 일원론은 위에서 제시한 반초월주의적, 반환원주의적 실재론인 문화적 자연주의에는 해당되지 않을 것이다. 이 책에서 나의 대안인 심신 유명론으로서 4차원 개별자론은 새로운 일원론을 시도하는 것이다. 이 책의 9장 참조.

116 이승종(1999).

로서의 의미론은 각각 "전체론적일 수밖에 없으며, 또 전체론적이라는 점에서 양자 사이의 상호 대칭성과 양립 가능성이 확보된다"[117]는 것이다.

즉 이승종에 의하면 물리계에 대한 삼인칭 철학으로서의 인과론과 정신계(마음의 세계)에 대한 일인칭 철학으로서의 의미론 사이에는 상호 대칭성과 양립 가능성이 확보된다. 하지만 논리적인 양립 가능성이 있다고 해서 동등한 정당성이 확보되었다고 할 수 있을까? 이러한 물음은 각각 전체론적인 물리계와 정신계에만 적용될 수 있는 것이 아니다. 이승종의 논문에서 전제가 되는 삼인칭 철학과 일인칭 철학 사이에도 적용될 수 있다. 즉 철학의 역사에 두 가지 스타일이 병존하고 있었다고 해서 두 가지가 모두 동등하게 정당화되는 것인가? 역사적 사실이면 항상 정당화되는가? 그것을 뒷받침할 수 있는 더 큰 그림이 있어야 하지 않을까?

이러한 종류의 의문은 특별히 두 스타일의 철학을 아우르려는 이승종의 '대칭적 전체론'에 초점을 둘 때 더 깊어진다. 내 생각으로는 이승종의 제목과 달리 그의 생각은 적어도 그 논문대로라면 엄밀히 말해 대칭적 전체론이 아니다. 적어도 이승종은 "인과론적 전체론이 의미론적 전체론의 물적 토대를 이루는 것"[118]임을 인정한다. 하지만 그 역은 성립하지 않을 것이 분명하다는 점에서 이것은 결코 대칭적이 아니다. 어찌 보면 비환원적 물리주의에 대한 김재권 등의 비판 논변도 이 점을 지적한 것에 다름 아니다. 물리적인 것이 모두 사라진다면 정신적인 것도 함께 사라질 수밖에 없다는 점에서 정신적인 것은 결코 독자적인 실재성을 갖는 것이 아니라 물리적인 것에 기생하는 부수 현상일 뿐이라는 것이다. 데카르트식의

---

117 이승종(1999), 239쪽.
118 이승종(1999), 238쪽.

실체 이원론이 아닌 실체 일원론을 인정하는 한, 김광수의 '정신의 자율성'도 소흥렬의 '문화적 자연주의'도 이승종의 '대칭적 전체론'도 이 비판을 결코 회피하거나 극복할 수 없다.

나의 이러한 지적에 대해 이승종은 "지구가 사라지면 문화도, 철학도 함께 사라질 수밖에 없다는 점에서, 문화와 철학은 결코 독자적인 실재성을 갖는 것이 아니라 지구에 기생하는 부수 현상일 뿐인가?"[119]라고 반문한다. 하지만 그의 물음대로 "지구가 사라지면 문화도, 철학도 함께 사라질 수밖에 없다"면 도대체 문화와 철학이 어떻게 부수 현상이 아닐 수 있는지 나는 아직도 잘 모르겠다. 그 점을 더욱 분명히 하기 위해 그 물음을 다음과 같이 약간 수정하면 어떨까? 〈지구가 없었다면 문화도 철학도 실재할 수 있었을까?〉 도대체 여기서 그가 말하는 '독자적인 실재성'의 의미는 무엇인가?[120]

이렇듯 그가 정신 영역의 독자적인 실재성을 강조하기 때문인지 심지어 다음과 같이 말하면서 자신의 대칭적 전체론이 물리주의가 아니라고까지 주장한다. "대칭적 전체론은 모든 현상이 물리적 현상이지는 않음을 인정한다는 점에서 물리주의가 아니다.[121] (중략) 따라서 대칭적 전체론은 환원적 물리주의도, 비환원적 물리주의도 아니다. 따라서 대칭적 전체론은 속성 부수 현상론일 수도 없다."[122] 그렇다면 도대체 그가 성립한다고 인정하는 '물적 토대'와 '수반'[123]은 무엇인가? 이것들이 물리주의를 부정하는 그의 생각과 어떻게 일관되게 성립할 수 있는가? 물적 토대에 수반되

---

119 이승종(1999), 242쪽.
120 이에 대한 나의 보충 답변에 관해서는 바로 다음의 3장 4절을 보라.
121 이승종(1999), 230쪽.
122 이승종(1999), 241쪽.

면서 어떻게 정신 영역은 '독자적으로 실재'할 수 있을까?

　이상에서 살펴본 세 사람의 입장은 모두 속성 이원론을 옹호하고 있지만, 그 옹호의 근거로는 물리적인 것으로 환원되지 않는 정신적인 것의 자율성 이외에 어떠한 것도 제시하고 있지 않다. 하지만 심신 비환원은 가장 강경한 물리주의의 하나인 제거주의조차도 옹호하고 있다. 즉 제거주의는 물리적인 것에로 환원되지 않는다는 바로 그 이유 때문에 정신적인 것을 합법적인 존재자로 인정하고 있지 않다.[124] 그러므로 심신 간의 환원 불가능성을 지적하는 것만으로는 속성 이원론을 옹호할 수 있는 충분한 근거가 되지 못한다.

　형이상학 혹은 존재론이 아무리 증명이나 검증이 어려운 사변적인 작업이라고 해도, 적어도 여러 가능한 대안적 선택지들이 있다면 그것들을 충분히 고려하면서 그 선택지들 중 최선의 하나를 선택하려고 시도해야 하지 않을까? 예컨대 '최선의 설명에의 추론'을 시도해보는 것과 같은 약한 논증조차도 없다면 곤란하지 않을까? 더구나 우리 철학계에도 잘 알려진 속성 이원론들에 대한 김재권의 이러한 영향력 있는 비판이 있는데 이를 충분히 검토하고 치열한 대결을 시도했어야 하지 않을까? 지금까지 이 장에서 살펴본 논의들은 이런 점들을 충분히 고려하지 않은 채 '정신의 자율성'이라는 당위를 그저 무비판적으로 재확인하는 데에 그치고 있는 것 같다.

---

123 이승종(1999)은 데이비슨이나 포더식의 비환원적 물리주의자들의 수반을 옹호한다 (230쪽). 또한 이승종(1999)의 부록으로 첨부된 나의 논평에 대한 답변에서 수반 옹호를 재확인하고 있다.

124 제거주의의 이러한 특징에 관해서는 4장 참조.

2) 방법론적 이원론

이상에서 살펴본 속성 이원론은 존재론적 이원론의 한 형태라고 볼 수 있다. 이원론의 입장들 중에는 그 밖에도 방법론적 이원론이 있다. 이제 방법론적 이원론에 관해 살펴보겠다.[125] 방법론적 이원론은 사회과학철학과 역사철학의 논의에서 아직도 상당한 세력을 떨치고 있다. 방법론적 이원론은 존재론 차원의 언급을 하지 않는다. 다만 특정한 분야, 예컨대 인문사회과학의 여러 분야에서는 자연과학의 탐구 방법과는 다른 방식의 탐구 방법이 수행되어야 한다는 것이다. 전통적으로 자연과학의 기계론적인 인과론과 대비해 목적론을 옹호하는 것이 가장 대표적인 방법론적 이원론이었다. 이 절에서는 목적론을 옹호하는 것에 초점을 두고 살펴보겠다. 다른 형식의 방법론적 이원론도 이에 준하여 생각할 수 있다.

사실 나도 방법론적 이원론의 주장에 어느 정도 공감한다. 인문사회과학의 여러 분야에서 목적론적인 설명은 (혹은 적어도 기능적 설명은) 매우 유용하고, 유효하며, 또 필요하다. 심지어는 자연과학의 한 분야인 생물학에서도 목적론적인 설명은 실제로 오래도록 실행되었던 전형적인 설명 방식이었던 것도 사실이다. 하지만 그렇다고 해서 물리계에 대한 전형적인 설명 방식인 인과론적 설명과의 방법론상 차이점 또는 인과적 설명에로의 환원 불가능성을 지적하는 것만으로 목적론 내지 설명의 다양성을 지향하는 방법론적 이원론을 간접적으로나마 옹호할 수 있을까? 그렇지 않은 것 같다. 잘못하면 오히려 역으로 기계론자, 인과론자에게 공격의

---

125 이하 이 절의 내용은 1998년 7월 한국과학철학회에서 발표되었던 오창희(1998)의 초고에 대한 나의 논평문에서 전개되었던 생각을 바탕으로 쓰였다.

빌미를 제공할 우려가 있다고 생각한다.

내가 보기에 환원 가능성을 옹호하는 것은 인과론자의 입장에서조차 그리 유망한 전략은 아닌 것 같다. 왜냐하면 현실적으로 인문사회과학 분야, 심지어는 자연과학에 속하는 생물학 분야에서도 목적론과 같은 비인과론적 설명이 오래도록 유용하게 사용되었기 때문이다.[126] 그러한 분야에서 목적론과 같은 비인과론적 설명은 전형적인 설명 방식으로 인정받고 있기 때문에 애써 무시하긴 어렵다고 생각한다. 그래서 물리주의자나 인과론자의 입장에서 환원주의를 옹호하는 것은 많은 철학자들을 설득할 수 있는 효과적인 논변 전략은 아닌 것 같다. 심지어 실제로 환원주의자를 자처하는 김재권조차도 환원주의가 대부분의 철학자들에게 부정적인 함의가 있음을 인정하고 있는 실정이다.[127] 따라서 환원주의 전략은 물리주의나 인과론의 설득력을 강화하는 좋은 전략이 아니기 때문에 방법론적 이원론자들이 그 전략을 겨냥하면서 목적론 등 비인과론적 설명을 옹호하려는 것 역시 별로 효과적이지 못할 것이다.

오히려 인과론의 강점은 **설명 영역의 포괄성**에서 찾아야 할 것이다. 인과론자들은 자신의 설명 영역이 세계의 모든 존재자를 포함한다고 주장한다. 하지만 목적론 내지 기능적 설명 영역은 유기체 내지 인공물[128]에 한정되어 있을 뿐이다.[129]

---

126 생물학과 물리학 간의 환원을 부정하는 논의로는 Dupré(1993)을 볼 것. 또 Heisenberg (1958/1985)의 6장도 볼 것.

127 예컨대 Kim(1989B)의 서두를 보라.

128 여기서 '인공물'에는 인간이 만든 도구적 존재자뿐만 아니라 그리스 철학 이래 'physis'와 대비되는 'nomos', 즉 사회적이고 문화적인 것 일체를 포함한다.

129 물론 만물을 신의 피조물로 보면서 오창희(1998)의 '외적 목적론' 개념을 도입한다면 상황은 달라질 수 있겠다. 하지만 이것은 여기에서 논의할 일이 아닌 것 같다. 오창희(1998)

이에 대해 목적론자들은 다음과 같이 말할 것이다. 〈목적론의 영역은 물론 한정된 것이다. 하지만 적어도 그 **영역에서는** 목적론적 설명이 더 위력을 발휘한다.〉 그렇다면 목적론자들이 이렇게 말할 때, 그들은 그러한 영역들이 그 이외의 물리적·자연적 영역들로부터 **별개로 독립되어** 존재한다고 주장하는 것인가? 만일 그렇다면 그들은 데카르트식의 이원론을 주장하는 셈이다. 그러나 데카르트식의 이원론은 철학사 연구를 통해 많이 거론되는 치명적인 난점들을 갖고 있으며,[130] 이러한 점에 관해 잘 알고 있는 목적론자들이 굳이 데카르트식 이원론을 부활시키려고 의도하지는 않을 것이다. 그렇다면 목적론자들은 자신들의 영역조차도 근본적으로는 (미시적으로는) 물리적·자연적인 것으로 구성되어 있음을 인정할 것이며, 또 실제로도 그런 것 같다. 바로 이 대목에서 인과론자들은 인과적 설명의 포괄성을 거론할 것이다. 목적론의 영역조차도 미시적으로는 물리적·자연적인 것으로 구성되어 있다면 인과적으로 설명될 가능성을 가진 것이며, 결국 인과적 설명만으로도 세계의 전 존재자들에 관해 충분하고도 포괄적인 설명을 할 수 있다는 것이다. 그렇다면 인과적 설명 이외의 다른

은 목적론을 '내적 목적론'과 '외적 목적론'으로 나눈다. '내적 목적'은 "어떤 대상 자체 속에 내재되어 있어서 그 대상이 주체적으로 그것을 추구해가는 형태의 목적을 의미한다"(156쪽). 반면에 '외적 목적'은 "외부의 어떤 인격적 주체(예를 들면 사람이나 신)에 의해 의도적으로 부여되었거나 혹은 그 인격적 주체와의 관계성 속에서 실현되거나 이해되는 목적을 의미한다"(156쪽).

130 김광수(1994), 257~258쪽에서는 데카르트의 이원론이 거부되는 이유가 마치 물리 세계의 폐쇄성 원칙과 양립하지 못하기 때문이라고 말한다. 그러면서 물리 세계의 폐쇄성 원칙을 받아들이면서 데카르트의 인간관을 포기하는 것은 현대의 과학주의적 세계관을 받아들이는 데에서 기인한 것이라고 말한다. 데카르트의 인간관과 물리 세계의 폐쇄성 원칙이 양립하지 않는다는 것은 사실이다. 하지만 둘 중 하나를 선택하는 것이 단순히 선택의 문제이고, 물리 세계의 폐쇄성 원칙을 선택하는 것은 과학적 세계관에서 오는 편견 때문이며, 이러한 편견 때문에 데카르트식의 이원론이 포기되었다는 지적은 옳지 않다. 데카

어떤 설명 방식(예컨대 목적론적 설명 방식)도 불필요하다.

하지만 분명히 유기체와 인공물의 영역에선 목적론적 설명이 더 효과적이지 않을까? 이에 관해서는 이렇게 설명할 수 있다. 목적론적 설명이 더 적합한 것으로 보이는 이러한 영역의 존재자들은 그 이외의 물리적·자연적 영역의 존재자들과는 다음과 같은 의미에서 다른 종류의 존재자들이다. 그것도 마찬가지로 물리적·자연적인 요소들로 구성되어 있지만, 그러한 존재자들을 구별해주는 개별화(개체화) 방식은 물리적·자연적인 영역의 개별화 방식과는 다르다. 인과론자들은 이렇게 다른 방식으로 형성된 다른 존재자들이 과연 세계의 합법적인 존재자인지를 묻는 것이다. 물리적·자연적 영역에 대해서는 목적론자들도 인과론이 적용될 수밖에 없음을 인정한다. 목적론의 영역이라 볼 수 있는 유기체와 인공물 영역도 근본적으로는 물리적·자연적인 요소들로 이루어져 있음을 인정한다. 그렇다면 왜 하필 이 영역에서는 다른 종류의 개별화 방식이 적용되어야 하는가? 왜 군이 이 영역을 다른 영역들로부터 구분해야 하는가?

결국 목적론자들이 다른 개별화 방식을 적용해 다루는 존재자는 존재

르트식 이원론이 포기된 것이 이제는 대세인 유물론과 양립하지 못하기 때문이라는 생각은 잘못이다.

내 생각으로는, 데카르트식 이원론이 포기된 것은 그의 '실체' 개념 때문이다. 이것은 유물론과 양립하지 못하는 것 이전의 문제다. 즉 데카르트의 실체 이원론에 따르면 폐쇄성 원칙은 물리계뿐만 아니라 정신계에도 적용된다. 이러한 '실체'의 정의와, 그 자신도 실재함을 인정하는 심신 인과적 상호작용의 사례를 모순 없이 조화시키는 방법이 없다는 게 데카르트의 심신 실체 이원론이 갖는 문제다. 따라서 자체 모순 때문에 붕괴된 것이지 유물론과의 단순한 선택 문제 때문에 배제된 것은 아니다. 내가 보기에 이러한 데카르트식 이원론의 자체 모순이 보여주는 교훈은 이렇다. 데카르트의 '실체' 개념을 유지하는 한, 실체 차원에서는 유물론이든 유심론이든 모종의 일원론만이 유일한 선택지로 남을 수밖에 없다. 데카르트와 실체에 관해서는 이 책의 서론 2절을 참조. 또 심리철학에서 데카르트식 구도에 관해서는 이 책의 7~8장을 참조.

론적으로 정당화된 것들이 아니라 언어적으로만 정당화된 것이라고 인과론자들은 본다. 인과론자의 시각을 좀 심하게 말한다면, 목적론이 다루는 것들은 과거에 잘못된 방식으로 개별화되고 분류된 것들이 관행화된 것에 불과한데, 그러한 언어적 관행이 굳어져서 이제는 화석화된 채로 관심 대상이 되었기 때문에 인간들은 그것들을 마치 제대로 된 존재자들로 오해한다고 비판할 수 있다. 그러니 전혀 다른 개별화 방식에 의해 구별되는 것이니만큼, 그 존재자의 정당성 여부와는 상관없이 그것들은 원초적으로 물리적·자연적인 것들에 대한 설명 방식인 인과적 설명으로는 해명될 수 없고 환원되지 않는다. 그러니 환원 불가능성을 언급하는 것만으로는 더 이상 그 정당성을 얻지 못한다.

여기서 한 가지 주의할 점이 있다. 인과론자들은 목적론이 다루는 '존재자들'이 존재하지 않는다고 (마치 무신론자가 신이 존재하지 않는다고 주장하듯이) 주장하는 것이 아니다. 그것들은 분명히 물리적·자연적인 요소들로 이루어진 것으로서 존재한다. 하지만 그 '존재자'를 드러내주는 개별화 방식이 잘못된 것일 뿐이다.

이 점에 관해서도 최근 심리철학에서 거론되고 있는 '부수 현상론 시비'를 적용할 수 있다. 즉 목적론적 설명의 대상이 되는 존재자들은 참다운 존재자들이 아니라 물리적·자연적인 것들이 없어진다면 함께 사라질 수밖에 없는 (결코 독립되어 존재할 수는 없는) 부수 현상일 뿐이라는 것이다. 따라서 환원 불가능성을 지적하는 것만으로는 목적론을 옹호할 수 없다. 많은 인과론자들도 목적론적 설명이 인과론적 설명에 환원되지 않는다고 인정할 것이다. 하지만 그들은 (조금 전에 언급한 대로 이것이 제거주의의 입장인데) 바로 그 환원 불가능성 때문에 목적론은 정당화될 수 없다고 주장한다.

요점은 이렇다. 흔히들 방법론적 이원론은 존재론적 입장 표명의 부담 없이 이원적인 설명이 사용되어왔다는 현실적인 관행만으로 옹호되는 것처럼 생각되었다. 또한 그러한 이원적인 설명이 물리계에 대한 전형적인 설명 방식인 인과적 설명 방식으로 환원될 수 없다는 점이 방법론적 이원론을 존재론과 상관없이 지지해주는 근거로 생각되었다. 하지만 설명 방식의 구별을 정당화할 수 있으려면 존재론적인 차별화가 정당화되어야 한다. 그러한 차별화를 제시하지 않는다면 굳이 설명 방식에만 차별화를 요구할 수 있는 근거가 있을까? 나는 이런 점에서 존재론적 반성 없는 방법론적 이원론은 옹호하기 어려운 안이한 입장이라고 생각한다.

그렇다면 인문사회과학, 생물학 등에서 현실적으로 널리 사용되고 있는 목적론을 옹호할 수 있는 방법은 없는가? 몇 가지 길은 있다. 우선 먼저 데카르트식 이원론을 적극적으로 옹호하는 것이다. 그렇다면 목적론 영역은 더 이상 물리적·자연적인 것으로 되어 있는 인과론 영역에 기생하는 것이 아니라 그로부터 독립적으로 존재할 수 있고, 목적론 영역은 인과론적인 설명을 결코 적용할 수 없는 영역이 되므로 포괄성의 문제나 부수 현상론 시비도 일어나지 않는다. 그러나 철학사의 흐름으로 볼 때, 선뜻 이 길을 선택하기는 어렵다.

또 다른 길은 인과론 영역, 즉 물리적·자연적인 것들의 영역이 갖는 포괄성을 부정하거나 약화시키는 것이다. 먼저 부정하는 것으로서, 예컨대 최근에 신과학이나 환경론자들이 많이 주장하는 생태론적 세계관은 일종의 유기체적 세계관으로서 세계를 이루고 있는 모든 존재자를 물리적인 것으로 보는 게 아니라 생태 현상으로 파악한다. 이것이 옹호될 수 있다면 목적론적 설명이 세계에 관해 좀 더 근원적인 설명 방식이 되며, 오히려 거꾸로 인과론을 어떻게 옹호할 수 있는가가 관심의 대상이 될 것이다.

물리적·자연적인 영역이 갖는 포괄성을 존재론적인 것이 아닌 언어적인 것으로 보는 것도 그 포괄성을 약화시키는 방법이 될 수 있다. 이에 따르면 인과적 설명의 포괄성도 존재론적으로 정당화되는 것이 아니라 언어적인 관행에 불과한 것이 된다. 따라서 그러한 포괄성이 역전될 수 있는 가능성도 얼마든지 있으며, 역전되지 않은 상태에서도 이제 더 이상 목적론의 영역만이 언어적이라고 천대받을 이유도 없어진다. 나는 이러한 방법을 제공해줄 수 있는 형이상학적인 모델로서 보편자 유명론 내지는 개별자 존재론(particularism)을 제시한다. 내가 이 책의 후반부에서 제시하려는 심신 유명론으로서의 4차원 개별자론은 데이비슨의 유명론을 토대로 이러한 문제의식을 발전시켜 구성한 것이다.[131][132]

4. 일반화 논변과 계층식 존재론

이 절에서는 김재권의 비환원적 물리주의 비판에 대해 비환원적 물리주의자들의 입장에서 제기한 일반화 논변(generalization argument)의 반론에 관해 생각해보려고 한다. 지금까지 일반화 논변은 김재권 등의 심신 환원주의에 대한 비환원적 물리주의의 반격 논변 정도로만 이해되었다. 그런 정도의 이해에만 머물 경우, 일반화 논변에 대한 관심은 그것이 비환원적 물리주의와 심신 환원주의 중 누구의 손을 들어주느냐에 국한될 것이다. 하지만 나는 일반화 논변을 제대로 검토한다면, 단순히 양 진영

---

[131] 이에 관한 상세한 내용은 9장 참조.
[132] 이 절의 일부는 백도형(2002)에 포함된 내용을 토대로 이루어졌다.

의 승부 문제를 넘어서 그것을 제기한 비환원적 물리주의 진영의 철학자들조차도 전혀 의도하거나 예상하지 못한 파급효과를 심신 문제에 가져다줄 것이라고 생각한다. 그것은 어쩌면 심신 문제를 비롯한 지금까지의 심리철학 구도를 재편할 수 있을 정도로 강한 파괴력을 지니고 있을지도 모른다. 이 절에서는 그 점을 짚어보면서 비환원적 물리주의에 대한 종합적인 평가를 시도하고자 한다.[133]

1) 일반화 논변과 심신 환원주의

앞서 1장 3절에서 보았듯이 김재권은 비환원적 물리주의에 대해 정신 인과에 개입하는 정신 속성이 인과적 힘을 갖지 못한 부수 현상에 불과하다는 강력한 비판을 가한다. 이러한 비판은 '배제 논변(exclusion argument)'으로 불리기도 하는데, 정신 속성의 수반 기초가 되는 물리 속성이 정신 속성과 그것으로 이루어진 정신 인과를 배제할 수밖에 없다는 것이다. 이러한 비판에 대해 비환원적 물리주의 진영에서는 일반화 논변을 제기했다. 일반화 논변에 따르면, 만일 김재권의 지적대로 정신 속성이 부수 현상에 불과하다면 그것은 정신 인과뿐만 아니라 모든 거시 인과를 부

---

133 지금까지 이 책의 주요 논변은 심신 문제 내지 정신 인과의 문제에 보편자로서의 속성이 중요하게 자리 잡고 있지만 지금까지의 심리철학 이론들이 그 점을 포착하지 못하고 있기 때문에 작금의 심신 문제가 미궁 속에 빠져 있다는 것이었다. 그리고 보편자로서의 속성을 정면으로 문제 삼을 때 심신 문제에 관한 논의가 얼마나 달라질 수 있는지를 서술했다. 이 절에서는 보편자로서의 속성 문제는 거의 다루지 않고, 일반화 논변을 통해 드러나는 존재 계층 문제들에 초점을 맞추겠다. 하지만 이 절의 논의 결과는 지금까지의 결론과 마찬가지로 심신 문제에 관한 논의 구도가 재편되어야 한다는 것을 보여줄 것이다. 유사한 주장이지만 보편자로서의 속성이 아닌 다른 각도를 통해 접근하는 것이다.

정하는 셈이 된다.[134] 즉 정신 속성뿐만 아니라 모든 거시 속성이 부수 현상이 되어버린다는 것이다.[135]

⑤ 사회

④ 개인으로서의 인간(정신, 이성)

③ 생명체

② 일상 사물(거시 물리적 존재자)

① 미시 물리적 존재자

일반화 논변은 심신 관계가 이와 같은 존재자 계층들 중의 일부에 불과함을 드러낸다. 앞에서 좀 더 큰 번호가 나타내는 상위 존재계는 하위 존재계보다 거시적인 존재 계층이다. 또한 상위 존재계는 하위 존재계를 포함한다고 할 수 있다. 이들 중 심신 관계는 ①과 ④의 관계다. 일반화 논변은 결국 이러한 존재 계층들 중 한 가지 관계에 불과한 심신 관계에 배제 논변이 제기된다면 이를 나머지 다른 존재 계층들에도 확대 적용할 수 있다는 것이다. 일반화 논변에 따른다면 결국 물리주의를 옹호하는 한 가장 기초 존재자인 ①의 존재만을 인정하고 나머지 거시 계층의 존재들을 모두 부정하는 제거주의를 취하든지, 아니면 김재권처럼 환원주의를 옹호하려면 ② 이상의 거시 존재 계층들이 모두 ①로 환원됨을 보여주어야 한다는 것이다. 심신 환원의 문제만도 옹호하기가 쉽지 않은데, 그 이외

---

134 Baker(1993), 87쪽. 또 같은 논문집에 수록되어 있는 Burge(1993), Van Gulick(1993)도 보라.

135 Van Gulick(1993), 249쪽.

의 다른 거시 존재 계층들도 모두 미시 물리적 존재자로 환원됨을 보인다는 것은 환원주의자들에게 상당한 부담으로 작용할 수밖에 없다.

여기서 한 가지 짚고 넘어갈 것은 설사 일부 상위 속성이 하위 속성으로 환원되는 경우가 있다고 하더라도, 이것이 환원주의자에게 결코 희소식은 아니라는 점이다. 왜냐하면 비환원적 물리주의는 일부의 환원 가능성과 양립할 수 있지만,[136] 환원주의는 반환원적 사례가 조금이라도 있을 경우 성립될 수 없는 입장이기 때문이다. 아무래도 환원주의는 순수한 물리주의 논제에 더해 특수과학과 물리 과학 간의 환원까지도 주장하는 더 강한 물리주의이기 때문에 환원주의가 비환원적 물리주의보다 부담이 더 큰 입장이라는 것은 분명하다.

사실 지금까지 학문의 역사를 더듬어볼 때 심신 문제 이외에도 이런 존재 계층들 간의 환원과 관련된 문제들을 쉽게 찾아볼 수 있다. 고전물리학과 현대 물리학 간의 불가통약성(incommensurability)을 논의하는 과학철학의 문제는 ①과 ② 간의 관계에 관한 일종의 비환원주의다. 반면에 분자생물학은 ③이 ①로 환원될 수 있다는 입장에서 출발한 것이다.[137] 또 개체론과 전체론의 문제는 ④와 ⑤ 간에 논의되는 문제다. 그리고 사회생물학은 ③과 ⑤ 간의 문제다.[138] 앞에서 제시한 ①~⑤ 이외에도 전통적인 형이상학에서는 수, 도덕, 가치, 보편자 등 추상적인 존재자의 실재를 주장하는 입장(일종의 플라톤주의)도 있다. 예컨대 그런 맥락의 윤리학에서

---

136 Pereboom & Kornblith (1991), 140~141쪽.

137 물론 잘 알려진 대로 이에 대해 생물학의 철학에는 생물학의 물리학 내지 화학에로의 환원을 부정하는 입장들도 상당히 있다. 예컨대 앞에서 언급했듯이 Dupré(1993), Heisenberg(1958/1985)의 6장, 그리고 Dupré(1993)을 보라.

138 나는 백도형(1999)에서 사회 생물학의 형이상학적 한계를 검토해보았다.

논의되는 '도덕 실재론(moral realism)'이라는 입장도 있다. 또 요즘 구미 윤리학계에서 문제시하는 동물 윤리학은 윤리학적인 시각에서 ③과 ④의 관계를 살펴본 것이라고 할 수 있다. 이러한 논의들은 모두 환원주의자들에게 부담이 될 수 있는 논의들이다. 물론 환원주의란 반드시 심신 환원주의만 있는 것은 아니며, 앞에서 제시된 존재 계층들 중 어느 두 계층 간에도 주장될 수 있다. 그 경우 주장되는 두 계층 이외에 다른 계층들 간에도 연속적인 환원을 주장해야 할 필요는 없다.

하지만 심리철학에서 문제되는 심신 환원주의는 여느 환원주의와는 다르다. 심신 환원주의는 강한 유물론 내지 물리주의를 주장하고 있다. 게다가 최근의 분석철학 역사를 더듬어볼 때 심신 환원주의는 논리실증주의의 과학주의 이념을 계승하는 역사적 맥락을 지니고 있다. 따라서 심신 환원주의는 존재론적 일원론뿐만 아니라 방법론적 일원론을 지향하고 있는 통일과학의 이념을 계승하고 있는 것이다. 그렇다면 심신 환원주의가 추구하는 것은 단순히 ①과 ④ 두 존재 계층의 환원만이 아니다. 그것만 주장할 수도 있겠지만 그것으로만 물리주의와 같은 존재론적 일원론, 통일과학의 이념과 같은 방법론적 일원론을 옹호할 수 있겠는가? 그리고 작금의 심리철학 맥락에서 물리주의가 아닌 심신 환원주의를 생각이나 할 수 있겠는가?

결국 심신 환원주의가 지향하는 물리주의와 통일과학의 이념을 이끌어내기 위해서는 ④의 인간 정신 영역뿐만 아니라 ②, ③, ⑤ 등 나머지 모든 존재 계층들도 기초 존재자인 미시 물리 존재자로 환원될 수 있음을 보여야 한다. 결국 심신 환원주의는 다음과 같은 딜레마에 빠지는 셈이다. ①과 ④ 사이에만 환원을 인정할 경우, 물리주의도 통일과학의 이념도 뒷받침할 수 없다. 하지만 그렇다고 해서 물리주의와 통일과학의 이념을 옹호하려면 단순히 심신 환원뿐 아니라 모든 존재 계층도 미시 물리 존재자로 환원될 수 있어야 한다. 즉 ④뿐만 아니라 여타의 존재 계층들인 ②, ③, ⑤ 등도 ①로 환원되어야 한다. 하지만 이것은 심신 환원주의의 입장에서는 과도한 주장이다. 일반화 논변으로 심신 관계를 여러 존재 계층들의 관계로 확장하는 것은 심신 환원주의에게 극복하기 어려운 부담으로 다가온다.[139]

2) 일반화 논변과 비환원적 물리주의

그런데 일반화 논변의 부담은 심신 환원주의자들에게만 있는 것이 아니다. 비환원적 물리주의자들에게도 그 논변은 결코 희소식이 아니다. 일반화 논변은 일견 김재권의 비판 논변을 무력화시키고 정신적인 것의 자율성을 옹호하려는 비환원적 물리주의자들의 숨통을 틔워주는 것 같다. 하지만 결코 그렇지 않다.

비환원적 물리주의자들의 주장대로 정신적인 것, 즉 ④의 자율성이 확보된다고 해보자. 하지만 그 자율성은 나머지 존재 계층들에도 마찬가지로 적용될 수 있다. 나머지 존재 계층들을 애써 외면한 채 ④의 자율성만을 주장할 수는 없다. 각 존재 계층은 모두 그 계층에 고유한 속성들을 가지고 있다. 그 속성들은 결코 하위 계층들에서는 나타나지 않고 그 계층

---

139 심신 환원주의를 옹호하는 김재권은 일반화 논변에 대답하기 위해 속성의 계층에서 '위(level)'와 '차(order)'를 구별하고 그것을 바탕으로 기능적 환원주의를 옹호한다. 김재권의 기능적 환원주의에 대해서는 Kim(1998)의 3~4장, 그것에 대한 나의 해석은 이 책의 5장 2절 참조. 하지만 나는 김재권의 이러한 기능적 환원주의가 결코 성공하지 못한다고 생각한다. 이 점에 관해서는 이 책의 5장 4절을 참조.

에 이르러서야 비로소 처음으로 등장하는 '창발(emergent) 속성'이다. 그렇게 '창발하는' 상위 속성들의 대부분이 하위 속성으로 환원되기 어렵다는 것은 그들이 먼저 주장할 일이겠고 나도 동의한다.

하여간 이렇듯 하위 계층으로 환원되지 않는 여러 존재 계층들을 염두에 둘 때, 비환원주의를 인정한다는 것은 단순히 심리 영역의 존재 계층만을 인정하는 선에서 그칠 수 있는 것이 아니다. 다른 상위 계층들을 인정치 않으면서 심리 계층만을 인정할 수 있는 근거를 과연 비환원적 물리주의자들이 제시할 수 있을까? 심리 계층뿐 아니라 다른 모든 계층의 속성들도 마찬가지로 하위 속성에서는 등장하지 않고 환원되지 않으면서 '창발되어' 등장하기 때문이다. 따라서 이러한 문제는 심신 문제만 거론하고 다른 존재 계층들은 언급을 회피하고 애써 외면한다고 사라지는 문제가 아니다. 그렇다고 해서 이런 여러 계층들의 존재를 모두 옹호한다면, 마치 한 세기 전 분석철학이 태동하던 시절에 제기됐던 '마이농의 스캔들(Meinong's Scandal)'처럼 존재계의 지나친 팽창으로 귀결될 수밖에 없다. 이것은 비환원적 물리주의가 감당하기 어려운 귀결임에 틀림없다.

일반화 논변을 제시하는 비환원적 물리주의자들은 부수 현상론 시비에 대해 인과와 실재에 대한 지나치게 강한 형이상학을 전제하고 있다고 지적하면서 특수과학의 성공적 설명을 강조하는 실용주의적 태도를 보이고 있다. 그들은 인과의 형이상학 대신 인과적 설명을 통해 정신 인과의 문제에 접근하고 있다.[140] 인과의 형이상학 대신 인과적 설명을 통해 접근하려는 시도는 예전부터 있었으며, 일반화 논변은 이러한 흐름을 계승하는 시도라고 볼 수 있다.[141] 그러나 이미 앞 절에서 방법론적 이원론과 목적론

---

140 Baker(1993), 92쪽 이하, Burge(1993), 118쪽 이하, Van Gulick(1993), 245쪽 이하 참조.

을 비판했듯이, 인과를 설명 차원으로 전환시키고 형이상학의 문제를 회피하는 것은 안이한 접근이다. 즉 그들은 존재적 다원주의를 옹호하는 것이 아니라 설명적 다원주의를 옹호하려는 것이다. 하지만 이들의 설명적 다원주의는 각각의 존재 계층에 고유한 적절한 설명이 있다는 방식으로 존재 세계를 이미 구분하고 있고, 그럼으로써 설명의 영역에만 머무르는 것이 아니라 존재론적인 개입을 이미 하고 있는 것이다.

이렇게 볼 수도 있다. 실체 차원에서나 속성 차원에서나 일원론을 옹호하는 물리주의라면 그들의 인과적 설명은 곧 물리적 설명으로서 전 존재 세계에 포괄적으로 적용될 수 있는 설명이다. 하지만 비환원주의를 옹호해 존재 계층을 구분하고 그 계층에 고유한 설명을 인정한다면 그 설명은 존재 세계 전체를 포괄하는 것이 아니라 특정한 존재 계층에만 적용되는 제한적인 것이다. 즉 설명 방식의 구별을 정당화할 수 있으려면 존재론적인 차별화가 정당화되어야 한다. 존재론적 차별화 없이 굳이 설명 방식만의 차별화를 요구할 수 있는 근거가 있을까? 나는 이런 점에서 형이상학적 반성 없는 설명적 다원주의는 옹호하기 어려운 안이한 입장이라고 생각한다.[142]

---

141 이러한 흐름에 속하는 입장으로는 Hanson(1958)의 3장, Scriven(1975) 등을 보라.

142 이와 유사한 비판을 앞 절에서도 목적론과 방법론적 이원론에 대해 이미 했다. 게다가 이러한 비판은 일반화 논변을 제기하면서 설명적 다원주의를 옹호하는 철학자들이 대체로 실재론과 물리주의를 어느 정도는 인정하는 비환원적 물리주의자라는 사실에서 더욱 확고해진다. 예컨대 Burge(1993), 116쪽, 그리고 Baker(1993), 95쪽을 보라. 반면에 Van Gulick(1993)은 물리적인 것의 배타적인 우월성과 수반을 인정치 않는 등 물리주의에 대해 회의적인 시각을 보인다. 250쪽 이하 참조. 물론 비환원적 물리주의 이외에도 설명적 다원주의를 옹호하는 것이 가능하다. 존재론적 다원주의를 옹호하거나 전면적인 반실재론 내지 관념론을 표방한다면 비환원적 물리주의를 옹호하지 않고도 설명적 다원주의를 옹호할 수 있다. 이러한 두 가지 가능성은 애초에 김재권이 배제 논변에서 겨냥하고 있는

3) 심신 문제 구도의 재편

결국 일반화 논변에서 제시하는 존재 계층의 확장은 심신 환원주의나 비환원주의 모두에게 새로운 고민거리를 안겨주고 있다. 따라서 이러한 일반화 논변에 관한 생각이 일리 있는 것으로 받아들여진다면 지금까지 심리철학계에 미치는 파급효과가 상당히 클 것이다. 20세기 이후 심리철학이 다시 본격적으로 논의되기 시작한 1950년대 이래 최근 50여 년간 심리철학 역사를 살펴보면 초창기 10여 년 정도는 심신 환원주의가 가장 유력한 입장으로 생각되었고, 1960년대 말 이후 최근 30년간은 비환원적 물리주의가 가장 많은 철학자들이 옹호하는 주류 입장의 지위를 차지해왔다. 이제 일반화 논변에 대한 이 글의 해석은 심리철학계의 대표적인 두 주류 입장을 온전히 옹호하는 것이 상당히 부담스러운 일임을 보여주고 있다. 나는 이러한 점이 지금까지의 심신 문제와 심리철학이 막다른 미로에 봉착하고 있음을 보여주며, 그러기 때문에 심신 문제의 구도를 근본적으로 재검토해야 하는 이유가 된다고 생각한다.

지금까지의 심리철학은 문제되는 영역을 물리·심리의 두 영역에만 국한해서 논의하고 있다. 이러한 논의 방식의 역사적인 뿌리는 데카르트의 심신 이원론이다. 물론 데카르트의 이원론은 지금은 거의 아무도 그 형태

대상은 아니다. 배제 논변은 사실상 비환원적 물리주의에만 해당된다. 물리주의를 옹호함으로써 물리 영역의 존재가 세계의 존재에 대한 충분조건이 이미 되는 것이기 때문에 물리주의를 인정한다면 미시 물리 영역 이외의 상위 영역은 모두 부수 현상에 불과한 것이 되고 만다는 것이 배제 논변의 내용이므로 물리주의와 존재론적 일원론을 아예 부정하는 앞의 두 가지 입장은 배제 논변의 표적으로부터는 벗어날 수 있다. 하지만 이 둘을 옹호하기 위해서는 그러한 입장을 뒷받침하고, 구별되는 설명의 다원적 계층을 정당화하는 그 이상의 이론이 필요하다. 이에 관해서는 이 절 뒷부분에서 다시 언급하겠다.

그대로 옹호하지 않는다. 하지만 그가 애초에 문제를 제기한 방식, 즉 심신 이분법적 구도라는 개념적 전제는 그대로 받아들이고 그 토대 위에서 문제를 제기하기 때문에 심신 문제가 생겨났다. 데카르트의 구도 덕택에 심리철학의 논의 구조가 정초되고 자리 잡게 되었지만, 이제는 그 구도가 더 이상의 진전을 가로막는 굴레로 작용하고 있다.[143]

사실 조금 전에 언급했듯이 서양철학과 과학의 역사를 더듬어보면 심신 관계 외에도 두 영역 간의 환원이 쟁점이 된 경우가 간혹 있었다. 생물학의 철학에서는 생물학과 물리학, 혹은 생명 현상과 물리 현상의 환원 문제를 중요하게 다루고 있다. 또한 사회철학, 사회과학의 철학 분야, 혹은 사회학, 사회심리학 등 사회과학 분야에서는 개인과 사회 내지 집단 간의 환원을 다루는 문제가 개체론과 전체론의 문제로 제기되고 있다. 윤리학에서 문제되는 사실과 가치, 존재와 당위의 문제도 두 영역 간의 환원 문제로 볼 수 있다. 무어(G. E. Moore)가 자연주의 윤리설에 제기했던 '자연주의적 오류'는 가치와 당위의 문제를 존재 내지 사실의 문제로 환원시키려는 자연주의 윤리설의 환원주의를 비판하는 대목이다. 생물학적인 인간관을 바탕에 깔고 논의를 진행시키는 사회 생물학이나 진화 심리학은 생물학의 대상이 되는 생명 현상 영역과 심리 영역, 그리고 사회 영역 간의 환원 문제를 다루는 셈이다. 과학철학에서 최근 논의되는 불가통약성 개념도 물론 상대주의적으로 사용되면 여러 패러다임들에 일반적으로 적용될 수 있는 개념이지만, 특별히 거시 물리학이라고 볼 수 있는 뉴턴식의 근대 고전물리학과 미시 영역을 다루는 현대 물리학의 환원 불가능성으로 이해할 수도 있다.

---

143 이에 관해서는 7장 이후, 특히 8장에서 더 자세하게 다루겠다.

재미있는 것은 앞에서 나열한 서양철학과 과학의 환원과 관련된 문제들 중 상대주의 과학철학에서 불가통약성을 일반적으로 사용하는 경우를 제외하면 대부분의 환원 문제가 두 영역 간의 환원만을 문제 삼고 있다는 것이다. 심신 관계 이외의 나머지 존재 계층들에 대한 논의들이 엄연히 존재했고 널리 알려져 있지만, 실제 환원 문제를 다룰 때에는 두 영역 간의 환원 여부만을 문제 삼는 논의가 대부분이었다. 이런 점은 심신 문제를 다루었던 심신 이론들도 마찬가지였다. 미시 물리 영역과 심리 영역 이외의 다른 존재 영역들은 거의 문제시되지 않았다. 그러나 앞 장에서 살펴보았듯이 다른 존재 영역들은 무시한 채 심신 두 영역의 관계로만 환원 문제를 다룬다면, 그 논의에서 소기의 결론을 얻는다고 하더라도 거기에서 의미 있는 존재론적인 성과가 나올 수 없다. 예컨대 심신 환원주의를 정당화한다고 해서 물리주의가 자동적으로 확보되는 것은 아니다. 심신 간의 환원은 기껏해야 물리주의의 필요조건들 중 하나일 뿐이다. 김재권은 비환원적 물리주의가 확고한 존재론적 위상을 갖지 못한다고 비판한다. 하지만 설사 그러한 비판이 옳다고 해도, 또 거기다가 그의 심신 환원주의가 옳다는 가정을 더하더라도 나머지 모든 존재 영역이 미시 물리 영역으로 환원됨을 보이지 않는 한 물리주의를 결코 제대로 옹호할 수 없다.

따라서 심신 두 영역 이외에 모든 존재 계층을 함께 고려해 환원 문제를 다루는 것은 이제 불가피한 과제이며, 오히려 이는 심리철학의 난제들을 제대로 이해하는 좋은 계기가 될 수도 있다. 앞에서 살펴보았듯이 모든 존재 계층을 고려할 경우, 물리주의를 전면적으로 거부하는 입장을 취하지 않는 한 환원주의도 비환원주의도 제대로 성립하기가 쉽지 않다는 것이 드러났다. 하지만 그동안 심신 문제에 관한 논의들은 나머지 존재 영역들을 고려하지 않았기 때문에 이런 점을 제대로 주목하지 못했고, 사실상 심신 환원주의와 비환원적 물리주의 간의 논쟁 위주로 진행되었다.

그런데 어떻게 여러 존재 계층들 중 '심신 문제'라는 ①과 ④ 간의 관계 문제만이 존재론의 유일한 문제일 수 있으며, 그중 ④의 자율성만이 유일하게 옹호해야 할 자율성이란 말인가? 이런 식으로 논의가 이루어졌던 심신 이론들은 사실상 인간 중심적인 형이상학이었음을 반성해야 한다.[144] 이제 우리는 형이상학을 인간 중심에서 존재 세계 일반으로 확장시켜서 논의해야 하고, 심신 문제는 형이상학 일반의 문제로서 포괄적으로 다루어야 할 것이다. 오히려 이렇게 시야를 확대하는 것이 한동안 속 시원한 논의의 진전 없이 정체되어 있는 심신 문제에 새로운 돌파구를 제공해줄 수 있을지도 모른다.

그렇다면 이제 나머지 존재 영역들을 고려해야 하는 새로운 상황을 맞아 심신 문제는 어떠한 가능성을 가질 수 있을까? 우선 가장 쉽게 제시할 수 있는 가능성은 제거주의와 존재 다원주의다. 제거주의란 가장 기초적인 영역인 미시 물리 영역의 존재만을 인정한 채, 다른 계층들 간의 환원을 부정하는 강한 물리주의 입장이다. 앞에서 심신 환원주의를 검토하면서 환원주의가 비환원주의보다 정당화의 부담이 더 무거운 입장임을 밝혔다. 제거주의는 사실상 모든 영역 간의 환원을 부정하면서도 옹호할 수 있는 물리주의 입장이라는 점에서 우리가 손쉽게 선택할 수 있는 입장임에 틀림없다. 심신 문제를 논의하는 데 사용되었던 제거주의는 어차피 가장 기초적인 존재자인 미시 물리 존재자 이외에 다른 존재를 인정치 않는

---

144 나는 여러 존재 계층들이 있음에도 불구하고 지금까지의 심신 이론들이 ①과 ④ 간의 관계만을 다룬 것도 심신 문제가 갖는 근본적인 문제점이라고 생각하며, 심신 문제가 근원적으로 데카르트식의 배타적이고 이분법적인 심신관을 토대로 이루어졌기 때문에 이러한 문제점에 빠질 수밖에 없다고 생각한다. 보다 상세한 내용은 7장 이후, 특히 8장을 참조할 것.

입장이기 때문에 ④번, 즉 인간 정신 이외의 나머지 거시 존재자들에게도 쉽게 확장되어 적용될 수 있다. 따라서 일반화 논변의 혜택을 가장 많이 받는 입장이라고 할 수 있다. 일반화 논변은 미시 물리 계층 이외의 나머지 모든 거시 계층들을 한꺼번에 제거하는 방편을 제공해줌으로써 제거주의에 대한 다른 라이벌 입장들을 모두 한꺼번에 붕괴시켜버리는 효과가 있다.

다만 문제는 많은 철학자들이 논하듯이 제거주의는 분명히 존재하는 것처럼 보이는 많은 영역들, 그동안 여러 특수과학 분야에서 다루었던 영역들의 존재를 깡그리 부정하는 입장이라는 점이다. 이것은 손쉽게 일관성을 유지하면서 선명한 형태로 구성할 수 있는 입장이기는 하지만, 우리의 상식과 직관에 크게 위배됨에 틀림없다. 그런 점에서 제거주의는 일반화 논변의 문제와 상관없이 상식의 전면적인 거부라는 의미에서 엄청난 부담을 가지고 있는 입장이고, 그 때문에 상식을 옹호하는 대부분의 철학자들은 제거주의에 상당한 거부감을 보이고 있는 실정이다. 그러나 지금까지 심리철학에서 상식으로 여겨졌던, 그리고 가장 유망한 선택지들로 여겨졌던 환원주의와 비환원적 물리주의를 더 이상 당연한 것으로 여기지 못하고 재고해야 하는 이 시점에서, 제거주의가 비록 지금까지는 우리들의 상식에 충분히 부합하지 못하고 있다고 해도 그 입장이 나름대로 일관성을 유지할 수 있고 현재의 통념 이외에 다른 반박을 제시할 수 없다면 이제 그렇게 무시할 수만은 없는 선택지라고 생각한다. 예컨대 과학사의 사례들에서 에테르나 플로지스톤 등 예전에 인정했던 존재자들을 이제 더 이상 인정치 않고 다른 방식으로 이런 현상들을 설명하고 있는 등 제거주의가 주장하는 방식으로 존재 영역이 단순화됨으로써 과학의 진보가 이루어진 사례들이 분명히 있기 때문이다. 따라서 일단 제거주의를 가능한 선택지의 하나로 인정하기로 하자. 다음 4장에서 제거주의를 비판적으로 상세하게 검토할 것이다.

그다음에 생각해볼 수 있는 것이 존재 다원주의다. 이것도 제거주의처럼 존재 영역들 간의 환원을 부정하는데, 제거주의가 기초 존재 영역인 미시 물리 영역의 실재만을 인정하는 입장이라면, 존재 다원주의는 하위 영역으로 환원되지 않고 자율적으로 존재하는 존재 영역의 실재를 모두 인정하는 입장이라고 할 수 있다. 앞 장에서 살펴본 비환원주의와 다른 점은 앞에서 다룬 비환원주의가 비환원적 물리주의로서 실체 차원의 존재론으로는 일원론을 지향함에 반해, 존재 다원주의는 물리주의라는 일원론 자체를 부정하고 모든 영역의 존재를 동등하게 인정하는 다원주의다. 이런 입장은 어차피 물리주의를 옹호하는 것이 아니기 때문에 김재권의 배제 논변, 수반 논변 등과 같은 비판에서 벗어날 수 있다. 물리주의를 옹호하지 않는 만큼 물리 영역의 인과적 폐쇄성 원칙도 받아들일 필요가 없고, 여러 존재 계층에 의한 인과의 과잉 결정(overdetermination)이 일어난다고 해도 아무 문제가 없을 것이기 때문이다. 하지만 그렇다고 해서 존재 다원주의 역시 앞 장에서 비환원주의에 적용되었던 마이농식의 과도한 존재 팽창의 부담으로부터 벗어날 수는 없을 것이다. 그렇다면 결국 제거주의만이 유일하게 가능한 선택지인가? 다원적인 존재 현상을 반영하는 존재론은 전혀 성립할 수 없는 것일까?

그래서 나는 이 책에서 도널드 데이비슨의 무법칙적 일원론이 앞에서 보았듯이 유명론적 성격에 초점을 둔다면 이러한 여러 난제를 돌파할 수 있는 유력한 대안으로 살아남을 수 있다고 주장한다. 이 책의 마지막 부분(9장 이후)에서 더 자세하게 다루겠지만, 나의 이러한 대안 심신 이론을 '심신 유명론'이라고 부른다. 심신 유명론이야말로 제거주의의 반직관성, 그리고 존재 다원주의의 형이상학적 부담은 피하면서도 다원적인 존재 현상을 반영하는 존재론의 유망한 형태라고 제안한다. 정신 인과의 문제를 포함하는 거시 인과 혹은 하향 인과(downward causation)의 문제는 속성 이원론 등 비환원주의가 각 상위 계층에서 새롭게 등장하는 '창발 속성'이 존재론적인 의미에서 실재하는 것으로 주장하고 있는 데에서 비롯한 것이다. 심신 유명론은 이러한 속성 실재론에서 '속성 실재'의 거품을 빼고 '속성'이 언어적으로 이루어진 것임을 주장한다. 따라서 심신 유명론에서는 앞 장에서 줄곧 형이상학적 문제가 제기되었던 존재 계층은 이제 언어 계층이 되는 것이고, 그에 따라 심신 유명론은 존재론적으로는 복수의 존재 계층 실재를 옹호할 필요가 없는 일원론이면서도 언어 차원에서는 다원주의가 될 수 있다.[145]

그렇다면 언어 다원주의로서 심신 유명론은 앞 장에서 비판했던 설명적 다원주의가 되어버리는 셈이 아닌가? 하지만 종래의 설명적 다원주의와 심신 유명론이 다른 것은, 전자는 그냥 현재까지의 설명 관행을 실용주의적으로 받아들이는 것에 불과하지만 후자는 형이상학적인 여러 고려 사항들에 의해 뒷받침되고 있다는 점이다. 이 절의 초점은 일반화 논변에서 제기되는 존재 계층들이 심신 문제에 대해 가질 수 있는 함축들을 더 듬어보는 것이지 심신 유명론을 적극적으로 옹호하는 것이 아니며(물론 지금까지 본 대로 존재 계층을 고려하는 것은 심신 유명론을 낳은 좋은 문제의식이 될 수는 있지만), 심신 유명론의 형이상학적 뒷받침에 관해서는 이 책의 마지막 부분(9장)에서 상세하게 다루려고 하며 여기에서는 간략하게만 언급

---

145 심신 문제에 관한 나의 대안인 심신 유명론을 일반적인 형이상학 문제로 확장하면 4차원 개별자론이 된다. 상세한 내용은 9장에서 다루겠다.

하도록 하겠다.

우선 조금 전에 언급했듯이 각 존재 계층이 고유하게 갖고 있는 속성들을 존재 계층에 상관없이 모두 존재하는 것으로 본다면 앞 장에서 본 대로 존재계의 지나친 팽창을 야기하게 되고, 강한 물리주의 진영으로부터 배제 논변 등과 같은 비판을 받을 수밖에 없었다. 하지만 심신 유명론은 모든 존재 계층(심지어는 가장 기초적인 미시 물리 계층까지 포함해서)의 속성을 이론 의존적인 술어에 의해 구성되는 언어적인 것으로 봄으로써 존재 계층의 실재론에 의해 야기되는 문제를 피할 수 있다.

여기에서는 심신 유명론에 관해 운을 떼는 것으로 만족하려 하며 이에 관한 상세한 내용은 이 책의 마지막 장인 9장에서 다루려고 한다. 이제 다음 장에서는 제거주의에 관해 살펴보려고 한다. 제거주의에 관해 내가 제시하려는 요점을 미리 말한다면 제거주의의 주장이 의미 있게 성립하기 위해서는 보편자로서의 속성 실재론을 전제할 수밖에 없다는 것이다. 만약 이러한 나의 생각이 옳다면 제거주의의 존재론적 성격을 새롭게 조명하는 단서를 발견하는 동시에, 제거주의와 차별화되는 데이비슨의 무법칙적 일원론이 보편자로서의 속성 실재론을 부정하고 유명론에 선다면 김재권의 비판으로부터 벗어날 수 있다는 나의 주장을 더욱 확고하게 뒷받침하는 셈이 된다.[146]

---

146 이 절의 일부는 백도형(2005B)에 포함된 내용을 토대로 이루어졌다.

4장
제거주의 비판

이 장에서는 제거주의에 관해 검토해보겠다. 심신 이론에서 제거주의는 정신적인 것의 실재를 인정치 않을 뿐 아니라, 정신적인 것에 대한 전통적인 설명 체계인 지향 심리학도 제거되어야 한다는 입장이다. 제거주의도 심신 환원을 부정하는 물리주의라는 점에서 어떤 의미에서는 '비환원적 물리주의'에 속한다고 볼 수도 있다. 하지만 심리철학계의 관례상 보통 '비환원적 물리주의'는 우리가 3장에서 주로 다룬 것으로 물리적인 것에 대한 정신적인 것의 자율성을 인정하는 입장인데 반해, 이 장에서 살펴볼 제거주의는 심신 비환원을 주장하면서 정신적인 것의 실재와 설명의 정당성을 모두 부정하는 가장 강경한 물리주의다. 당연히 제거주의는 정신적인 것의 자율성을 전혀 인정치 않는다.

그러면 이제 이러한 제거주의와 데이비슨식의 유명론적 심신 이론을 비교해보자. 앞서 3장 1절에서 데이비슨의 입장은 김재권의 비판 논변에 해당되지 않음을 논했다. 이제 이 절에서는 제거주의에 관해 좀 더 상세히 검토함으로써 제거주의가 데이비슨의 무법칙적 일원론과는 분명히 차별화될 수 있음을 보이려고 한다. 만약 이러한 차별화가 성공한다면 데이비슨의 무법칙적 일원론이 제거주의와 다를 바 없다는 김재권의 비판은 무력화되고, 포더식의 기능주의처럼 속성 실재론을 옹호하는 비환원적 물리주의와 달리 데이비슨의 입장은 김재권의 비판에서 살아남을 수 있을 것이다.

존재론적으로만 보면 (특히 정신 실재론자의 시각에서는) 무법칙적 일원론은 환원주의보다는 오히려 제거주의와 유사하다고 볼 수도 있다. 물리 세계의 일반성을 인정하고, 정신적인 것과 물리적인 것의 환원을 인정하지 않으면서 정신 속성의 존재를 아예 부정해버린다는 점에서 그러하다. 정신적인 것은 데이비슨에게는 존재론적 범주가 아닌 개념적 범주일 뿐이다. 그러나 데이비슨의 무법칙적 일원론은 제거주의와 지향하는 바가 다르다. 무법칙적 일원론은 제거주의와 달리 정신적인 것에 고유한 가치가 있음을 인정함으로써 지향 심리학을 옹호한다.[1]

---

1 3장 1절 참조. 또한 유명론적 심신 이론이 제거주의와 다른 점을 이렇게도 말할 수 있다. 유명론적 심신 이론이 보편자로서의 속성을 부정하는 것은 물리적인 것이냐 정신적인 것이냐에 상관없다. 따라서 유명론자가 자신의 심신 이론에서 정신 속성의 인과적 힘을 부정한다면 물리 속성의 인과적 힘도 역시 부정하는 것이다. 반면에 사건 개별자로서의 정신 사건이 역시 개별 사건으로서의 물리 사건과 인과적으로 상호 작용할 수 있음은 인정한다. 여기서 인과관계의 양 항으로 놓이는 두 사건이 각각 정신 사건과 물리 사건임은 그 사건이 어떻게 서술되느냐에 달려 있는 것으로 이것은 결코 **존재론적으로** 결정되는 것이 아니다. 하지만 어쨌거나 유명론적 심신 이론에서는 사건 개별자로서 정신 사건의 인과적 힘은 인정될 수 있는 것이므로, 또한 물리적인 것과는 달리 정신적인 것만이 인과적 힘을 갖지 못한다는 주장은 성립할 수 없는 것이므로 유명론적 심신 이론은 결코 제거주의나 부수 현상론으로 귀결되지 않는다. 이러한 생각은 유명론적 심신 이론의 입장을 일관되게 밀고 나가면 찾아볼 수 있다.

데이비슨이 이러한 점에서 제거주의를 거부한다는 것을 김재권은 충분히 인식하고 있으며 그러한 생각에 공감하기까지 한다.[2] 그러나 데이비슨과 달리 김재권은 이러한 점을 주장하기 위해서 정신 실재론을 표명한다. 그리고 환원주의 입장을 취하면 물리주의와 정신 실재론을 함께 주장할 수 있다고 보는 것이다. 「비환원적 유물론의 신화」에서 김재권의 논점은 제거주의에 대한 부정적인 공감대와는 관계없이 그것을 넘어서 보이는 둘의 노선 차이를 바탕으로 이루어진 것이다. 즉 정신 실재론을 받아들이지 않으면 데이비슨도 스스로 부정하는 제거주의에 빠져버릴 것이라는 점이다.

그러므로 이러한 김재권의 논점을 반박하기 위해선 데이비슨이 결코 제거주의를 인정하지 않는다는 사실을 지적하는 것만으로는 충분하지 못하다. 중요하게 제시되어야 할 요점은, 데이비슨이 정신 속성을 부정하는 것은 어떤 측면에서 보면 김재권이 주장하는 '정신 실재론'을 부정하는 것으로 볼 수도 있다. 그렇다면 문제는 '정신 실재론'을 부정하면서 아울러 제거주의를 거부하는 것이 일관되게 유지될 수 있겠느냐 하는 점이다. 즉 정신 실재론을 부정하는 한 데이비슨은 제거주의에 포섭될 수밖에 없다고 주장함으로써 김재권은 그 일관성을 부정한다. 그래서 데이비슨의 무법칙적 일원론이 김재권의 비판을 뿌리치기 위해서는 제거주의와 더욱 철저한 차별화가 필요하다. 김재권의 비판 논변에서 중요한 점 가운데 하나는 데이비슨의 이론이 제거주의와 존재론적인 측면에서 보자면 별 차이가 없다는 것이었다. 데이비슨의 취지가 지향 심리학을 옹호하는 것으로 제거주의와는 차이가 있다고 해도 제거주의와 존재론적 측면에서 유

---

2   예컨대 Kim(1985)를 볼 것.

사하다는 오해의 여지가 남아 있는 한 반대자들에게 불필요한 구실을 제공해줄 여지가 계속 있다. 그들은 항상 무법칙적 일원론에 부수 현상론의 혐의를 씌우려고 할 것이다. 그러나 무법칙적 일원론이 실재론을 부정한다는 생각을 좀 더 확실히 표명한다면 제거주의와 유사한 존재론적 입장을 공유한다는 껄끄러움을 피할 수 있으며, 반대자들의 비판 여지를 미리 봉쇄하는 이점이 있다. 하지만 이 점에 관해 데이비슨이 분명히 제시하지 않아서 오해의 여지를 낳고 있다. 이 장의 목적은 그가 보여주지 못한 바로 그런 점들을 지적하려는 데에 있다. 나는 이 장에서 제거주의의 존재론적 측면을 상세히 검토함으로써 김재권의 비판 논변을 정면 돌파하고자 한다. 이 장에서 나의 논변이 성공한다면 데이비슨의 입장은 유명론적 심신 이론으로서 제거주의와 충분히 차별화될 수 있다고 생각한다.

제거주의를 유명론적 심신 이론과 비교하려는 이 장의 내용은 그 점 이외에도 또 하나의 부수적인 논점을 얻을 수 있다. 지금까지 제거주의에 관한 글은 (그 논의가 제거주의를 옹호하는 것이든 반박하는 것이든) 대부분 지향 심리학에 관해 논하고 있다. 즉 제거주의가 지향 심리학을 부정하는 입장이기 때문에 제거주의를 옹호하려는 논의에서는 지향 심리학을 비판하는 논의가 이루어지고,[3] 역으로 제거주의를 비판하려는 논의에서는 지향 심리학을 옹호하는 주장들이 전개되곤 했다.[4] 즉 제거주의 자체의 입장보다는 그것의 반대 입장인 지향 심리학에 관한 논의를 통해 제거주의를

---

3 예컨대 Churchland(1981), Churchland PS(1980), Stich(1983) 등을 볼 것(처치랜드 부부의 글들을 구별하기 위해서 앞으로 이 글에서는 남편인 폴 처치랜드는 'Churchland'로, 부인인 패트리셔 처치랜드는 'Churchland PS'라고 쓰겠다).

4 예컨대 Davidson(1973/1980), Fodor(1978/1981), (1987), Horgan&Woodward (1985/1990), Kitcher (1984), Jackson(1982/1990) 등을 볼 것.

다루곤 했다.

그러나 김재권 등에 의해 제기된 비환원적 물리주의가 제거주의나 부수 현상론에 불과하다는 비판은, 환원주의가 비판된 이후로 비환원적 물리주의가 지향 심리학을 옹호할 수 있는 유력한 입장이었음을 감안할 때,[5] 지향 심리학을 옹호함으로써 제거주의를 비판하는 시도들이 암묵적으로 의지하고 있던 버팀목을 뽑아내는 결과를 초래하고 있다. 지향 심리학이 옹호되더라도 그것의 밑바탕이 되는 존재론적 입장이 성립할 수 없다면 사상누각에 불과할 것이기 때문이다.[6] 그러므로 제거주의에 대해 지금까지와 같은 방식의 논의는 더 이상 무의미하게 되었다.

이 장에서는 이러한 제거주의에 대해 비판적인 검토를 수행하려고 한다. 먼저 1절에서는 제거주의에 대해 기존의 비판으로 잘 알려진 인지적

---

5   물론 이원론과 환원주의도 고려해볼 수 있다. 하지만 현실적으로 옹호하기 어려우므로 여기서는 논하지 않겠다. 최근에 김재권은 환원주의를 통해 정신 실재론을 주장함으로써 지향 심리학을 계속 옹호하려 한다. 그러나 나는 이런 시도에는 여러 난관들이 도사리고 있다고 생각한다. 이에 관한 자세한 내용은 이 책의 5장을 볼 것.

6   나는 '심신 수반(psychophysical supervenience)'에 관한 논의들에도 마찬가지 이유로 비관적인 생각을 갖고 있다. 최근의 심리철학계에서 '심신 수반' 개념은 한편으로 물리주의 입장을 취하면서도 다른 한편으로 환원주의와 같은 강한 형태의 물리주의는 거부하고, 그러면서도 정신적인 것이 물리적인 것에 대해 모종의 의존 관계가 있음을 보여줄 수 있는 절묘한 개념적 장치로 여겨져서 그러한 점들을 옹호하려는 비환원적 물리주의자들에게 한동안 지대한 관심의 대상이 되었다. 그러나 지금 논의하고 있는 지향 심리학 옹호를 통한 제거주의 비판이 지향 심리학 자체의 존재론적 토대가 흔들림으로써 무의미해진다면, 심신 수반에 관한 논의들도 마찬가지로 무의미해지는 위험에 처한다고 볼 수 있다. 설사 심신 수반 개념이 비환원적 물리주의를 좀 더 잘 설명할 수 있다 하더라도[Kim(1984A), (1987), (1990B)에서 김재권은 이런 점에 대해서조차도 회의적인데], 비환원적 물리주의 자체가 결코 존재론적으로 확고하게 성립할 수 있는 입장이 아니라면 심신 수반에 관한 제반 논의들이 무의미해지기 때문이다. 보다 상세한 내용에 관해서는 백도형(1993)과 이 책의 9장 4절을 볼 것.

자살 논변을 소개·검토하고 이 논변이 제거주의에 대한 잘못된 논변임을 지적할 것이다. 2절에서는 제거주의의 존재론적 성격을 검토하면서 제거주의가 보편자로서의 속성 실재론의 바탕 위에서만 의미 있게 성립하는 입장임을 보일 것이다. 이러한 2절의 비판이 성공한다면 앞에서 보았던 데이비슨의 무법칙적 일원론이 김재권의 비판과는 달리 제거주의와 존재론적으로도 전혀 상이한 입장임이 드러나는 부수적인 효과를 거둘 수 있을 것이다.

1. 잘못된 비판-인지적 자살 논변

어떤 점에서 본다면 제거주의는 심신 문제를 해결하는 가장 손쉬운 방법인 듯 보인다. 그러나 문제는 그리 간단치 않다. 심신 문제에 관한 지금까지의 논의들이 제거주의를 환영하지 않는 이유는 그것을 선택하는 대가가 너무 크기 때문이다. 제거주의는 가장 극단적인 입장이다. 바로 그 점이 제거주의를 가장 일관성 있고 분명한 입장으로, 또한 가장 손쉬운 선택지처럼 보이게 하지만, 최근까지 심신 문제에 관심을 갖는 대부분의 철학자들은 제거주의에 대해 강한 거부감을 공유하고 있다. 그런데 이러한 거부감은 제거주의에 대한 직접적인 논박보다는 주로 제거주의의 공격 대상이자 인간 사유의 중요한 상식적 배경을 이루는 지향 심리학의 방어로 표출된다.[7]

---

7 예컨대 바로 앞의 각주 4번 참조. 이 글에서는 이러한 논의를 중점적으로 다루지는 않겠다. 하지만 내가 줄곧 언급한 대로 보편자로서의 속성의 실재 문제가 심신 문제와 관련된

지향 심리학의 방어가 아닌 제거주의 자체에 대한 거의 유일한 직접 논박이 바로 인지적 자살 논변이다. 이 논변에 따르면 제거주의는 실천적으로 비정합적이기 때문에 결과적으로 자기부정적이다. 논변의 내용은 린 베이커(Lynne Rudder Baker)의 논문인 「인지적 자살(Cognitive Suicide)」[8]에 잘 드러나 있다.[9] 이 절에서는 그 논변이 언뜻 보기엔 강력하고 결정적인 것처럼 보이고 또 제거주의의 중요한 측면을 잘 보여주고 있긴 하지만, 알려진 것만큼 그리 강력한 비판이 되지는 못함을 논하겠다. 그렇다고 내가 제거주의를 옹호하려는 것은 아니고 단지 인지적 자살 논변이 제거주의의 핵심을 제대로 짚지 못하고 있음을 지적하려는 것이다.

우선 제거주의가 인지적 자살행위라는 인지적 자살 논변을 요약하면 다음과 같다.

① 지향 심리학의 핵심적인 특징은 내용(믿음, 의도 등등)에 의해 정해지는(identified) 태도를 귀속하는 것이다.

② 만일 지향 심리학이 거짓이라면, 신경 과학에 의해 대치되어야 하고 어느 누구도 결코 내용에 의해 정해지는 믿음 혹은 다른 태도를 가지지 않는다.

③ 그러나 어느 누구도 아무것도 믿지 않는다는 것이 참이라면, 어떻게

여러 문제들을 바라보는 데 새로운 도움을 줄 것이다.

8   Baker(1988).

9   이러한 베이커의 논변은 Baker(1987)에도 나와 있음. 그러나 사실 이 반박은 그 전부터 잘 알려져 있던 제거주의의 비판 논변으로 처치랜드는 그의 저작 Churchland(1988/1992)와 1981년에 출판된 그것의 초판, 그리고 Churchland(1981/1989)에서도 언급하면서 응수하고 있다.

믿음 없는 주장이 가능한가에 관한 설명이 필요하고, 그러한 설명이 없다면 그 주장 가능성에 문제가 있는 것이다.

요컨대 제거주의의 핵심 주장(단계 ②)대로 지향 심리학이 거짓이라면, 우리가 믿음이니 의도니 하는 명제 태도들을 가진다는 말을 도대체 할 수 없게 된다. 그런데 인간에게 도대체 믿음이란 것이 없다면 ②와 같은 제거주의 주장 자체도 이루어질 수 없다는 것이다. 제거주의는 믿음과 같은 지향 심리학의 용어는 거부하면서 믿음 없이 어떻게 주장이 이루어질 수 있는가에 관한 적절한 설명은 제시하지 못하고 있다. 따라서 제거주의 주장은 자기부정에 불과하다는 것이다.

제거주의자인 처치랜드(Paul Churchland)는 이미 이에 대해 응수한 바 있다.[10] 그는 인지적 자살 논변이 선결되어야 할 문제를 요구하고 있다고 한다. 그는 그 점에서 제거주의를 비판하는 인지적 자살 논변이 반생기론(反生氣論, anti-vitalism)을 비판하는 논변과 유사하다고 주장한다. 다음의 두 논변을 살펴보자.[11]

[인지적 자살 논변]
제거주의를 주장하는 진술은 부호나 소리의 의미 없는 나열에 불과하다. 그 나열이 일정한 믿음, 의사소통하려는 의도, 그리고 언어의 문법에 관한 지식 등을 표현하는 것이 아니라면 그렇다. **그러나 만일 제거주의를 주장하는 진술이 참이라면**, 그러한 표현 상태는 존재하지 않는다. 그렇다면

---

10 바로 앞의 각주 9번 참조.
11 Baker(1988), 13쪽(강조는 인용자).

쟁점이 되는 진술은 부호나 소리의 의미 없는 나열이 된다. 따라서 그것은 참이 아니다.

[반생기론에 대한 비판 논변]

반생기론자들은 생기 따위는 존재하지 않는다고 말한다. 그러나 이런 주장은 자기 반박적이다. 화자는 자신의 주장이 진지하게 여겨지도록 기대할 수 없을 때에만 진지하게 여겨지도록 기대할 수 있다. **왜냐하면 만일 그 주장이 참이라면,** 화자는 생기를 가지지 않은 것이고 따라서 죽은 존재일 수밖에 없다. 그러나 만일 그가 죽은 존재라면 그의 진술은 이성과 진리를 결여한 의미 없는 나열이다.

처치랜드는 이 두 논변이 서로 평행한(parallel) 구조를 가지고 있는데 반생기론에 대한 반박 논변인 두 번째가 선결문제 요구의 오류를 범하고 있으므로, 마찬가지로 첫 번째 논변인 제거주의를 비판하는 인지적 자살 논변도 선결문제 요구의 오류를 범하고 있다고 말한다.

그러나 베이커는 이러한 처치랜드의 반박에 대해 앞의 두 논변들은 다음과 같은 세 가지 점들 때문에 서로 평행한 것이 아니라고 재반박한다. 그의 말을 한 가지씩 들어보자.

첫째, 반생기론을 비판하는 논변은 이렇다. 반생기론의 입론은 그 입론이 **거짓**이라는 가정 위에서는 주장될 수 없다. 그러나 제거주의에 대한 비판 논변은 이렇다. 제거주의의 입론은 그 입론이 **참**이라는 가정 위에서는 주장될 수 없다. 전자는 분명히 선결되어야 할 문제를 요구하는 반면에 후자는 분명히 그렇지 않다.[12]

즉 베이커의 요점은 이렇다. 반생기론에 대한 반대 논변은 반생기론이 거짓이라는 가정 위에서는 반생기론이 주장될 수 없다는 것인데 반해, 제거주의에 대한 반대 논변은 제거주의가 참이라는 가정 위에서는 제거주의가 주장될 수 없다는 것이다. 따라서 전자는 선결문제를 요구하지만 후자는 그렇지 않다는 것이다.

그러나 내가 보기에 이러한 베이커의 첫 번째 반박은 명백한 실수다.[13] 반생기론에 대한 반박 논변에 의하면 반생기론이 주장될 수 없는 경우는 그의 지적처럼 반생기론이 거짓인 경우가 아니고 참인 경우였다(앞의 두 논변에서 강조된 부분을 주목하라). 즉 생기론이 거짓인 경우에는 화자가 생기를 가지지 않는 것이 되므로 화자는 죽은 것이어야 한다. 그러므로 죽은 화자에서 나오는 진술은 무의미한 잡음들에 지나지 않게 된다는 것이었다. 따라서 적어도 베이커가 지적했던 점에서 두 논변은 애초부터 평행한 것이었다.

둘째, 두 경우 가상 비판자들은 그들이 서로 공유하고 있는 가정들에 있어서 상이함을 보인다. 반생기론자와 생기론자는 살아 있음이 주장을 할 수 있는 필요조건이라는 것에 서로 동의한다. 반생기론자는 단지 살아 있다는 것이 무엇인가에 관한 설명에서만 다를 뿐이다. 반면에 제거주의자는 내용에 의해 정해지는 믿음 등 태도들이 주장을 하는 데에 필요조건이라는

12 Baker(1988), 13쪽(강조는 인용자).

13 원래 베이커가 이 논변을 처음 전개한 곳은 1985년 4월에 있었던 오벌린 콜로퀴엄에서였고, 이 콜로퀴엄의 내용이 Baker(1988)에 실려 있다. 이 논변은 베이커의 저서 Baker(1987)의 134쪽 이하에도 재수록되어 있는데, 거기에 지금 제시한 첫 번째 반박은 빠져 있다.

그의 반대자 견해에 일관되게 동의할 수는 없다. 제거주의자가 믿음을 가진다는 것이 무엇인지에 관해 상이한 설명을 제공하는 것은 아니다. 그가 부정하는 것은 누구든지 믿음을 지닌다는 것이다. 제거주의자와 평행하려면 반생기론자는 죽은 자가 주장을 한다고 생각해야 할 것이다. 그러므로 반생기론을 비판하는 논변의 잘못은 제거주의 비판 논변과 아무 관계가 없다는 것이다.[14]

즉 베이커에 의하면, 반생기론자와 생기론자는 살아 있다는 것이 어떤 주장을 하는 데에 필요조건이라는 것에 서로 동의하는 데 반해, 제거주의자는 믿음 등의 태도를 가지는 것이 어떤 주장을 하는 데에 필요조건이라는 제거주의 비판자의 생각에 동의할 수 없다는 것이다. 그러나 내가 보기엔 이러한 두 번째 반박 역시 제거주의의 논점에 대한 충분치 못한 이해에서 비롯한 것 같다. 제거주의의 논점을 반생기론의 논점과 평행하게 다음과 같이 재구성할 수 있기 때문이다.

마찬가지로 제거주의자도 X를 지님이 주장을 하는 데에 필요조건이라는 그의 반대자 주장에 동의할 것이다. 제거주의자는 단지 X를 지닌다는 것이 무엇인지를 설명하는 데에서만 다를 뿐이다. 제거주의자는 X가 믿음 등 내용에 의해 정해지는 태도들이라는 그의 반대자 주장에 동의하지 않는다(X는 아직 알려지지 않은 최종 과학에 속한다고 그는 생각한다).[15]

14 Baker(1988), 13~14쪽, 그리고 Baker(1987), 139쪽.
15 Churchland(1981/1989), 19쪽.

베이커의 세 번째 반박은 다음과 같다.

반생기론에 대한 비판 논변의 잘못은 제거주의 비판 논변과는 아무런 상관이 없다. 반생기론이 참이란 가정 위에서**든 혹은** 거짓이란 가정 위에서든 생기를 가지지 않았다는 것 때문에 반생기론자에게 죽었다는 혐의를 두는 것은 실수다. 반생기론이 참이라면 생기를 가지지 않는다는 것은 죽음에는 적절한 것이 아니요, 거짓이라면 생기론을 부정하는 잘못을 저지른 반생기론자는 생기를 지니고 있으며 결국 죽지 않고 있는 것이다.[16]

나는 이러한 세 번째 반박도 두 번째 반박과 비슷한 문제점을 갖고 있다고 생각한다. 예컨대 내가 제거주의자라면, 다음과 같이 덧붙이겠다.

마찬가지로 제거주의가 참이라는 가정 위에서든 거짓이란 가정 위에서든 믿음 등 내용에 의해 정해지는 태도들을 결여하고 있기 때문에 제거주의자에게 주장을 하는 것이 아니라고 혐의를 두는 것도 잘못이다. 제거주의가 참이라면 믿음 등 내용에 의해 정해지는 태도들의 결여는 주장을 하지 않는다는 것에 적절한 것이 아니요, 거짓이라면 지향 심리학을 부정하는 잘못을 저지른 제거주의자는 믿음 등 내용에 의해 정해지는 태도들을 가지고 있는 것이며 결국 주장을 하는 것이다.[17]

---

16 Baker(1987), 139쪽(강조는 원문).

17 어떤 이는 이에 대해 처음의 반생기론과 제거주의의 두 논변에서 '주장을 함(making a claim)'과 '살아 있음(being alive)'은 내가 지금 제시한 것처럼 평행한 것이 아니었다고 꼬집을지도 모르겠다. 그렇다면 그에 대해 나는 '주장을 함'을 'X를 가짐(having Xs)'으로 바꿈으로써 처음의 두 논변이 평행한 것이었음을 보여줄 수 있다. 그러나 내 생각으로는 여

베이커가 이러한 비판들을 제시하면서 가지고 있는 기본적인 생각은 이렇다. 제거주의는 믿음 등 지향 심리학이 다루는 명제 태도들을 거부하고는 있지만, 아직 명백한 대안을 제시하지 못하고 있다. 하지만 제거주의 주장 자체는 명제 태도들을 전제로 해야 성립하는 것이므로 자기 입장 내에서도 실천적 부정합성(practical incoherance)을 띠고 있으며, 결국 인지적 자살행위에 불과하다.

그런데 조금 전에 본 바에 따르면 제거주의를 비판하는 인지적 자살 논변과 반생기론을 비판하는 생기론자의 논변은 평행하다. 제거주의와 반생기론은 그것들이 각각 비판하고자 하는 지향 심리학과 생기론의 전제를 비판하려는 것이다. 하지만 이에 대해 제거주의를 비판하려는 인지적 자살 논변과 반생기론을 비판하는 생기론자의 논변은 지향 심리학과 생기론의 전제를 바탕으로 이루어지고 있다. 지금 생기론을 옹호하는 사람은 없다. 더 이상 과학의 정설이 아니다. 그것은 낡은 지식 체계일 뿐이다. 하지만 생기론이 옹호되던 그 당시에 생기론의 논리 체계에 빠져 있는 입장에서 반생기론 논변은 모순을 범하고 있는 것처럼 보일 수밖에 없을 것이다. 마찬가지로 지향 심리학의 전제를 공유하고 있는 상태에서 인지적 자살 논변을 바라본다면 제거주의가 인지적 자살이라는 모순을 갖고 있는 것으로 보일지도 모른다. 하지만 과학사의 뒤안길로 사라져버린 많은 낡은 이론 체계들처럼 지향 심리학도 지식의 진보에 저항하는 낡은 생각일지도 모른다. 과학사에 등장하는 지식의 진보 사례를 살펴보면 낡

기서 두 논변이 평행하다는 것으로 제시하려는 요점은 두 논변이 모두 선결되어야 할 문제를 요구하고 있다는 것이므로 그 점만 보일 수 있다면 두 논변의 각 항들이 서로 대응하고 있음을 반드시 ('주장을 함'을 'X를 가짐'으로 바꾸면서까지) 드러내야 할 필요는 없을 것 같다.

은 이론 체계의 전제 자체가 무너짐으로써 이론의 교체가 일어나는 경우를 흔히 볼 수 있다.[18] 두 논변의 평행성은 지식의 진보와 이에 저항하는 전통 이론의 보수적인 모습을 잘 보여준다고 생각할 수도 있다.

결국 인지적 자살 논변은 그것만으로는 제거주의의 논점에 대해 그리 설득력 있는 비판이 못 된다. 사실 인지적 자살 논변과 같이 자기 지시(self-referential) 진술의 역설적인 모습을 지적하는 논변은 철학사에도 여러 차례 등장했다.[19] 이러한 논변은 언뜻 보기에는 명쾌해 보이지만 공격하려는 입장의 핵심을 지적하지 않기 때문에 서로 상대방이 중요한 점을 놓치고 있다는 식의 비생산적인 공방에 빠질 우려가 있다.[20] 물론 이 경우 서로가 중요하다고 생각하는 점이 다르다는 데에 문제의 심각성이 있다.[21] 따라서 이런 식의 제거주의 공략은 효과적이지 않다. 비판하려는 상대방이 인정하는 전제를 바탕으로 논변이 이루어지면서도 그 논변의 귀결이 상대방의 생각이 잘못되었음을 보여준다면 좀 더 설득력 있는 논변이 될 수 있다. 예컨대 어떤 입장 갑이 어떤 입장 을을 그 전제로 삼고 있을 때 갑에 대해 제대로 논박하려면, 그 전제인 을이 잘못된 것을 보여주거나, 그 전제가 제대로 된 것임을 인정하더라도 그로부터 갑이 타당하게 귀결될 수 없음을 보여주어야 한다. 그렇지 않고 전제에 대한 언급 없이 그 귀

---

18 서론에서 지적했듯이 이 책의 초점도 심신 문제를 막다른 길로 몰아간 낡은 전제를 드러내고 극복하려는 데에 있다.

19 예컨대 〈'모든 지식은 상대적으로 옳다'는 상대주의 주장도 상대적으로 옳다〉라고 주장하는 상대주의에 대한 비판 등을 생각해보자.

20 예컨대 처치랜드는 Churchland(1981/1989)에서 인지적 자살 논변이 그라이스식의(Gricean) 의미론을 전제하고 있음을 지적하고 있다. 21~22쪽을 볼 것.

21 나는 앞의 3장 1절에서 정신 인과의 문제에 관한 김재권과 데이비슨의 논쟁도 인과성의 문제에서 무엇을 중요하게 보는가의 차이에서 비롯한다고 주장했다.

결만을 문제 삼는 것은 비판의 대상자에게 빠져나갈 수 있는 여지를 허용하고 만다. 예컨대 자기가 인정할 수 없는 다른 전제로부터 자기를 비판하고 있다는 식으로 말이다. 즉 일종의 허수아비 공격의 오류가 될 수 있다. 그렇다면 현대 과학철학에서 제기되는 이론 간의 불가통약성을 염두에 둘 때 전제가 서로 다른 두 이론 체계들 중 어떻게 하나가 다른 하나를 평가·비판할 수 있겠는가? 그렇게 본다면 애초에 지향 심리학을 비판하는 데에서 출발한 제거주의 주장 자체도 설득력이 없다고 볼 수 있지 않을까?

그래서 이 대목에서 제거주의의 전제가 되는 중요한 논점 한 가지를 지적하는 것이 필요하다. 그것은 제거주의의 실재론적인 토대를 지적하는 것이다. 제거주의가 상이한 전제의 지향 심리학을 비판하는 중요한 논점 중 하나는 지향 심리학이 실재(reality)를 제대로 반영하고 있지 못한 거짓 이론이라는 것이다. 이제 다음 절에서 그 점을 좀 더 상세하게 검토하겠지만, 그 전에 제거주의의 실재론적 전제를 미리 염두에 두고 인지적 자살 논변을 다시 검토해보자. 나의 요점은 다음과 같다. 인지적 자살 논변은 주장의 조건으로서 믿음 등 명제 태도의 존재를 옹호하려는 의미론적인 논변인 데 반해, 제거주의는 믿음 등 내용에 의해 정해지는 명제 태도는 법칙적 속성으로서 실재하는 것이 아니라는 존재론적 논변이다. 여기서 존재자로서의 속성은 정신에서 독립되어 확정적으로 존재하는 것이기 때문에 자연 언어의 술어에서 유추되는 것이 아니다. 따라서 이러한 입장을 전제로 삼고 있는 제거주의에 대해 자연 언어에서 제시하는 상식적 범주를 부정하고 있다는 비판은 실효성이 없다.

물론 인지적 자살 논변은 단순히 제거주의가 상식적 범주를 부정하고 있다는 것으로만 비판하려는 것은 아니다. 결국은 제거주의 주장 자체도 자신이 스스로 부정하려는 상식적 범주를 전제로 삼을 수밖에 없다는 자기모순을 지적하는 것이었다. 그러나 베이커가 지적한 세 가지 문제들에 관해 앞에서 내가 제거주의 관점을 바탕으로 구성해본 대답들이 옳다면, 제거주의자가 자기 주장을 펴기 위해 반드시 자신이 부정하는 상식적 범주를 전제로 삼을 수밖에 없다는 인지적 자살 논변은 정당하지 못하다. 처치랜드가 제시한 반생기론에 대한 비판 유추가 베이커의 비판과 달리 정당하다면, 인지적 자살 논변은 지식의 발전과 변화에 지나치게 보수적인 태도를 바탕에 두고 있다고 볼 수 있다. 비트겐슈타인의 사다리 비유를 여기에도 적용시킬 수 있지 않을까?

앞에서 본 대로 베이커는 제거주의가 명제 태도의 대안들을 제시하지 못하고 있다는 점을 지적한다. 그러나 과연 제거주의가 아직 대안을 갖추고 있지 못하다는 사실 자체만으로 정당한 비판의 이유가 될 수 있을까? 이러한 지적 역시 제거주의가 실재론을 토대로 하고 있다는 점을 간과한 것이다. 실재론에서 강조하는 존재론적 측면의 핵심은 우리의 정신으로부터 존재 세계가 독립해서 존재한다는 것이다. 따라서 우리가 그것에 대한 정확한 지식을 현재 갖고 있느냐의 여부는 실재론자 입장에선 처음부터 논의에서 배제하고 고려하지 않으려는 문제다. 그래서 앞의 2장에서 논했듯이 암스트롱과 같은 전형적인 실재론자는 어떠한 보편자가 존재하느냐의 문제는 현재의 과학이 아닌 궁극적으로 발달한 최종 과학에 의해 정해져야 한다고 주장하는 것 아닐까? 그 점은 처치랜드도 마찬가지다. 제거주의 주장의 토대가 되는 신경 과학이 아직 발전의 역사가 미흡한 현재 수준의 신경 과학이라면 처치랜드와 같은 제거주의자들이 그렇게 과감한 주장을 할 수 있을까?

따라서 나는 인지적 자살 논변이 언뜻 보기보다는 제거주의에 대한 강력한 비판이 아니라고 생각한다. 그 논변은 제거주의 주장 자체가 자신이 부정하려는 명제 태도를 전제로 하고 있다고 지적하지만, 제거주의의 진짜 전제가 무엇인지를 제거주의자 입장에서 이해하려 하지 않고 있다.[22]

그렇다면 제거주의를 비판할 길은 전혀 없는가? 결국은 제거주의의 전제인 실재론을 문제 삼는 수밖에 없다고 본다. 실재론의 거론이 제거주의의 논의 맥락인 심신 이론의 틀을 벗어나는 것처럼 보이지만, 제거주의는 실재론을 전제로 해서만 의미 있게 이해할 수 있는 입장인 것이다.[23] 이제 다음 절에서 제거주의의 실재론적인 특성에 관해 살펴보겠다.

2. 제거주의와 실재론

앞 절에서도 언급했지만 지금까지 제거주의에 대한 대부분의 비판은 제거주의 자체를 직접적으로 비판하기보다는 제거주의가 부정하는 지향 심리학을 옹호하는 방식으로 이루어졌다. 이 절에서는 제거주의에 관해 다른 방식으로 논의를 전개하려고 한다. 즉 지금까지의 논의들처럼 지향 심리학의 내용을 통해서가 아니라, 제거주의 자체를 직시하려고 한다. 그래서 지향 심리학에 관한 논의를 통해서는 드러나지 않았던 제거주의의 숨겨진 특성을 부각시키려고 한다. 앞 절에서 본 대로 베이커의 인지적 자살

---

22 이 절의 내용은 백도형(2003)을 기초로 수정 보완한 것이다. 국내에서 인지적 자살 논변을 다룬 또 다른 논문은 박준호(2010)이며 이후 박준호(2011)의 7장으로 재수록되었다.

23 사실 나는 제거주의뿐 아니라 심신 문제와 관련된 모든 문제들의 핵심 근저에는 실재론, 특히 보편자 실재론의 문제가 밀접하게 자리 잡고 있다고 생각한다. 이것이 이 책에서 주장하려는 핵심이다.

논변도 제거주의의 문제점을 직접적으로 비판하려는 시도였지만 그 핵심을 제대로 파악하지 못한 잘못된 비판이었다. 이 절에서는 제거주의의 핵심을 바탕으로 한 비판을 시도한다. 우선 이 절에서 짚으려는 제거주의의 핵심을 먼저 결론적으로 말한다면 제거주의는 보편자로서의 속성 실재론, 즉 보편자 실재론을 전제하며, 또 그것을 전제해야만 존재론적으로 의미 있게 성립한다는 것이다. 지향 심리학의 옹호를 통한 종래의 제거주의 비판으로는 이러한 핵심에 결코 접근할 수 없다. 이러한 결론이 옳다면 제거주의에 관한 논의에 새로운 시각을 제공할 수 있을 것이다.

이러한 목적을 수행하기 위해 이 절은 다음과 같은 방식으로 진행된다. 우선 제거주의 입장을 두 가지로 분류한다. 첫 번째 제거주의는 **존재론적 제거주의**다. 이 입장에 따르면 정신적인 것과 그것의 설명 체계인 지향 심리학이 제거되어야 하는 이유는 존재론적인 것으로, 정신적인 것은 실재하지 않기 때문에 그것을 설명하려는 지향 심리학은 **거짓** 이론이므로 제거되어야 한다는 것이다. 지향 심리학 등 전통 학문에서 '정신 현상'이라고 생각되던 것은 단지 두뇌나 기타 신경 체계의 물리·화학적 현상에 불과하므로 그것을 연구하는 신경 과학이 과학적 심리학이며, 지향 심리학은 제거되어야 한다고 주장한다. 이러한 존재론적 제거주의는 제거주의의 가능한 입장들 중 가장 강력한 입장이다.

두 번째 제거주의는 **방법론적 제거주의**다. 이 입장에서는 정신적인 것과 그것을 연구하는 지향 심리학이 제거되어야 하는 이유가 존재론적으로 제시되지 않고 방법론적으로 제시된다. 즉 지향 심리학은 그것을 대체하려는 과학적 심리학에 비해 포괄적이지 못하므로 많은 것을 설명할 수 없는 제한적인 이론에 불과하거나, 물리적인 것으로 환원되어 설명될 수 없기 때문에 정당성을 확보할 수 없으므로 제거되어야 한다는 입장이다.

물론 심신 비환원은 존재론적 제거주의에서도 중요하게 표명하는 대목이다. 그러나 존재론적 제거주의가 방법론적 제거주의와 다른 점은 전자가 심신 환원을 부정한다는 점만으로 제거주의를 주장하는 것이 아니고, 그러한 환원주의 부정을 넘어서 물리적인 것은 실재하지만 정신적인 것은 실재하지 않는다는 존재론적인 이유를 제시한다는 점이다. 그러나 방법론적 제거주의에서는 이런 종류의 존재론적 이유를 제시하지 않는다.

제거주의에 관한 논의를 본격적으로 시작하기 전에 한 가지 짚고 넘어가야 할 점이 있다. 이 책에서 내가 심신 문제에 관해 논의하려는 핵심은 여러 차례 언급했듯이 지금까지 제대로 보이지 않았던 심신 문제와 보편자 문제와의 중요한 관련성을 드러내려는 것이다. 제거주의를 다룰 이 절의 논의도 마찬가지다. 제거주의를 존재론적 제거주의와 방법론적 제거주의 두 가지로 분류하고 그중 실재론을 토대로 성립하는 존재론적 제거주의만이 제거주의 주장 자체를 의미 있게 주장할 수 있는 유효한 제거주의 입장이라는 이 절의 핵심은 지금까지 어느 제거주의자도, 그리고 제거주의를 비판하는 어떤 철학자도 주장한 적이 없다. 즉 앞으로 제시할 제거주의에 관한 이 절의 핵심 주장은 지금까지 제거주의 철학자들의 주장에 대한 **철학사적 해석이 아니라 나의 비판적 해석**이다. 제거주의에 대한 이러한 비판적 해석은 심신 문제와 중요한 관련을 갖지만 드러나지 않았던 보편자 문제를 드러내고 해명하려는 이 책 전체의 논지 전개에 중요한 일환이다.

이 절에서는 이렇게 제거주의를 두 가지로 분류한 후에 이 둘을 각각 유명론적 심신 이론과 비교해 검토한다. 먼저 존재론적 제거주의를 살펴보자.

1) 존재론적 제거주의

이 부분의 요지를 미리 말하자면 이렇다. 존재론적 제거주의의 본성을 검토해본다면 그것과 유명론적 심신 이론은 근본적으로 다른 입장이라는 것이다. 왜냐하면 (앞으로 살펴보겠지만) 존재론적 제거주의는 실재론(특히 경험적 실재론)의 입장을 바탕으로 해서만 의미 있게 성립하는 입장이기 때문이다. 따라서 심신 문제를 논의하면서 실재론을 전제로 한다면 제거주의로 귀결됨이 불가피하겠지만, 반대로 실재론을 인정치 않는다면 제거주의(특히 존재론적 제거주의)와는 구별되는 데이비슨식의 유명론도 가능하다.[24] 만약 이러한 생각이 옳다면 유명론적 심신 이론은 적어도 가장 강력한 형태의 제거주의와 존재론적으로도 다름이 보장될 것이고 부수 현상론 혐의에서 확실히 발을 뺄 수 있을 것이다. 그럼 먼저 존재론적 제거주의의 기본 논제를 살펴보자.

존재론적 제거주의는 처치랜드 부부(Paul M. Churchland & Patricia S. Churchland)에 의해 옹호되는 최근 제거주의의 가장 대표적 입장으로, 그것의 기본 입론을 논변 형식으로 재구성하면 다음과 같이 정리할 수 있다.[25]

① 신경 과학이 지향 심리학에 정당성을 부여하거나, 그렇지 않으면 지향 심리학은 거짓이다.

---

24 이러한 잠정 결론에 관해서는 이 책의 6장 4절을 보라. 하지만 이 책의 마지막 장인 9장에서는 제거주의와 유명론 중 후자에 무게를 두는 대안 형이상학 입장을 제시할 것이다.

25 이 논변의 기본 골격은 Baker(1988), 2~3쪽에서 빌려왔고, 단지 몇몇 용어들을 이 장에서 중점적으로 논하려는 폴 처치랜드의 대표적인 글인 Churchland(1981)에 맞추어 바꾼 것이다. 패트리셔 처치랜드의 제거주의 입장은 Churchland PS(1980)(1986)를 볼 것. 반

② 신경 과학은 지향 심리학에 정당성을 부여하는 데에 실패할 것이다.

③ 그러므로 지향 심리학은 거짓이며, 신경 과학에 의해 대치되어야 한다.

최근 심신 이론들의 흐름을 염두에 둔다면, 특히 지금까지 이 글에서 논의한 정신 인과의 문제를 염두에 두고 생각해본다면, 이와 같은 존재론적 제거주의 문제의식을 이해하기는 어렵지 않다. 제거주의는 앞서[26] 언급했듯이 환원주의에 대한 비판을 통해 등장한 입장으로, 존재론적인 것이든 방법론적 제거주의이든 결국 환원주의에 대한 회의를 가장 극단적으로 표현한 물리주의의 한 갈래다. 제거주의는 지향 심리학의 유형 범주로서 정신 현상이 물리 현상에 환원됨을 부정한다. 우리는 앞에서 심신 환원을 부정하는 비환원적 물리주의의 하나인 데이비슨의 무법칙적 일원론을 살펴보았지만, 제거주의도 심신 환원을 부정하는 물리주의란 점에서는 글자 그대로 '비환원적 물리주의'에 속한다고 볼 수도 있다(물론 철학계에서는 보통 비환원적 물리주의라는 분류에 제거주의를 포함시키진 않는다).

그럼에도 불구하고 제거주의는 우리가 통상적으로 '비환원적 물리주의'라 부르는 (예컨대 포더식의 속성 이원론이나 데이비슨의 무법칙적 일원론과 같은) 입장들과는 구별된다. 후자가 심신 환원은 부정하지만 정신적인 것의 실재를 인정하거나 적어도 나름대로의 가치, 즉 물리적인 것과는 구별되는 자율성을 정신적인 것에 부여하려는 입장인 데 반해, 제거주의는 정신적인 것의 존재 내지 가치를 완전히 부정한다. 그중에서도 특히 지금 살

면에 그 이후의 논문인 Churchland PS(1994)에서는 제거주의라기보다 속성 이원론에 가까운 듯 한 입장 변화를 보여 주목된다.

26 1장 1절 참조.

펴보려는 존재론적 제거주의는 두뇌나 신경 체계의 물리·화학적 현상만을 존재하는 것으로 인정한다.

따라서 존재론적 제거주의는 조금 전의 논변에서와 같이 정신 현상의 설명 체계인 지향 심리학을 거부하고 그것이 신경 과학으로 대체되어야 한다고 주장한다. 지향 심리학은 결코 신경 과학으로 환원될 수 없음을 그 이유로 제시한다. 앞의 입론 ②에서 신경 과학이 지향 심리학을 입증하는 데에 실패한다는 말은 지향 심리학이 신경 과학에로 환원될 수 없음을 말하는 것이다.

그러나 우리는 여기서 다음과 같은 물음을 던질 수 있다. 왜 우리는 지향 심리학이 거짓이 아니라는 것을 신경 과학에로의 환원 여부를 통해 입증해야만 할까? 왜 지향 심리학은 신경 과학에 의해 입증되지 않으면 거짓이 될 수밖에 없을까? 지향 심리학이 우리의 상식에 깊이 뿌리박힌 것인 만큼, 거꾸로 신경 과학이 거짓이 아님을 보장받으려면 우리의 상식인 지향 심리학에 의해 입증되어야 한다고 말할 수는 없을까? 심신 환원이 부정됨을 인정한다고 하면 우리는 반드시 신경 과학만을 인정하고 지향 심리학을 거부해야 할까? 지향 심리학이 우리의 상식에 더 가까운 입장이 아닌가? 그렇다면 거꾸로 지향 심리학을 인정하고 신경 과학을 거부하는 것도 가능하지 않을까?

여기서 나는 이러한 의문들에 대해서 다음과 같은 점을 지적하고자 한다. 모든 제거주의는 심신 환원에 관한 회의적인 시각에서 비롯된다. 그 중에서도 특히 존재론적 제거주의는 단순히 심신 환원을 부정할 뿐만 아니라 그에 더해서 모종의 존재론적 주장을 덧붙인다. 즉 존재론적 제거주의는 **실재론적인** 생각을 바탕으로 해야만 의미 있게 성립할 수 있다.[27]

이제 이 점을 살펴보기 위해서 먼저 앞에서 살펴본 실재론의 논제들을 되새겨보자. 앞서 2장에서 보았듯이 실재론의 입장에 의하면 세계에 관한 참인 서술은 궁극적이고 최종적인 과학 오직 한 가지뿐이며(ONE TRUE THEORY), 이러한 최종 과학은 세계의 인과적 필연성에 역할을 하는 보편자로서의 참 속성들로는 어떠한 것들이 있는가를 밝혀준다. 따라서 이러한 최종 과학 이외에 세계에 관한 다른 이론들은 그것들이 최종 과학으로 환원되지 않는다면 모두 거짓이다. 왜냐하면 그것들은 세계 속에 내재하는 인과적 필연성과 그에 기여하는 참 속성들을 밝혀줄 수 없기 때문이다. 따라서 최종 과학 이외의 다른 이론들을 구성하는 술어들에 의해 '속성들'로 제시되는 것들은 세계에서 인과적 힘을 갖는 참 속성들에 상응하지 않는 거짓 속성들에 불과하며 결코 존재한다고 할 수 없고, 결국은 제거될 수밖에 없는 운명을 갖는다.[28]

2장에서 이미 제시된 실재론의 입론을 상기해본다면 존재론적 제거주의 논제들이 실재론을 바탕으로 하고 있음이 잘 드러난다. 그렇다면 존재론적 제거주의가 지향하는 최종 과학이란 어떠한 것일까? 바로 두뇌를 중심으로 그와 관련된 신경 체계들(중추신경과 말초신경을 모두 포함한)의 물

---

27 여기서 실재론이란 앞에서 제시한 경험적 실재론을 말한다. 처치랜드 역시 암스트롱과 마찬가지로 궁극적인 최종 과학의 법칙이 상정되어야 함을 인정함으로써 강한 의미의 과학적 실재론을 옹호하지만, 인간이 그러한 최종 과학의 법칙 혹은 참 자연종을 발견할 수 있다는 것에는 회의적인 태도를 취한다. 단지 인간은 실용적 법칙(practical laws)과 실용적 종(practical kinds)만을 알 수 있을 뿐이라고 한다[Churchland(1985/1989) 특히 287쪽 이하를 볼 것]. 그는 자신의 다른 책인 Churchland(1979)에서 과학적 실재론의 좀 더 구체적인 모습을 전개하고 있다.

28 제거주의자들은 결국 정신의 실재론을 인정하지 않는다고 볼 수 있는데, 이 말은 그들이 정신 속성이 세계에 존재하는 인과관계에 변화를 유발시키는 인과적 역할을 부인한다는 뜻이다. 결국 세계는 물리적으로 닫혀 있는 세계이며, 이러한 세계에 정신적인 것은 결코 인과적으로 개입할 수 없다. 따라서 심신 이론에서 부수 현상론이 정신 속성에 대해 부정적인 함의를 갖고 제기될 때 제거주의와 그 맥을 같이 한다고 볼 수 있다.

리·화학적 상태, 즉 신경 생리 상태를 연구 대상으로 삼는 신경 과학이다.

이러한 생각에 덧붙여, 앞에서 살펴본 비환원적 물리주의에 대한 부수 현상론 시비를 함께 생각해본다면, 우리는 존재론적 제거주의 논제에서의 ①의 배경을 이해할 수 있다. 즉 ①은 다음과 같은 논변의 결론으로 재구성될 수 있다.

> P1) 최종 과학은 자연 세계에 내재하는 인과적 필연성과 그 필연성 속에서 인과적 역할을 담당하는 법칙적 속성을 지적해준다.
>
> P2) 우리가 '정신 현상'이라고 부르는 것을 설명하는 최종 과학은 바로 신경 과학이다.
>
> P3) 따라서 신경 과학에 의해 입증되지 않는 정신 현상은 단순히 부수 현상에 불과하다.
>
> P4) 따라서 지향 심리학이 신경 과학에 의해 입증되지 않는다면 그것은 단순히 부수 현상에 관한 이론일 뿐, 진정한 존재자에 관한 이론이 아니다.
>
> ① [그러므로] 신경 과학이 지향 심리학에 정당성을 부여해주거나, 그렇지 않으면 지향 심리학은 거짓이다.

따라서 존재론적 제거주의 논제들은 실재론을 바탕으로 하고 있다고 할 수 있다. 만일 실재론을 전제로 하지 않는다면, 굳이 지향 심리학이 아닌 신경 과학만이 정신 세계를 올바르게 서술하는 최종 과학이라고 할 수도 없다. 다시 말하면 신경 과학의 속성만이 존재 세계에서 인과적 힘을 가진 참 속성인 반면, 지향 심리학의 속성은 아무런 인과적 힘을 지니지 않은 거짓 속성이라고 할 근거가 없어진다. 이 책의 2장에서 본 대로 실재론을 부정해 유명론의 입장을 취한다면, 동일함의 존재론적 근거인 보편자로서의 속성을 부정하는 것이므로 세계는 각각 서로 다른 개별자들로만 구성되어 있는 것이다. 따라서 유명론에서 우리가 흔히 '속성'이라고 불렀던 것은 사실은 실재론에서 말하는 존재론 범주인 속성이 아니라 언어적인 술어에 불과하다. 또 실재론에서처럼 어떤 개체가 어떤 속성을 가지는 것은 자연법칙의 지배를 받는 것이 아니고[29] 하나의 개별자에 서로 다른 여러 가지 술어가 적용되는 것이다. 예컨대 데이비슨의 경우와 같이 인간 두뇌 속 개별자로서의 한 사건을 어떻게 서술하느냐에 따라 신경 과학 사건도 되고 지향 심리학 사건도 된다. 즉 어떤 술어가 적용되느냐에 따라 달라지는 문제다. 그러므로 실재론을 받아들이지 않는다면 〈심신 문제에서는 신경 과학의 속성만이 참 속성이며, 신경 과학만이 정신 세계를 있는 그대로 서술하는 최종 과학이다〉라고 주장할 수 있는 근거가 없어진다.

그러니 실재론을 옹호하지 않는다면 지향 심리학이 신경 과학으로 환원되지 않는다고 해서, 즉 지향 심리학의 속성이 신경 과학의 속성으로 환원되지 않는다고 해서 지향 심리학이 거짓이라고 규정할 근거도 없다. 실재론을 부정했을 때, 지향 심리학이나 신경 과학의 '속성'은 사실상 지향 심리학이나 신경 과학의 언어에서 사용되는 술어에 불과하다. 이 경우 각각 그 술어가 속하는 언어 체계는 어떤 (예컨대 지향 심리학이나 신경 과학이라는) 이론 체계를 바탕으로 성립하는 것이다. 따라서 다른 배경을 바탕으로 성립한 언어 체계에 속해 있는 신경 과학과 지향 심리학의 술어들 간에 환원이 이루어지지 않는다는 것은 어쩌면 당연한 사실인지도 모른

---

29 사실 암스트롱은 종래의 보편자 실재론자와는 달리 본질주의를 옹호하진 않는다. 이에 관해선 Armstrong(1986), 그리고 Kim(1986)을 참조할 것.

다. 따라서 둘 중 하나가 다른 하나에 환원되지 않는다고 해서 하나는 거짓이라고 말할 수는 없다. 왜냐하면 도대체 어느 하나만이 참 이론의 지위를 배타적으로 갖는 것은 아니기 때문이다.

지향 심리학의 설명에 대해 인과적 설명 자격을 부정하고 신경 과학의 설명에만 그 자격을 부여할 근거도 사라진다. 실재론을 거부하고 유명론을 인정하면 모든 인과관계들은 서로 간에 어떠한 동일성도 갖지 않는 개별 인과가 된다.[30] 따라서 개별자의 경우 서로 상이한 방식으로 서술될 수 있듯이, 개별 인과의 경우도 서로 상이한 방식으로 서술될 수 있다. 그러므로 그중 어느 하나의 것만이 인과적 서술·인과적 설명의 지위를 홀로 차지할 수 있는 것은 아니다. 이러한 점은 어떤 속성만이 (예컨대 신경 과학의 속성만이) 인과적 힘을 갖는 것이 아니라는 앞의 얘기와 그 맥을 같이한다.

결국 실재론을 거부한다면 지향 심리학과 신경 과학은 둘 다 세계의 어떤 측면에 대한 서술일 수 있다. 왜냐하면 결코 어떠한 분야도 '최종 과학'이라는 존재론적 특권을 배타적으로 독점할 수 없으니까. 따라서 하나가 다른 하나로 환원된다거나 대치되지 않더라도 각각 나름대로 가치를 지닐 수 있다.[31] 그러나 이것은 모든 제거주의가 부정하고자 하는 바로 그런 입장인 것이다. 따라서 존재론적 제거주의 입장은 **실재론적인** 생각을 기초로 해서만 성립할 수 있다.[32]

---

30 이 책의 2장과 데이비슨을 다룬 3장 1절에서 검토했지만 보다 상세한 논의는 앞으로 9장 3절을 참조.

31 물론 둘 사이에 포괄성이나 유용성에 차이를 부여할 수는 있다. 그러나 이 경우에도 하나가 다른 하나에 의해 완전히 대치되어야 할 필요는 없다. 이에 관한 자세한 설명은 이 책의 9장 3~4절 참조.

32 주의해야 할 점은 이 부분의 초점이 물리주의가 아니라 실재론이라는 것이다. 여기서 '존재론적 제거주의'로 분류한 처치랜드 부부의 제거주의가 물리주의를 바탕으로 한 것은 사

그리고 ①~②에서 신경 과학이 지향 심리학을 입증하는지 여부에 관해서 지금까지의 논의들은 환원 가능성으로 그것을 판단했다. 즉 지향 심리학이 신경 과학에로 환원될 수 있다면 지향 심리학은 입증될 수 있는 것이요, 만일 환원될 수 없다면 그것은 입증될 수 없는 거짓 이론이라는 것이다. 바로 이것이 존재론적 제거주의의 기본 입론이다.

이에 대해 심신 환원주의는 심신 환원 가능성을 인정하고 그것을 통해 정신 실재론을 옹호하려는 것이고,[33] 비환원적 물리주의는 제거주의처럼 환원 가능성은 부정하지만 그 환원 불가능성의 귀결로서 제거주의가 주장하듯이 지향 심리학을 거부하지 않고 오히려 지향 심리학의 자율성을 옹호하려는 입장이다. 그러나 앞에서 살펴본 김재권의 비환원적 물리주의 비판은 이러한 비환원적 물리주의 입장이 존재론적으로 확고히 유지될 수 없

실이다. 하지만 그들이 지향 심리학을 거부하는 주된 논거는 바로 최종 과학의 속성만이 세계에 존재하는 참 속성임을 주장하는 실재론이기 때문이다. 설사 그들이 물리주의 세계관이 아닌, 예컨대 유기체론 세계관이나 생태론 세계관을 인정해 최종 과학을 물리학이 아닌 생물학으로 본다고 하더라도 실재론의 입장만 유지한다면 지향 심리학은 세계의 참 속성을 드러내지 않는 거짓 이론으로 거부할 수 있다. 따라서 처치랜드 부부가 물리주의자이냐 아니냐의 물음보다는 그들이 실재론을 옹호하는지에 관한 물음이 (적어도 이 대목에서는) 더욱 중요하다.

게다가 물리주의가 반드시 실재론을 함축하는지 여부도 논의 여지가 남아 있다. 예컨대 데이비슨은 모든 사건은 물리적이라고 하여 물리주의를 옹호하지만 그가 실재론을 옹호한다고 보긴 어렵다(이에 관해선 이 책의 1장 2절과 3장 1절을 볼 것). 물론 여기서 데이비슨의 물리주의를 진정한 물리주의로 볼 수 있느냐 하는 물음을 전혀 배제할 수는 없지만, 이러한 점은 과연 실재론이 전제되지 않은 물리주의만으로 제거주의 입장이 성립할 수 있는가 하는 의문의 여지를 준다. 결국 물리주의와 상관없이 실재론을 전제하고 있다는 것이 처치랜드식의 제거주의(내가 여기에서 '존재론적 제거주의'로 분류한)가 지향 심리학을 거부하는 핵심 논점이라는 게 이 대목의 요점이다.

33 특히 최근의 김재권을 보라. Kim(1990B), (1992B), (1993B), (1993C) 등을 볼 것. 이러한 김재권의 심신 환원주의에 관해서는 5장에서 상세하게 다루겠다. 물론 앞에서 제시한 1장 3절, 2장 3절, 3장 1절에서도 김재권의 중요한 주장을 다루었다.

고, 이원론이 아닌 물리주의에서 가능한 선택지는 환원주의와 제거주의뿐
이라는 것이었다. 이러한 비환원적 물리주의에 대한 비판이 최근의 심신
문제에 새로이 논쟁의 불을 붙였다는 것은 앞서 이미 살펴본 바 있다.

지금까지는 존재론적 제거주의의 기본 입장과 그것이 정신 인과의 문
제와 어떻게 관련되는지를 살펴보면서 존재론적 제거주의의 실재론적 성
격을 살펴보았다.

따라서 이러한 점이 옳다면, 정신 인과의 문제를 다루면서 지금까지 검
토해온 유명론적 심신 이론의 입장은 존재론적 제거주의와는 엄연히 다
른 것임을 알 수 있다. 존재론적 제거주의는 실재론을 토대로 해서만 의
미 있게 성립할 수 있는 입장이므로 실재론을 거부하는 유명론적 심신 이
론과는 양립할 수 없으며 따라서 유명론적 심신 이론도 결코 존재론적 제
거주의로 귀결되지 않는다.

2) 방법론적 제거주의

방법론적 제거주의란 앞에서 언급한 대로 '정신적인 것'이라 생각되어
온 것과 그것에 관한 이론 체계인 지향 심리학을 제거해야 하는 근거를
존재론에서 구하지 않고 단순히 방법론 차원에서 제시한다. 존재론적 제
거주의와 마찬가지로 방법론적 제거주의도 심신 환원을 부정하고 그 점
을 지향 심리학이 제거되어야 하는 기본 이유로 삼는다. 그러나 방법론
적 제거주의는 그 이상의 존재론적 근거를 제시하지 않는다. 따라서 존재
론적 제거주의와 같이 방법론적 제거주의는 지향 심리학이 실재하지 않
는 현상을 지칭하는 거짓 이론이기 때문에 지향 심리학이 거부되어야 한
다고 하지 않는다. 단지 지향 심리학의 이론이 자신들이 지향하는 과학적

심리학(이것의 내용은 논자마다 다를 수 있다)에 비해 설명력이 떨어진다는 논거를 제시할 뿐이다.

그렇다면 이러한 방법론적 제거주의는 조금 전에 살펴본 존재론적 제거주의에 비해 약한 입장이라고 할 수 있다. 적어도 '객관적 존재 세계의 반영'이라는 거창한 근거는 제시하지 못하고(또는 않고) 있는 셈이다. 그러나 방법론적 제거주의는 굳이 실재론을 전제로 하지 않더라도 성립하기 때문에 우리의 유명론적 심신 이론과 양립할 수 있는 게 아닌가 하는 의심의 여지가 있다. 즉 실재론을 거부하더라도 반드시 우리의 유명론적 심신 이론처럼 심리학의 자율성을 옹호할 수 있음이 보장되지 않는다. 방법론적 제거주의 입장은 여전히 제거주의의 가능성이 남아 있음을 지적한다. 따라서 정신의 자율성을 인정하려는 유명론적 심신 이론이 설득력을 갖기 위해서는 존재론적 이유 이외에도 또 다른 근거를 제시해 방법론적 제거주의까지 극복해야 할 것 같다.

그러나 방법론적 제거주의는 그 자체보다 약한 주장이니만큼 그것들의 가능성을 좀 더 분석해본다면 성립할 수 있는 여지가 생각보다 좁다. 따라서 유명론적 심신 이론은 방법론적 제거주의보다 상대적으로 더욱 설득력 있는 입장이라는 게 내가 여기서 보이려는 요점이다. 이제 방법론적 제거주의의 가능성을 좀 더 세분해 하나하나 따져보면서 각각을 유명론적 심신 이론과 비교해보자. 먼저 방법론적 제거주의는 존재론적 입장 표명을 자제하지만, 실재론을 옹호하느냐 거부하느냐에 따라 둘로 나누는 것이 가능하다.[34]

---

34 물론 앞에서 지적한 바와 같이 방법론적 제거주의자는 제거주의를 주장하면서 존재론적 언급을 하지 않는다. 단지 그들은 정신 현상에 관심을 가지면서도 존재론적 형이상학적

(1) 실재론을 옹호하는 방법론적 제거주의

실재론을 옹호하는 방법론적 제거주의는 다시 둘로 구분할 수 있다. 즉 그들이 신봉하는 '과학적 심리학'의 내용이 무엇이냐에 따라 신경 과학을 지향하는 쪽과 그 이외에 다른 것을 지향하는 쪽으로 나눌 수 있다.

① 신경 과학을 지향하는 그룹

이들의 주장은 결국 앞에서 살펴본 존재론적 제거주의 주장과 그 귀결을 함께한다. 신경 과학은 두뇌의 미시적인 물리·화학적 현상을 탐구하는 분야이기 때문이다. 따라서 이들이 명시적으로 존재론적인 언급을 하지 않을지라도 이들은 유명론자와는 결코 만날 수 없는 입장이다. 사실 이러한 입장을 취하면서 존재론적 언급을 하지 않는다는 것은 매우 불합리하다. 그래서 그런지 그 가능성을 생각해볼 수는 있으나 적어도 지금까지는 실제로 아무도 이런 입장을 취하지 않았다.

문제까지 체계를 세워 생각해보지 않았을 뿐이다. 그러나 이 책에서 내가 줄곧 주장하듯이 보편자로서 속성의 존재론적 지위라는 문제가 심신 문제를 해결하는 중요 요소라면, 그들이 단순히 존재론적 언급을 하지 않았다고 해서 그 문제를 피할 수 있다고는 생각하지 않는다. 왜냐하면 지금 이 대목의 주제이며 최근 심리철학의 주요 이슈인 정신 인과의 문제를 검토하는 데 있어 이러한 구분이 매우 유효하기 때문이다. 앞으로 논의를 통해 드러나겠지만 방법론적 제거주의자들이 존재론을 언급하지 않은 것은 존재론적 제거주의에 비해 그들의 입장을 취약하게 만드는 결과를 빚는다. 따라서 앞으로의 구분은 방법론적 제거주의의 여러 가능성을 검토해본다는 목적으로 이루어지는 것이지 실제로 방법론적 제거주의자들이 다음과 같은 구분들을 염두에 두고 자기 이론을 전개했다는 뜻은 아니다. 앞에서도 언급했지만 이 절의 목표는 제거주의자에 대한 검토와 평가이지 단지 철학사적 사실에 관한 해석이 아니기 때문이다. 따라서 설사 어떤 특정한 이론가의 입장이 무리하게 해석되어서 잘못 분류되었다고 하더라도 이 대목의 맥락에서 중대한 흠이 되진 않는다고 생각한다. 중요한 점은 이 절의 제거주의 분석이 과연 가능한 모든 경우들을 망라하고 있으며 중요한 의미를 지닌 유효한 구별을 제시하고 있는가 하는 점이다.

② 신경 과학이 아닌 것을 지향하는 그룹

예컨대 스티븐 스티치(Stephen Stich)의 입장을 들 수 있다. 그는 지향 심리학을 대체할 과학적 심리학으로 통사적 정신 이론(Syntactic Theory of the Mind)을 제창하고 있다.[35] 물론 그가 실재론 옹호를 명백히 표명하진 않지만 김재권의 존재론과 유사한 내용을 존재론적 전제로 삼고 있고,[36] 두뇌의 물리 상태인 신경학적 속성들을 가장 근본적으로 인과적 힘을 지닌 속성들로 인정하고 있다는 점에서[37] 그의 실재론적 태도를 짐작할 수 있다. 그렇다면 여기서 그의 과학적 심리학(그의 경우는 통사적 정신 이론, 그러나 다른 가능성도 생각해볼 수 있음)과 신경 과학 간의 관계가 문제 된다.[38]

만일 스티치의 과학적 심리학이 신경 과학에 환원되는 것이라면 결국 존재론적 제거주의와 특별한 차이가 없게 된다. 그러나 환원되는 것이 아니라면 그의 과학적 심리학 위상이 문제가 된다. 그렇다면 그의 입장은 지향 심리학을 옹호하지는 않고 있지만 또 하나의 비환원적 물리주의로서, 앞서 살펴본 김재권의 「비환원적 유물론의 신화」에서 전개된 비환원적 물리주의 비판에 직면할 수밖에 없다. 결국 그의 과학적 심리학은 그것의 속성이 실재하느냐에 따라 부수 현상론이나 이원론의 혐의를 받을 수밖에 없다.

---

35 Stich(1983) 참조. 그러나 이후 Stich(1999)에서는 지향적 범주의 역할을 어느 정도 인정하면서 제거주의 입장에 보다 신중한 태도를 취하고 있다.

36 Stich(1983), 149~150쪽.

37 Stich(1983), 151쪽 이하.

38 물론 모든 가능성을 다 따져보기 위해서 신경 과학의 근본성을 부정하고 자신의 '과학적 심리학'을 가장 기본적인 것으로 놓는 입장도 가능하다. 그러나 많은 이들이 신경 생리 현상을 두뇌의 물리 현상으로 보고 있다는 점에서 이러한 입장을 선택하기는 어렵다고 생각한다.

스티치는 그의 과학적 심리학인 통사적 정신 이론이 신경 과학에 환원되지 않는다고 본다. 즉 그에 따르면 일정하게 주어진 통사적 대상은 어떤 일정한 신경 상태와 일대일 대응하는 것이 아니고 경우에 따라 많은 신경 상태와 대응한다. 이 점에서 그는 자신의 이론이 복수 실현 가능성 논변을 토대로 삼는 기능주의 정신을 이어받고 있다고 말한다.[39] 나는 이미 앞의 3장 2절에서 포더의 입장을 모형으로 삼아 이러한 기능주의와 창발론 등 속성 이원론의 말로를 짚어보았다. 결국 이것들은 김재권의 비판에서 벗어날 수 없다. 그리고 스티치의 통사적 정신 이론도 같은 운명을 피할 수 없다.[40] 유명론적 심신 이론과의 비교를 꾀하기 전에 이미 이러한 입장의 존재론적 취약성이 드러난 셈이다.

(2) 실재론을 옹호하지 않는 방법론적 제거주의

사실 실재론을 옹호하지 않는 입장만이 방법론적 제거주의들 중 유명론적 심신 이론의 적수가 될 수 있다. 그러나 사실 이러한 제거주의는 그리 강력한 입장이 아니다. 실재론을 옹호하는 존재론적 제거주의 경우에는 어떤 특수과학이 물리학에로 환원되지 않음이 그것을 제거해야 하는 강력한 근거가 될 수 있다. 앞에서 살펴본 대로 존재 세계의 모습을 있는 그대로 드러내주는 최종 과학으로서의 물리학에로 환원되지 않는 특수과학은 세계의 거짓된 모습을 그려낼 뿐이므로 마땅히 제거되어서 최종 과학으로 대치되어야 할 운명에 놓여 있는 것이다.

그러나 실재론이 전제되지 않는다면 물리학으로 환원되지 않는다고 해

---

39 Stich(1983), 151쪽.
40 Searle(1992) 9장에서도 이와 비슷한 비판이 있음.

서 그것이 제거되어야 한다고 주장할 근거는 없다. 왜냐하면 거기에서는 물리학조차도 결코 '객관적인 존재 세계를 있는 그대로 반영하는 최종 과학'이라는 명예로운(?) 지위를 보장받을 수 없기 때문이다. 결국 이런 경우 물리학이 다른 분야의 설명 체계들보다 우월하다는 것은 실재론의 경우처럼 물리학만으로도 존재 세계의 모든 것을 설명할 수 있다는 존재론적 이유 때문이 아니라 설명의 포괄성이나 예측의 정확성 또는 이론적 실체의 단순성이나 사유의 경제성과 같은 비존재론적 이유 때문일 것이다. 이런 비존재론적 이유들은 존재론적 이유가 갖는 배타적인 우월성을 갖지 못하고 상대적으로 약한 이유들이다. 즉 방법론적 제거주의 입장은 지향 심리학을 인정하는 입장에 비해서 별로 강하지 못한 입장이다. 이렇게 방법론적 제거주의가 지향 심리학을 거부할 결정적인 이유를 제시하지 못한다면 상식에서 지향 심리학이 갖는 무게를 염두에 둘 때 그것을 거부하는 것은 너무나 큰 대가를 치러야 할 것이고,[41] 그런 의미에서 방법론적 제거주의는 그리 현명한 선택이 아니다.

사실 역사적으로 실재론을 옹호하지 않는 방법론적 제거주의 입장은 페이어아벤트(Feyerabend), 로티(Rorty), 콰인(Quine) 등 초기 제거주의자들에 해당한다고 볼 수도 있다. 그러나 방법론적 제거주의가 과연 이들에게 유일한 최선의 선택인지는 분명치 않다. 이들은 단지 정신에 관한 설명이 물리적인 설명으로 환원되지 않는다는 전제하에서 정신적인 것에 관한 설명 체계 포기를 택했다. 그러나 유명론적 심신 이론의 가능성을

---

41 앞 절에서 베이커의 인지적 자살 논변을 제거주의에 대한 잘못된 비판으로 평가했지만, 인지적 자살 논변이 현재의 인간 상황에서 제거주의에 대해 지향 심리학이 갖는 결코 가볍게 볼 수 없는 상식적인 무게를 보여주었다는 점은 분명하다.

생각해본다면 방법론적 제거주의가 이들이 택할 수 있는 유일한 선택은 아닌 셈이다. 물론 이에 대해 유명론적 심신 이론도 역시 실재론을 부정할 경우의 유일한 선택지는 아니라고 할 수도 있다. 그러나 지향 심리학이 갖는 상식적 무게를 감안한다면 그렇게 간단히 포기하기에는 대가가 너무 크다. 더구나 존재론적 제거주의가 가진 강력한 논거도 없다면 더욱 어려울 것이다. 결국 초기 제거주의자들은 심신 문제의 가능한 해결책을 완벽하게 따져보지 않았다고 할 수 있다. 예컨대 실재론을 부정한다면 지향 심리학을 거부해야 할 결정적인 이유가 제거되므로 굳이 제거주의를 옹호해야 할 필요가 없어지기 때문이다. 따라서 그들의 입장은 결코 유명론적 심신 이론에 그다지 위협이 되지 않는다.[42]

지금까지 제거주의에 관한 논의를 정리해보자. 먼저 존재론적 제거주의는 실재론을 바탕으로 해야 의미 있게 성립하는 입장이다. 따라서 유명론적 심신 이론과는 결코 동일한 존재론적 입장을 공유하지 않는다. 방법론적 제거주의는 몇 가지로 더 세분해 하나하나씩 검토했다. 제거주의를 표명하는 근거로 존재론적 이유를 제시하진 않지만, 우리는 그것도 실재론을 옹호하는 제거주의와 그렇지 않은 것으로 나눌 수 있다. 실재론을 옹호하는 방법론적 제거주의는 다시 둘로 나눌 수 있는데 스스로가 옹호하는 과학적 심리학으로 두뇌의 물리·화학적 현상을 연구하는 신경 과학

---

42 이들의 논의는 비환원적 물리주의가 본격적으로 등장하기 전에 있었고 따라서 비환원적 물리주의라는 대안의 고려 없이 단지 심신 환원에 대한 회의적인 입장을 표명한 것으로만 보아야 옳을 것이다. 사실상 최근에 Rorty(1987/1991)와 Quine(1992)은 데이비슨의 무법칙적 일원론에 공감을 표시하고 있다. 따라서 과연 이들을 아직도 명실상부한 제거주의자로 보아야 하는가도 논란의 여지가 있다.

을 염두에 두는 입장과, 신경 과학이 아닌 다른 것을 지향하는 입장이 가능하다. 전자의 입장은 이미 논의한 존재론적 제거주의와 차이가 없는 것으로 실재론을 전제로 해야 성립할 수 있기 때문에 유명론적 심신 이론과는 존재론적 전제가 다르다. 후자의 입장에서는 신경 과학과 그 입장이 지향하는 과학적 심리학 간의 관계가 문제시된다. 만일 과학적 심리학이 신경 과학에 환원되는 것이라면 그것은 존재론적 제거주의와 다를 바가 없으므로 더 이상 문제 삼을 필요가 없으며, 환원될 수 없는 것이라면 과학적 심리학은 앞에서 살펴본 비환원적 물리주의에 대한 비판을 피할 수 없게 되므로 부수 현상론이 될 위험에 처하게 된다. 실재론을 옹호하지 않는 방법론적 제거주의는 지금까지 살펴본 다른 제거주의 입장에 비해 그리 강력한 입장이 아니다. 실재론을 부정해 유명론을 옹호한다면 굳이 제거주의가 되지 않고 지향 심리학을 계속 인정할 수 있겠고, 그런 길을 염두에 둔다면 실재론을 부정할 경우 방법론적 제거주의는 결코 유일한 선택지가 아니기 때문이다. 이것은 사실상 유명론적 심신 이론의 가능성은 고려하지 않은 것으로 유명론적 심신 이론에 크게 위협이 되는 입장이 아니다.[43]

---

43 최근 우리 학계에선 사회 생물학(sociobiology)에 관한 논의가 관심을 끌고 있다. 사회 생물학이 인간의 사회성(내지 사회학적 특성들)을 유전자와 같은 생물학적 인자로 설명하려는 시도라면, 결국 이것도 인간 정신과 사회성이라는 거시적인 현상에 관한 제거주의라고 볼 수 있다. 그렇다면 마찬가지로 이 책에서 지금까지 제시된 제거주의 논의는 사회 생물학의 철학적 의미도 파악할 수 있는 좋은 이해의 틀을 제공해준다. 다음에서 간략하게 설명하겠다. 자세한 내용은 백도형(1999) 참조.
  지금까지 논의했던 제거주의가 준거 과학(과학적 심리학)으로 신경 과학을 제시한 것과 마찬가지로 사회 생물학은 생물학을 준거 과학으로 놓고 있다. 그렇다면 우리는 여기서 우선 사회 생물학자들이 실재론을 인정하는지의 여부와 준거 과학으로서 생물학의 위상을 물을 필요가 있다. 만일 실재론을 인정한다면 물리학과 생물학의 관계를 묻겠다. 이때 사회

따라서 지금까지 잠정적인 결론은 다음과 같다. 실재론을 거부하는 유명론적 심신 이론은 어떠한 가능한 형태의 제거주의와도 구별된다. 지금까지 이 장에서는 성립 가능한 모든 제거주의 형태를 따져보고 그것을 유명론적 심신 이론의 입장과 비교해보았다. 그 결과 많은 경우들이 그 자체로 성립하기 어려운 입장들이었고, 나름대로 성립할 수 있는 입장은 실재론을 함축하는 존재론적 제거주의뿐인데 이것은 유명론적 심신 이론과는 결코 양립할 수 없었다. 결국 유명론적 심신 이론은 제거주의에 빠지지 않으며, 김재권의 비환원적 물리주의 비판 과녁에서 벗어나서 심신 문제를 해결해주는 유력한 선택지의 하나가 된다.[44]

아울러 이러한 결론은 심신 문제에 관해 다음과 같은 부수적인 논점을 덧붙일 수 있게 해준다. 즉 지향 심리학을 언급하지 않더라도 제거주의를 비판할 수 있는 가능성을 열어주었다. 실재론을 비판할 수 있다면 제거주의를 비판할 수 있다. 지금까지 논한 대로 제거주의가 실재론을 토대로 성립하고 있다면 실재론을 비판함으로써 제거주의의 기초를 붕괴시킬 수 있기 때문이다. 앞에서도 언급했듯이 지향 심리학이 아무리 상식의

생물학자가 물리학이 아닌 생물학을 가장 기본적이고 일반적인 과학의 위치에 두고 있다면, 혹은 물리학을 가장 기본적이고 일반적인 과학으로 인정해 물리주의를 옹호하면서 동시에 생물학이 물리학에로 환원될 수 있다고 생각한다면, 사회 생물학은 위에서 살펴본 존재론적 제거주의와 마찬가지로 그 자체로 아무 문제가 없다. 다만 실재론의 전제 위에서만 성립한다는 제약이 있을 뿐이다. 그러나 만일 실재론과 물리주의를 동시에 인정하면서 생물학과 물리학 간의 환원 가능성을 인정하지 않는다면 사회 생물학은 또 하나의 부수 현상론이 되어버릴 뿐이다. 그리고 실재론을 인정하지 않는다면 방법론적 제거주의와 마찬가지로 그 설득력이 많이 감소된다. 왜냐하면 인간의 정신 현상이나 사회 현상에 비해 생물학적 인자가 인간의 사회성에 관한 좀 더 좋은 설명이라는 근거가 많이 훼손되기 때문이다.

44 그러나 데이비슨 이론의 모든 측면이 유명론과 잘 어울리는 것은 아니다. 나는 이 책의 9장 1절에서 데이비슨의 유명론적 측면을 확장하면서 몇 가지 문제를 제시하고 보완하는 시도를 할 것이다.

뒷받침을 받는다고 하더라도 그것이 존재론적 뒷받침까지 얻지 못한다면 결코 지지될 수 없기 때문에 지향 심리학의 옹호를 통한 제거주의 비판은 이제 무의미한 일이 되었다. 그러므로 실재론 비판을 통해 제거주의 비판의 길을 마련한 것은 제거주의 논의에 관한 새로운 지평을 열었다고 볼 수 있다.[45]

지금까지 3~4장에서 데이비슨식의 유명론적 심신 이론을 다른 여러 심신 이론들과 비교 검토했다. 그 결과 데이비슨식의 유명론은 포더식의 속성 이원론과도 차별화될 뿐만 아니라 제거주의와도 차별화될 수 있다. 물론 이때 차별화의 핵심은 제거주의와 속성 이원론이 보편자로서의 속성 실재론을 토대로 함에 반해, 데이비슨의 심신 이론은 유명론으로 볼 수 있다는 점이다. 바로 이러한 점 때문에 데이비슨식의 심신 이론은 김재권의 비판이 적용될 수 없으며 심신 문제의 유망한 선택지가 된다.

3~4장에서는 심신 환원에 부정적인 비환원주의 입장들을 검토한 셈이다. 정신적인 것의 실재와 자율성에 부정적인 제거주의까지도 심신 환원을 인정치 않는 입장이기 때문이다. 이제 다음 5장에서는 심신 환원주의를 검토하겠다. 많은 철학자들이 심신 환원주의는 낡은 강경파 물리주의 입장의 대표격으로 이미 역사의 뒤안길로 사라져버린 입장이라고 생각하지만,[46] 앞에서 본 대로 김재권은 비환원적 물리주의에 대한 강력한 비판을 제기했고 그 대안으로 새로운 형태의 심신 환원주의를 제시한다.

---

45 마지막 장인 9장에서 옹호하는 심신 유명론으로서의 4차원 개별자론은 이렇게 실재론 비판을 통한 제거주의 비판을 가능케 하는 길을 열어준다.

46 1950~1960년대에 플레이스(U. T. Place), 스마트(J. J. C. Smart) 등이 옹호한 초창기 심신 동일론은 이미 낡은 입장으로 치부되고 있지만 나는 이 입장도 재론할 만한 가치가 있다고 생각한다. 이 점에 관해서는 6장에서 언급할 기회가 있을 것이다.

그래서 5장에서는 김재권의 새로운 심신 환원주의를 살펴보겠다. 이 책의 서두에서부터 제시된 중요한 주장 중 하나는 지금까지의 심신 이론들에 보편자 문제가 개입되어 있다는 것이었다. 3~4장에서 비환원적 물리주의와 제거주의를 검토한 것은 어떤 측면에서는 그 점을 보인 것이라고도 할 수 있다. 그러한 논점은 5장에서도 이어진다. 김재권의 새로운 심신 환원주의를 비롯한 그의 형이상학과, 암스트롱의 보편자 형이상학뿐 아니라 기능주의적 심신 동일론의 의미 있는 유사성이 드러날 것이다.[47]

---

47 이 절의 일부는 백도형(1995B)에 포함된 내용을 토대로 이루어졌다.

5장

심신 환원주의와 보편자

이 장에서는 김재권이 최근 대안 환원주의로 제시한 기능적 환원을 통한 새로운 심신 동일론을 살펴보면서 환원주의를 더욱 깊이 검토해보려고 한다. 기능적 환원주의는 김재권의 최근 저서인 『물리계 안에서의 마음』[1]을 전후해 구체화된 입장으로 그는 이를 통해 기존의 환원 모형을 비판·수정하고 새로운 환원주의 가능성을 열고 있다. 사실 김재권은 최근에 기능적 환원주의를 본격적으로 표방하기 이전에도 심신 환원주의를 옹호했다. 그는 복수 실현 가능성 논변으로 환원주의가 위기에 처했을 때에 환원주의에 대한 방어를 시도한 드문 철학자였다. 최근의 이론

---

1 Kim(1998). 이 책의 국역본으로 『물리계 안에서의 마음』(하종호 옮김, 철학과현실사, 1999)이 있다. 다만 앞으로 본문에서 이 책을 인용할 때에는 영어본의 쪽수만 괄호 안에 표기하겠다.

을 살펴보기 전에 먼저 그것의 배경이 되는 과거 주장부터 살펴보는 것이 좋겠다. 우선 1절에서는 새로운 기능적 환원주의의 이전 논의를 통해 환원주의에 관한 그의 생각을 추적해보겠다. 이러한 배경을 바탕으로 2절에서는 그의 기능적 환원주의 형태를 띤 새로운 심신 동일론을 살펴보겠다. 3절에서는 1~2절에서 살펴본 김재권의 환원주의와 그것의 토대가 되는 형이상학이 암스트롱의 기능주의 및 보편자 형이상학과 유사함을 살펴봄으로써, 이 책 전반에 걸쳐 있는 주요 논점인 심신 문제와 보편자 문제의 관련성을 다시 한 번 확인하는 계기로 삼을 것이다. 4절에서는 2절에서 살펴본 김재권의 새로운 기능적 환원주의에 대한 문제점을 지적해보려고 한다.

1. 김재권의 심신 환원주의

김재권은 정신 실재론을 우리의 건전한 상식이라고 주장한다. 물론 정신 현상이 실재한다는 생각은 우리의 상식임에는 틀림없다. 그러나 최근에는 과학의 발전에 힘입어 물리주의 또한 당연한 상식이 되어버렸다. 따라서 문제는 이 두 가지 상식을 어떻게 조화시켜야 하는가다. 이것이 현재 심신 이론이 해결해야 할 문제, 그리고 정신 인과의 문제의 초점이기도 하다.

앞에서 살펴본 데이비슨의 '무법칙적 일원론'도 사실은 바로 이런 종류의 문제를 해결하기 위해 세워진 입장이다. 그는 물리 세계의 결정론과 정신 세계의 자유 문제를 양립시키는 이론으로 자신의 무법칙적 일원론을 제시한 것이다.[2]

김재권은 정신 실재론을 물리주의와 함께 옹호하려고 한다. 김재권의 입장에서 물리주의와 정신 실재론의 조화 가능성을 열어주는 것이 심신 환원주의다. 그리고 앞서 3장 1절에서 살펴본 그의 사건 개념과 그것을 통해 볼 수 있는 실재론적 입장이 기초가 된다. 거기에서 데이비슨과 비교하면서 본 대로 김재권의 사건은 개체, 속성, 시간의 세 가지 요소로 되어 있다. 속성은 사건의 구성 요소 중 하나로서 그것이 정신적이면 그것으로 구성되는 사건은 정신 사건이 되며, 물리적이면 물리 사건이 된다.[3]

사건들의 인과관계에서도 속성은 중요한 역할을 담당한다. 앞에서 이미 살펴보았지만 그는 "개별 사건의 인과적 역할이나 효력에 관해 말하는 것은 결국 그 사건의 구성 요소인 속성의 인과적 역할이나 효력에 관해 말하는 것"이라고 말하면서 "존재한다는 것은 인과적 힘을 갖는 것(to be real is to have causal powers)[4]"이라고 말한다. 따라서 정신 속성에 인과적

---

2 그러나 무법칙적 일원론이 일관성을 유지할 수 있더라도 애초의 목표대로 자유를 보장하지 못할 것 같다. 심리·심신 법칙이 존재하지 않는 것이 행위의 자유의 증거가 될 수 없다. 데이비슨에서는 모든 행위는 결국 의도적 행위이기 때문에(이 점에 관해선 백도형(1988) 참조) 행위자는 자신이 자유로운 것처럼 느낄 수는 있다. 그러나 결국 의도적 행위도 물리 인과 사슬에 속하는 것이라면 결코 자유로운 것이 아니다. [Searle(1984)의 6장 참조] (데이비슨의 행위론에서는 경우에 따라 의도적 행위도 어떻게 서술되느냐에 따라 비의도적(unintentional) 행위가 될 수도 있음을 생각하면 더욱 그렇다. Davidson(1973A/1980), p. 70을 볼 것. 또 Davidson(1971/1980) 그리고 백도형(1988)도 참조할 것) 그럼에도 데이비슨이 행위의 자유를 주장한다면, 그는 스피노자, 흄, 그리고 맑스 등과 마찬가지로 자유와 필연의 양립 가능성을 주장한다고 볼 수 있는데, 이러한 양립가능론자들의 '자유'는 애초에 윤리학에서 책임의 문제와 관련되어 생겨난 '자유'를 그대로 보전하지 않는다. (보다 상세한 내용은 백도형(2001B) 참조.) 하지만 이런 식의 전통적인 논의는 데카르트 식 구도를 전제로 할 때 의미 있다. 나는 8-9장에서 데카르트식 구도에 대한 반성을 할 것이다. 그러한 반성과 재고에 따르면 자유/필연의 문제도 재해석되어야 할 것이다.

3 Kim(1972), 183쪽.

힘이 있다면 정신 실재론을 주장할 수 있는 것이다.

여기서 그는 환원주의를 인정함으로써, 즉 정신 속성이 물리 속성에 환원됨을 주장함으로써 정신 속성에 인과적 힘을 부여할 수 있는 길을 마련한다. 결국 김재권은 **환원주의**를 통한 정신 실재론을 주장함으로써 환원주의를 매개로 유물론 혹은 물리주의와 정신 실재론을 함께 인정하는 것이다. 따라서 그의 정신 실재론의 성패를 좌우하는 중요한 고리가 바로 환원주의라 하겠다.[5]

그런데 그의 환원주의가 고리 역할을 충실히 이행하기 위해서는 그러한 환원을 통해 정신 속성은 보편자로서의 속성으로서 법칙적 종 혹은 속성들(nomological kinds or properties)이 될 수 있어야 한다.[6] 그런데 앞의 1장 1절에서 보았듯이 퍼트남과 포더 등이 제창한 '복수 실현 가능성 논변'[7]은 그러한 환원에 대한 유력한 반례로 제시되어왔다. 그러나 김재권은 이 논변이 알려진 만큼 강력하지 못하며 환원주의에 대한 성공적인 반박이 될 수 없다고 말한다. 그의 비판 논점은 다음과 같다[8].

① 어떤 유기체의 뇌가 인간의 뇌와 다르면 다를수록 우리는 그것에게 감각이나 고통 등 정신 현상의 지위를 부여하지 않으려는 유혹을 받는다.
② 두 가지 뇌가 물리·화학적으로 서로 다르다는 사실이 두 가지 뇌가 동일한 물리·화학적 상태에 있을 수 없음을 함축하지 않는다. 인간

---

4   Kim(1992A), 135쪽(134쪽도 볼 것).
5   Kim(1993B), 171쪽, 그리고 Kim(1972), 180쪽, Kim(1984B), 259쪽 참조.
6   경험적 실재론의 입장을 고려한다면, 이때 '법칙적'은 최종 과학의 '법칙적'이어야 할 것이다.
7   Putnam(1967/1980), 그리고 Fodor(1974/1980)를 참조할 것.
8   Kim(1972), 189~191쪽.

의 뇌와 개의 뇌가 그것들의 물리·화학적 구조 차이 때문에 동일한 뇌 상태에 있을 수 없다고 주장하는 것은, 원자 구성에서 서로 다른 소금과 설탕이 동일하게 물에 용해된다고 해서 수용성(水溶性)이 미시적 '상관자'를 가질 수 없다고 주장하는 것과 마찬가지다.

③ 종과 독립적으로 이루어지는 심신 환원은 이 논변에 의해 부정될 수 있지만, 특정한 종 내에서라면 환원주의가 유지될 수 있다.

그래서 김재권은 '종특정(species-specific) 쌍조건 법칙'을 언급하고 있는데, 그것은 다음과 같은 형식을 띠고 있다.

어떤 종에 속하는 유기체나 구조물이 어떤 시간에 어떤 특정한 정신 속성을 가지는 것은 그것이 그 시간에 어떤 특정한 물리 상태에 있을 경우 그리고 그 경우에만 그렇다.[9]

즉 그에 의하면 복수 실현 가능성 논변은 종에 관계없이 이루어지는 총체적 환원(global reduction)의 불가능만을 지적할 뿐, 종에 제한적으로 이루어지는 **국지적 환원(local reduction)**에 대해선 아무런 제약도 가할 수 없다고 주장한다.[10] 하지만 그의 이런 주장이 옳다고 해도 심리학, 특히 지향 심리학에서 관심을 갖는 정신 속성은 종에 관계없이 총체적으로 적용되는 것이 아닐까? 이에 대해 김재권은 다음과 같은 두 가지 가능한 대답을 제시한다.[11]

---

9   Kim(1989B), 38쪽.
10 Kim(1972) 그리고 Kim(1992B)도 참조할 것.

첫째 선언 속성(disjunctive properties)을 인정한다면, 즉 정신 속성이 물리적 선언 속성으로 환원될 수 있음을 인정한다면 총체적 환원을 굳이 부정할 필요가 없다. 예컨대 물리 속성들의 선언들인 Q_1, Q_2, Q_3,⋯⋯ 는 정신 속성 P와 다음과 같이 필연적인 동연(coextension)이다.

$$(Q_1 \lor Q_2 \lor Q_3 \lor \cdots\cdots \lor Q_n) \leftrightarrow P$$

김재권은 이러한 선언 속성들에 대해 다음과 같은 두 가지 반론을 예상하고 검토한다.[12] 첫째, 우선 선언이 속성을 구성하는 적절한 방식인가? 둘째, 또 설사 선언이 속성을 구성하는 방식으로 허용된다 하더라도 무한 선언을 구성하는 것은 적절한가? 우선 그는 둘째 물음에 대해 여기서는 술어나 언어 표현이 아닌 속성에 관해 말하는 것이므로 아무 문제가 없다고 답한다.[13] 즉 속성의 무한 선언에 관해 말하는 것이 무한한 길이의 술어를 받아들여야 한다고 말하는 것은 아니기 때문이다. 따라서 둘째 물음에 대해서는 적절하다는 긍정적인 답을 내릴 수 있다고 주장한다. 보다 중요한 것은 첫째 물음이다.

앞에서 지적한 대로 김재권이 환원주의를 통해 정신 실재론을 주장할 수 있으려면 그때의 심신 환원을 통해 정신 속성이 법칙적 종 혹은 속성임을 보장받아야 한다. 그런데 M과 N이 각각 법칙적(nomic)이라는 사실로부터 그것들의 선언인 〈M∨N〉이 법칙적이라는 결론이 나오진 않는다.

11 Kim(1992B), 23~24쪽.
12 Kim(1990B), 20~22쪽.
13 Kim(1990B), 20~21쪽.

또 다음과 같은 주장도 가능하다. 속성의 핵심 개념은 닮음(resemblance)으로서 속성의 공유는 어떤 측면에서 닮음을 보장해야 한다. 그런데 선언 조작(disjunctive operation)은 이 특성을 보존하지 않는다. "둥근 것들은 서로 닮았고 붉은 것들도 서로 닮았지만, **둥글거나 붉은** 속성을 가진 것들을 서로 닮았다고 할 수는 없다."[14]

이에 대해 김재권은 다음과 같이 답변한다.

> 법칙적 속성 혹은 속성 일반이 현재의 맥락에서 무엇인가에 대해 그렇게 협소하고 제한적인 개념에 의해 묶여 있어야 하는지는 전혀 분명치 않다. 환원이 문제가 될 때, 우리는 이론들에 관해 말하는 것이고, 그때의 이론들은 그 이론에 독특한 이론적 어휘들로 표현된다. 우리는 닮음 기준 같은 것으로 각 단계를 점검하지 않고도 기저에 있는 언어에서 이용할 수 있는 논리·수학적 조작들을 통해 기초적인 이론 술어·함수들을 결합하고 재결합할 자유를 허용해야 한다. 닮음 기준은 **자유롭고 창조적인 과학적 이론화**를 파괴할 것이다. (……) 다른 종류와의 환원적 연결을 구성할 때, [선언이나 부정 등을] 사용하는 것이 왜 거부되어야 하는가? 인공적으로 보이는 술어라도 생산력 있고 확증된 이론에서 유용하고 필수적인 것으로 입증되어 확립된다면, 우리는 그것이 충분히 속성을 표현하는 것으로, 그래서 그것으로 인해 사물들과 사건들이 서로 닮을 수 있는 중요한 측면을 표현하는 술어로 간주하게 될 것이다. 특정한 상황에서 어떤 것을 진정한 속성으로 인식하는 것이 환원을 가능케 해준다는 점이 그렇게 간주하는 강한 근거가 될 수 있다.[15]

---

14 Kim(1990B), 21쪽(강조는 김재권).

우리는 이러한 그의 주장을 앞에서 살펴본 경험적 실재론의 입장을 통해 다음과 같이 이해할 수 있다. 보편자로서의 속성이란 존재론적 범주이므로 그 존재는 우리의 정신으로부터 독립해 확정적으로 성립하는 것이지 결코 술어 등 언어를 통해 유추되는 것이 아니다. 이러한 보편자로서의 속성은 인과적 힘을 지님으로써 존재 세계에 내재하는 필연성을 반영하는 법칙적 속성이므로 어떠한 속성이 실제로 세계에 존재하는가는 언어를 통해 선험적으로 드러나는 것이 아니라 과학에 의해 밝혀지는 것이다. 그때의 과학은 단순히 현재의 과학이 아니라 존재 세계의 모습을 있는 그대로 밝혀줄 궁극적이고 최종적인 과학이다. 따라서 속성을 인식함에 있어 우리는 현재의 술어에 얽매일 필요가 전혀 없다. 그리고 현재의 술어들에 적용되는 제약들에 관해서도 구애받을 필요가 없을 것이다.

둘째[16] 만일 이러한 지적에도 불구하고 여전히 선언 속성을 진정한 속성으로 인정하는 데 거부감이 있다면,[17] 결국은 국지적 환원만이 가능함을 인정하고 그에 만족할 수도 있다. 이 경우 종에 관계없이 무차별적으로 적용되는 일반적인 심리학은 포기되어야 하며 일반적인 것이 아닌 여러 가지로 실현되어서 국지적으로, 즉 종에 제한적으로 이루어지는 심리학을 추구해야 한다. 예컨대 인간 심리학, 파충류의 심리학, 화성인의 심리학 등으로 구별되어 연구되어야 한다. 그 경우 "심리학은 비록 하나의 과학으로서는 아닐지라도 과학적인 것으로 남아 있다".[18]

---

15 Kim(1990B), 21쪽(강조는 인용자). 비슷한 생각이 Fodor(1974/1980)에도 나타나 있음.
16 Kim(1992B), 24~26쪽.
17 예컨대 암스트롱은 선언 속성을 부정하는 입장을 취한다. 이에 관해서는 Armstrong (1978B), 14장을 볼 것.
18 Kim(1992B), 26쪽.

김재권은 덧붙여서 자신의 해결책들이 제거주의와는 분명한 선을 긋고 있음을 보이고 있다.[19] 첫 번째 대답에서는 말할 것도 없고, 두 번째 대답에서도 적어도 종 제한적 정신 속성은 거부되지 않는다는 점에서 제거주의와는 차이가 있다는 것이다. 제거주의는 총체적이든 국지적이든 상관없이 모든 지향 심리학을 거부한다. 그래서 제거주의자는 정신성을 플로지스톤이나 유령 등과 동일하게 취급하지만, 김재권은 책상이나 옥(玉, jade)[20] 같은 거시적 물체와 동등하게 본다. 물론 책상은 과학적인 종은 아니다. 하지만 그러한 점이 책상의 존재를 의문시하거나 '책상' 개념의 효용성과 정당성을 의심하는 것은 아니라고 말한다. '고통'의 경우도 그와 마찬가지로 앞에서 제시한 두 가지 선택적 해결책들 중 어떤 것을 선택하든 제거주의 견해와는 다르다. 앞의 두 가지 중 어떠한 것이 됐든 김재권은 결국 환원주의를 옹호한다. 이제 이러한 김재권의 환원주의에 관해 검토해보자.

우선 첫 번째 환원주의에 관해 생각해보자. 그의 첫 번째 답변이 맞다고 하자. 그래서 선언 속성을 통한 환원을 앞에서 요구한 환원, 즉 정신 실재론과 물리주의를 결합시키는 환원으로 인정하기로 하자. 문제는 이 환원이 설사 환원으로 인정된다고 해도 그의 정신 실재론을 가능케 하며, 나아가 정신 인과의 문제를 해결해주는 환원인가 하는 점이다. 「비환원적 유물론의 신화」에서 그는 데이비슨에게 정신 실재론을 인정하지 않는 한

---

19 Kim(1992B), 25~26쪽.
20 김재권은 Kim(1992B)에서 옥을 예로 들어 선언 속성의 가능성을 타진하고 있다. 이전에는 자연종으로 알려져왔던 옥은 사실상 상이한 분자 구조의 경옥(jadeite)과 연옥(nephrite) 두 가지 광물들로 구성되어 있다는 것이다. 이러한 예를 들면서 그는 정신성이 선언 속성과 동치라면 그러한 정신성은 책상이나 옥 등과 같은 위상으로 볼 수 있으며, 이러한 자신의 생각을 제거주의자들이 정신성을 플로지스톤 등으로 격하시키는 것과 구별 짓고 있다.

제거주의가 될 수밖에 없다고 논박한다. 따라서 이러한 논박이 정당하기 위해선 그의 정신 실재론은 제거주의로부터 지향 심리학을 보호하는 실재론이어야 한다. 그런데 그가 이러한 정신 실재론을 성립시키기 위해 주장하는 환원은 선언 속성을 인정하는 환원이다(아마도 복수 실현 가능성 논변을 고려한다면 사실상 정신 속성의 물리 속성에로의 환원은 그것이 이루어진다면 거의 모두 선언 속성을 통한 환원으로 이루어질지도 모른다). 선언 속성을 허용하는 환원을 바탕으로 과연 정신 실재론이 성립할 수 있을까? 그래서 지향 심리학을 제거주의로부터 보호할 수 있을까?

예컨대 앞에서 본 바와 같이 정신 현상의 하나인 고통은 다양하게 물리적으로 실현될 수 있다. 물론 그의 주장대로 **"자유롭고 창조적인 과학적 이론화"**는 가능할 것이며 고려되어야 할 것임에 틀림없다.[21] 그러나 우리가 여기서 지적해야 할 점은 설사 그러한 자유롭고 창조적인 이론화가 있더라도 그것이 현재의 지향 심리학에서 다루는 '속성들', 예컨대 고통 등의 속성을 유지한 채로 이루어질 수 있겠느냐는 점이다. 정신 실재론을 유지할 수 있으려면, 우선 새로운 이론의 창조로 현재의 선언 상태를 포괄하는 단일한 물리 속성이 발견되어야 하며, 그와 동시에 이때 발견된 물리 속성은 그것과 동치인 정신 속성으로 하여금 인과적 힘을 가지도록 하는 것이어야 한다. 즉 현재의 선언 상태를 포괄하는 단일한 물리 속성이 최종 과학 법칙의 종속 변항이 되는 속성이어야 한다.

단일한 물리 속성이 안성맞춤으로 발견될 수 있는 가능성을 전혀 배제할 수는 없지만, 정신 속성 또한 인과적 힘을 지닌 법칙적 속성이 되기 위

---

21 이 점은 앞에서 본 대로 경험적 실재론 입장의 하나로 이해해야 한다(자세한 내용은 2장을 볼 것).

해 엄밀한 과학적 검토를 거치다 보면 '현재의 심리학에서 제시하는 속성'의 모습은 변화될 것이라고 생각하는 게 좀 더 온당하다. 이 경우 변화는 원래의 속성 범위를 좁히는 방향으로 일어날 (예컨대 종특정의 국지적 환원의 경우와 같이) 가능성도 있지만, 아예 속성 자체가 새로 구성될 수도 있다.

물론 이 경우 (더구나 실재론의 입장을 감안한다면) 심리학의 발전 가능성을 상정할 수 있으므로 꼭 '현재 상태의 심리학 속성'을 고수해야만 정신 실재론이 유지될 수 있다고 할 필요는 없다. 설사 다루는 '속성'들에 변화가 있더라도 그 속성들이 지향성을 다루는 것이라면, 지향 심리학은 유지될 수 있겠고 그에 따라 정신 실재론을 옹호하는 데에 별문제가 없기 때문이다.[22]

그러나 인과적 힘을 가진 속성이 되기 위해 '정신 속성'이 변화를 겪다 보면, 인과적 힘을 쟁취했을 때에는 완전히 달라져버린 자신의 모습을 발견할지도 모른다. 그때에 결과적으로 그 자체가 신경 과학의 속성이 되고 말지도 모른다. 과연 최종 과학을 가지게 될 때, 지향 심리학의 정신 속성들은 바로 그 지향성을 그대로 지니고 정신 속성이라는 정체성을 유지한 채로 살아남을 수 있을까?[23] 이 경우 선언 속성을 인정하는 김재권의 선택

---

[22] 이 점은 나와의 사적인 대화에서 김재권 교수가 표명했다. 바로 이러한 이유 때문에 김 교수는 최근에 학계에서 많이 사용되는 용어인 '통속 심리학(folk psychology)' 대신 '지향 심리학'이란 용어를 사용할 것을 권했다. Lycan(1981/1982), 14쪽에도 비슷한 견해가 나온다.

[23] 이 경우 지향성 문제뿐만 아니라 그 이외에도 심리철학의 난문들로 이어져 내려오고 있는 의식의 문제, 감각질의 문제 등은 환원주의자에게 계속 골칫거리로 남을 것이다. (이책의 7~8장 참조) 사실 이러한 문제들은 심리 상태와 기능 상태의 환원을 주장하는 기능적 환원주의라고 할 수 있는 기능주의에도 해당되는 것이다. 의식의 문제에 관해선 Nagel(1974/1980), Searle(1992) 등을 볼 것. 감각질 문제에 관해선 Jackson(1982/1990), (1986/1991) 등을 볼 것. 이와 관련한 기능주의의 문제점에 관해선 Block(1978/1991), Searle(1992) 등을 볼 것.

지는 보편자 실재론의 일반적 입장은 놓치지 않겠지만 정신 실재론이 아닌 **제거주의**로 빠져버리고 만다.

국지적 환원만을 고수하려는 두 번째 선택도 비슷한 어려움을 낳는다. 두 번째 선택을 취하려 할 때 김재권의 전략은 복수 실현 가능성 논변에 대해 환원이 이루어지는 속성(특히 정신 속성)의 범위를 축소시켜 환원을 유지하려는 것이라고 볼 수 있다. 그러나 일단 한번 야기된 속성 범위의 축소화가 김재권이 의도한 곳에서 순순히 제동이 걸릴지 의문이다. 김재권은 종초월적(species-independent) 환원은 부정되더라도 종특정 환원은 유지될 수 있다고 주장한다. 그러나 과연 종특정 환원도 유지될 수 있을까?

물론 애초에 복수 실현 가능성 논변이 지적한 것은 물리·화학적 구조가 서로 상이한 종의 경우였기 때문에 동일한 종 내부에서 일어나는 환원은 그 논변의 공격 화살에서 일단 벗어날 수는 있다. 그렇다면 동일한 종 내부에선 복수 실현의 가능성이 전혀 없을까? 이러한 가능성에 관해선 김재권 자신도 인식하고 있다.

> 이러한 종류의 법칙들(종특정 쌍조건 법칙을 말함 – 인용자)을 만들어내기 위해서 생물학적 종은 너무 넓을지 모른다. 뇌 안에서 심리적 기능들을 자리매김(localization)함에 있어서 개체 간에 차이가 있다는 것은 잘 알려진 사실이다. 나아가 학습과 성숙, 뇌 손상 등에 따라 어떤 심리 상태 또는 기능을 수행하는 신경 구조가 한 개체에서도 살아가는 동안 변한다. 그렇다면 중요한 점은, 비록 내가 단순히 계속 '종'으로 표현할지라도, 이 법칙들이 물리-생물학적 구조 유형에 상대적이라는 것이다.[24]

---

24 Kim(1989B), 38쪽.

인용문에서 지적한 바와 같이 동일한 개체에서도 물리·화학적 구조는 상이할 수 있다. 학습이라는 비생물학적 현상, 게다가 뇌 손상(또는 장기이식과 같은 경우도 생각할 수 있음)이라는 지극히 우연적인 현상들은 사소한 예외처럼 보일지도 모르지만, 유기체 내에서 일어나는 대사 작용, 세포의 성장과 파괴 등은 한 개체 내에서도 그 물리·화학적 구조를 시시각각 변화시키기에 충분한 현상들이다.

그러나 이것이 정말 심각한 문제가 되는 것은 그러한 작용들이 결코 예외적이고 일시적인 것들이 아니라 유기체 내에서 보편적으로 일어나는 생명 현상이라는 점이다. 그렇다면 이에 직면해서 환원주의자들은 환원이 일어나는 속성의 범위를 물리-생물학적 구조 유형이 축소됨에 따라 종 내부라는 현재의 범위에서도 더 축소해야 자신들의 입장을 유지할 수 있을 것이다. 이러한 축소 과정은 어디까지 진행될까? 개별 사건 하나만을 포함할 때까지 속성의 범위가 줄어들 것이라고, 즉 환원은 개별자들의 자기 동일성에 불과하다고 한다면 지나친 과장일까?[25] 이 경우 김재권의 **정신 실재론**은 **개별자 동일론**이 되어버리고 결국 **비환원적 물리주의**의 하나가 되고 만다.

물론 이러한 지적은 선결되어야 할 문제를 요구하며 김재권이 옹호하려는 환원주의 가능성을 완전히 봉쇄할 수는 없다. 왜냐하면 최종 과학

---

[25] 어떤 이는 이런 식의 논변이 동일한 '종'에 대한 분류 기준을 무의미하게 만드는 것이라고 할지도 모른다. 하지만 이러한 분류 기준과 앞에서 김재권이 부정한 '닮음' 기준이 무슨 차이가 있나? 또한 여기에서는 다루지 않겠지만 종이나 속성이라는 것이 그렇게 객관적으로 실재하는 것이라기보다 사실은 이론 의존적인 술어에 의해 정해지는 것과 가까울 수 있다는 보다 근본적인 비판도 가능하다. 자세한 내용은 6장 3절과 8장 4절, 그리고 9장을 참조할 것.

이 김재권이 원하는 정신 속성의 존재를 발견해줄 가능성을 우리가 선험적으로 배제할 수는 없기 때문이다. 하지만 단지 최종 과학이라는 미래의 발전에만 매달릴 수밖에 없는 그의 어려운 처지를 보여주는 데에 부족하진 않을 것이다.[26] 환원주의 가능성이 완전히 봉쇄되진 않는다고 해도 그것은 상당히 부담스러운 견해일 뿐이다. 환원주의를 옹호하건 논박하건 환원에 관해서 논의할 때에 철학자들은 흔히 과학사의 사례들을 많이 원용하곤 한다. 그러나 과학사에 존재하는 사례들이 환원주의와 비환원주의 중 어느 한쪽만을 옹호하는지는 대단히 의심스럽다. 여기서 분명히 지적할 수 있는 점은 적어도 이 경우에 비환원적 입장이 환원주의보다 짊어져야 할 부담이 적다는 것이다. 왜냐하면 비환원적 물리주의는 일부의 환원 가능성과 양립할 수 있지만,[27] 환원주의는 반환원적 사례가 조금이라도 있을 경우 성립될 수 없는 입장이기 때문이다.[28]

게다가 더 큰 문제는 명제 태도 등의 지향성을 띤 심리 상태 등을 다룰 경우다. 아까 앞에서 대사 작용의 예를 들어서 동일한 개인의 경우에도 시간이 흐름에 따라 물리·화학적 구조가 바뀔 수 있음을 지적한 바 있는데, 명제 태도의 경우는 개인사적인 경험이 축적됨에 따라 더 복잡한 차이가 나타난다. 더구나 명제 태도란 그 유형이 언어로 나타날 수밖에 없는 것들이고, 그에 따라 언어로 나타낼 수 있는 것 이상의 내용은 유형화

---

26 이 점은 원칙적으로 실재론을 고수하는 철학자들이 지닐 수밖에 없는 문제점일 것이다. 즉 김재권뿐만 아니라 암스트롱에게도 해당하는 일이다.

27 Pereboom & Kornblith (1991), 140~141쪽.

28 이러한 생각이 환원주의에 대한 불공정한 논박이라고 생각될 수도 있겠으나, 환원주의가 순수한 물리주의 논제에 더해 특수과학과 물리 과학의 환원을 주장하는 더 강한 물리주의라는 점을 감안한다면, 환원주의가 비환원적 물리주의보다 부담이 더 큰 입장이라는 것은 분명하다.

시키기 어려운 것들이다. 따라서 이러한 명제 태도들의 환원은 고통이나 지각 등과는 또 다른 의미에서 그리 낙관적인 결론을 쉽게 내릴 수는 없다.[29] 예컨대 어떤 두 사람이 동일한 내용의 믿음을 갖고 있다고 해도 그 내용이라는 것이 언어의 범위를 넘어설 수 없고, 따라서 그 동일성이라는 것도 심리 서술이라는 언어로 파악된 한에서의 동일성이기 때문에 그 때 그 둘의 물리·화학적 구조가 반드시 동일하다고 할 수는 없다. 사실상 고통이나 감각질(qualia, raw feel) 등 현상적 속성들은 과연 그것들이 육체 현상이 아닌 정신 현상인지도 논란의 여지가 남아 있다.[30] 따라서 이런 것들의 환원은 명제 태도에 비한다면 오히려 쉽게 이루어질 수도 있다. 반면에 지향성을 지닌 명제 태도의 경우는 그렇지 않다.[31] 그런데 사실은 오히려 이것이 더 전형적인 정신 현상일지도 모른다. 더구나 앞에서 본 바와 같이 김재권이 환원주의를 통해 물리주의와 함께 유지하려는 정신 실재론도 제거주의로부터 지향 심리학을 옹호하기 위한 실재론이라면, 이러한 사실은 그의 환원주의의 설득력에 커다란 장애물이 될 것이다.

김재권의 환원주의가 미래의 발전에만 의존하는 입장이라는 한계는 그가 정신 인과의 설명을 위해 고안한 '수반 인과(supervenient causation)' 개

---

29 고통이나 감각질 등의 환원과 관련된 문제점은 7~8장에서 의식의 문제와 함께 다루겠다.

30 이 점은 이명현 교수가 평소 자주 지적하던 것이기도 하다. 아무래도 고통이나 감각 등은 명제 태도보다 신체와 밀접히 관련된 현상이라는 것이다. 예컨대 데이비슨도 명제 태도만을 정신 현상으로 인정하는 입장을 취한다. 물론 심리철학계에서는 일반적으로 이러한 현상적 속성들이 갖는 일인칭적 주관성이 물리적인 것으로의 환원에 장애가 되는 점이라고 한다. 이에 관한 상세한 내용은 7장을 참조할 것.

31 김재권의 수반 이론이 지향적 심리 사건들의 설명에서 한계가 있다는 점을 그 자신 스스로가 인정한다는 것을 염두에 둘 때, 그의 이러한 환원주의 옹호는 설득력을 갖기 어렵다고 본다. 이에 관해선 김재권(1984), 그리고 조승옥(1983), 106~107쪽을 참조할 것.

념에서도 잘 드러난다. 그는 정신 인과가 물리 인과에 수반하는 거시적인 인과관계라고 이해한다. 이러한 거시적인 정신 인과는 '진정한 인과관계 (real causal relation)'를 포함하고 있고, 이때 이것이 진정한 인과관계가 아니라고 단순히 부정해서 해결하는 것은 중요한 인과적 사실을 무시하는 것이라고 그는 주장한다.[32] 이렇게 결코 무시할 수 없는 거시적 인과관계를 설명하기 위해 그는 다음과 같이 수반 인과 개념을 도입한다.[33]

따라서 F와 G가 거시 속성일 때, x가 F를 지님과 y가 G를 지님이라는 두 사건들 간의 거시적인 인과관계를 환원하는 일반적인 도식은 다음과 같다. m(F)와 m(G)가 F와 G에 상대적으로 미시 속성들이며, x가 m(F)를 가짐과 y가 m(G)를 가짐 간에 적절한 인과적 연결이 있는 경우에, x가 F를 가짐은 x가 m(F)를 가짐에 수반하며, y가 G를 가짐은 y가 m(G)를 가짐에 수반한다.

앞에서 제시된 패턴에 부합하는 어떠한 인과관계도 '수반 인과관계'로 불릴 것이다.

그런데 이러한 수반 인과는 거시 인과관계들 중 그가 살려내려고 하는 '진정한 인과관계'를 포함하고 있는 인과관계와, 그렇지 않고 무시해버려도 좋은 부수 현상적 인과관계를 제대로 구별하지 못한다는 약점이 있다.[34] 이런 점은 정신 인과가 물리 인과로 환원될 것이라는 해결되지 않은

---

32 Kim(1984B), 259쪽.
33 Kim(1984B), 262쪽.
34 LePore & Loewer(1989), 185쪽에서도 비슷한 비판이 제시되고 있다.

가정을 깔고 나서 그 경우의 거시적인 정신 인과를 설명하기 위해 '수반 인과'를 도입했기 때문에 일어나는 문제점이다. 이러한 점은 존재론적인 관계라고 김재권 스스로가 인정하고 있는 '수반'을 인식적인 활동인 '환원' 으로 설명하려는 데에서 오는 한계이기도 하다.[35]

물론 이 점에 관해 이렇게 말할 수도 있다. 수반과 환원 간의 이러한 차이를 감안한다면, 이것은 문제시될 필요가 없다. 거시적인 인과관계와 그에 상응하는 미시적인 인과관계가 수반, 더 나아가 동일성 관계를 갖는다 할지라도 그 사실이 그것을 환원과 설명에 사용할 수 있음을 보증하진 않는다.[36] 김재권에 의하면, 여기서 환원과 설명에 사용할 수 있다 함은 우리의 인식적 능력에 의존한다. 따라서 모든 심리 속성들에 필연적인 물리적 동연이 존재한다고 해서 수반이 물리학으로 심리학의 환원을 수행할 수 있는 우리의 능력과 직접적인 관련을 가진 것은 아니다.[37] 하지만 이러한 점을 인정한다고 할지라도, 이 문제는 그의 입장이 미래의 가능성에만 의존하고 있음을 충분히 보여준다고 하겠다.[38]

이렇게 김재권의 정신 실재론이 미래의 가능성에만 의존할 수밖에 없는 이유는 이 책에서 시종 보여주고 있는 대로 그러한 입장이 보편자 실재론을 옹호하기 때문이다. 속성이란 술어와 달리 존재론적 범주로서 우리의 정신에서 독립해 객관적으로 존재하는 것이다. 따라서 이것은 현재

---

35 수반과 환원의 이러한 차이에 관해선 Kim(1984A), 171쪽 이하를 참조할 것.

36 Kim(1984A), 173쪽을 보라. 또한 이 점을 앞에서 김재권이 제시한 선언 속성 문제의 연장 선에서 파악할 수도 있다. 즉 선언에 의해 구성된 속성들을 표상해줄 단순하고 명료한 술 어의 존재를 현재로서는 보장받지 못한다.

37 Kim(1984A), 173쪽.

38 이와 유사한 비판으로는 Perebroom & Kornblith(1991), 127~128쪽 참조.

의 우리 인식과 언어를 항상 넘어서는 것이고, 이것을 추구하는 그의 입장은 항상 최종 과학이라는 미래를 지향할 수밖에 없다.

그러나 나는 이렇게 미래의 가능성에만 의존할 수밖에 없는 보편자 실재론을 적어도 심신 이론에서 '정신 실재론'으로 주장하는 데에는, 일반적인 보편자 실재론이 유명론과 대비되는 문제점들 이외에 더 심각한 문제가 있다고 생각한다. 이미 지적했듯이 이러한 입장은 현재의 인식과 언어에 집착하지 않는다. 실재론자의 입장에서 보더라도 어떤 일반 어휘의 의미 있는 사용으로부터 어떤 보편자로서의 속성의 존재를 추론하는 것은 잘못이다. 그렇다면 보편자의 실재를 상정하는 것은 철학의 과업이라 할지라도 〈어떤 보편자들이 존재하는가〉 하는 물음에 답하는 것은 경험과학의 소관이지 철학이 먼저 탐구할 일은 아니다. 앞에서 본 대로 이 점은 또한 미래의 과학 발전 가능성을 지향하는 김재권이 주장하는 바이기도 하다. 그런데 이러한 점에서 볼 때 정신 실재론은 경험적 실재론의 본래 입장과는 모순되게 현재의 언어를 바탕으로 해서 속성의 객관적 존재를 추론하는 입장인 듯하다.

이것은 심신 문제의 기본 성격을 살펴보아도 알 수 있는 문제다. 심신 문제가 철학에서 논의된 배경은 자연과학, 특히 물리학의 눈부신 발전을 염두에 둘 때 자연에서 인간이 차지하고 있는 지위가 무엇인가 하는 물음에서 비롯된 것이다. 우리 인간들은 생각하는 이성과 정신을 가지고 있다는 점이 자연에 속하는 인간을 다른 삼라만상으로부터 구별시켜주는 본질적 특성으로 생각되었는데, 이것이 일반 법칙이 지배하는 자연과 어떻게 조화될 수 있는가의 물음에서 심신 문제를 논의하게 됐다. 이렇게 일견 모순되어 보이는 것의 조화가 어떻게 가능한지를 묻는 철학적인 문제 해결에서 정신적인 것의 존재를 상식이라 하여 그대로 아무 반성 없이 실재하는 것으로 인정하는 것은 문제 해결에 아무 도움이 안 된다.[39] 사실 기존의 학문적 분류를 인식론적 문맥이라고 한다면, 속성이란 존재론적 문맥이라고 할 수 있다. 이 두 가지 문맥을 구별하는 중요한 일을 해놓고, 이들 간의 간격을 메우기가 어렵다고 하여 이 둘을 동일한 것 혹은 환원될 수 있는 것이라고 말하는 것은 (어떻게 환원이 이루어지는지는 보이지 않고서) 사실 해명이 아닌 **요청**에 불과하다.

김재권은 비환원적 물리주의가 설명력이 없고 심신 이론에서 우리가 애초에 관심 가졌던 문제에 대한 대답을 회피하는 무기력한 입장일 뿐이라고 비판하고,[40] 그것에 비해 상대적으로 환원주의가 좋은 이론이라고 주장한다. 그러나 환원주의가 앞에서 본 대로 해명의 결과가 아닌 요청에 불과하다면 '문제에 대한 대답의 회피'라는 혐의는 환원주의자에게 돌아가야지 비환원주의자에게 돌아갈 것이 아니다.

인간이 정신과 이성을 지닌 존재라는 것이 어떻게 상식이 되었는가? 신의 가르침에서 비롯되었다는 종교적인 교설을 받아들일 것이 아니라면, 결국은 이것도 인간의 인식에서 비롯된 것이다. 그렇다면 인간의 정신이 실재한다는 믿음도 다른 인간의 인식 내용과 마찬가지로 철학적 반성과 비판에서 면제되는 신성불가침의 영역일 수 없다.

이러한 문제는 보편자 실재론의 일반적인 문제들과는 달리 정신 실재

---

39 사실 나는 의식과 정신 인과 등 심신 문제의 근본적인 원인이, 비록 현대의 심신 이론가들이 데카르트의 심신 이론의 결론(즉 실체 이원론)은 받아들이지 않지만 데카르트가 구성해놓은 배타적이고 이분법적인 심신관은 그대로 받아들이면서 논의를 진행한 데에 있다고 생각한다. 보다 상세한 내용은 7~8장, 특히 8장을 참조할 것.

40 예컨대 김재권(1984), 127~130쪽, 그리고 Kim(1993C), 365쪽 이하를 볼 것. 이러한 김재권의 비판은 보편자 실재론자인 암스트롱이 유명론자인 콰인에게 행한 비판과 비슷한 맥락에서 이해할 수 있다. Armstrong(1978A), 16~17쪽.

론에만 해당되는 특별한 문제다. 그 까닭은 정신 실재론이 존재자 일반이 아닌 특수한 존재자를 다루는 존재론이기 때문이다. 그렇다면 일반적인 존재자 가운데 하필 이런 특수한 것의 구별은 어디에서 비롯되었을까? 인간이 자신들 또는 좀 더 넓게 보아 의식이 있는 것으로 보이는 유정자(有情者) 일반을 다른 자연에서 구별해 성립시킨 것이 아닌가? 이렇게 인간의 생각에 의해 구별되어 이루어진 것이 인간 생각과 독립되어 존재하는 객관적인 속성과 일치할 것이라는 믿음은 얼마나 소박한 인간 중심적 사고인가![41] 이 점은 유명론과 실재론 간의 일반적인 논쟁과는 또 다른 문제다.

　김재권의 정신 실재론에 대한 나의 이러한 비판이 옳다면, 비환원적 물리주의자가 자신의 입장을 버리고 상식이라 하여 그것을 따를 필요는 없다. 사실 상식을 옹호하는 이론은 강한 호소력과 설득력이라는 매력을 가지고 있다. 같은 조건이라면 현재의 상식과 가장 부합하는 이론이 좋은 선택지임은 당연하다. 그러나 상식이란 유동적이어서 늘 변하는 것이기도 한다. 언뜻 당연해 보이는 상식을 비판·반성하는 데에서 철학의 존재 가치가 생겨나기도 한다. 따라서 이론으로 뒷받침되지 않는 상식을 굳이 맹종할 필요는 없다. 상식의 비판과 반성을 통해 새로운 견해를 제시하고 그것이 이론의 확고한 지지를 받는다면 오히려 새롭게 상식화될 수도 있기 때문이다. 철학사를 비롯한 학문의 역사를 들여다보면 그러한 상식의 교체가 오히려 비일비재하다. 학문적인 경우가 아니더라도 우리의 일상적인 생활에서도 이러한 경우는 많다. 따라서 김재권의 정신 실재론이 언뜻 보

---

41 각주 39번에서 밝혔듯이 나는 현대의 심신 문제가 데카르트식 구도에서 벗어나지 못했기 때문에 난제가 되었다고 생각한다. 사실 데카르트식 심신 이분법은 데카르트 이전의 서양 고중세 철학이나 불교 철학, 노장 철학 등 동양철학의 입장과는 차이가 있는 것으로 이것을 보편적인 것으로 봐야 하는지 충분히 재고할 수 있다. 상세한 내용은 8장 이후를 참조할 것.

기에 상식에 부합한다 하더라도 그것에 토대를 제공하는 보편자 실재론과 환원주의가 설득력이 없다면 굳이 그것을 인정해야 할 필요는 없다.

결국 정신 실재론의 입지는 그리 확고하지 못하다. 환원주의 가능성을 미리 배제해버릴 수 없고, 김재권의 정신 실재론이 상식이라고 하더라도 그것을 그리 쉽게 받아들일 수는 없다. 이미 본 대로 한편으로는 정신 실재론뿐만 아니라 보편자 실재론 일반의 입장까지도 포기한 유명론으로서의 개별자 동일론이 될 수도 있고, 다른 한편으로 보편자 실재론 자체는 놓치지 않더라도 그것의 특수한 한 형태인 정신 실재론의 특성이 희석된 제거주의가 될 수도 있다. 아무래도 지금까지 논의 결과로는 실재론의 입장을 유지한다면 **제거주의**만이 가능한 선택지일 것 같다. 하지만 김재권은 최근에 새로운 환원주의를 제시했다. 이제 2절에서 그것을 검토하기로 하자. 그의 새로운 입장이 환원주의에 새로운 돌파구를 마련할 수 있을까?[42]

2. 기능적 환원을 통한 새로운 심신 동일론

1) 기능적 환원

앞에서 언급했듯이 김재권은 최근 20여 년 동안 비환원적 물리주의의 형이상학적 취약함을 비판했다. 그 비판의 골자는 이렇다. 비환원적 물리주의에 따르면, 인간 행위의 원인으로 정신적 원인과 물리적 원인을 모두 제시할 수 있는데, 물리적 원인만으로 이미 충분한 원인이 되는 경우에는

---

42 이 절의 일부는 백도형(1995A)에 포함된 내용을 토대로 이루어졌다.

정신적 원인은 불필요한 부수 현상이 되어서 사실상 제거주의가 되어버린다. 또 그 두 원인을 합쳐야 비로소 충분한 원인이 되는 부분적 원인의 경우와, 그 둘이 이미 각각 독립적으로 충분한 원인인 과잉 결정의 경우는 물리주의의 조건인 물리 영역의 인과적 폐쇄성 원칙을 어기게 된다. 따라서 어느 경우이든 비환원적 물리주의는 그 자체로 성립할 수 없다는 것이 비판의 요점이다.[43]

그는 최근 저서인 『물리계 안에서의 마음』에서 비환원적 물리주의에 대한 비판으로 '수반 논변'을 제시하고 있다. 수반 논변에서는 두 원인 대신 정신적 원인과 수반 기초가 되는 물리 조건이라는 두 조건을 제시하고 있다. 둘 다 행위 사건을 발생시키는 데에 충분조건이 되어 과잉 결정의 문제에 빠지게 되거나, 물리 조건만으로도 이미 충분조건이 됨으로써 정신적 원인은 부수 현상이 되어 버리기 때문에 비환원적 물리주의가 성립할 수 없다는 것이다. 두 논변 모두 비슷한 구조라고 볼 수 있다. 요컨대 핵심은 이렇다. 정신적 원인은 그것 없이도 물리적 원인이나 조건에 의해 동일한 결과를 낳을 수 있다는 점에서 부수 현상에 불과하거나, 정신적 원인이 충분조건이 된다면 두 충분조건에 의해 과잉 결정되는 이상한 결론이 도출된다. 따라서 비환원적 물리주의는 그 자체로 성립할 수 없는 입장이라는 것이다.

이렇게 비환원적 물리주의를 비판하면서 김재권은 심신 환원주의를 물리주의와 정신적인 것의 실재성을 함께 주장할 수 있는 유일한 가능성으로 재차 주장하고 있다. 〈기능적 환원을 통한 심신 동일론〉은 그의 『물리계 안에서의 마음』을 전후로 보이는 새로운 시도다. 그가 이렇게 '새로운

---

43 보다 상세한 내용은 1장 3절 참조.

동일론'을 구성하는 이유는 네이글식(Nagelian)의 쌍조건적 교량 법칙을 통한 지금까지의 상식적인 환원 모형에 대한 회의와 불만 때문이다.[44] 우선 심신 환원에 대한 가장 잘 알려진 비판인 복수 실현 가능성 논변은 교량 법칙을 얻을 가능성을 어렵게 만든다. 또한 교량 법칙에 의한 종래의 환원 모형은 교량 법칙에 의한 속성들의 연결만을 보여줄 뿐이었지, 왜 그런 연결이 일어나는지에 관한 이론적 설명은 할 필요가 없었다. 하지만 이런 식의 설명 없는 '환원'은 설사 적절한 물리 조건으로부터 정신 현상의 발생을 예측 가능하게 해줄 수는 있지만 그것은 단지 설명될 수 없는 맹목적인 사실(brute fact)로, 결국 창발론자들이 말하는 '창발'과 유의미한 차이를 만들지 못한다는 것이다.[45] 김재권에 의하면 창발론도 이 정도의 설명 없는 예측은 한다. 즉 창발론에 의해서도 적절한 물리 조건이 이루어지면 상위 속성의 창발을 예측할 수 있다는 것이다. 그는 창발론의 이런 예측을 '귀납적 예측(inductive prediction)'이라고 한 반면, 우리가 '환원'에 기대하는 것은 이론적 설명을 통한 예측으로서 이를 '이론적 예측 (theoretical prediction)'이라고 한다.[46] 즉 네이글식의 환원 모형으로는 창발론의 수준에서도 가능한 '귀납적 예측'만 할 수 있을 뿐 '이론적 예측'은 할 수 없다는 것이다. 또한 네이글식의 환원 모형으로는 애초에 심신 동일론이나 환원주의가 기대했던 존재론적 단순성도 만족시키지 못한다. 왜냐하면 교량 법칙은 여타의 자연법칙과 마찬가지로 경험과학에 의해 발견되는 우연적인 법칙이므로 교량 법칙 M↔P가 설사 성립하더라도 M과 P

---

44 이하에 나오는 네이글식의 교량 법칙에 대한 그의 비판 내용에 관해서는 Kim(1998), 90쪽 이하의 내용을 정리한 것이다.

45 Kim(1998), 4장 1절.

46 Kim(1999A), 6쪽 이하, 특히 8쪽.

는 여전히 구별되는 속성으로 남게 되므로 기대했던 단순성을 결코 충족시키지 못하기 때문이다. 오히려 새로운 술어들을 끌어들이는 셈이 되어 존재론을 확장시키는 역효과를 낳고 만다.

따라서 교량 법칙 M↔P를 동일성 명제 M=P로 강화시키려는 것이 김재권의 새로운 동일론 취지다. 동일론을 추구함으로써 존재론적 단순성을 만족시킬 수 있으며, 교량 법칙이 만족시키지 못했던 설명의 문제를 해결하려 하는 것이다.[47] 이러한 새로운 동일론은 기능적 환원 모형에 의해 이루어진다. 앞에서 지적했듯이 교량 법칙은 경험에 의해 밝혀지는 우연적인 것이기 때문에, 정신 속성과 물리 속성을 모두 서로 구별되는 본래적(intrinsic)인 것으로 보는 한 그것들을 동일시하기 어렵다는 것도 종래의 환원 모형을 버리고 기능적 환원을 채택하는 이유다.[48] 기능적 환원 모형으로는 두 속성이 그냥 동일하다고 말하기만 하는 것이 아니라 그 동일성의 근거를 보여줄 수 있다는 것이다. 기능적 환원은 다음의 세 단계로 진행된다.[49]

① 환원 목표 속성(target property)의 기능화: 환원되는 속성 M에 다음 형태의 기능적 정의 부여.

M을 가짐=def. 인과적 과업 C를 수행하는 (환원 기초 영역의) 어떤 속

---

47 "동일성은 설명의 문제가 형성될 수 있는 논리적 공간을 없애 버린다. 〈힐러리 로드햄이 나타날 때에는 항상 어디서나 영부인도 나타나는 이유는 무엇인가?〉라는 물음에 대해 〈힐러리 로드햄과 영부인은 동일하다〉는 답변 이상의 더 나은 결정적인 답변은 없다."[Kim(1998), 98쪽]

48 Kim(1998), 98쪽.

49 김재권 (2000), 112쪽.

성 P를 가짐.

기능적으로 정의된 속성 M에 대해 M을 정의하는 인과적 역할에 들어맞는 (즉 인과적 과업 C를 수행하는) 기초 영역의 속성을 M의 '실현자'라고 부른다.

② M의 실현자 확인: 환원 기초 영역에서 인과적 과업 C를 수행하는 속성(혹은 기제)을 찾음.

③ 설명 이론 전개: M의 실현자가 과업 C를 수행하는 방식을 설명하는 이론 구성.

즉 정신 속성의 기능화를 통해 정신 속성이 환원 기초 속성인 물리 속성과 인과적 역할이 같다는 것을 보여줌으로써 두 속성의 동일성을 보여줄 수 있다는 것이다. 이러한 그의 생각은 최근 저서인 『물리계 안에서의 마음』을 전후해서야 비로소 구체화된 것이고 동일론을 표방하는 만큼 단순히 환원주의를 옹호하던 예전의 입장에 비해 더 강화된 인상도 주지만, 그가 유지하는 기본 입장을 생각해볼 때 자연스럽게 주장할 수 있는 귀결이라고 나는 생각한다. 정신 인과의 문제를 주로 다루면서 속성의 실재와 관련해 그가 강조하던 입장이 바로 '알렉산더의 논제'다. 그에 따라 실재하는 속성이란 인과적 힘을 가진, 즉 인과적 역할을 지닌 속성을 말한다.[50] 그가 환원주의(혹은 환원주의이면서도 좀 더 강한 입장인 동일론)를 옹호하려는 문제의식이 물리주의와 정신 실재론을 함께 옹호하려는 것이니만큼, 즉 정신 속성의 실재성이 물리 속성으로 환원됨을 통해 밝히려는 것이니만큼 그때의 환원은 어떤 정신 속성이 갖는 인과적 힘(혹은 인과적 역할)이

---

50 Kim(1992A), 135쪽(134쪽도 볼 것).

사실상 어떤 물리 속성이 갖는 인과적 힘과 동일함을 보여주는 것에 다름 아니라고 생각하는 것이 자연스런 귀결이고, 그의 '기능적 환원을 통한 동일론'은 바로 그런 입장이라고 볼 수 있다.[51]

2) 일반화 논변과 '위', '차'의 구별

3장 4절에서 살펴보았듯이 비환원적 물리주의자들은 김재권의 배제 논변에 대해 일반화 논변을 제시했다. 앞서 언급했듯이 나는 이 논변이 심리철학의 문제들을 보다 넓은 형이상학의 바탕 위에서 해결하려고 할 때 반드시 고려해야 할 중요한 문제라고 생각한다. 이러한 생각이 나오게 된 배경은 잘 알려진 대로 계층적 세계관이다. 심신 관계는 이러한 계층적 세계관에 포함된 대표적인 관계라고 보는 것이 지금까지의 일반적인 생각이다. 따라서 일반화 논변은 심신 문제의 귀결을 다른 형이상학 일반의 문제에까지 확장하는 중요한 물음이다. 하지만 앞에서 상세히 다루었듯이 일반화 논변으로 배제 논변을 거부한다고 해도 과연 정신 속성 등 상위 속성이 부수 현상에서 벗어날 수 있을까? 논의의 핵심은 결국 가장 근본적인 미시 물리 속성에 비해 상위 속성은 결코 동등할 수 없는 부수적인 지위를 가질 수밖에 없다는 것이 아닐까? 게다가 수반을 인정한다면 상위 속성들은 미시 물리 속성에 의존하고 그것에 의해 결정되어 있는 것이다. 이러한 점들을 부정할 수 없다는 점에서 나는 비환원주의자의 일반

---

51 앞에서 여러 번 언급했듯이 그런 점에서 나는 김재권이 암스트롱과 상당히 유사한 세계관을 갖고 있다고 생각한다. 물론 암스트롱은 세계의 기본 존재자로 공간적 존재자인 '사태'를 옹호하고 있고, 김재권은 시간적 존재자인 '사건'을 옹호한다는 명백한 차이가 있다. 보다 상세한 내용은 다음 절에서 설명하겠다.

화 논변은 배제 논변에 대한 정면 승부를 구차하게 피하는 '물귀신 작전'에 지나지 않는다고 생각한다.

비환원주의자들의 일반화 논변에 의해 배제 논변이 유보된다고 해보자. 정신 속성은 물리 속성에 환원되지 않은 채로 나름대로의 실재성을 인정받으며 자율적으로 존재할 것이다. 다른 상위 속성들도 마찬가지일 것이다. 결국 존재 계층 모두 서로 환원되지 않고 각자의 자율성을 유지하면서, 게다가 실재성까지 인정받으며 존재하는 셈이다. 이렇게 다수의 존재 계층이 각각 모두 존재함을 인정하는 것은 우리가 감당하기에는 버거운 세계의 지나친 팽창이 아닐까? 초창기 분석철학의 문제의식을 촉발한 마이농의 스캔들처럼 말이다. 상세한 내용은 이미 앞에서 제시했으므로 여기에서 더 이상 언급하지 않겠다. 이제 일반화 논변이라는 비환원적 물리주의자들의 반격에 대한 김재권의 대응을 살펴보겠다.

김재권은 일반화 논변에 대답하기 위해 속성의 계층에서 '위(level)'와 '차(order)'를 구별한다. 즉 심신 관계는 동위 관계이며 다만 '차'에 의해 구별될 뿐이라는 점에서 상·하위로 구별되는 다른 계층의 속성과는 다르다는 것이고, 그에 따라 배제 논변은 심신 관계에만 적용되어 물리 속성에 환원되지 않는 정신 속성을 배제할 수 있을 뿐 다른 상위 속성들로는 '일반화'되지 않는다는 것이다. 앞에서 본 기능적 환원 단계 ①에서 정신 속성을 "관계적으로 혹은 외재적(extrinsic)으로 해석하거나 재해석"하여[52] 환원을 준비함으로써 정신 속성은 2차 속성(second-order property)으로 해석되었다. 그리고 2차 속성을 논의하는 많은 경우에 1차 실현자들은 미시적 기반을 갖는[micro-based 또는 미시 구조적인(microstructural)] 속성들

---

52 Kim(1998), 98쪽.

인데, 그 속성들은 거시 속성(좀 더 정확히 말하면 자기가 실현하는 것들과 동위의 속성들)이라는 것이다.[53] 따라서 심신 관계는 상·하위 관계가 아니라 동위에서의 1·2차 관계인 것이고 그에 따라 정신 속성은 다른 상위 속성(higher-level property)들과 다르다는 것이다. 심신 관계를 동위에서의 1·2차 관계로 보는 이유는 정신 속성과 그것의 실현자인 물리 속성이 그 담지자를 공유한다는 점에 있다. 즉 "동일한 존재자와 체계의 속성들"이라는[54] 이유다.

김재권은 이러한 '위'와 '차'의 구별을 바탕으로 배제의 문제는 상·하위 관계에서는 발생하지 않으며, 단지 동위 관계이면서 1·2차 관계인 심신 관계에서만 문제가 된다고 주장한다. 그래서 심신 관계에서 발생하는 배제의 문제는 다른 상위 속성에까지 일반화되지 않는다고 주장한다. 이러한 생각을 바탕으로 그는 심신 관계에 대해서는 기능적 환원을 통한 심신 동일론의 입장을 취하지만, 다른 상위 속성들에 대해서는 창발론과 유사한 입장을 취하는 것 같다. 그가 하위 속성에서는 볼 수 없는 **새로운** 인과력이 상위 속성에서 발생한다고 주장함으로써, 하위 속성으로부터 자율적인 상위 속성의 실재론을 옹호하는 셈이기 때문이다. 여기에서 논의의 핵심은 심신 관계를 다른 상·하위 관계로부터 구별해 독특하게 만드는 '차'의 문제인데, 그가 이것을 '위'와 구별하는 데에서 이러한 모든 생각이 기인하는 것이다.

나는 이러한 구별이 의미 있다는 것은 인정하지만, 이것으로 일반화 논변을 방어하는 데에 성공할 수 있을 것으로 생각하지 않는다. 하지만 그

---

53 Kim(1998), 82쪽.
54 Kim(1998), 82쪽.

전에 이러한 구별의 이유에 관해 먼저 검토해보겠다.

3) '위', '차' 구별과 사건 이론

김재권은 지금까지 많은 사람들이 암암리에 받아들이고 있는 '위'에 의한 계층 모형을 재고하고 있는 듯하다. 그는 이후에 발표한 다른 논문에서[55] 기존의 '위'에 의한 계층 모형은 부분–전체 간의 포함 관계를 바탕으로 한 단선적인 관계의 토대 위에서 성립하고 있음을 지적한다. 그러면서 이러한 '위'에 의한 계층 모형으로 설명하기에 적합하지 않은 반례로 심리철학이나 인지과학에서 많이 거론하는 컴퓨터, 기계, 로봇 등을 제시한다. 즉 이것들은 비유기적이고 비생물학적인 부품들로 구성되어 있어서 미시 물리계에 속하는 것이지 생물계에 속하는 것으로 볼 수 없지만, 때로는 목적–지향적인 행태(behavior), 지각, 정보처리, (연역이나 귀납) 추론, 의사결정, 의도적 행위의 특성을 보이므로, 이것이 과연 생명이나 의식과 같은 정신성을 지닌다고 말할 수 있는지 여부가 심리철학에서 인공지능과 관련해 중요한 쟁점으로 논의되기도 했다.[56] 따라서 이러한 쟁점을 논의하는 경우 '위'를 바탕으로 이루어진 단선적인 계층 모형이 적절하지 않을 수 있음을 지적한다.

하지만 그 밖에도 김재권이 심신 관계를 상·하위 관계가 아닌 1·2차 관계로 보는 이론적인 배경이 있다고 나는 생각한다. 정신 속성과 물리 속성이 그 담지자를 공유한다는 생각은 (김재권 본인은 의식하고 있을지 모

---

55 Kim(2002/2010), "The Layered World: Metaphysical Consideration" rp. in Kim(2010).
56 Kim(2002/2010), 58쪽 이하 참조.

르겠지만)[57] '속성 예화론'으로 불리는 그의 사건 이론에 근거한 것이리라는 게 나의 짐작이다. 잘 알려지는 대로 (또 앞의 3장 1절에서 데이비슨의 사건 이론과 비교하면서 이미 살펴본 대로) 그의 사건 개념은 〈실체(개체 또는 대상, substance/object), 속성, 시간〉의 세 요소로 구성되어 있고, 그에 따라 사건 동일성의 기준도 실체와 실체끼리, 속성과 속성끼리, 시간과 시간끼리의 동일성이 모두 확보되어야만 한다. 예컨대 〈어떤 개체 a가 시간 t에 속성 P를 예시화함〉이라는 사건과 〈어떤 개체 b가 시간 t*에 속성 Q를 예시화함〉이라는 사건의 동일성은 〈개체 a = 개체 b, 속성 P = 속성 Q, 시간 t = 시간 t*〉의 경우에만 성립한다. 따라서 심신 관계를 문제 삼을 때 정신 속성과 물리 속성이 그 담지자(속성을 지닌 실체)를 공유하는 것으로 보지 않는다면 정신 사건과 물리 사건의 동일성을 문제 삼을 수 없는 것이고, 즉 이는 개별자 동일성을 인정할 수 없는 것이다. 그렇다면 인과관계를 속성이 예화되는 사건 개별자들 간에 성립하는 것으로 보는 김재권에게는 상·하위 사건들 간에 개별자 동일성을 확보할 수 없는 '위'에 근거한 계층적 모형이 인과를 설명하는 데에 큰 장애가 된다고 볼 수 있다. 따라서 김재권으로서는 그런 사건 이론을 바탕으로 하는 한, '위'와 '차'를 차별화해 심신 관계를 상·하위 관계가 아닌 1·2차 관계로 볼 수밖에 없다고

---

57 '위'와 '차'의 구별을 그의 사건 이론과 연결시킨 이하의 내용은 전적으로 내가 그의 문제의식을 추적한 결과 갖게 된 생각이다. 따라서 실제로 그가 이 둘을 연결지어 생각하지 않았을 가능성도 많으며, 실제로 이에 관해 명백한 증거는 없다. 그의 사건 이론은 주로 1960~70년대에 전개되었던 것으로 현재의 생각과 직접적인 연결이 없을지도 모른다. 하지만 그는 그 후 자신의 사건 이론을 크게 수정한 적이 없고, 나는 그의 사건 이론이 아직도 그의 형이상학 이론에 당연한 바탕이 되고 있다고 생각한다. 그리고 사실상 김재권뿐만 아니라 많은 철학자들도 그의 사건 이론인 '속성 예화론'을 아직도 가장 유력한 사건 이론으로 받아들이고 있다.

생각하는 것 같다.

하지만 정신 속성과 물리 속성을 갖는 실체(대상)가 과연 동일한가? 김재권은 고통이라는 나의 정신 상태와 나의 두뇌 상태 간의 동일성이 심신 동일론에서 문제 삼는 전형적인 동일성이라는 점을 지적한다. 하지만 심물 관계에서 '물리적인 것'이란 결국 미시 물리적인 것이 아닐까? 이에 대해 김재권은 정신 속성의 실현자인 미시적 기반을 갖는 속성을 거시 속성이라고 하면서[58] 정신 속성과 그 실현자를 같은 실체의 속성, 즉 동위의 속성들로 생각한다. 게다가 그는 이때의 '물리 속성'을 기초 입자들의 속성으로만 보지 않는 것 같다.[59] 실제로 김재권은 일반화 논변에 호소하는 반환원주의자들이 정당한 이유 없이 물리 세계를 너무 협소하게 보는 경향이 있다고 말하면서 이런 생각은 근거 없는 전제에서 비롯한다고 보고,[60] "미시적 기반을 갖는 속성들을 물리적으로 간주한다"고[61] 말한다.

이제 김재권은 이러한 구별을 바탕으로 심신 관계를 '위'가 아닌 '차'의 관계로 설명하며, 1·2차 관계의 심신 관계가 아닌 다른 상위 속성들은 '배제되지' 않는다고 주장한다. 그렇다면 '일반화 논변'은 다른 상위 속성들에까지 '일반화되지' 않는 것이다. 그 이유는 그의 사건 개념을 토대로 해야 비로소 이해될 수 있을 것 같다. 그의 사건 이론을 토대로 하는 한 상·하위 사건들 간에는 서로 동일성이 성립할 수 없다. 왜냐하면 실체들이 서로 다르기 때문에 실체들 간의 동일성이 성립할 수 없고, 그에 따라 실체들 간의 동일성을 필요로 하는 사건들 간의 동일성은 원칙적으로 전

---

58 Kim(1998), 82, 84쪽.

59 Kim(1998), 113쪽.

60 Kim(1998), 113쪽.

61 Kim(1998), 114쪽.

혀 성립할 수 없다. 사건들 간의 동일성은 단지 심신 관계와 같은 동위의 1·2차 관계에서만 성립할 수 있다. 그리고 상·하위 사건의 경우에는 서로 간에 개별자 차원의 동일성도 성립할 수 없을 뿐 아니라 환원(그의 '기능적 환원 모형'에 의한)도 성립할 수 없다. 실체들이 동일하지 않기 때문에 이 경우의 상위 속성 그대로는[62] 하위 속성의 2차 속성이 될 수 없기 때문이다. 따라서 상위 속성의 인과력은 하위 속성으로 환원되지 않는 '새로운' 인과력이 되는 셈이고, 이 대목에서 김재권은 정신 속성이 아닌 다른 상위 속성들에 대해서는 창발론의 입장을 취하는 것 같다. 이런 입장은 조금 전에 본 대로 미시 물리적인 것만을 '물리적인 것'으로 보는 협소한 입장을 취하지 않고 미시적 기반을 갖는 거시 속성들까지도 모두 물리적인 것으로 간주한다는 점과 관련된다. 이런 거시 속성은 미시 속성이 갖지 않는 '새로운' 인과력을 갖는데, 이것을 물리적인 것에 포함시키지 않는다면 물리 영역의 인과적 폐쇄성을 주장할 수 없다고 그는 말한다.[63][64]

3. 김재권과 암스트롱의 기능적 환원주의와 실재론

앞 절에서는 김재권의 기능적 환원주의 배경을 그의 사건 형이상학으로부터 추적해보았다. 이 절에서는 앞 절의 내용을 배경으로 김재권의 심

---

62 '그대로는' 2차 속성이 될 수 없으므로 기능적 환원이 적용될 수 없겠지만, (조금 후에 지적하겠지만) 인과적 역할에 의해 기능화되는 것으로 서술하는 것이 불가능하지는 않을 것 같다.

63 Kim(1998), 114쪽.

64 이 절의 일부는 백도형(2000B)에 포함된 내용을 토대로 이루어졌다.

리철학 전체를 그의 초기 형이상학이었던 사건(events) 존재론과 관련지음으로써 지금까지의 그의 철학을 하나의 일관된 그림으로 정리해보려고 한다. 사실 김재권 스스로도 형이상학으로서의 심리철학을 강조하고 있다. 특히 그의 핵심 주제인 정신 인과의 문제 등 심신 문제는 그중에서도 인간의 형이상학적 지위에 관한 가장 기초적인 문제를 다루고 있다. 하지만 그는 자신이 최근 다루고 있는 정신 인과의 문제와 예전 주제인 사건 이론을 연결 지어 논하고 있지 않다. 이 절에서는 앞 절의 내용을 보다 발전시키면서 이러한 연결을 시도해보려고 한다.

앞으로 논의가 진행되면 드러나겠지만, 김재권이 정신 인과의 문제에 관해 본격적으로 언급하기 시작한 1980년대 중반 이전에는 (또는 좀 더 확실하게 말하자면 그의 심리철학에서 기능주의가 뚜렷하게 부각되기 이전인 1990년대 중반 이전에는) 그의 사건 이론과 심신 이론은 하나의 정돈된 그림으로 연결되기 어려운 점이 있었다. 하지만 정신 인과의 문제를 본격적으로 다루기 시작한 이래로 (그리고 기능주의의 색채가 분명히 드러나기 시작한 최근에는 오히려 예전보다도 더욱) 사건 이론과의 연결을 더욱 자연스럽게 시도할 수 있는 발판이 마련되었다고 필자는 생각한다. 이 절에서는 이러한 것에 초점을 맞춰 그의 입장을 지금 시점에서 정리해보고, 아울러 그 동안 철학계에서 별로 주목하지 않았던 김재권 철학의 중요한 특징을 부각시켜보려고 한다.[65]

요컨대 필자가 재구성하는 김재권 철학을 관통하는 초점은 보편자로서의 속성 실재론이며, 이때 속성의 정체성은 인과를 통해 이해되어야 한다

---

[65] 어쩌면 김재권 자신도 별로 의식하지 못한 특징일지도 모른다(실제로 이 절의 초고를 구상할 2004년 2월 즈음 나와 나눈 사적 대화에서 그는 그렇게 생각해본 적이 없다고 말했

는 것이다. 필자는 이러한 해석을 통해 김재권의 입장이 그 기본 틀과 이론 전개의 흐름에서 암스트롱의 형이상학과 상당히 유사함을 아울러 밝히려고 한다. 즉 둘 다 경험과학을 통해 인식되는 인과의 관점을 통해 동일화되기도 하고 구별되기도 하는 보편자로서의 속성 실재론을 옹호하고 있으며, 이러한 형이상학적 바탕이 그들의 심리철학에도 영향을 주어 둘 다 거의 유사하게 기능적 환원을 통한 심신 동일론의 입장을 취하게 되었다는 점을 부각시키려고 한다.

나는 지금까지 연구에서, 그리고 이 책에서도 정신 인과 등 심리철학 문제의 저변에 보편자에 관한 형이상학 논의가 깔려 있기 때문에 심리철학의 문제를 진전시키기 위해서는 먼저 보편자 문제에 주목하는 것이 필요하다고 줄곧 주장했다. 하지만 이러한 주장은 아직 심리철학계에서 주목받지 못하고 있는데,[66] 이 절의 내용은 그러한 주장을 또 다른 방향에서 뒷받침하는 시도가 될 것이다. 그런 의미에서 이 절은 앞 절의 내용과 함께 김재권의 철학 문헌에 대한 해석을 주목적으로 하는 것이 아니라, 필자의 관점에서 현대 심리철학의 대표적 논객인 김재권의 철학을 재구성하고 현대 심리철학 논의의 저변에 암암리에 깔려 있는 전제들을 드러내줌으로써, 다량의 연구 문헌들이 쏟아져 나오고 있지만 새로운 해결책 없이 한동안 답보 상태에 머무르고 있는 정신 인과의 문제 논의에 새로운

다). 하지만 나는 그의 의식 여부와 상관없이 의미 있고 중요하다고 생각해 논문[백도형(2004A)]으로 작성했다. 따라서 이 절의(그리고 사실은 바로 앞 절도) 내용은 그의 의도에 대한 해석보다 그의 이론이 갖는 의미와 함축을 추적하는 것을 목적으로 했다. 사실 이 책의 목적도 지금까지 심리철학자들이 별로 의식하거나 주목하지 않아서 문제가 된 보편자 문제와의 관련을 탐구하는 것 아닌가!

66 최근에 등장한 몇 가지 예외에 관해서는 이 책 서론의 각주 8번 참조.

방향으로 기여하는 것을 목적으로 한다.

1) 사건, 속성, 동일성

김재권의 존재론에서 사건은 가장 기본적인 존재자다. 앞에서 이미 여러 차례 언급했지만 다시 한 번 간단하게 정리해보자. 그는 사건을 〈어떤 개체가 어떤 시각에 어떤 속성을 예시화함〉으로 본다. 즉 그의 사건 개념은 개체, 속성, 시간의 세 가지 요소로 되어 있는데, 개체 그리고 시간과 함께 속성이 중요한 구성 요소로 포함되어 있다. 사건 이론뿐만 아니라 심리철학 문제에서도 김재권과 흔히 대조적으로 비교되는 데이비슨의 사건이 구체적이고 일회적인 외연적 사건임에 반해, 김재권의 사건 이론에서는 이렇게 속성을 사건의 구성 요소로 삼음으로써 데이비슨의 사건과는 달리 동일한 사건 유형의 반복적 일어남을 설명할 수 있다.[67] 그런 점에서 김재권의 사건 개념 중 한 요소인 속성은 보편자로서의 속성이라고 볼 수 있다.[68] 이렇게 김재권의 사건은 〈개체, 속성, 시간〉의 세 요소로 이루어져 있기 때문에, 사건 동일성의 기준도 세 요소 모두 서로 동일함을 요구한다. 즉 예컨대 〈어떤 개체 a가 시간 t에 속성 P를 예시화함〉이라는 사건과 〈어떤 개체 b가 시간 t*에 속성 Q를 예시화함〉이라는 사건의 동일성은 〈개체 a=개체 b, 속성 P=속성 Q, 그리고 시간 t=시간 t*〉의 경우에만 성립함으로써,[69] 속성의 동일성이 사건의 동일성에 필요조건으로 작용한다.[70]

---

[67] 데이비슨과 김재권의 사건 이론 비교는 3장 1절을 보라. 또 Kim, Young-Jung(1985), 김영정(1997)도 있음.

[68] 이러한 김재권의 사건 이론에 관해서는 Kim(1966/1987), (1969), (1972), (1973/1993), (1976/1993) 등을 볼 것.

이렇게 속성의 동일성이 사건의 동일성에 중요한 필요조건임에도 불구하고 김재권이 사건 이론을 본격적으로 전개하던 1960~70년대에는 속성의 동일성에 대해 분명한 입장을 제시하지 않았다. 앞으로 비교하려는 암스트롱과 달리 김재권은 지금까지도 속성에 관해 본격적인 이론을 전개하지 않고 있다. 조금 뒤에 상세히 살펴보겠지만 김재권은 사건 이론을 전개하던 초창기에는 오히려 속성의 동일성에 대해 회의적인 태도를 가지고 있었다. 하지만 심리철학에 관한 그의 최근 논의들을 살펴보면 인과가 속성들의 정체성에[71] 중요한 역할을 한다는 것을 더듬어볼 수 있다.

잘 알려져 있듯이 김재권은 최근에 정신 인과의 문제를 다루면서 '알렉산더의 논제'를 제시한다. 그 논제에 따르면 실재하는 속성이란 인과적 힘을 가진, 즉 인과적 역할을 하는 속성이다. 이렇게 볼 때 그의 속성 실재론은 인과적 속성 실재론이 되면서 인과 실재론으로까지 확장되는 셈이다. 그는 이러한 인과 실재론(즉 인과적 속성 실재론)을 바탕으로 정신 인과에 관한 비환원적 물리주의 입장을 비판하는 배제 논변을 제시하고 있다. 배제 논변에서 그는 비환원적 물리주의가 옹호하는 물리 속성으로 환원

69 Kim(1972), 184쪽.

70 이 대목은 원래 2004년 5월 1일에 있었던 한국분석철학회 봄 발표회에서 발표되고 후에 백도형(2004A)로 발표된 글의 일부를 토대로 수정 보완하여 재집필한 것이다. 발표 당시 논평자였던 김선희는 이런 김재권의 사건론에 대해 속성 사례(개별자)의 동일성만으로 속성 유형의 동일성을 함축하게 되는 문제가 발생한다고 지적했다. 그러한 지적과 유사하게 필자는 백도형(2000B), 129~130쪽에서(또 이 책의 바로 앞 절에서) 개별자 동일성이 속성 동일성뿐만 아니라 속성의 담지자인 실체(대상) 동일성, 시간 동일성의 경우에만 성립한다고 지적하면서, 그 경우 실체(대상) 동일성을 확보하기 위해서 김재권이 심신 관계를 '위'가 아닌 '차'의 관계로 본 것 같다는 생각을 전개했다.

71 'identity'의 우리말 번역으로 보통은 '동일성'을 쓰지만, 이 책에서는 '~와의 동일성' 식으로 관계적인 경우(상호 동일)에는 '동일성'으로, 관계가 아닌 경우에는 '정체성'으로 썼다. 이에 관한 자세한 설명은 조금 뒤의 각주 80번 참조.

되지 않는 정신 속성은 물리 속성에 대해 독자적인 인과적 힘을 갖지 못한 부수 현상에 불과한 것으로 배제될 수밖에 없다고 비판한다.

따라서 정신 인과에 관한 최근 논의에서 속성의 인과적 힘을 강조하는 김재권의 입장을 결국 그의 사건 이론에도 적용할 수 있다고 생각한다. 그는 최근에 사건의 인과성에 관해서 "개별 사건의 인과적 역할이나 효력에 관해 말하는 것은 결국 그 사건의 구성 요소인 속성의 인과적 역할이나 효력에 관해 말하는 것"이라고 말함으로써,[72] 속성에 의미 있는 역할을 부여한다. 이러한 최근의 논의를 살펴본다면 속성의 정체성에 인과가 중요한 역할을 하는 것으로 볼 수 있고 속성의 동일성도 그 속성의 인과적 힘 내지 역할을 통해 확보되는 것으로 볼 수 있다.

김재권은 인과 실재론을 설명 실재론(explanatory realism)으로까지 확장한다.[73] 그는 헴펠의 유명한 포괄 법칙 모형을 받아들이면서도 헴펠이 후기 논리실증주의의 주요 멤버로서 형이상학적 고려 없이 인식론적 접근만을 취했기 때문에 그의 설명 이론이 여러 반론들에 직면할 수 있음을 지적한다. 그러면서 그는 이 모형이 의미 있기 위해서는 헴펠과는 달리 형이상학적 근거로 뒷받침되어야 한다고 말한다.[74] 그래야 비로소 그의 설명 모형이 명실상부한 인과적 설명일 수 있다고 주장한다. 그래서 이러한 형이상학적 뒷받침을 위해 설명 실재론이 도입되는 것이다. 김재권이 인과 실

---

72 Kim(1993B), 168쪽.

73 이하 문단의 내용은 Kim(1988), (1994), (1999B) 참조.

74 Kim(1999B), 6쪽 이하를 보라. 또 Kim(1994)도 참조. 헴펠은 반(反)형이상학적 태도를 지향하는 논리실증주의의 일원임을 상기하라. 이렇게 스승인 헴펠을 극복하기 위해 사건 형이상학을 전개한 이래 김재권은 지금까지도 형이상학을 그의 우선적인 탐구 주제로 생각하고 있다.

재론을 표명하는 이상, 과학적 설명이 진정한 올바른 설명이 되려면 결국 그 설명이 실재하는 인과성을 반영해야 하기 때문이다.

하지만 이렇듯 김재권의 속성에서 인과가 중요한 역할을 차지하게 된 것은 적어도 1980년대 중반 이후 최근의 정신 인과 논의에서 비로소 이루어진 일이고, 사건 이론을 본격적으로 전개하던 1960~70년대에는 속성의 동일성에 대해 회의적인 시각을 가지고 있었다. 이 점을 살펴보기 위해 그 당시 그의 생각을 좀 더 짚어보기로 하자.

그가 애초에 사건 존재론의 문제에 관심을 갖게 된 문제의식은 다음의 두 가지로 추적해볼 수 있다. 첫째는 조금 전에 언급한 대로 그는 자신의 스승인 헴펠의 설명 모형을 강화하기 위해 그 모형을 형이상학적으로 뒷받침하려는 과정에서 사건 개념에 관심을 갖게 된다. 즉 헴펠의 설명 모형에서 피설명항의 존재론적 성격을 분명히 하려는 목적으로 사건에 관한 탐구를 시작했다. 그는 사건이 인과관계를 이루는 두 항을 차지하는 것으로 보았고, 사실상 인과적 설명 모형을 지향하는 헴펠의 포괄 법칙 모형의 피설명항을 해명하려면 사건에 관한 탐구가 필요하다고 생각했다. 둘째, 당시 유행하던 심신 이론인 심신 동일론을 해명하기 위해서 사건들 간의 동일성을 탐구하게 되었다.[75] 심신 동일론은 최근의 심리철학에서 많이 논의되는 비환원적 물리주의와 달리 환원주의의 입장으로 강한 물리주의 성격을 띤다. 여기에서는 이 두 번째 동기에 관해 좀 더 검토해보려고 하며, 그에 앞서 먼저 그 배경이 되는 심신 동일론의 등장 과정부터 살펴보겠다.

동일론 이전의 대표적인 심리철학 이론인 논리행동주의가 논리실증주

---

75 Kim(1966/1987) 참조.

의의 심리철학 입장으로서 심리 언어가 행동 언어로 환원됨을 주장한 반면에, 이러한 흐름을 비판하면서 등장한 심신 동일론은 언어 차원의 의미론적인 분석을 넘어서는 형이상학을 추구했다. 심신 동일론은 정신 속성과 물리 속성의 동일함을 옹호하는 입장이다. 그때 정신 속성의 '속성'은 언어 차원의 술어에 의해 정해지는 것이어서는 안 되고, 엄연한 존재 범주다. 그러한 정신 속성이 물리 속성과 사실상 동일하기 때문에 결국 심신 동일론은 정신 속성의 실재를 옹호하는 것이다. 이제 심신 동일성은 더 이상 심리 언어와 물리 언어 간의 논리적인 혹은 의미론적인 선험적 분석에 의해 파악되는 것이 아니라, '신경 과학 등 경험과학의 성과에 의해 알려지는 것으로 이해되어야 한다.

그때나 지금이나 김재권은 심신 환원주의를 옹호한다. 그에 따르면 심신 환원주의야말로 물리주의와 정신 실재론을 함께 옹호할 수 있는 유일한 입장이라는 것이다.[76] 하지만 김재권은 처음에는 심신 환원주의 자체는 옹호했지만, 심신 동일론이라는 강한 환원주의에 대해서는 회의적인 태도를 갖고 있었다. 조금 전에 언급했듯이 심신 동일론에서는 정신 속성과 물리 속성의 동일성을 주장한다. 그리고 특정한 정신 속성이 어떤 특정한 물리 속성과 동일한가 하는 물음은 앞으로 신경 과학 등 경험과학의 성과에 의해 대답될 수 있는 경험적이고 우연적인(contingent) 동일성으로 보았다. 플레이스, 스마트, 암스트롱 등이 이러한 경험적이고 우연적인 동일성으로서 심신 동일론을 옹호한 것이다.[77] 하지만 당시의 김재권에 의하

---

76 Kim(1972), 180쪽, Kim(1984), 259쪽, 그리고 Kim(1993B), 171쪽 참조.
77 암스트롱의 기능주의와 최근에 등장한 김재권의 심신 동일론으로서의 기능주의는 이러한 경험적 동일성의 개념을 바탕으로 더욱 발전된 심신 동일론의 형태라고 할 수 있다.

면 심신 상관관계(correlation)를 통한 심신 환원은 경험적으로 확증할 수 있지만, 심신 상관관계를 넘어서는 정신 속성과 물리 속성의 동일성은 경험과학적 탐구만으로는 결코 확증도 반박도 할 수 없다고 한다.[78] 김재권은 이러한 심신 동일론에 대한 비판적 태도를 바탕으로 동일론 해석에 문제 제기를 하는 과정에서 사건의 동일성을 주목하게 되었고 결국 사건 이론을 탐구하는 동기가 되었다.[79]

정신 속성과 물리 속성의 동일성에 관한 회의를 품고 있어서인지 김재권은 사건들 간의 동일성을 탐구하면서도 정작 거기에 가장 중요한 요소인 속성들 간의 동일성에 대해서는 명확한 진전을 보이지 못하고 있다.[80]

---

78 Kim(1966/1987), 81쪽 이하를 보라.

79 Kim(1966/1987), 특히 Part 2를 보라.

80 이에 대해 정대현은 "no entity without identity"를 언급하면서 이 글의 주장처럼 김재권이 심신 동일성에 회의를 느끼면 결국은 보편자로서의 속성 실재론(즉 속성의 identity)도 부정한다고 봐야 하지 않느냐는 문제를 제기했다. 논증 형식으로 구성해보면 이렇다.

① no entity without identity

② [1960~70년대의 김재권에 대한 이 글의 해석에 따르면] 그런데 김재권은 심신 동일성에 대해 회의적이다.

③ 그러므로 김재권은 [이 글의 주장과는 달리] 속성 실재론에 대해서도 회의적일 것이다. 하지만 여기서 ①이 옳다고 해도 ②와 ③은 별개로 보아야 한다. 왜냐하면 이 경우 김재권이 초기 철학에서 회의적인 태도를 보였던 심신 동일성은 심신 간의 관계적인 identity(동일성)이고, 보편자로서 속성의 identity(정체성)는 비관계적이다. 나는 이 책에서 이 둘을 구별하기 위해 비관계적인 경우는 '정체성'이라고 쓰고 있다(이 장의 각주 71번 참조). 즉 관계적인 심신 동일성을 부정하더라도 속성의 정체성과 실재론은 옹호할 수 있다. 예컨대 제거주의는 물리 속성은 인정해도 심리 속성이 물리 속성에 환원됨은 부정하기 때문에 심리 속성의 실재를 인정치 않는다. 또한 제거주의와 마찬가지로 비환원적 물리주의는 심신 환원은 부정하지만 심리 속성과 물리 속성의 존재를 인정하는 속성 이원론이다. 따라서 이 경우 '동일성'과 '정체성'을 구별하지 않으면 이와 같은 제거주의나 속성 이원론의 입장이 (단지 사실 차원의 거짓인 정도가 아니라) 원초적으로나 논리적으로 성립할 수 없게 된다. 하지만 이러한 번역어의 구별은 존재론적 구별이 아닌 잠정적이고 편의적인 구별에 불과하다. 심신 동일론 내지 환원주의에 따르면, 환원 이전 두 개의 별개 속성들로 알고 있던

조금 전에 논했듯이 최근의 심리철학에 관한 그의 생각에 비추어서 인과를 속성의 정체성과 동일성의 핵심 요건으로 보아야 한다는 것은 필자가 이 글에서 주장하는 점이고, 정작 김재권 자신은 이에 대해 명확한 입장 정리를 하고 있지 않다. 사건 이론을 중점적으로 다루었던 1970년대 중반까지만 해도 인과성은 속성 동일성을 해명하기 위해 김재권이 거론했던 여러 선택지들 중 하나였을 뿐이다.[81]

2) 기능적 환원주의

따라서 앞서 김재권의 사건 개념에서 사건의 세 요소들 중 하나인 속성 규정에 인과가 핵심적 요소라는 주장은 필자가 과거의 논문과[82] 이 책에서 주장했던 내용일 뿐, 김재권 스스로는 한 번도 이를 적극적으로 인정하거나 표명해본 적이 없다. 또한 최근 그의 심리철학에 관한 논의 성과를 바탕으로 그의 초창기 사건 이론까지 함께 아우르는 큰 형이상학적 그림을 그릴 수 있다는 생각도 이 글과 과거의 글에서 필자의 주된 주장이었을 뿐, 정작 김재권 자신은 적어도 지금까지는 그 점을 크게 의식하고 있

것이 결국 하나의 속성에 불과하다는 것이기 때문이다. 즉 심신 동일론이 옳다면 '동일성', '정체성'으로 번역되었던 모두가 수적 동일성(numerical identity)으로 수렴된다.

81 Kim(1976/1993), 42~46쪽 참조

82 김재권의 기능주의가 등장하기 이전에 쓰인 백도형(1995A)에서도 같은 주장을 했다. 즉 나는 김재권의 기능주의 등장과 별 상관없이 기능주의 이전의 환원주의나, 기능주의 등장 이후 기능주의를 통한 환원주의 모두 인과가 김재권의 속성 개념의 정체성 혹은 동일성에서 중요한 역할을 한다는 입장을 유지하고 있으며, 그 결과 이러한 생각은 이 책을 쓰면서 이 장의 1~4절을 통해 지속적으로 전개되고 있다. 또 이 장의 내용을 재집필한 토대가 되는 백도형(2000B), (2004A)도 참조.

지 않다. 필자는 이러한 이유가 조금 전에 보았듯이 심신 동일론에 대한 과거 김재권의 회의적 태도에서 기인한 것이라고 생각한다.[83] 이런 점에서 최근에 김재권이 사실상 새로운 심신 동일론의 형태로 옹호하고 있는 기능주의 내지 기능적 환원주의의 등장이, 심신 동일론에 대한 과거의 회의적 태도를 극복하고 기능주의 형태를 띤 새로운 심신 동일론의 모형을 제시함으로써 자신이 그동안 옹호했던 심신 환원주의의 가능성을 더욱 군건하게 하려는 의도에 따른 것이라면, 그의 기능주의 등장은 필자의 주장대로 그의 속성 개념을 해명하는 데에 인과가 가장 중요한 핵심적 요소임을 다시 한 번 보여주고 있다고 생각한다. 이제 이 점을 살펴보기 위해 그의 기능주의를 살펴볼 차례다.

앞에서 본 대로 심신 동일론의 시대였던 1960년대의 김재권은 경험과학적 성과에 의해 밝혀질 심신 상관관계를 통한 심신 환원의 가능성은 옹호한 반면에 보다 강한 환원주의인 심신 동일론은 받아들이지 않았다. 하지만 그도 당시 자신이 옹호했던 정도의 환원주의에 비해 심신 동일론이 이론적 단순성, 존재론적 단순성 등의 강점을 갖는다는 것은 인정했다.[84] 결국 그는 자신의 환원주의 형태와 네이글식 교량 법칙 형태의 심신 법칙에 의해 성립하는 당시의 심신 동일론, 두 가지 모두에 완전히 만족하지 못하고 있었던 셈이다. 앞 절에서 살펴보았듯이 그는 최근에 기능적 환원모형을 제시하는 기능주의 입장을 천명함으로써 이러한 불만족들을 한꺼번에 해소할 수 있는 새로운 형태의 환원주의를 제시하고 있다. 앞으로

---

83 물론 거대 이론의 탐구를 지양하고 세밀한 문제의 분석에 열중했던 1970년대 이전 분석철학계의 전반적인 분위기에도 영향받았을 것이다.

84 Kim(1966/1987)을 보라.

살펴보겠지만, 그의 기능주의는 과거 자신이 심신 동일론에 가졌던 회의적인 태도를 극복하는 새로운 심신 동일론의 입장일 수 있다는 점도 주목할 만하다.

김재권의 기능주의는 정신 속성의 기능화를 통해 정신 속성이 그것의 환원 기초가 되는 물리 속성과 인과적 역할(기능)이 동일하다는 것을 보여줌으로써 두 속성의 동일성을 보여주려고 한다.[85] 그는 자신의 기능주의가 과거 심신 동일론의 문제들을 해결해주는 새로운 동일론의 형태라고 주장한다.[86] 첫째, 인과적 역할의 동일성에 의한 동일론을 옹호함으로써 과거의 동일론이나 환원주의가 가질 수밖에 없었던 '설명의 틈새(explanatory gap)' 여지를 봉쇄했다는 것이다. 둘째, 정신 속성과 물리 속성이 각각 본래적 속성이고 심신 간을 연결하는 교량 법칙이 우연적인 법칙인 한, 두 속성은 결국 별개의 속성으로 남게 될 수밖에 없으므로 원래 동일론에 기대했던 존재론적 단순성은 기대할 수 없다는 것이다.[87] 하지만 기능주의는 기능화 과정을 통해 두 속성을 관계적으로 또는 외재적으로 재해석함으로써 동일성의 가능성을 열어놓았다고 주장한다. 이러한 기능주의의 시도로 그는 과거 자신이 기꺼이 받아들이지 못했던 심신 동일론을 옹호

---

85 김재권의 기능적 환원의 세 단계에 관해서는 앞의 2절 참조.

86 이하 문단 끝까지는 Kim(1998)의 4장 1~2절 참조.

87 이와 유사한 맥락에서 필자 역시 백도형(1999)에서 거시 속성과 미시 속성 간의 환원 시도는 아래와 같은 미로에 빠질 수밖에 없다고 비판했다[백도형(1999), 366~369쪽].

　① 속성의 존재론적 성격을 염두에 둔다면 '거시 속성'은 진정한 속성으로 볼 수 없다. 따라서 '거시 속성'은 미시 속성에로의 환원을 통해 그 존재론적 지위를 얻으려 한다.

　② 그런데 환원의 대상이 되기 위해서는 먼저 거시 속성이 진정한 속성이어야 한다.

　③ 거시 속성이 진정한 속성이 되려면 미시 속성에로 환원되어야 한다.

　④ 결국 환원은 시도조차 될 수 없고, 거시 속성과 미시 속성 간에 성립한다는 환원은 사실상 거시 술어에 의해 규정된 것과 미시적인 것 간의 환원일 뿐이다.

하려고 한다.

하지만 지금 내가 이 글을 쓰면서 주목하려는 부분은 기능주의가 결국 '기능'이라는 인과적 역할의 동일성을 통해 속성들 간의 동일성을 확보하려는 시도의 전형으로 제시되고 있다는 점이고, 이 점은 김재권의 속성 개념에서 인과를 핵심 요소로 보고 있었던 필자의 주장이 일리 있음을 다시 한 번 확인시켜주는 것이다. 그런 의미에서 필자는 최근에 기능주의라는 김재권의 '새로운 변신'이 결코 우연이거나 놀라운 일은 아니라고 생각한다. 오히려 과거부터 그의 입장을 지속적으로 추적해왔다면 충분히 예상할 수도 있는 자연스러운 입장의 발전이라고 생각한다. 필자의 이런 생각은 김재권의 철학을 암스트롱의 철학과 비교해보면서 그 유사성을 확인해볼 때 더욱 분명해진다. 이제 형이상학과 심리철학이라는 두 측면에서 지금까지 살펴본 김재권의 이론을 암스트롱의 이론과 비교해보겠다.

3) 보편자로서의 인과적 속성 실재론

김재권의 존재론에서 가장 기본적인 존재자가 사건인 데 반해, 암스트롱의 가장 기본적인 존재자는 사태다. 암스트롱의 사태와 김재권의 사건은 개체와 그것의 속성이라는 두 범주를 모두 포함하는 공통점을 지닌다. 암스트롱도 김재권도 속성을 존재 범주로 보며 그 점에서 언어 범주인 술어와 구별한다. 술어는 속성을 언어로 서술하는 역할을 맡을 뿐이라는 것이다. 속성과 같은 존재 범주는 우리의 인식이나 언어 등으로부터 독립해 존재하는 것이라고 그들은 본다. 따라서 속성에 대한 인식은 술어 인식처럼 논리나 언어에 의한 선험적, 의미론적 인식이 아니며, 어떠한 것이 속성인가 하는 것은 과학적 탐구에 의한 경험적 인식으로 밝혀질 수밖에 없다고 주장한다.[88] 이런 점에서 암스트롱도 김재권도 속성에 대한 실재론을 옹호하지만 그렇다고 결코 플라톤주의나 본질주의적인 실재론을 옹호하는 것은 아닌 독특한 입장을 취한다.

앞의 2장에서 이미 살펴보았듯이 암스트롱은 자신의 경험적 실재론을 플라톤주의 실재론과 구별한다. 그에 따르면 플라톤주의 실재론은 술어로부터 속성의 실재를 추론하는, 즉 언어로부터 존재를 도출해내는 입장이라는 것이다. 또한 플라톤주의 실재론은 경험과 상관없이 이루어지는 속성 실재론이므로 실제 사례가 존재하지 않는 속성의 존재가 가능하다. 하지만 암스트롱의 경우 어떤 속성이 존재하는가는 결국 시공간 속에서 경험과학의 탐구 결과에 의해 밝혀지는 것이라고 보며, 실제로 개별자를 통해 사례화(instantiation)되지 않는 속성만의 존재는 인정치 않는다. 그런 의미에서 그는 속성과 그것의 사례화로서 개체라는 두 범주의 존재 모두를 함께 인정하는 것이고, 그런 점에서 그의 '사태' 개념이 제시되는 것이다.

암스트롱의 속성은 인과적 힘을 지닌 인과적 속성이다.[89] 즉 그 속성의 존재로 인해 세계에 모종의 인과적인 변화를 유발하는 힘을 지닌다는 것이 그가 생각하는 속성이다. 그리고 그의 속성은 보편자로서의 속성이므로 동일한 속성이 반복될 수 있다. 보편자로서의 인과적 속성의 실재를 옹호하는 그의 보편자 실재론은 결국 자연법칙에 관한 실재론으로 자연스럽게 확장된다. 즉 암스트롱에 의하면 자연법칙이란 보편자로서 인과적 속성들 간의 관계다. 이러한 생각은 앞에서 말한 내용, 즉 속성은 존재

---

88 Kim(1990B), 21쪽, 그리고 Armstrong(1978A) 7장, 그리고 Kim(1998), 103~106쪽(특히 105쪽)도 참조. 또 이 책 2장도 참조.
89 Armstrong(1978B), 16장, 특히 43~47쪽을 보라.

범주로 우리의 인식이나 언어로부터는 독립해 존재하지만 어떠한 속성이 존재하는가는 결국 경험과학의 탐구 결과로부터 얻을 수밖에 없다는 점과 상통한다. 즉 경험과학에서 탐구하는 자연법칙에 의해 어떠한 속성이 실제로 인과적 힘을 지닌 것으로 존재한다고 할 수 있는지 보여준다는 것이다. 그때의 '경험과학'은 단순히 현재의 과학이 아니라 존재 세계의 전모를 있는 그대로 밝혀줄 궁극적이고 최종적인 과학이다.[90] 이렇게 그의 보편자로서의 속성 실재론은 인과 실재론, 법칙 실재론으로 연결되고 그는 이러한 자신의 실재론을 '과학적 실재론'이라고 말한다. 이런 점에서 인과적 힘을 지닌 인과적 속성의 존재만을 인정하는 암스트롱의 '과학적 실재론'은 플라톤주의, 본질주의를 거부하고 그와 대비되는 자연주의, 더 나아가 물리주의를 지향한다.[91]

앞에서 살펴보았지만 김재권의 형이상학적 입장도 이러한 암스트롱과 기본적으로는 대동소이하다. 암스트롱이 사태를 기본 존재자로 놓는 데 반해 김재권은 사건의 존재론을 표방한다. 잘 알려져 있듯이 사건은 시간적인 변화를 포함하고 있는 동적인 존재자임에 반해 사태는 정적인 존재자라 할 수 있다. 하지만 둘 다 자신의 개념을 상대방의 것과 그리 엄격하게 차별화하는 입장은 아니며, 자신의 존재자에 상대방의 개념을 포함할 수 있는 여지를 주고 있다.[92]

김재권의 사건도 암스트롱의 사태와 마찬가지로 개체(김재권은 '실체' 혹은 '대상'이라고 함)와 속성을 모두 포함하고 있다. 앞에서 본 대로 처음 사

---

90 Armstrong(1978A), 126~127쪽을 보라. 김재권의 경우는 Kim(1990B), 21쪽 참조.
91 2장 1절과 2절에서 정리했던 암스트롱의 실재론에 대한 입론을 참고하라.
92 Kim(1976/1993), 33~34쪽, Armstrong(1968), 82쪽.

건 이론을 전개할 당시의 김재권은 암스트롱과 달리 사건의 한 구성 요소인 속성에 관해 본격적인 이론을 전개하지 않았다. 하지만 우리는 이미 이 책의 앞 부분에서[93] 최근에 그가 다루는 심리철학, 특히 정신 인과의 문제를 논의하는 그의 입장을 통해 그의 속성도 암스트롱과 마찬가지로 인과적인 속성을 지향함을 살펴보았다. 배제 논변으로 비환원적 물리주의에 대해 부수 현상론의 위험을 경고하는 비판을 할 수 있는 그의 형이상학적 배경 역시 암스트롱과 같은 보편자로서의 인과적 속성 실재론의 옹호라고 볼 수 있다.

앞에서 본 김재권의 설명 실재론도 암스트롱 역시 충분히 동조할 수 있는 입장이다. 두 철학자 모두 인과 실재론을 표명하는 이상, 과학적 설명이 진정한 올바른 설명이 되려면 결국 그 설명이 실재하는 인과성을 반영해야 하기 때문이다. 김재권은 자연법칙의 실재론에 관해서는 암스트롱만큼 명확한 견해를 표명하지 않았다. 하지만 헴펠의 설명 모형을 비판적으로 계승하기 위해 사건 존재론을 탐구하게 되었고 그런 과정에서 암스트롱과 유사한 보편자로서의 인과적 속성 실재론을 옹호했다는 점을 고려한다면 포괄 법칙 모형의 법칙에 대한 형이상학적 근거로서 암스트롱과 같은 법칙 실재론을 옹호한다고 짐작하는 것은 매우 자연스런 일일 것이다.[94] 또한 김재권은 자신의 사건 이론에서 사건의 동일성이 사건 서술의 논리적인 변환 결과와는 상관없음을 논하고 있다.[95] 암스트롱 또한 술

---

93 이 책의 1장 3절, 3장 1절, 그리고 이 장의 앞 절들 참조.

94 Kim(2003)에서는 미국 철학에서 자연주의 철학의 흐름을 서술하면서 이러한 자연주의가 인과적 속성과 인과적 법칙의 실재론을 옹호할 수 있음을 드러내고 있다. 94~95쪽. 이러한 자연주의는 암스트롱의 자연주의와 유사하지만, 그 글에서 김재권은 자신이 이것을 옹호하고 있는지에 관해서는 명백한 입장을 보이고 있지 않다. 암스트롱의 자연주의에 관해

어의 동일성은 의미론적인 동의성(synonymy)에 의해 결정되지만 속성의 동일성은 인과적 힘의 동일성에서 정해진다는 것을 지적하고 있다.[96] 김재권의 사건 역시 암스트롱의 사태와 마찬가지로 존재 범주이므로 그것을 언어로 서술하는 것과는 구별되어야 하기 때문이다. 이런 점에서 김재권의 속성도 경험과학적 탐구 결과에 의해 정해진다는 암스트롱의 속성관과 유사하다. 또한 이런 점에서 김재권의 사건이나 암스트롱의 사태나 모두 필연적 존재자가 아닌 우연적 존재자라고 할 수 있다.[97]

암스트롱의 사례화 원칙과 유사한 원칙도 김재권은 명확하게 표명한 적이 없다. 하지만 사건 개별자가 우연적 존재자임을 인정하고 속성뿐만 아니라 속성의 담지자로서 개체의 존재를 함께 인정하므로 김재권도 사례화의 원칙과 유사한 생각을 갖고 있다고 추정할 수 있다. 게다가 정신 인과의 문제를 논할 때, 김재권이 물리주의를 표방하면서 물리 영역의 인과적 폐쇄성 원칙을 주장한다는 것을 상기한다면, 결국 김재권도 암스트롱과 유사하게 자연주의 내지 물리주의 입장을 공유한다고 보아도 크게 무리는 없을 것 같다.[98]

서는 Armstrong(1978), (1999), 또 (1997), 5~6쪽을 보라.

95 Kim(1969) 참조, 특히 198~199쪽을 보라.

96 술어의 동일성에 관한 암스트롱의 생각에 관해서는 Armstrong(1978A), 6~9쪽, 보편자로서의 속성의 동일성에 관해선 (1978B), 43~47쪽을 보라.

97 예컨대 Kim(1976/1993), 40쪽 그리고 Armstrong(1997), 1~2쪽을 보라.

98 암스트롱의 자연주의는 우리의 시공간만을 존재 범위로 보는 일종의 현실계주의다. 그리고 현실계의 조합을 가능성의 범위로 잡고 있다. 이러한 점까지 김재권이 동의하는 것 같지는 않다. 김재권은 동일한 자연법칙을 지닌 모든 세계라는 정도의 자연법칙적 필연성(nomological necessity)을 옹호하는 것 같다. Kim(1998), 23~24쪽 참조. 암스트롱의 가능성에 관해서는 Armstrong(1986), (1989)를 참고하라. 참고로 김재권이 Armstrong(1986)에 대해 논평한 글로 Kim(1986)이 있음.

지금까지 암스트롱과 김재권의 형이상학적 유사성을 살펴보았다. 양자의 형이상학적 유사성의 핵심은 역시 선험적이거나 의미론적으로 파악되는 언어나 논리 차원이 아닌 존재 범주로서 인과적 힘을 지닌 보편자로서의 속성 실재론을 옹호한다는 것이다. 그렇다면 이러한 생각을 갖게 된 배경은 무엇일까? 그 이론적 배경이야 여러 갈래에서 추적해볼 수 있겠지만 특별히 양자 모두 심신 환원주의 내지 동일론을 옹호하게 된 데에서 그 배경의 중요한 일단을 찾을 수 있다. 이제 앞에서 본 김재권의 심신 동일론에 관한 생각을 염두에 두고 둘의 유사한 모습이 형이상학에 이어 심리철학에까지 이어지는 모습을 살펴보면서, 그러한 암스트롱의 심리철학 논의에서 지금 살펴본 형이상학적 특징의 문제의식이 싹트게 되는 이론적 배경도 아울러 짚어보겠다.

4) 심신 동일론으로서의 기능주의

암스트롱과 김재권이 보편자로서의 속성 실재론을 옹호하면서도 전통적인 실재론인 플라톤주의와 구별되는 독특한 실재론을 옹호하는 것은 그들이 '심신 동일론'이라는 심신 이론을 옹호하기 때문이다. 심신 동일론은 최근 심리철학에서 많이 논의되는 비환원적 물리주의와 달리 환원주의 입장으로서 강한 물리주의 성격을 띤다. 원래 플레이스와 스마트 등에 의해 처음 제기된 심신 동일론은 이미 심리철학 역사의 뒤안길로 사라져버린 과거의 입장으로 치부되어 지금은 크게 관심을 끌고 있지 못하지만, 분석철학의 역사적인 맥락에 비추어볼 때 이 입장은 적잖은 의미를 지니고 있다. 하지만 최근에는 정신 인과 등 심신 문제에 관한 논의가 아직도 활발하게 진행되고 있음에도 불구하고, 심신 동일론은 단지 심신 환원주의로만, 혹은 실체뿐만 아니라 속성 차원에서까지 유물론을 옹호한 강경하고 융통성 없는 물리주의 정도로만 (그래서 복수 실현 가능성 논변 등 몇 가지 쉬운 비판에 직면했을 때 수정의 여지를 전혀 보여주지 못하고 쉽게 단명해버린 입장으로만) 인식되고 있을 뿐이다. 이 절에서는 앞에서 살펴본 형이상학을 기초로 이루어진 김재권과 암스트롱 양자의 심리철학 입장을 비교해보려고 하는 만큼, 우선 심신 동일론의 잊혀진 (하지만 중요한) 역사적 의미를 잠시 짚어보겠다. 김재권과 암스트롱의 입장이 아직도 심신 동일론을 발전시켜 옹호하는 드문 경우이기에 이런 검토가 더욱 필요하다고 생각한다.

김재권이든 암스트롱이든 앞에서 살펴본 형이상학 입장과 지금부터 이 절에서 살펴보려는 심리철학 입장을 비교해볼 때, 이론을 전체적으로 바라보면서 그 입장이 구성되는 논리적 근거의 선후를 따진다면 앞에서 다룬 형이상학이 심리철학 논의에 기초를 이루는 것으로 보아야겠지만, 실제 역사적으로 이루어진 김재권과 암스트롱의 개인사적인 이론 형성 과정에서는 둘 다 공교롭게도 '심신 동일론'이라는 심신 이론을 취하게 된 것이 앞에서 살펴본 형이상학 입장을 구성하는 문제의식 형성의 동기가 되었다. 이 점을 살펴보기 위해 김재권과 암스트롱 심리철학의 역사적·이론적 배경이 되는 심신 동일론의 역사적 문제의식을 우선 추적해보아야 한다.

심신 동일론 이전에 심리철학의 주류 입장은 논리행동주의였다. 잘 알려져 있듯이 논리행동주의는 형태 진술에 의한 심리 진술의 정의(定義) 내지 번역을 옹호하는 입장이다. 이것은 논리실증주의로 대표되는 당시 분석철학계의 대표적인 심리철학 입장으로서 심리 진술이 심리학 영역의 관찰 진술에 해당하는 행태 진술로 환원됨을 주장하는 것이다. 즉 논리실증주의의 반(反)형이상학적 태도로부터 언어의 의미나 논리를 분석하는 '언어적 전환(linguistic turn)'이 이루어진 것이 당시까지 분석철학의 주된 흐름이었고, 논리행동주의도 이러한 흐름이 잉태한 심리철학에 관한 분석철학의 입장인 셈이다.

이러한 흐름을 비판하면서 등장한 심신 동일론은 분석철학계에서 형이상학의 부활을 선도했다는 역사적 의미가 있다. 심신 동일론이 부활시킨 형이상학은 두 가지 중요한 특징을 갖는다. 첫째 심신 동일론은 언어 차원의 논리적·의미론적인 분석을 넘어서는 형이상학을 추구했다. 심신 동일론이 논리행동주의를 비판하면서 등장했다는 점을 보다 큰 맥락에서 이해한다면, 이는 당시 분석철학계의 주류인 논리실증주의에 대한 비판이면서 동시에 그 당시까지 분석철학의 큰 흐름인 '언어적 전환'에 대한 비판이기도 하다는 것이다.[99] 그러다 보니 사실이나 존재 차원의 언급이 없는 언어 차원의 분석만으로 이루어지는 논의를 지양하려고 했고 이것이 형이상학적인 논의를 등장시킨 이유일 것이다. 둘째 형이상학을 부활시키기는 했지만 이때의 형이상학은 전통적인 형이상학처럼 완전히 사변적인 것만은 아니고, 20세기에 들어 주목할 만한 발전을 이룬 현대 과학의 성과를 바탕으로 한 형이상학이다. 발전된 과학의 성과를 의식할 수밖에 없다는 것은 분석철학의 태동 이후, 즉 20세기 이래 등장한 대부분의 현대 철학 사조의 공통된 운명이기도 할 것이다. 이런 점에서 심신 동일론과 그러한 문제의식의 영향을 받은 암스트롱, 김재권 등이 사실에 관한 인식의 영역을 선험적인 논리 분석이나 의미론적인 언어분석이 아닌 경험과학으로 돌리게 되는 생각의 배경을 이해할 수 있다.[100]

---

99 Armstrong(1977/1991), 181~182쪽.

그런 점에서 암스트롱의 심리철학은 김재권의 그것과 대단히 유사한 면이 있다. 이러한 모습은 앞에서 본 대로 양자의 형이상학적 유사성과 일맥상통한다. 암스트롱도 김재권과 마찬가지로 심신 동일론으로서의 기능주의를 주장한다.[101] 앞에서 암스트롱이 보편자 실재론을 옹호하면서 언어 범주인 술어의 동일성은 의미론적인 동의성에 의해 결정되지만 존재 범주인 속성의 동일성은 인과적 힘의 동일성에서 정해진다고 주장하고 있었음을 주목해보자. 그의 심리철학 이론도 이러한 생각이 토대가 되고 있다. 그는 〈정신 과정=두뇌 과정〉이란 심신 동일성 명제가 논리적으로 참인 명제인지 경험적으로 참인 명제인지를 묻고, 예전에는 정신 과정을 두뇌에서 일어나는 것으로 보지 않았다는 점(즉 심장에서 일어난다고 보았다는 점)을 지적하면서 그 명제가 논리적으로 참이라는 것을 부정한다. 그는 아리스토텔레스가 두뇌를 신체를 시원하게 유지시켜주는 기관으로 간주했음을 예시하면서, 아리스토텔레스의 이런 지식은 현재 과학에 비추어 경험적으로 틀린 주장일 뿐이지 논리적인 거짓을 범한 것은 아니라고 말한다.[102] 하지만 논리행동주의 등 이전의 분석철학계에서는 심신 문제를 단순히 언어분석으로만 해결하려고 했기 때문에 문제가 왜곡되어 버렸다는 것이다.[103] 우리에게 잘 알려진 길버트 라일(Gilbert Ryle)의 '범주 오류론'

---

100 잘 알려진 대로 선험적이 아닌 경험적이고 우연적인 동일성의 바탕 위에 심신 동일론을 처음 제기한 이들은 플레이스와 스마트였다. 보다 상세한 내용은 6장 참조.

101 이하 암스트롱의 심신 동일론에 관해서는 Armstrong(1966), 그리고 (1968)의 6장, 또 (1977/1991)을 참조하라.

102 Armstrong(1968), 76~77쪽.

103 스마트가 '화제 중립적(topic-neutral)' 언어를 제시하는 것도 바로 이런 문제를 의식해서다. Smart(1959), 반론 3에 대한 대답 참조(172~173쪽). 이에 관해서는 6장에서 보다 상세하게 다루겠다.

등을 염두에 둔 것이다. 즉 그런 사례들은 심신 동일론에 대한 반박 시도로서 경험과학적인 반증 사례를 제시하는 것이 아니라, 선험적인 차원의 본질적인 차별성 호소에 그치고 있다는 것이다.[104]

암스트롱은 이렇게 심신 동일성을 논리적인 동일성이 아닌 경험적이고 우연적인 동일성으로 보면서 그러기 위해선 '정신', '두뇌' 개념의 의미에 관해 논리적으로 독립적인 설명을 제시할 수 있어야 한다고 말한다. 그러면서 과학사의 유사한 이론 발전 모형으로서 〈아침 별=저녁 별〉, 〈유전자=DNA 분자〉의 사례를 든다. 즉 이 두 명제에서도 좌항의 개념과 우항의 개념은 개념상 동의어가 아니고, 과학적 탐구에 의해 경험적으로 밝혀지는 이론적인 동일성이라는 것이다.[105] 그러면서 암스트롱은 논리적으로 독립적인 이러한 설명을 위해 정신적인 개념에 관한 인과적 분석(causal analysis of the mental concepts)을 제시한다. 이러한 입장에 따르면 정신 상태의 개념은 특정한 결과의 원인, 혹은 특정한 원인의 결과가 되는 경향이라는 것이다.[106] 결국 인과적 역할, 즉 기능으로 정신적 개념을 분석하는 것이므로 기능주의 형태를 띤 심신 동일론을 주장하는 것이다.

그는 자신의 기능주의에서 심신 동일성의 설명을 위해 다음과 같은 두 단계를 제시한다. 첫째 단계로 논리적 개념 분석의 단계다. 이 단계가 앞에서 언급한 '정신적인 개념에 관한 인과적 분석'이다. 두 번째 단계는 이러한 정신 상태와 두뇌의 물리·화학적 상태와의 동일성을 탐구하는 단계다. 이 두 번째 단계는 논리적이 아닌 과학적 탐구에 의해 이루어진다.[107] 앞에

---

104 상세한 내용은 6장 3절 참조.
105 Armstrong(1968), 90쪽 참조.
106 Armstrong(1977/1991), 183쪽.

서 심신 간의 동일성이 동의어 관계나 논리적인 동치 관계와 같은 논리적인 동일성이 아닌 경험적이고 우연적인 동일성이기 때문에[108] '정신', '두뇌' 개념의 의미에 관해 논리적으로 독립적인 설명을 제시해야 한다고 말했는데, 이에 대한 암스트롱의 해결책이 이 두 단계를 통한 기능주의 형태의 심신 동일론인 것이다. 이 대목은 앞에서 본 김재권의 기능주의에서 본래적 속성(intrinsic property) 간의 동일성을 확보하기 어렵기 때문에 기능화를 통해 관계화, 외재화하는 부분과 그 유사성을 엿볼 수 있다.[109]

암스트롱의 기능주의도 김재권과 마찬가지로 심신 속성들 간의 동일성을 인과적 역할의 동일성을 통해 확보하려고 하며, 이러한 특징을 통해 두 철학자의 보편자 실재론이라는 형이상학과 양자의 기능주의 심리철학이 서로 일맥상통하는 면을 발견할 수 있다.

5) 사건과 속성의 재론

지금까지 김재권의 심리철학 이론이 그의 사건 형이상학에 토대를 두고 있음을 살펴보았고, 그의 형이상학이 암스트롱의 형이상학과 많은 중

---

107 Armstrong(1968), 90~91쪽 참조. 암스트롱에 따르면 스마트 등 예전의 동일론자들은 두 단계 중 두 번째 단계의 방어에만 집중했다고 말한다.

108 김재권의 기능주의를 통한 심신 동일론에서도 경험적이고 우연적인 동일성이라는 점은 마찬가지다. 이때의 '우연성'은 논리적·형이상학적 필연성을 띠지 않는 우연성이다. 하지만 자연법칙 정도의 '필연성'은 갖는다는 점에서 김재권은 ⟨M=P⟩가 동일한 기초 법칙을 지닌 모든 세계에서(across all worlds with the same basic laws) 성립한다고 보며, 이때의 'M'이 법칙적으로(nomologically) 고정적이거나 반(半)고정적(semi-rigid)이라고 말한다. Kim(1998), 99~100쪽 참조.

109 이 장의 각주 77번 참조.

요한 점에서 유사함을 살펴보았다. 따라서 역시 최근의 '기능적 환원주의'라는 양자의 심리철학 이론이 기본적으로 서로 유사한 것은 그 이론의 바탕이 되는 형이상학 입장이 유사한 데에서 기인한 것으로 보는 게 합당할 것 같다.

이제 이러한 해석을 바탕으로 김재권의 사건 이론에 그동안 많이 제기되었던 비판을 재론해보고자 한다.[110] 이 장에서 다루는 비판은 김재권의 사건 이론에서 사건 개념이 속성의 수를 증대시킴에 따라 사건 존재자의 수를 필요 이상으로 지나치게 증가시키는 경향이 있다(multiplies events beyond necessity)는 것이다. 이러한 비판을 하는 사람으로는 데이비슨과 로젠버그(Rosenberg), 헤드먼(Hedman) 등이 있으며,[111] 국내에서도 김영정, 이종왕이 그런 비판을 했다.[112] 여기서는 그중 가장 최근 논의이며 이 문제에 관해 비교적 상세하게 접근한 이종왕의 논의를 중심으로 검토해보겠다.

이종왕은 이러한 비판을 극복하기 위해 김재권이 사건에 관해 보다 '느슨한 해석'을 취해야 한다고 주장했다. 우선 두 해석에 관한 이종왕의 논의를 인용한다.

① 사건 서술문들과 사건들은 엄격한 일대일 대응 관계(a strict one-to-one correspondence relation)에 있고 그래서 각 사건은 오직 하나의

---

110 이하 내용은 이종왕(2001)의 초고가 2000년 6월 한국분석철학회에서 발표되었을 당시 필자의 논평문을 재구성해 이루어졌다.

111 Kim(1976/1993), 43쪽 각주 19번과 20번 참조.

112 김영정(1997)과 그의 박사학위 논문인 Kim, Young-Jung(1985)가 있다. 이종왕의 자세한 주장에 관해선 그의 박사학위 논문인 Lee, Jong-Wang (2000)을 보라.

사건 서술문을 가진다[엄격한 해석(strict interpretation)].

② 사건 서술문들과 사건들은 느슨한 일대일 대응 관계(a loose one-to-one correspondence relation)에 있고 그래서 각 사건은 비동의어적 (non-synonymous) 또는 논리적으로 비동등한(logically in-equivalent) 사건 서술문들을 가질 수 있다[느슨한 해석(loose interpretation)].

김은 가끔 ②에 관심을 보이기도 하지만 지배적이고 공식적인 그의 입장은 ①이다.[113]

이 비판은 김재권의 사건 해석이 ①이라는 생각을 전제로 하는 경우, 그의 사건 이론에 많이 제기되는 비판이다. 하지만 앞에서 본 대로 김재권이 사건 이론을 주로 전개했던 1960~70년대와 달리 정신 인과의 문제에 중점을 두고 있는 최근에는 암스트롱의 입장과 유사한 ②의 '느슨한 해석'을 이미 채택하고 있다는 것이 나의 생각이다.[114] ①의 입장은 제기되는 모든 사건 서술어마다 사건의 존재가 일대일로 대응한다는 것이다. 즉 모든 사건 서술어에 대응하는 사건이 각각 존재한다고 보는 입장이다. 이러한 입장이 바로 암스트롱이 배격하고자 하는, 술어로부터 속성의 존재를

---

113 이종왕(2001), 174쪽. 이종왕은 ①이 김재권의 공식적인 입장이라고 하는데, 아마도 Kim(1976/1993), 45쪽을 보고 판단한 듯하다. 하지만 거기에 "공식적인 입장(the official line)"이라는 인용부호(" ")가 붙어 있음에 주의한다면, 그리 확실치는 않은 것 같다.

114 우리 논의의 초점이 김재권의 초기 논문에 나타난 '사건' 개념에 대한 해석의 문제라면 나는 '느슨한 해석'이 김재권의 공식 입장이라고 감히 말하지는 못하겠다. 하지만 이종왕(2001)의 논의는 심리철학에 관한 것이고 심리철학에 관한 김재권의 입장을 이해하기 위한 바탕으로 사건 이론을 이해하는 것이라면, 그의 사건 이론은 심리철학에 관한 그의 입장과 최대한 일관성 있게 이해해야 한다는 것이 나의 생각이다. 더구나 이종왕의 언급처럼 이종왕(2001)에서 논의 목적이 단순히 김재권의 입장에 대한 해석이 아니라 이종왕의 새로운 입장을 제시하려는 것이라면 더욱 그럴 것이다.

추론하는 플라톤주의 실재론 입장이다. 하지만 심신 문제를 논할 때 김재권은 (암스트롱과 마찬가지로) 언어 범주인 술어와 존재 범주인 속성을 구별해 존재는 우리의 언어 내지 인식과 무관함을 주장한다.[115] 다시 한 번 반복하지만 이러한 점은 그가 "실재한다는 것은 인과적 힘을 갖는 것"이라는 '알렉산더의 논제'를 옹호하는 것과도 연결 지을 수 있다.

따라서 김재권의 심신 이론을 이해하는 바탕으로 요구되는 그의 사건 이해는 ②의 '느슨한 해석'을 중심으로 이해되어야 한다는 것이 내 생각이며, 이러한 내 생각이 옳다면 '엄격한 해석'을 바탕으로 한 이종왕 등의 비판은 김재권의 입장에서 얼마든지 대응할 수 있을 것이다. 이종왕은 김재권이 ②를 받아들이지 않는 이유는 "이것이 그의 인과와 설명에 대한 주장과 일치하지 않기 때문"[116]이라고 말하는데, 오히려 나는 ②의 입장이 이 책과 이 절의 앞 부분에서 살펴본 대로 그의 실재론적 입장과 잘 어울린다고 생각한다. 철학사를 통해 실재론의 입장은 여러 유형들이 있지만, 대부분의 입장이(김재권도 마찬가지라고 생각하는데) 주관·인식·언어·이론을 넘어서서 독립적으로 존재하는 존재자의 실재를 옹호한다는 점을 염두에 둔다면 더욱 그렇다. 만일 '엄격한 해석'을 적용해 어느 서술어라도 그것에 대응하는 사건의 존재를 보증한다면, 그의 유명한 '배제 논변'이 도대체 어떻게 나올 수 있겠는가? 정신 술어들이 물리 술어들과 함께 일상 언어에 존재하고 있는 상태에서 ①의 입장을 받아들인다면 그 술어들에 대응해 정신 속성들이 물리 속성들과 함께 존재한다고 주장하는 셈인데, 그러한 입장은 오히려 김재권이 배제 논변을 통해 비판하고자 하는

---

115 Kim(1998), 103~106쪽(특히 105쪽)을 보라.
116 이종왕(2001), 177쪽.

속성 이원론으로서 비환원적 물리주의 입장이 아닌가?[117]

게다가 나는 이종왕과 달리 ②의 입장에서 심신 환원주의의 이론적 근거를 얻을 수 있다고 생각한다. 앞에서 살펴본 기능적 환원 모형도 바로 그런 환원주의를 옹호하려는 시도 중 하나로서, 정신적인 것은 일단 그 개념으로부터 정체성을 확인할 수 있지만 기능적 환원을 통해 물리 속성과 동일하다는 것이 입증될 수 있다면 그때의 '정신 개념'은 정신 속성의 지위를 부여받을 자격을 얻는다고 볼 수 있기 때문이다.[118]

그런데 앞에서 언급했듯이 김재권의 사건 이론에 대한 이러한 종류의 비판은 여러 철학자들에 의해 제기되었지만, 김재권은 사실상 이에 대해 별로 뾰족한 대답을 하지 않았다. 하지만 필자가 이 절에서 비교하며 제시하고 있는 김재권과 암스트롱의 형이상학 일반에 관한 생각을 바탕으로 한다면, 특히 속성의 정체성 내지 동일성에서 인과성이 갖는 핵심적 역할에 동의한다면 이 문제의 대답은 매우 손쉽게 할 수 있다고 생각한다. 하지만 김재권의 사건 이론이 주로 논의되던 1960~70년대의 그는 이 문제에 대해 적극적으로 명확한 해결책을 제시하지 않았다. 이 글에서 필

---

117 그리고 이종왕의 주장대로 김재권이 '엄격한 해석'을 취한다면 어차피 언어나 개념에서 존재를 이끌어낼 수 있음을 인정하는 셈인데, 그렇다면 이종왕(2001)에서 김재권에 대해 제기하고 있는 주된 비판, 즉 정신 속성을 속성이 아닌 개념 수준에서 본다고 제거주의에 빠질 수밖에 없다는 비판이 과연 성립할 수 있겠는가? 왜냐하면 ①의 해석에서는 개념 차원의 서술어에서도 속성의 실재를 이끌어낼 수 있고, 그에 따라 정신 실재론을 얼마든지 손쉽게 인정할 수 있기 때문이다.

118 이 장의 각주 77번, 109번 참조. 이종왕(2001)은 ②에 근거해서는 속성 환원주의가 성립할 수 없고 그 대신 사건 동일성에 근거한 기능주의적 가능성을 제시하는데, 그러한 입장이 단순한 개별자 환원주의 이상의 주장임을 보이는 데에는 이종왕(2001)의 논의만으로는 부족한 것 같다. 하지만 만일 그 점을 보이지 못한다면 이종왕의 '기능주의적 환원주의'는 정신 실재론을 충족시키지 못하거나 배제의 원칙에 의해 부수 현상론이 될 수밖에 없는, 또 다른 '비환원적 유물론의 신화'에 불과할지도 모른다.

자의 해법처럼 인과로서 속성을 설명하려는 생각에 관해서도 단지 한 가지 선택지로서 언급하고 있을 뿐이다.[119] 이러한 그의 소극적인 태도는 이 절의 앞 부분에서 설명했듯이 그 당시 정신 속성과 물리 속성 간의 동일성 등 속성의 동일성 문제에 대해 그가 그리 낙관적인 생각을 갖고 있지 않았기 때문이다. 하지만 '알렉산더의 논제'와 같은 생각들을 토대로 배제 논변까지 제기하고, 게다가 속성들의 인과적 역할을 바탕으로 '기능주의'라는 새로운 심신 동일론까지 제시하고 있는 요즈음에는 그의 선택지가 보다 명확해질 수 있을 것이라고 기대한다.[120]

4. 기능적 환원주의 비판

이 장에서는 지금까지 김재권의 심신 환원주의, 특히 최근 새로 제시한 기능적 환원주의를 상세하게 검토했다. 특히 3절에서는 그의 환원주의에 대한 생각의 근거를 심도 있게 추적하면서 그의 환원주의와 그것의 토대가 되는 형이상학을, 암스트롱의 환원주의와 보편자 형이상학을 통해 비교해보았다. 이러한 검토를 통해 나는 김재권의 사건 형이상학과 그의 심리철학을 함께 포괄하는 그림을 구성해보았다. 요컨대 그의 사건 이론에서 핵심은 보편자로서의 속성 실재론이며, 특히 이때의 속성은 궁극적으로 발달한 경험과학의 성과에 따른 인과성에 의해 규정된다. 또한 이러한 속성관을 바탕으로 최근의 정신 인과의 문제에 관한 그의 논의가 전개되

---

119 Kim(1976/1993), 42~46쪽 참조.
120 이 절의 일부는 백도형(2004A)에 포함된 내용을 토대로 이루어졌다.

는 것이고 결국 속성의 인과적 역할, 즉 기능을 토대로 하는 새로운 심신 동일론인 기능적 환원주의에까지 도달하게 되는 것이다. 이러한 그림은 김재권의 이론 궤적을 따라가다 보면 충분히 그릴 수 있는 것이기도 하지만, 조금 전에 본 대로 그와 많은 면에서 유사성을 띠고 있는 암스트롱의 형이상학, 심리철학 이론과의 비교를 통해서도 적절한 유추를 얻을 수 있다. 이제 이 절에서는 김재권의 새로운 기능적 환원주의의 문제점을 지적하려고 한다. 다시 2절의 논의로 돌아가보자.

1) '위', '차'의 구별 비판

앞의 3장에서 보았듯이 비환원적 물리주의자들은 김재권의 비판에 일반화 논변으로 응수했고, 조금 전 이 장의 2절에서 보았듯이 김재권의 기능적 환원주의는 일반화 논변에 대한 새로운 대응인 셈이다. 특히 일반화 논변에 대한 대응의 핵심은 '위', '차'의 구별이었다. 이러한 구별을 통해 2차 속성인 비환원적 물리주의자의 정신 속성은 부수 현상으로 배제될 수밖에 없지만, 정신 속성 이외의 다른 존재 계층의 속성들은 2차 속성이 아닌 상위 속성으로서 배제되지 않는다고 주장한다. 김재권의 이런 주장에 따르면 일반화 논변은 다른 상위 속성들은 '일반화'시키지 못한다.

하지만 그가 이전에는 창발론을 비롯한 비환원적 물리주의의 정신 속성에 대해 부수 현상론의 혐의를 두어 비판했음에도 불구하고, 왜 이제 다른 상위 속성들은 부수 현상으로 보지 않는가? 왜 수반 논변, 배제 논변이 여기에는 적용되지 않는 것인가? 상위의 인과력이 하위의 인과력으로 환원되지 않는 경우, 전자를 '새로운' 인과력으로 인정할(즉 창발을 통해 실재하는 것으로 볼) 수도 있겠지만 부수 현상으로 볼 수도 있지 않을까? 김재권이 비환원적 물리주의를 비판할 때 사용하는 수반 논변 등 과잉 결정 논변은 간단히 말해 두 개의 충분조건이 함께 존재하는 데에서 오는 과잉 결정을 비판하는 것이었다. 비환원주의자들은 두 조건(혹은 정신적 원인과 물리적 원인의 두 원인)이 서로 환원되지 않는 자율적인 것이라고 하겠지만, 그 논변에서 논의의 초점은 두 조건(혹은 원인)이 서로 다르다는 (그래서 하나가 다른 하나에 비해 새롭다는) 것[121]이 아니고 두 조건(혹은 원인)이 **각각 충분한 조건일 수 있다**는 점이었다. 그렇다면 상위 속성에 관해서는 왜 수반 논변, 그리고 거기서 이어지는 배제 논변의 성립을 인정하지 않는가?

이 대목에서 나는 그의 사건 이론을 재검토해야 할 필요를 느낀다. 바로 앞 절에서 보았듯이 그의 사건 이론에 대해 그동안 많이 거론된 비판은, 그의 사건 개념이 속성의 수를 증대시킴에 따라 사건 존재자의 수를 필요 이상으로 지나치게 증가시키는 경향이 있다는 것이었다.[122] 하지만 앞 절에서 지적했듯이 김재권은 이미 자신의 이론 틀 안에서 이러한 비판에 충분히 대답할 수 있다. '알렉산더의 논제'를 받아들임으로써 그에게 속성은 언어인 술어로 쓰인 대로 존재하는 것이 아니라 인과적 힘이 있는 경우에만 존재하기 때문이다. 우리는 이미 비환원적 물리주의자들에 대한 김재권의 비판 논변에서 정신 속성과 물리 속성으로 이루어진 충분한 두 원인에 의해 결과가 과잉 결정되는 문제점을 살펴보았다. 앞의 3장에

---

121 크리스프와 워필드는 수반 논변을 이루고 있는 두 설명 유형이 하나는 인과적 설명임에 비해 다른 하나는 동시적인(synchronic)인 비인과적 설명이기 때문에 두 설명 유형은 서로 경쟁적이지 않고, 그에 따라 수반 논변의 환원적 물리주의 비판은 성립하지 않는다고 비판한다. Crisp & Warfield(2001) 310쪽.
122 바로 앞 절의 각주 111번과 112번 참조.

서 데이비슨의 경우를 살펴보았듯이, 문제되는 원인이 속성들로 이루어 진 두 원인 사건이 아니고 단지 서로 다른 두 술어로 서술된 하나의 원인 이었다면 과잉 결정의 문제는 발생하지 않았을 것이라는 점에서도, 김재 권의 속성과 사건 이론에서 이와 같은 문제점은 발생하지 않는다는 것을 알 수 있다. 그가 존재 차원의 속성을 언어 차원의 술어와 구별하는 입장 을 취하고 있기 때문이다. 따라서 나는 속성에 얽힌 그런 문제는 앞 절에 서 보았듯이 큰 문제가 아니라고 보고 여기서 더 이상 거론하지 않으려고 한다. 그의 사건 이론에 관해 내가 검토하려는 것은 속성이 아니라 속성 의 담지자인 실체의 문제다. 특히 여기서는 '위'와 구별된다고 그가 주장 하는 '차'가 실체의 동일성 때문에 성립하는 것으로 보이기 때문에 특별히 실체에 주목하려는 것이다.

2절에서 지적한 대로 김재권의 사건 이론에 의하면 상위 사건은 미시 물리 사건과 개별자 동일성을 확보할 수 없다. 사건의 세 요소 중 실체가 같지 않기 때문이다. 따라서 상·하위의 경우는 서로 동일할 수 없는 다른 차원의 문제라고 생각하는 것 같다. 그는 어떤 대상의 미시 기반 속성이 그 대상의 모든 거시 속성이 갖는 인과적 힘의 원천이긴 하지만, 그 인과 적 힘은 대상에 속한 것이지 미시적 구성 요소에 속한 것이 아니라고 말 하면서 거시 속성이 인과적으로 무력한 것은 아니라고 주장한다.[123] 즉 그 는 동일한 실체를 전제로 해서만 환원 문제에 접근하려 하고 수반도 동위 관계에서 미시 기반 속성과 거시 속성 간에 성립하는 것으로 본다. 그러 한 생각이 종래 계층 모형의 바탕인 '위'와 구별되는 것으로 '차'를 도입하

---

123 Kim, "The Metaphysics of a Layered World", 14쪽(ms). 이 문헌은 Kim(2002/2010)의 초고로 1999년에 쓰인 것이다. 또 Kim(1998), 85쪽도 참조.

게 되었고, 이러한 '차'를 바탕으로 그는 새로운 환원 모형인 기능적 환원과 물리적 실현주의를 옹호하게 된 것이라고 할 수 있다. 하지만 그렇다고 해서 상위 속성의 인과력이 '새로울' 수 있는가? 또 만약 '새롭다'면 부수 현상의 혐의를 벗고 살아남을 수 있을까?

이 점을 검토하기 위해 다음의 두 가지 수반에 대한 김재권의 입장을 살펴볼 필요가 있다. 첫 번째 수반은 동위의 1·2차 관계 간에 성립하는 수반(앞으로 '1·2차 수반'이라고 부르겠음)이며, 두 번째 수반은 상·하위 간에 성립하는 수반(앞으로 '상·하위 수반'이라고 부르겠음)이다.

[1·2차 수반] 어떤 대상의 거시 속성은 그 대상의 미시 기반 속성에 수반한다.

[상·하위 수반] 미시 물리적으로 동일한 세계는 (거시적으로도) 동일한 세계다.[124]

우선 김재권은 1·2차 수반을 받아들일 것이다. 하지만 상·하위 수반의 경우는 어떨까? 상·하위 수반이 1·2차 수반과 다른 점은 하나의 일정한 대상에 국한되어 성립하는 것이 아니라는 점이다. 그에 비해 1·2차 수반은 하나의 일정한 대상이 갖는 두 속성 간에 성립하는 수반 관계다. 즉 1·2차 수반은 동위의 1·2차 속성 간에 성립하는 수반이고, 상·하위 수반은 상·하위 속성 간에, 보다 정확하게 말하자면 최하위의 기초 속성과 상

---

124 1·2차 수반과 상·하위 수반 두 가지는 1999년에 쓰인 Kim(2002/2010)의 초고에 나오는 여러 가지 부분–전체론적 수반 개념들 중 일부를 명칭을 바꾸어서 인용한 것이다.

위 속성 간에 성립하는 수반이다. 상·하위 수반에 대한 김재권의 입장은 분명치 않다. 나는 두 가지 가능성을 모두 검토하겠다.[125] 하지만 두 가능성에 모두 문제점이 있는 것 같다.

첫째 상·하위 수반을 받아들이는 경우부터 보자. 그렇다면 상위 속성은 하위 속성에 의해 결정되며, 하위 속성은 상위 속성을 발생시키는 데에 충분조건으로 작용한다. 이 경우 상위 속성에 어떤 새로운 인과력이 남아 있다고 할 수 있을까? 상위 속성은 결국 부수 현상에 지나지 않을 것이다.[126]

둘째 상·하위 수반을 받아들이지 않는 경우는 어떤가? 김재권이 상·하위 수반을 받아들이지 않는 것처럼 보이는 구석도 있다. 즉 앞에서 보았듯이 그의 주장에 따르면, 거시 속성은 미시 속성이 갖지 않는 새로운 인과력을 갖고 있기 때문에 이러한 거시 속성을 물리적인 것에서 제외하고 미시 속성만 물리적인 것으로 인정한다면 물리 영역의 인과적 폐쇄성을 주장할 수 없게 된다.[127] 즉 이런 입장에 따르면 미시적인 것과 거시적인 것이 합해져야 비로소 폐쇄적인 물리 영역을 이루는 것이다. 하지만 설사 거시 속성이 미시 속성과는 상이한 새로운 인과력을 갖는다는 점을 인정한다고 해도, 거시 실체는 미시 실체에 의해 구성되는 것이 아닌가? 결

---

125 김재권의 새로운 심신 동일론을 비판하는 이 대목은 한국분석철학회 2000년 가을 발표회에서 발표한 바 있다. 그 발표회는 마침 귀국해 있던 김재권 교수와 함께 그의 철학에 대해 논의하고 답변과 논평을 듣는 식으로 진행되었다. 그때 이 대목이 포함된 논문[이후 백도형(2000C)의 논문으로 발표된 것을 수정 보완 재편집해 이 책에 담고 있다. 이 장의 1, 2, 4절의 내용이 그 논문의 주된 내용이었다] 발표에 대한 답변에서 김재권 교수는 자신의 입장이 1·2차 수반은 받아들이지만, 상·하위 수반은 받아들이지 않는 두 번째 입장이라고 확인해주었다.

126 Noordhof(1999)는 김재권을 바로 이 첫째 입장으로 해석하고 비판한다. 이 글에 대한 김재권의 대답 Kim(1999B)도 참조하시오.

127 Kim(1998), 114쪽.

국 인과력을 지닌 속성 간의 **과잉 결정**이 일어나지 않는다고 해도 각각의 실체로 이루어진 세계가 결국 하나의 세계라면, 거시 실체는 세계를 이루는 데에 새로운 역할을 하지 못하는 (왜냐하면 미시 실체만으로 이미 세계가 충분히 이루어지므로) 부수 현상적 실체에 불과하거나, 거시 실체와 미시 실체에 의해 세계는 **과잉 구성**(overconstructed)되는 셈이다. 결국 어느 경우든 상·하위 속성 간에 창발이 끼어들 여지는 없다.

'위'와 '차'의 구별에 관해 한 가지 더 짚고 넘어갈 문제가 있다. 이 구별이 설사 의미 있는 것이라고 할지라도 이러한 구별이 의미 있게 **실제로 이루어질 수 있는 것인지** 쉽게 낙관할 수는 없다. 즉 심신 관계는 상·하위 관계가 아니라 동위의 1·2차 관계라는 점을 지적하는 것이 이 구별의 핵심이고 이러한 핵심적 내용으로 인해 기능적 환원이 이루어졌던 것이다. 하지만 심신 관계가 상·하위 관계가 아닌 동위의 1·2차 관계임을 인정하더라도, 이것이 과연 심신 관계에만 독특하게 해당되는 일일까? 다른 상위 속성들에 대해서도 기능적 서술을 할 수 있지 않을까? 사실 각 계층(여기서는 '위'에 해당할 것이다)을 설명하는 개별 과학들은 대체로 인과적 설명을 지향한다. 그렇다면 각 계층의 이론적 존재자들은 각기 나름대로 인과적 역할을 한다고 볼 수 있고 그렇다면 기능화시키는 데에 별 어려움이 없을 것이다. 물론 동위의 1·2차 관계에서는 두 속성이 실체를 공유한다는 특징이 더 추가되지만, 이것도 각 거시 과학의 이론적 존재자를 고정시켜놓고 그 존재자를 구성하는 하위 계층의 구성 요소 속성을 거시적인 이론적 존재자의 미시적 기반 속성으로 재구성할 수 있을 것이다. 그렇다면 결국 모든 상위 속성이 하위 속성에 대해 2차 속성 관계를 가질 수 있고, 그렇다면 원래 일반화 논변을 제시한 비환원주의자들의 생각과는 또다른 의미에서 '일반화'가 이루어질 수 있다. 즉 모든 계층이 '차'에 의해 일반화될 수 있는 셈이다.

이러한 내 생각이 옳다면 이 점은 김재권의 기능적 환원주의에 두 가지 가능성을 제시해준다. 하지만 둘 다 그에게 그리 낙관적인 소식은 아닐 것 같다. 우선 첫째, 모든 계층이 다시 일반화된다면 환원주의를 통해 물리주의를 옹호하려는 김재권으로서는 이제 심신 관계에만 환원을 시도할 것이 아니라 모든 상위 속성들이 물리 속성으로 환원됨을 보여야 하는 부담이 생긴다. 둘째, 1절에서 언급했고 조금 후에 다시 살펴보겠지만 김재권은 환원주의에 대해 역사적으로 가장 유력한 반론이었던 복수 실현 가능성을 인정하면서 국지적 환원(local reduction)의 방식을 택한다. 유형을 세분화하는 방식으로 환원주의를 유지할 수 있다면, 모든 거시 과학의 이론적 존재자가 미시 기반적 실현자를 가진다는 사실로부터 바로 국지적 환원을 옹호할 수 있을 것이다. 그렇다면 환원적 물리주의는 옹호할 수 있겠지만, 이것은 너무 쉬운, 어떤 점에서는 시시한(trivial) 환원주의가 아닐까? 이런 '환원주의'가 과연 얼마나 도움이 될까?

김재권은 일반화 논변에 의한 비환원주의자들의 비판에 직면해 '위'와 '차'를 구별함으로써 일반화를 막아보려 하지만, 내가 보기에는 그 성공을 그리 낙관할 수는 없을 것 같다.

2) 복수 실현 가능성과 환원

역사적으로 심신 환원주의에 가장 대표적인 비판으로 제기되어왔던 것이 바로 복수 실현 가능성 논변이다. 즉 생물학적 종에 따라 정신 속성은 상이하게 물리적으로 실현될 수밖에 없으므로 정신 속성과 물리 속성 간의 동일성 내지 환원은 성립하지 않는다는 것이 이 논변의 주 내용이다.

1절에서 이미 보았듯이 심신 환원주의를 옹호하려는 김재권은 1990년대 중·후반에 기능적 환원주의를 본격적으로 제창하기 이전에도 오래전부터 이 논변에 대항해왔다.[128] 1절에서 이미 살펴본 것과 유사하게 그는 이 논변이 종에 상관없는 일반적인 정신 속성의 환원에는 반례로 성립하지만, 종에 제한적인 정신 속성은 일정한 물리적 실현자를 가질 수 있으므로 이러한 종 제한적인 심신 환원이 성립하며, 이에 대해 복수 실현 가능성 논변은 아무런 영향도 끼치지 못한다는 것이다.[129] 김재권은 이러한 종 제한적인 환원을 '국지적 환원'이라 부르며, 그동안 국지적 환원이라는 제한적인 심신 환원을 옹호하는 것으로 알려졌다. 그렇다면 이제 '기능적 환원'이라는 새로운 환원 모형으로 무장한 김재권이 이 문제를 어떻게 해결하고 있을까?

정신 속성 M을 P1과 P2라는 복수 실현자를 가진 속성이라고 하자. 즉 체계 S1에서는 P1이 M을 실현하고, 체계 S2에서는 P2가 M을 실현하는 속성이라고 하자. 기능적 환원 모형을 적용해 이것을 다시 서술하면 S1이라는 종에서 M의 인과적 역할과 동일한 역할을 P1이 실현하며, S2라는 종에서는 M의 인과적 역할과 동일한 역할을 P2가 실현한다고 할 수 있다.[130] 결국 이상의 서술은 기능적 환원 모형을 통한 국지적 환원이라고 할 수 있다.

---

128 흔히 Kim(1992)이 많이 알려져 있지만, 기본적인 생각은 더 이전에 Kim(1972)에서도 보인다. 앞의 1절에서 다룬 바 있다.

129 기능적 환원주의 제창 이전에는 (1절에서 본 대로) 선언 속성에 의한 총체적 환원(global reduction)의 고려 가능성을 언급했지만 기능적 환원주의 이후에는 종 제한적인 국지적 환원만을 고려한다. Kim(1998), 106쪽 이하에서는 선언 속성을 받아들이기 어려운 이유를 제시하고 있다.

130 Kim(1998), 111~112쪽.

이에 대해서 몇 가지 문제를 제기할 수 있다. 1절에서 기능적 환원주의 이전의 환원주의적 사고에 대해 이미 제기한 비판 내용을 그의 새로운 심신 동일론인 기능적 환원주의에도 맞춤하게 재구성할 수 있다. 앞에서 여러 번 반복해서 언급했듯이 심신 환원주의는 물리주의와 정신 실재론을 함께 옹호할 수 있는 매력이 있으며, 실제로 그것이 심신 환원주의를 옹호하는 주된 동기다. 그리고 바로 환원주의는 강한 물리주의라는 점에서 유사한 제거주의와 선명히 구별되는 것이다. 이 점은 김재권도 인정한 바 있다.[131] 그러나 과연 이러한 국지적 환원이 제거주의와 차별화되는 환원주의를 유지할 수 있을까? 즉 정신 속성의 실재성을 살릴 수 있을까? 이 책 서론에서부터 여러 차례 강조했듯이 김재권의 실재성 기준은 인과적 힘과 역할을 갖고 있는가의 여부다. 국지적 환원에서 정신 속성 M은 종에 따라 상이하게 물리적으로 실현된다. 이것을 M이 갖는 동일한 인과적 역할이 종에 따라 상이하게 물리적으로 실현된다고 볼 수도 있지만, 상이한 물리적 실현자들은 상이한 인과적 역할을 가지며 그에 따라 상이한 존재 방식을 갖는 것으로 보아 M은 사실상 두 가지 상이한 인과적 역할을 갖고 있었다고 생각할 수도 있다. 정신 속성 M과 그 실현자는 (그것이 P1이든 P2이든) 동위의 1·2차 속성일 뿐이며 그에 따라 실현자가 갖는 인과적 힘 이외에 M이 새로운 인과적 힘을 갖는 것은 아니라는, 앞에서 본 '위'와 '차'에 대한 김재권의 구별을 염두에 둔다면 여기서 인과적 힘을 갖는 것은 각 실현자인 P1, P2이지 M은 아니다. 만약 복수 실현이 아닌 단수 실현의 경우라면 정신 속성과 그 단일 실현자의 인과적 역할이 같다는 사실로 해서 심물 동일성을 옹호할 수 있을 것이고, 그에 따라 M의 인과적 힘

---

131 Kim(1993B), 171쪽, 그리고 Kim(1972), 180쪽, Kim(1984B), 259쪽 참조.

과 실재성을 인정할 수 있다. 하지만 복수 실현의 경우에는 그것을 인정할 수 없다.[132]

사실 김재권은 이러한 문제를 이해하고 국지적 환원을 옹호하는 것이리라. 그렇다면 이제 더 이상 M을 단일한 속성으로 볼 것이 아니라 M1과 M2의 두 속성으로 보아야 한다. 즉 특정한 종 내부에서 M1의 인과적 역할과 동일한 인과적 역할이 P1에 의해 실현되고, 또 M2의 인과적 역할과 동일한 인과적 역할이 P2에 의해 실현되는 것이다. 종 내부로 국한되긴 했지만 그 속에서는 단수 실현이 일어나는 셈이니 기능적 환원을 통해 심물 동일론을 옹호할 수 있을 듯 보인다.

하지만 여기에서도 문제가 제기될 수 있다. 국지적 환원은 종 내부에서는 단수 실현을 인정할 수 있다는 전제에서 성립하는 것인데, 생물학적 분류 체계는 잘 알려져 있듯이 계통적이므로 종 이하에서도 분류 항목은 계속 이어지고 있다. 그러한 분류 항목에 따라 생물학적 유형이 더 세분

---

132 김재권 교수는 이 대목이 포함된 논문 발표에 대한 답변에서 복수 실현되는 정신 속성은 인과적으로 무력한(causally impotent) 것이 아니고 인과적으로 이질적인(causally heterogeneous) 것일 뿐이라고 해명했다. 하지만 이런 상황에서 정신 속성의 존재가 유지된다고 할 수 있을까? 정신 속성 M이 여기서는 P1 또는 P2로 복수 실현된다고 해보자. 그리고 이 둘과는 또 다른 P9이 있고 그것은 M과는 다른 정신 속성의 실현자들 중 하나라고 해보자. 여기 있는 P1, P2, P9 중 특별히 P9이 아닌 P1과 P2만을 관련지을 근거가 있을까? 〈정신 속성 M의 실현자라는 사실〉을 제기할 수 있겠지만 이것은 〈'인과적으로 이질적인' 실현자들을 갖는 정신 속성 M의 속성으로서의 존재가 유지되는가〉의 물음에는 사용할 수 없는 근거다.

그리고 '같다/다르다'로 표현되는 동일성/차이는 '있다/없다'로 표현되는 존재/비존재와 밀접한 관련이 있다. 정신 속성 M의 복수 실현 상황이란 M이 단일한 물리 속성 P로 실현되는 것이 아니라 경우에 따라 P1과 P2로 복수 실현된다는 것이다. 따라서 이 경우 존재하는 것은 M이 아니라 P1으로 실현되는 M1, 또는 P2로 실현되는 M2가 존재하는 것이다. 즉 M은 존재하지 않고 M1 혹은 M2가 존재하는 것이다.

화될 수 있음을 인정한다면 종 내부로 국한한다고 해서 단수 실현이 보장된다는 법은 없다. 즉 복수 실현은 종 내부에서도, 또한 보다 세분화된 유형에서도 계속 이어질 수 있고, 종국에는 하나의 정신 사건 개별자에 이르러서야 비로소 단일한 물리적 실현자와 만날 수도 있을 것이다. 그렇다면 이것은 결국 개별자 동일론이 되고 비환원적 물리주의의 전형적인 입장이 되어버리는 셈이며, 기능적 환원이라는 심신 환원을 통해 정신 속성의 실재를 옹호하려는 김재권의 시도가 실패로 돌아가는 것이다.

김재권은 정신 인과의 문제에 중요한 문제들을 제기하고 있고 그가 제기한 문제가 최근 논의에서 중요한 쟁점들을 이루고 있다. 어떻게 보면 그가 제기한 문제들을 제대로 해결하지 못하고 있는 형편이기 때문에 지금까지 정신 인과의 문제에 관한 논의가 속 시원한 해결책을 못 내고 갈팡질팡하고 있는 것 같다. 그는 현대 심리철학을 미로에 빠지게 한 것이다.

나는 이러한 그의 중요성을 염두에 두고 앞의 1, 3장에서 비환원적 물리주의에 대한 그의 비판을 살펴본 데에 이어 5장에서 입장인 환원주의 논의를 집중적으로 검토했다. 지금까지의 검토를 통해 김재권이 제기한 이런 어려운 문제의 중요한 전제로 그의 보편자 실재론이 자리 잡고 있음을 지적했고, 그의 보편자 실재론이 (비록 그는 명시적으로 드러내고 있지 않고 어쩌면 스스로 별로 의식하지 않을지도 모름에도 불구하고) 단지 전체 그림의 한 귀퉁이에 해당되는 것이 아니라 그 그림의 전면을 이루는 가장 핵심적인 요소가 될 수 있음을 다시 한 번 강조했다. 정신 인과도 인과 현상의 중요한 한 사례인 이상 인과적 힘이 실재의 기준이 되는 보편자로서의 속성 실재론이라는 형이상학의 영향에서 벗어날 수 없으며, 사실상 그가 정신 인과의 문제에 관해 제기한 중요한 문제들의 뿌리가 암묵적으로 모두 그러한 형이상학에 바탕을 두고 있다고 생각한다. 이런 상황에서 그런 근거를 간과한 채로는 그가 제기한 중요한 문제를 결코 해명할 수 없다. 아니 들어갈 수조차 없다.

쉽게 생각해보자! 전통적으로 형이상학이나 과학철학에서 인과와 관련된 문제를 다룰 때 주로 언급할 수밖에 없는 주요 개념들의 네트워크가 있다. 대충 열거해보면 이렇다. 〈인과–설명–법칙–과학성[과학과 비과학의 구획(demarcation) 문제에서]–결정(determination)–조건[반사실적 조건문, 조건부 법칙(ceteris paribus laws) 등에서]–필연성–성향–보편자–……〉 등이다. 정신 인과의 문제를 연구해본 사람은 가장 뒤쪽 것들만 빼고 이러한 용어들이 정신 인과의 문제를 다룰 때에도 자연스럽게 등장하고 있음을 안다. 정신 인과 역시 인과의 일종인 이상 지극히 당연한 일이다. '필연성'조차도 크립키(Saul Kripke)류의 심신 이론에서 등장하게 된다. (그렇다면 '본질주의'라는 개념도 앞의 개념군에 포함시킬 수 있겠다.) 또 앞 장에서 본 대로 속성을 외재적으로(extrinsically) 혹은 관계적으로 재구성하는 데에서 기능주의가 등장함을 생각해본다면, '성향' 개념조차도 심리철학에서는 '기능' 개념으로 대체시켜 이해할 수도 있겠다. 그렇다면 인과 법칙의 존재론적 근거를 찾을 때 당연히 마주칠 수밖에 없는 보편자에 관해 심리철학에서 그동안 소홀한 것이 아닐까? 보편자 문제를 등한시한다면 정신 인과의 문제의 핵심을 놓칠 수밖에 없다. 보편자에 대한 검토가 심신 문제 해결에 적어도 필요조건임은 분명하다. 그래서 지금까지 뜨거운 논의에 비해 뚜렷한 진전을 보이지 못하고 있다고 나는 생각한다.

지금까지 나는 줄곧 정신 인과의 문제가 불투명해진 한 가지 중요한 이유로 전통 형이상학의 유서 깊은 주제인 보편자 문제가 정신 인과의 문제에 깊숙이 숨겨진 채로 자리 잡고 있지만 대부분의 철학자들이 그런 사실을 명확하게 인식하지 못하고 있기 때문이라고 제시했다. 다음 장인 6장에서는 지금까지 논의와는 다른 새로운 관점과 방식으로 정신 인과와 보편자의 관련성을 제기하려고 한다. 특별히 6장에서는 지금까지 비교하면서 논의한 김재권이나 데이비슨 등 특정한 심리철학자의 입장 논쟁에 국한하지 않고 심리철학의 역사 흐름을 포괄적으로 더듬어보면서, 보편자 문제가 심리철학 역사의 중요한 고비마다 충분히 검토되어야 할 계기가 있었음에도 불구하고 주목받지 못했기 때문에, 그리고 정신 인과의 문제 자체와 보편자의 관련성이 해명되지 않았기 때문에 정신 인과의 문제가 별 진전을 보이지 못하고 계속 꼬이고 있었음을 논하려고 한다.[133]

---

133 이 절의 일부는 백도형(2000B)에 포함된 내용을 토대로 이루어졌다.

6장

존재와 언어: 속성과 술어

1. 속성과 환원

나는 지금까지의 논의를 통해 그동안 놓치고 있었던 심신 문제의 주요 핵심으로 보편자로서의 속성 문제를 언급했다. 이것은 존재론적 범주로서의 속성과 속성에 대한 서술을 구별하는 문제로도 볼 수 있다. 이 구별은 프레게(G. Frege)의 '뜻(Sinn)'과 '지시체(Bedeutung)'의 구별을 통해 유추하여 이해할 수 있다. 예컨대 '춘원'과 '이광수', 그리고 『흙』의 저자'는 각각 뜻은 상이하지만 동일한 지시체를 지시하는 말들로 잘 알려져 있다. 이렇듯 동일한 존재자에 대해 서로 상이한 뜻과 의미를 지닌 표현으로 다르게 서술할 수 있다. 따라서 동일한 존재자에 대한 표현들도 서로 그 의미가 다른 서술들이 얼마든지 있으며, 속성도 존재 범주의 하나로 본다면 동일한 속성을 서로 다른 표현으로 서술하는 게 가능하다. 즉 존재 범주인 속성과 언어 범주인 술어는 구별되는 것으로 이해해야 한다. 속성을 서술하는 것이 술어라는 언어 범주다. 문제는 존재자에 대한 이러한 서술들이 마치 존재자 그 자체인 것처럼 오해되고 혼동된다는 점에 있다.

속성은 실체와 함께 서양철학의 전통적인 존재론의 범주이지만, 이러한 오해와 혼동을 빈번하게 불러일으키는 범주라고 생각한다. 프레게의 '뜻'과 '지시체'의 구별을 통해 알 수 있듯이, 동일한 지시체에 대해 서로 다른 뜻과 의미를 지니도록 상이하게 표현하는 것이 가능한 것처럼 어떤 이론적, 문화적 배경과 관점을 갖느냐에 따라 구체적인 속성들을 다르게 서술하고 표현하는 것도 가능하다. 그런데 이렇게 다르게 서술된 속성은 마치 상이한 속성들이 여럿 병존하는 것으로 오해받을[1] 여지가 항상 있고, 심신 문제에도 이러한 오해가 암암리에 어느 정도 개입해 있다.[2]

잘 알려져 있듯 심신 문제에서는 심신 간의 환원 또는 수반, 동일성, 실현 등 심신 속성들 간의 관계가 중요한 쟁점들이다. 이렇게 심신 관계처럼 서로 다른 존재 계층에 속하는 속성들 간의 관계를 다룰 때, 속성과 그 서술의 구별이 문제가 된다. 예컨대 심신 환원의 경우 존재적 환원인가, 언어적 환원인가 하는 문제는 그리 간단치 않다. 속성이 존재 범주임을

---

1   5장 3절에서 보았던 김재권의 사건 개념에 대한 잘못된 비판, 즉 김재권의 사건 개념이 속성의 수를 증대시킴에 따라 사건 존재자의 수를 필요 이상으로 지나치게 증가시키는 경향이 있다는 비판도 바로 그런 경향을 보여주는 전형적인 사례다.

2   데카르트식의 심신관 역시 이런 관점에서 이해할 수 있다. 데카르트의 배타적인 심신 개념은 심신 실체 각각의 속성이 서로 배타적인 데에서 기인한다. 하지만 이러한 속성이 보편적인 것이 아니고 특정한 철학사의 맥락에서 형성된 우연적인 것이고 다르게 형성될 가능성이 존재하는 것이라면, 우리는 지금 심신 문제에서 논하고 있는 심신 속성의 존재론적 지위에 생각보다 큰 거품이 끼어 있지 않을까 의심해볼 필요가 있다. 이에 관한 보다 상세한 논의는 8장을 참조.

감안한다면 심신 환원은 당연히 존재적 환원이어야 하겠지만, 언어나 개념들 간 관계로서의 환원에 불과한 것을 존재적 환원으로 여기는 경우가 있을 수 있다. 따라서 우선 존재적 환원과 언어적 환원을 비교하는 것이 필요하다. 2절에서 진행하려는 그러한 비교와 검토를 통해서 학문 분야들마다 다양한 방식으로 논의되는 환원 개념을 논의하는 중요한 틀을 제시해보고자 한다. 그런데 그러한 비교에 들어가기 전에 도대체 '환원'이란 무엇인가를 다시 한 번 되새겨볼 필요가 있다.

'환원(reduction)'이란 어떤 분야에서 다루는 존재자나 용어를 다른 분야(보통은 보다 기초적인 분야)의 존재자나 용어로 설명·해석하는 것을 말한다. 이러한 환원 작업을 통해 서로 다른 분야 간에 대화와 협력이 가능해질 수도 있으며, 경우에 따라서는 어떤 분야의 논의가 다른 분야의 논의로 통합될 수도 있다. 실제로 현대 분석철학의 역사에서 큰 몫을 차지했던 논리실증주의의 '통일과학 이념'이나 최근 우리 학계에서 많이 거론되는 '융합'은 분야 간에 이루어지는 '환원'의 다른 표현인 것이다.

통일과학을 지향했던 논리실증주의 등은 이미 역사의 뒤안길에 놓여 있는 사상이 되어버려서, 이제 그 이념을 온전히 그대로 옹호하는 학자들은 거의 없다. 하지만 워낙 그 이념이 뚜렷해서 학문 방법론에서 나름의 전형을 이루었던 만큼 그 영향은 지금까지도 남아 있다. 최근에도 자연과학의 발전으로 많은 분야에서 환원주의식 사고가 끊임없이 등장하고 있다. 인간의 정신 현상을 컴퓨터 모형 혹은 두뇌의 물리·화학적 작용으로 설명하려는 인지과학이나 신경과학, 그리고 생물학의 생명 현상을 물리·화학적으로 설명하려는 생화학이나 분자생물학, 또 사회현상을 진화 생물학의 관점에서 설명하려는 사회 생물학, 사회 생물학 논의의 일부로서 심리 현상을 진화 생물학의 관점에서 설명하려는 진화 심리학 등을 예로

들 수 있다. 환원은 학문 분야 간, 또는 이론 간의 문제이기 때문에 철학뿐만 아니라 물리학, 화학, 생물학, 생태학 등 자연과학 분야, 또 심리학, 사회학 등 사회과학 분야, 그리고 환경학, 인지과학 등 학제 간 연구(interdisciplinary studies)가 필요한 분야에서도 활발한 논의가 이루어지고 있다.

따라서 이러한 환원 개념은 어느 한 분야의 전문적인 논의에서 다루어지는 것이 아니고, 여러 분야들 간의 논의에서 중요하게 거론되는 핵심 개념이며, 거론되는 분야들마다 다양하게 논의되고 있다. 따라서 학제 간 연구 또는 융합 연구가 중요한 연구 형태로 강조되고 있는 요즈음, 반드시 검토해봐야 하는 개념이라고 할 수 있다. 다만 환원주의를 옹호한다는 것은 여러 분야가 동등하게 교통하는 것을 의미하기보다 근본적인 어떤 분야가 다른 분야를 흡수 내지 통합할 수 있음을 주장하는 것이다.[3]

재미있는 것은 대체로 환원에 관해 논의하는 이들 중 자신의 전공 분야가 미시 학문 쪽이면 환원주의를 옹호하는 경향이 있는 데 반해, 거시 학문 쪽이면 대체로 환원주의에 대해 비판적인 입장을 취하는 경우가 많다는 것이다. 그러다 보니 제삼자도 특정한 전공 분야에 종사하는 학자에게 특정한 방향의 입장을 기대하고 예상하는 경향이 생겼다. 다음 절에서는 환원의 종류에 대한 검토와 함께 이러한 흥미로운 현상이 도대체 학계에서 왜 일어나는지도 아울러 진단해보겠다.

환원에 대한 검토는 최근 학계에서 많이 거론되는 학제 간 연구의 토

---

3 최근 학제 간 연구의 중요한 형태로 제시되고 있는 '통섭(consilience)' 개념은 사회 생물학자인 에드워드 윌슨의 저서 Wilson(1998)의 제목에서 유래한 것으로 각 분야 간의 자율성이 전제되어 있는 협동 연구 방식으로 오해할 수 있지만, 사실 윌슨의 사회 생물학처럼 환원주의 입장의 개념일 뿐이다. 사회 생물학의 환원주의에 관한 나의 검토는 백도형(1999) 참조.

대를 재조명할 것이며, 지금까지의 학문 지형도를 다시 한 번 반성하도록 해줄 것이다. 그럼으로써 학문의 미래에 대한 구상을 가다듬고 성찰하는 계기를 마련해줄 수 있다. 아무래도 사실상 여러 학문 분야 간 환원의 키 포인트가 되는 것이 인간에 관한 이해이므로 환원에 관한 연구는 올바른 인간관, 또는 인간과 자연의 관계 탐구, 그리고 그것을 통한 올바른 세계 관 확립에 꼭 필요한 바탕을 제공할 것이며, 정신 인과 등 심신 문제를 다 루는 지금의 논의에도 꼭 필요하다.[4]

2. 존재적 환원과 언어적 환원

지금까지 많이 논의된 다양한 환원 개념을 다음과 같은 두 가지 방식 의 환원으로 구별하여 정리할 수 있다. 첫 번째 환원은 존재적 환원이다. 존재적 환원이란 어떤 분야에서 논의되는 존재자가 다른 분야의 존재자 들과 사실상 동일하거나, 또는 그것으로 구성된 것 이상이 아니거나, 아 니면 적어도 그것들에 의해 설명될 수 있다는 환원 주장이다. 역사적으로 가장 널리 알려진 존재적 환원주의는 기계론 내지 원자론에서 보이는 환 원주의 입장으로 흔히 '부분의 합은 전체'라는 구호로 요약될 수 있다. 즉 전체는 그것을 구성하는 부분들의 합에 불과하며, 그 이상의 어떤 다른 것도 아니라는 것이다.

---

[4] 많은 경우 환원 개념이 문제되는 경우가 심리학, 역사학, 사회학, 윤리학 등 인간이나 인 간 사회를 탐구 대상으로 하는 거시 학문이기 때문에 환원 개념에 대한 철학적 검토는 자 연과 비교되는 인간을 탐구하는 데에 꼭 필요한 중요한 전제가 된다.

두 번째 환원은 언어적 환원이다. 언어적 환원은 존재자들 간의 환원이 아닌 각 분야의 용어나 개념들 간의 환원이다. 즉 어떤 분야의 용어는 다른 분야의 용어와 동일한 의미를 지니거나 그것으로 번역될 수 있다는 것이다. 논리실증주의자들의 전형적인 심리철학 입장이었던 논리행동주의는 이런 언어적 환원주의의 가장 대표적인 형태라고 볼 수 있다. 논리실증주의는 관찰 진술로 환원될 수 있는 것만 검증 가능하고 유의미하다는 입장이었다. 마찬가지로 논리실증주의의 심리철학 논의인 논리행동주의도 정신 현상을 진술하는 심리 진술은 심리 현상을 보여주는 관찰 진술이라고 할 수 있는 행동 진술과 물리 진술로 번역되거나 정의되며, 또 그렇게 번역·정의되는 한에서만 유의미하다는 입장이다.[5]

지금까지 논의된 환원 개념을 이러한 두 가지 방식으로 구별할 수 있다.[6] 존재적 환원은 존재자들 간의 문제다. 즉 존재적 환원은 한 분야의 존재자가 다른 분야의 존재자, 또는 존재자들 이상의 어떠한 것도 아니라는 존재 차원의 주장이다. 하지만 언어적 환원은 언어 차원 내지 의미 차

---

5 Hempel(1935) 참조. 특히 17~18쪽을 보라. 논리행동주의에서 심리학은 내적인 정신 현상에 대한 탐구가 아니라 공적으로 관찰 가능한 행동을 연구하는 것이다. 그 이전의 초창기 심리학이 내성(introspection)을 중심으로 한 내적 탐구였다면, 논리행동주의는 외적으로 드러나 있기 때문에 관찰 가능한 행동을 연구 대상으로 삼는다. 마치 우리말 속담 '열길 물속은 알아도 한 길 사람 속은 모른다'에서 말하듯이 내적인 탐구는 주관적일 수밖에 없고 객관적이고 과학적인 탐구를 하려면 외적으로 관찰 가능한 영역을 대상으로 삼아야 하며 인간이나 동물의 행동은 바로 이렇게 객관적인 관찰이 가능한 외적 대상이 된다는 것이다. Ryle(1949)도 후기 비트겐슈타인을 이어서 일상 언어 분석 방식으로 심리 언어를 분석하는 전형으로 볼 수 있으며 결과적으로 논리행동주의 입장을 취하는 것으로 볼 수 있다.

6 이러한 두 가지 방식의 환원은 최근 심리철학의 흐름을 짚는 데 효과적인 환원 구별이라는 뜻에서 강조하는 것이지, 이것이 심리철학, 과학철학 등 최근 철학에서 유일한 구별 방식이라는 뜻은 아니다.

원의 문제다. 즉 한 분야의 용어가 다른 분야의 용어로 의미 손실 없이 번역 내지 정의될 수 있다는 입장이다. 따라서 존재적 환원은 경험적 탐구에 의해 밝혀져야 할 사실 차원의 영역인데 반해, 언어적 환원은 의미 분석, 개념 분석과 같은 선험적 탐구의 영역인 것이다.

이러한 두 가지 환원 방식의 구별 역시 앞 절에서 거론한 프레게의 '뜻'과 '지시체'의 구별을 통해 유추하여 이해할 수 있다. '춘원'과 '이광수', 그리고 『흙』의 저자'는 각각 뜻은 상이하지만 동일한 지시체를 지시하는 말들이다. 즉 이렇게 동일한 존재자에 대해 서로 상이한 뜻과 의미를 가질 수 있기 때문에 동일한 존재자에 대한 표현들이더라도 서로 그 의미가 다른 표현들은 얼마든지 있을 수 있다. 마찬가지로 존재적 환원이 성립되어 존재론상의 일치를 보인다고 해도, 그 존재자에 대해 얼마든지 상이한 의미로 서술하는 것이 가능하다. 이렇게 존재적 환원과 언어적 환원은 서로 다른 위상의 환원인 만큼 환원에 관해 논의할 때 이 두 가지 방식을 분명히 구별하지 않는다면 불필요한 혼란이 발생할 것이다.

흔히 심신 이론에서 심신 환원으로 제시되는 여러 입장들은 논리행동주의를 제외하면 대체로 속성들 간의 환원, 즉 정신(심리) 속성이 물리 속성으로 환원되느냐의 문제로 환원 문제를 생각하고 있다. 속성은 실체와 함께 전통적으로 서양 형이상학의 대표적인 범주이므로 속성들 간의 환원은 원칙적으로는 존재적 환원에 속하는 것으로 보아야 할 것이다.[7] 하지

---

7   논리실증주의의 심신 이론인 논리행동주의는 경험주의 전통인 반(反)형이상학적 입장을 취하면서 환원 논의를 언어적 환원으로 국한했지만, 이후 등장한 심신 동일론은 그러한 반형이상학적 태도를 극복하고 현대 심신 이론을 형이상학 논의로 이끌었다. 그래서 심신 동일론 이후의 심신 이론은 존재 범주인 속성에 대해 일원론과 이원론 입장 간에 벌어지는 형이상학 논의를 중심으로 이루어지고 있다.

만 문제가 그렇게 간단한 것 같지 않다. 문제가 되는 것은 속성 자체가 존재 범주에 속하느냐가 아니라 **구체적인 속성의 사례들이 무엇인가**의 문제이기 때문이다. 조금 전에 살펴본 프레게의 뜻과 지시체의 구별 문제에서 보았듯이, 동일한 지시체에 대해 서로 다른 뜻과 의미를 지니면서 상이하게 표현하는 것이 얼마든지 가능한 것처럼 어떤 이론적 배경이나 관점을 갖느냐에 따라 구체적인 속성들을 다르게 보는 것도 얼마든지 가능하다.

또한 각 학문 영역과 관점에 따라 그 영역에서 고유한 속성의 구체적인 사례들을 서로 상이하게 제시하고 있는 것이 현실이다. 실상 환원 문제는 각 학문 분야별로 서로 다른 '속성'을 제시하고 있기 때문에 제기되는 것이며, 이렇게 서로 다른 분야의 이질적인 속성들 간에 환원을 통한 통합이 가능하겠는가의 문제인 것이다. 그렇게 본다면 속성은 사실상 어떤 술어(predicates)가 적용되는가에 따라 구성되는 것에 불과할 수도 있다. 즉 당연히 존재적 환원에 속한다고 여겨지던 속성 간의 환원이 술어 간의 의미 문제가 될 수도 있기 때문에 애초에 존재 차원의 문제로 여겨졌던 속성에 언어나 개념의 문제가 개입할 여지가 존재하는 것이다.[8]

바로 이런 이유 때문에 어떤 분야를 전공하느냐의 여부가 환원에 대한 입장을 좌우할 수 있는 여지가 생기는 것이다. 속성들 간의 환원이 진정한 존재 차원의 환원이라면, 설사 연구 분야가 다르더라도 궁극적으로는 하나의 세계를 탐구하는 것으로 볼 수 있기 때문에 환원에 대한 입장이 전공 분야에 따라 선험적으로, 즉 경험 이전에 원초적으로 달라질 이유가

---

8 동일한 속성에 대한 각 분야의 서로 다른 술어 표현에 의한 서술이라고도 볼 수 있지만, 이때 각 분야마다 다르게 적용되는 술어에 의해서만 밝혀지는 것이라면 그 술어들의 서술 대상인 속성이 과연 존재하는 것으로 볼 수 있는가의 문제도 제기될 수 있다. 즉 속성의 실재론도 재고할 수 있다. 보다 상세한 내용은 8장 이후를 참조.

없을 것 같다. 하지만 각 분야에서 다루는 속성들이 실제로는 각 분야의 이론적 관점에[9] 따라 구성되는 술어에 의해 정해지고 논의되는 것이 일반적인 현실이기 때문에 환원에 대한 입장이 선험적으로[10] 달라질 수 있다. 각 분야와 이론의 술어는 그 영역의 관심과 맥락에 비추어 적절히 그 영역에 특유한 방식으로 구성되며, 각각 고유한 주제, 맥락과 문법을 지닌다. 그러한 술어로 축적된 만만치 않은 연구의 역사 또한 각 분야와 이론의 맥락을 구성한다. [전자가 이론적 맥락이라면 후자는 역사적(연구사적) 맥락이라고 할 수 있다.] 그러니 한 분야의 술어를 함부로 다른 것으로 쉽게 대체할 수 없다. 앞에서도 언급했던 데이비슨의 "주제를 바꾸는"[11] 격이라는 말이 여기에도 적용될 수 있기 때문이다.[12]

그래서 각 분야가 구성되는 주제와 맥락에 따라 환원에 대한 입장도 자연스럽게 달라지는 경향이 있다. 학자에 따라 예외가 전혀 없다고 할 수는 없겠지만, 대체로 연구 영역이 미시 학문 쪽이면 그 미시 영역이 존재 세계에서 갖는 근본적인 성격을 강조하는 것이 그 연구의 주제와 맥락에 중요하게 포함되기 때문에 대체로 환원주의에 우호적인 입장을 띠게 된다. 반면에 거시 영역을 연구하는 학자들은 대체로 그 분야가 단순히 구

---

9 쿤(Thomas Kuhn)식으로 표현하면 '패러다임(paradigm)'이라고 할 수 있다.

10 어쩌면 각 분야의 관례에 의한 것으로 볼 수도 있다. 그렇더라도 경험과는 상관없는 방식이라는 뜻에서 '선험적'이라고 할 수 있다.

11 Davidson(1970/1980), 216쪽.

12 과학철학에서 많이 논의되는 '불가통약성'도 이론 간의 환원 불가능성을 말하는 것에 다름 아니며, 이러한 불가통약성이 제기되는 것도 각 이론에서 제시하는 속성이 사실상 그 이론의 논의 맥락에서 제시되는 이론 용어에 의해 구성되기 때문이다. 따라서 앞으로 진행될 이 책의 관점을 미리 적용해본다면, 불가통약성은 각 이론들의 주요 이론 용어들 간 언어적 환원의 성립을 부정하는 주장으로 볼 수 있다. 잘 알려져 있듯이 불가통약성이 대체로 반실재론자들에 의해 주장되는 것은 이러한 이 책의 관점에 중요한 시사가 될 수 있다.

성 입자와 미시적인 것으로만 설명할 수 없는 자율성을 띠고 있음을 옹호하는 것이 그 분야의 정체성과 관련된 핵심적인 주제와 관심이기 때문에 그 영역의 술어 자체를 미시적으로는 설명되지 않고 환원될 수 없는 방식으로 구성하게 된다. 하지만 최근에 인지과학, 신경 과학, 생화학, 분자생물학, 사회 생물학 등은 거시 영역을 연구 대상으로 삼지만 기존의 거시 연구자들과 달리 환원주의에 우호적인 입장을 보이고 있다.[13] 그러다 보니 이들은 기존 거시 영역의 술어 중 미시 영역에 대해 환원되지 않고 자율성을 띠는 술어들의 이론적 가치를 폄하하면서 그러한 술어를 불필요한 것으로 제거하는 방식의 논의를 전개시키며,[14] 미시 영역의 술어와 호환될 수 있는 새로운 이론 술어들을 만들어내는 경향도 있다.

즉 전공 영역에 따라 환원에 대한 입장이 달라질 수 있는 것도 바로 그 영역에서 고유하게 쓰이는 속성들이 사실은 그 영역을 초월한 존재론적인 탐구에서 나온 것이 아니라 그 영역의 이론적·연구사적 맥락을 가지고 구성된 술어들에 의해 정해지는 학문 연구 상황의 현실에서 비롯된 것이다.[15] 이렇게 볼 때 속성들 간의 환원으로 대변되는 지금까지의 환원 논의들은 앞에서 살펴본 존재적 환원과 언어적 환원의 구별에 대해 원초적으로 혼란의 여지가 있다고 할 수 있다.

속성 간의 환원과 관련된 이러한 불투명한 문제가 환원과 관련된 작금

---

13 인지과학의 경우는 때로는 심신 간에 복수 실현 가능성을 옹호하는 기능주의를 토대로 하고 있다는 점에서 비환원적 물리주의와 어울릴 수 있다고 볼 수 있지만(예컨대 앞에서 본 1장 1절과 3장 2절 참조), 심리-기능 간의 환원은 받아들이고 있는 것으로 볼 수 있다.
14 4장에서 본 제거주의가 바로 그 사례다.
15 어떤 이는 이러한 학계의 현실 언급이 전제를 구걸하는 선결문제 요구의 오류라고 비판할지도 모른다. 하지만 이것은 논증적으로 입증할 사항이 아니라 학계의 현실이 정말 그런가 하는 사실성의 문제일 것이다.

의 여러 논의들이 자꾸 미궁에 빠져들게 되는 가장 큰 원인이 된다고 나는 생각한다. 따라서 환원 문제를 명료하게 하기 위해서는 속성에 관한 존재론적 규명이 선행되어야 한다. 다음 절에서는 최근 심리철학의 흐름 속에서 존재적 환원과 언어적 환원의 차이를 볼 수 있는 사례를 검토함으로써 속성의 문제를 속성 서술과 비교하고 관련지으면서 논의하겠다.

3. 속성과 그 서술

우선 심리철학의 역사에서 존재적 환원과 언어적 환원의 사례를 먼저 비교해보자. 조금 전에 언급했듯이 논리실증주의의 심신 이론인 논리행동주의는 언어적 환원주의를 표방한 거의 유일한 심신 이론이라 할 수 있다. 현대판 경험주의 입장이라고 할 수 있는 논리실증주의는 전통적인 경험주의가 그랬듯이 반(反)형이상학적 태도를 취하고 있다. 그러니 논리실증주의에서는 경험적 인식과 검증을 넘어서는 존재자나 존재 범주에 대한 논의는 거짓이 아니라 참·거짓 이전에 무의미하다는 것이다. 그래서 논리실증주의 논의는 존재 차원에까지 이르지 못하고 인식 차원, 언어 차원, 의미 차원의 논의에 국한할 수밖에 없었다. 관찰 진술로 환원될 수 있는 한에서만 검증될 수 있고 인식적으로 유의미하다고 주장했다. 논리행동주의는 앞에서 말했듯이 논리실증주의의 심신 이론이기 때문에 이러한 점에 관해서는 마찬가지다. 정신 현상을 진술하는 심리 진술은 심리 현상을 보여주는 관찰 진술이라고 할 수 있는 행동 진술과 물리 진술로 번역되거나 정의되며, 또 그렇게 번역·정의되는 한에서만 유의미하다는 입장이다.

반면에 논리실증주의 이후 1950년대에 등장한 심신 동일론은 존재론적 일원론으로서 강한 물리주의 형태를 옹호하는 형이상학 입장이다.[16] 또한 심신 동일론은 제거주의와 함께 가장 강력한 형태의 물리주의 입장이다. 3~4장에서 보았듯이 제거주의와 최근 심리철학의 주류 입장이라고 볼 수 있는 비환원적 물리주의가 심리 속성과 물리 속성 간의 환원을 부정하는 데 반해, 심신 동일론은 환원을 인정하며 아예 심리 속성과 물리 속성의 동일함을 주장함으로써 가장 강력한 형태의 심신 환원을 표방한다.

논리행동주의나 심신 동일론 둘 다 물리학을 모든 학문이 환원되어야 할 환원 기초로 본다는 점에서는 유사하지만,[17] 전자는 언어적인 환원에 초점을 두는 반면에 후자는 존재적 환원을 지향한다. 그런데 문제는 이러한 심신 동일론의 존재적 환원이 논리행동주의의 언어적 환원에 대해 실질적이고 의미 있는 차이를 보이는가다. 이 문제를 검토하기 위해 존재적 환원을 표방하는 대표적인 사례인 심신 동일론에 관해 좀 더 살펴보도록 하자.

심신 동일론이 등장하던 시절은 아직 논리실증주의가 세력을 떨치고 있어서 후자의 '통일과학 이념'과 같은 과학적 세계관의 기대가 영미 철학계를 지배하는 분위기였다. 정신 현상에 관한 심신 동일론의 입장은 그 당시에도 발전 중에 있던 신경 과학에 대한 기대를 발판 삼아 이러한 분위기를 가장 효과적으로 만족시킬 수 있는 입장으로 보였고, 과학적 성향을 띤 당시의 많은 철학자들을 매료시켰다. 왜냐하면 심신 동일론은 우리가 지니고 있는 심리적 직관들을 크게 훼손시키지 않고도[18] 과학으로서 심리학의 위상을 확고하게 해준다. 즉 심신 동일론은 심신 환원주의를 주장

---

16 Place, U.T.(1956/1990), 그리고 Smart, J.J.C.(1959/1991).
17 물론 언어철학의 한 입장인 논리행동주의는 물리 언어가 환원 기초가 된다.

하기 때문에 정신 현상은 바로 물리 현상이고, 그에 따라 심신 법칙, 심리 법칙은 물리법칙과 동일한 정당성을 가질 수 있으며, 이 경우 심리학의 과학성도 아주 손쉽게 확보된다.

심신 동일론의 이러한 장점은 제거주의와 비교해볼 때 더 분명히 드러난다. 즉 제거주의는 심리학을 신경 과학[19]으로 대체하여 제거하려는 입장으로, 정신 현상의 존재 자체를 부정할 뿐만 아니라 설명해야 할 것으로도 인정하지 않아, 우리의 직관과도 맞지 않고, 심리학 연구를 통해 우리가 충족시키고자 하는 관심도 무시하는 극단적인 입장이다.[20] 그에 반해 심신 동일론은 물리주의적 일원론이면서도 정신적인 것을 '세계의 합법적 실체들'로 인정하는 입장[21]이므로 우리의 직관에도 부합하고, 그러면서도 이렇게 확보되는 과학적 심리학은 심리학에서 우리가 염두에 두고 있는 "주제를 바꿀[22]" 필요 없이 우리가 알고자 하는 심리 현상을 만족스럽게 설명해 줄 수 있다.

하지만 심신 동일론은 이런 강점에도 불구하고 '복수 실현 가능성 논변' 등 몇 가지 반론들에 직면하게 되었을 때 처음 기대와는 달리 의외로 쉽게 단명하고 만다. 그 이후 심지어는 지금까지도 심신 이론의 대세는 비

---

18 물론 이러한 생각은 예컨대 김재권의 주장처럼 환원주의나 심신 동일론의 경우 물리 속성의 실재론을 통해 정신 속성의 실재론을 옹호할 수 있다는 생각에 바탕을 두고 있지만, 입장과 관점에 따라 이론(異論)의 여지가 분명히 존재한다. 예컨대 반(反)물리주의 입장에서는 단순히 정신 현상의 존재를 설명할 수 있다는 것보다 정신적인 것이 물리적인 것으로 환원된다는 것 자체를 정신적인 것에 관한 우리의 상식적 직관과 관련해 심각하게 여길 것이기 때문이다(이 점에 관해서는 7장에서 보다 자세한 논의를 볼 수 있다).

19 Churchland(1981/1989), 61쪽 참조.

20 제거주의는 이 책의 4장에서 비판적으로 다루고 있다.

21 Kim(1972), 180쪽, 그리고 Kim(1984B), 259쪽 참조.

22 Davidson(1970/1980), 216쪽.

환원적 물리주의가 차지하게 되었다는 점은 이 책의 앞 부분에서 이미 언급한 바 있다. 그러다 보니 지금으로서는 심신 동일론이 실체뿐만 아니라 속성 차원에서까지도 물리주의를 고집하는 쓸데없이 강경하고 융통성 없는 투박한 물리주의라고, 그래서 심리철학사의 시시한 해프닝 정도로 폄하되고 있기도 하다. 하지만 심신 동일론의 논의에는 많은 분석철학자들이 놓치고 있는 중요한 점이 한 가지 있다. 그 점이 바로 심신 동일론이 다루고 있는 문제와 보편자 문제가 서로 밀접하게 관련되어 있음을 보여 주는 문제이기 때문에 이 문제를 간과하고 있는 것이, 정신 인과와 심신 문제에 관한 논의의 중요한 측면을 놓치고 있는 까닭이라고 나는 생각한다. 즉 심신 동일론의 환원은 논리행동주의의 언어적 환원과는 구별되는 존재적 환원이기 때문에 심신 동일론에 관한 논의는 앞에서 살펴보았던 암스트롱식의 경험적 실재론과 관련지어 이해해야 한다. 이제 그 점에 관해 살펴보도록 하겠다.

논리행동주의 다음에 등장한 심신 동일론은 논리행동주의의 통일과학 이념을 존재론으로 전환시킨 것이라고 볼 수 있다. 즉 논리행동주의가 분석철학의 언어철학 입장이라면 심신 동일론은 존재론적 일원론으로서의 물리주의를 옹호하면서 심신 동일성 내지 환원을 옹호하는 강한 물리주의 입장이다. 따라서 심신 동일론은 논리행동주의나 그것의 모체가 되는 논리실증주의의 반(反)형이상학적 태도를 극복하고 분석철학계에 형이상학을 부활시키는 역할을 했다. 이러한 형이상학으로서 심신 동일론은 다음과 같은 중요한 특징을 갖는다. 우선 조금 전에 언급했듯이 심신 동일론이 언어철학으로서의 논리행동주의를 극복하는 형이상학이라는 것은 그 당시까지 분석철학계에 팽배해 있던 '언어적 전환'에 대한 극복이기도 하다는 점이다.[23] 따라서 언어 차원에 국한되는 논의를 지양하고 사실 또는 존재 차원의 형이상학을 지향했다. 다만 이러한 심신 동일론의 형이상학은 전통 형이상학과 같은 사변 형이상학이 아니고 현대 과학의 성과를 바탕으로 하는 형이상학이다.

따라서 심신 동일론이 토대로 하는 형이상학의 이러한 특징은 심신 동일론의 환원을 존재적 환원으로 인식하게 한다. 그리고 앞에서 본 암스트롱식의 경험적 실재론과 자연스럽게 연결시킬 수 있다.[24] 같은 보편자 실재론이면서도 플라톤식의 선험적 실재론으로부터 차별화하려는 경험적 실재론이나, 논리행동주의를 극복하려는 심신 동일론 둘 다 사실 또는 존재에 관한 인식의 영역을 상당 부분 선험적인 논리 분석이나 의미론적인 언어분석이 아닌 경험과학의 범위 내에서 포섭하려고 한다. 심신 동일론에 대한 그동안의 많은 오해가 심신 동일론의 이러한 역사적 맥락과 특징을 간과했기 때문에 벌어졌다고 나는 생각한다. 즉 심신 동일론의 '동일성'과 '환원'은 존재적인 동일성과 환원이어야 하는 것이다. 더구나 물리주의를 지향한다면, 예컨대 $F=ma$, $E=mc^2$, $S=vt$ 등의 물리법칙들에 들어 있는 등호(=)의 의미가 바로 물리학의 동일성 의미인 만큼 심신 동일론자 등 물리주의자들이 동일성을 얘기할 때에는 (심신 동일성도 포함해서) 바로 이런 뜻의 속성들 간 동일성을 의미하는 것이다. 이 점에 관해 보다 자세하게 살펴보자.

심신 동일론은 〈정신 상태=물리 상태〉라고 봄으로써 둘 간의 동일성

---

23 Armstrong(1977/1991), 181~182쪽.

24 사실 심신 동일론이나 암스트롱식의 경험적 실재론 모두 당시에 나름대로 독특한 특징을 보이고 있었던 호주 유물론의 공통된 산물이기도 하다. 심신 동일론의 주요 제창자였던 스마트와 플레이스, 그리고 역시 심신 동일론을 옹호했던 암스트롱 모두 당시 호주 철학계의 가장 대표적인 철학자들이었다.

을 주장한다. 예컨대 정신 상태의 사례인 아픔을 특정한 두뇌 상태 α와 동일하게 본다. 동일성은 가장 강한 환원 관계이기도 하다. 논리학의 관점에서는 동일성의 관계란 단순히 유사성·동시 발생·논리적 동치의 관계가 아니라 이들보다 더욱 강한 관계다.[25] 이러한 동일성을 규정하는 대표적인 전통적 이해가 '라이프니츠 법칙'이다. 이 법칙에 따르면 어떠한 대상 x와 y에 관해서라도 만일 x가 y와 동일하다면, 그리고 오직 그때에만 x와 y는 모든 속성들을 공유해야 한다. 이것을 논리식으로 표현하면 다음과 같다.

$$(x)(y)[(x=y) \leftrightarrow (F)(Fx \leftrightarrow Fy)]$$

예를 들면 만일 〈어떤 시간 t에서 백도형의 고통〉이 〈어떤 시간 t에서 백도형의 뇌 상태 α〉와 동일하다면, 처음 것의 지시체에 참인 것으로 귀속되는 모든 속성은 나중 것의 지시체에도 참인 것으로 귀속되어야 하며, 그 역도 성립해야 한다. 따라서 라이프니츠 법칙을 바탕으로 동일한 것으로 주장되는 x와 y 사이에 어느 한쪽에만 존재하는 차별 속성을 찾아내서 동일론에 대한 반례로 삼으려는 것이 그 당시 심신 동일론에 대한 비판자들의 주요 전략이었다. 예컨대 이런 식이다. 어떤 속성들은 정신적인 것에만 귀속될 듯하고 어떤 다른 속성들은 물리적인 것에만 귀속될 것 같다. 예컨대 색 경험이나 아픔, 잔상과 같은 감각질 등 현상 속성은 정신 상태에만

---

25 논리학에서 동일성 관계는 대칭 관계, 이행 관계, 전재귀 관계[(x)Rxx]가 함께 성립하는 관계를 말한다[이 부분은 백도형(2011)에 포함되어 있던 부분인데 투고 심사 당시 범한철학회 심사위원의 적절한 지적에 의해 수정한 것임을 밝힌다].

귀속시킬 수 있을 뿐 물리 상태에는 존재하지 않는 것 같다든가,[26] 또 물리적인 뇌 상태는 공간적 위치를 가질 수 있지만 고통과 같은 정신 상태는 그렇지 않은 것 같다든가 하는 등이다. 만일 이러한 차별 속성들이 존재한다면, 이것은 라이프니츠 법칙을 위배하므로 심신 동일론의 반례로 제시되곤 했다.

그런데 현상 속성 등 정신적인 것에만 독특한 이런 특성들을 강조하는 것은 정신 상태나 속성의 실재를 선험적으로 옹호하면서 물리주의 입장에서 제기하는 재반박의 여지를 아예 선험적으로 봉쇄한 것이라고 볼 수도 있다.[27] 나는 이러한 점이 바로 속성 존재론에 관해 우리가 꼭 짚어봐야 할 문제라고 생각한다. 우리가 심신 환원이라고 생각하는 것을 (우리가 심신 환원을 옹호하든 비판하든 상관없이) 존재적 환원으로서의 심신 환원이라고 당연시하고 있어서 마치 그 성패가 신경 과학과 같은 경험과학의 발전에 의해 앞으로 정해질 것이라는 믿음을 가지고 있지만, 사실은 여기에 이미 선험적인 언어 내지 개념적 요소가 상당한 정도로 들어 있어서 존재적 환원만으로는 부족하다고 느낄지 모르는 언어적 차이의 여지가 있다는 것이다.[28] 바로 이러한 점 때문에 작금의 심신 문제가 계속 꼬이고 어려

---

26 예컨대 지식 논변 등 7장에서 의식과 물리주의와 관련된 보다 상세한 논의들 참조.

27 더구나 서양 심리철학의 심신 개념에 데카르트식 구도가 이미 상당한 정도로 덧씌워졌다는 점을 감안한다면 심신 동일론 등 물리주의에 대해 원천적으로 부당한 비판이 될 수 있다. 예컨대 잘 알려진 잭슨(Frank Jackson)의 지식 논변도 물리주의에 대한 이러한 선험적 비판과 크게 다르지 않은 것 같다. 이에 관한 보다 자세한 내용은 7장 이후를 참조할 것.

28 게다가 바로 앞의 각주에서 본 대로 데카르트식의 배타적인 심신 개념까지 이미 내재해 있다면 경험과학의 발전을 통해 심신 문제를 해결하려는 전략은 심신 문제의 본래 모습을 훼손시키지 않는 한 결코 이루어질 수 없는 것이기 때문이다. 이에 관한 보다 자세한 내용도 7~8장 이후를 참조할 것.

움 속에서 헤어 나오지 못하는 것이다.

심신 동일론이 옹호되던 당시에도 이미 이런 문제가 노출되었다. 당시 대표적인 심신 동일론자인 스마트는 특별히 현상 속성에 의한 선험적 비판을 봉쇄하기 위해서 정신적인 개념에 대한 '화제-중립적(topic-neutral)'[29] 분석을 제안했다. 그에 따르면 "나는 노란 오렌지의 잔상을 본다"고 말하는 것은 "내가 눈을 뜨고 깨어 있고, 내 앞에 양호한 빛이 비친 오렌지가 존재할 때, 즉 실제로 내가 오렌지를 볼 때 진행되는 것과 같이 진행되는 어떤 것이 있다"[30]고 말하는 것과 같다. 여기서 "…… 할 때 진행되는 것과 같이 진행되는 어떤 것이 있다(there is something going on which is like what is going on when)"를 스마트는 "준논리적(quasi-logical)이거나 화제-중립적인 말"이라고 한다.[31] 화제-중립적인 표현을 쓰면 선험적으로 특별히 그 대상을 물리적인 것이나 정신적인 것으로 규정할 필요가 없게 되며, 그에 따라 현상 속성을 언급함으로써 선험적으로 정신적인 대상(mental objects)의 존재를 인정하는 것으로 몰릴 위험을 피할 수 있다는 것이다.

스마트는 이런 문제들을 화제-중립적인 언급을 통해 해결하려 했지만, 나는 사실 지금의 시점에서는 단지 이런 식으로 피하는 것을 만족할 것이 아니고 동일론에 대한 이런 반론들이 갖는 보다 근본적인 문제를 짚어봐야 한다고 생각한다. 즉 이런 반론들 중 상당수가 존재 범주인 속성들 간의 차별성에 근거한 것이라기보다는, 술어 수준에서 보이는 언어 내

---

29 Smart(1959/1991), 반론 3에 대한 대답 참조(172~173쪽).
30 Smart(1959/1991), 173쪽.
31 Smart(1959/1991), 173쪽.

지 인식 차원의 차별화에 근거한 선험적인 비판에 불과하다는 점이다. 이런 종류의 비판은 논리행동주의를 비롯한 기존 분석철학계의 언어분석 관행을 넘어서려는 심신 동일론자들의 형이상학을 이해하지 못하고 기존의 언어분석 방식을 답습하는 수준에서 문제를 제기한 데에서 비롯되는 것이다. 즉 동일성에서 논의되는 속성은 존재 범주이기 때문에 언어 내지 인식과는 상관없이 존재하는 것인데, 많은 비판에서 거론되는 '속성'은 단지 술어에서 비롯되는 것일 뿐 참 속성이라고 볼 수 없는 것들이다. 라이프니츠 법칙에서 요구하는 속성은 이런 정도의 것은 아닐 것이다. 이런 정도의 속성만으로 동일성을 논할 수는 없지 않을까?

하지만 비판자들뿐만 아니라 정작 심신 동일론자이면서 비판을 받는 당사자였던 스마트 자신 역시 화제-중립적인 표현을 제시했을 때 이러한 문제를 분명히 인식하고 있었는지 모르겠다. 그가 제시한 화제-중립적인 표현은 마치 논리실증주의에서 검증 원칙에 대한 반론을 피하기 위해 여러 유사 원칙을 고안해낸 것처럼 문제를 근본적으로 반성하지 않고 미봉책으로 막아내는 데 급급한 것으로 보인다. 그렇다면 여기서 '근본적으로 반성'해야 할 핵심은 무엇인가? 그것은 심신 동일론은 정신 속성과 물리 속성 간의 동일함을 옹호하는 입장이며, 그때 정신 속성의 '속성'은 언어 차원의 술어로 정해지는 것이어서는 안 되고 엄연한 존재 범주라는 점이다.[32] 그런데 이러한 존재 범주인 속성을 다루는 데 있어 스마트의 화제-중립적 분석은 언어적 표현을 바꾸는 것을 대안으로 삼고 있는 셈이다. 우선 화제-중립성 자체가 그렇게 완벽하게 성공할 수 있는 언어 전략

---

[32] 그렇기 때문에 지금까지 이 책에서 시종일관 다룬 보편자로서의 속성에 관한 존재론적 탐구와 속성 실재론에 관한 탐구가 작금의 심신 문제를 해명하는 데에 중요하다.

인지도 의문이다. 배경지식이나 선입견을 완전히 제거해낸 언어 표현의 전환(paraphrase)이 그리 말처럼 간단치 않다. 사실-가치 간 환원의 어려움, 주관의 감정을 완전히 배제한 완벽한 사실 보고의 어려움, 객관적이고 중립적인 사실 보고의 어려움, 의미 손실 없는 번역의 어려움 등의 사례들을 통해 언어적 환원의 어려움은 이미 많이 알려져 있다.

게다가 화제-중립적 분석에 의한 심신 동일성 논변은 존재 범주로서 속성의 위상을 크게 훼손할 위험이 있다. 심신 동일론은 정신 속성이 물리 속성과 사실상 동일하기 때문에 결국 정신 속성이 실재함을 옹호하는 것으로도 볼 수 있다.[33] 그런데 물리 속성과 동일함이 판명되기 이전의 '정신 속성'은 과연 실재한다고 할 수 있을까? 그때의 '속성'이 참 속성이라고 할 수 있을까? 스마트와 같은 물리주의 입장에서 속성으로서의 지위를 이미 확보한 것은 물리 속성뿐이다. 정신 속성은 정신 술어에 의해 구성된 것일 뿐 아직 진정한 속성이라고 할 수 없다. 그렇다면 이런 정신 속성과 물리 속성이 동일하다는 주장의 의미는 무엇일까? 이러한 동일성을 밝혀낼 수 있을까? 그러니 다음과 같은 문제가 생긴다. 정신 술어에 의해서만 구성된 '정신 속성'은 어차피 그것의 인식적·언어적 의미를 물리 속성만으로 설명하지 못하는 '설명의 틈새'가 생길 수밖에 없는 선험적 차이를 지니고 있다.[34] 그렇다면 심신 동일론에서 말하는 심신 동일성을 확보하는 것은 매우 어려운 일이 될 것이다.[35]

스마트 이후 암스트롱 그리고 최근의 김재권이 제시하는 (앞의 5장에서

---

33 역시 심신 환원주의자인 김재권이 바로 이런 식으로 심신 환원을 통해 정신 실재론을 옹호하려는 전략을 쓴다. 김재권의 이러한 생각에 관해서는 3장 1절과 5장 참조.

34 이에 관해서는 7장 이후 참조할 만한 더욱 자세한 내용이 있다.

35 이 문단의 내용과 관련된 보다 상세한 설명은 백도형(1999), 367~369쪽을 보라.

보았던) 기능주의에서 심신 속성들 간의 기능적 동일성은, 속성과 동일성이 갖는 이러한 형이상학적 중요성에 비추어볼 때에 오히려 화제-중립성으로 접근하는 스마트의 동일론보다 더 적절하고 발전된 형태의 동일론이다. 이들의 기능주의에서 심신 속성들 간의 기능적 동일성은 바로 그 속성들이 갖는 인과적 역할 내지 인과적 힘의 동일성을 의미한다. 그리고 $F=ma$, $E=mc^2$, $S=vt$ 등의 물리법칙들에서 등호를 기준으로 좌항과 우항이 갖는 동일성 역시 기능적 동일성이라고 볼 수 있다. 즉 심신 동일론에서 심리 속성과 물리 속성 간의 인과적 역할이 동일하듯이 이 물리법칙들에서 좌항의 인과적 역할과 우항의 인과적 역할이 동일하다. 이런 물리법칙들이 적용되는 물리 세계에서 좌항 물리 속성들의 변화는 우항 속성들의 변화를 유발하며 그 역도 성립한다. 즉 법칙을 구성하는 속성들 중 어느 하나의 변화는 다른 속성들의 변화 원인이 된다는 점에서 이러한 물리법칙들은 결국 인과법칙이라고 할 수 있으며 이 법칙들 속의 등호는 좌항과 우항의 인과적 힘의 동일성을 의미하는 것이다. 그들은 이렇게 물리적인 것과 정신적인 것 간에 존재한다고 보는 인과적 힘의 동일성을 통해 기능주의로서의 심신 동일론을 옹호하는 것이다.

그들의 이러한 기능주의에서 또 하나의 핵심은 바로 인과 내지 인과적 힘이 존재 범주인 속성의 정체성 내지 동일성에 중추적인 역할을 한다는 것이다. 잘 알려져 있듯이 김재권은 '알렉산더의 논제', 즉 "실재한다는 것은 인과적 힘을 갖는 것"이라고 주장하고 있으며, 암스트롱도 언어 범주로서 술어의 정체성이 의미론적으로 정해지는 것에 반해 존재 범주인 보편자로서 속성의 정체성은 인과에 의해 결정된다고 주장한다.[36] 이러한 인

---

36 Armstrong(1978B), 16장, 특히 43~47쪽을 보라.

과적 속성이 인과법칙으로서 자연법칙을 이루는 변항으로 자리하여 자연계와 물리계를 이루는 중요한 존재 요소가 된다는 것은 앞에서 이미 살펴보았다.[37]

이렇게 본다면 암스트롱, 김재권 등의 기능주의적 심신 동일론은 조금 전에 살펴본 스마트 등의 심신 동일론 논의보다 실제 물리학에서 보여주는 물리계의 모습과 더 잘 부합할 수 있다. 그들이 기능주의에서 주장하는 심신 동일성은, 바로 그런 물리계 속에 정신 속성을 적절하게 편입시킴으로써 존재론적 경제성(Occam's razor)을 추구하는 심신 동일론 본래의 취지를 그나마 더 적절하게 만족시킨다고 볼 수 있다. 다만 5장 4절에서 보았듯이 기능적 환원이라는 새로운 환원주의에서도 명실상부한 존재적 환원이 이루어지기에는 여러 난점들이 존재한다는 점을 새삼 돌아보아야 할 것이다. 하지만 동일성과 관련된 철학 논의에서는, 특히 심리철학이나 과학철학처럼 자연계와 경험과학의 영역이 적어도 탐구 대상의 일부로 포함되는 논의에서는 언어적 동일성, 언어적 환원과 혼동의 여지를 줄 수밖에 없는 입장보다는 기능적 환원을 통한 동일성이 더 주목할 만한 가치가 있지 않을까 생각한다.[38]

앞에서 살펴본 논변을 종합해볼 때 얻을 수 있을 법한 중요한 한 가지 귀결은, 초창기 심신 동일론 논의에서 보이는 심신 환원 등 심신 속성을 다루는 논변이 사실상 속성이 아니라 속성의 서술을 다루는 수준에 불과

---

37 5장 2~3절 참조.
38 서양철학의 형이상학 전통에서는 동일성을 대체로 필연성과 관련지어 논의한 전통이 있었기 때문에 우연의 여지가 있는 경험성보다는 선험성과 관련짓는 것을 더 자연스럽게 생각하는 경향이 있었다. 지금까지 서양 형이상학에서 보는 '동일성'이 너무 강한 동일성은 아니었을까 재검토하는 것이 필요하다고 생각한다.

하다는 것이다. 그래서 그때의 '환원'이 마치 존재적 환원을 논하는 것 같지만 사실상 언어적 환원 이상이 아닌 결과가 된다. 심신 동일론을 비판하는 반(反)물리주의 입장이든 물리주의 입장에서 동일론을 옹호하는 입장이든 모두 속성, 특히 정신 속성을 실제로는 술어 차원으로 인식하고 있다. 어느 편이든 이들의 '정신 속성'은 사실상 정신 술어, 심리 술어에 의해 서술된 것 이상의 의미를 정당하게 갖는다고 볼 수 없다.[39] 물론 심신 동일론과 그에 대한 반물리주의 진영의 비판, 또한 그 비판에 대한 대응으로서 스마트의 화제-중립적 분석은 지금까지의 심신 이론들 중 몇 사례들에 불과할지도 모른다.[40] 하지만 이 사례들이 물리주의와 반(反)물리주의 간의 대표적인 논쟁이며, 더욱 중요한 것은 이미 잘 알려져 있는 이러한 논쟁을 통해서도 속성이 아닌 속성의 서술만을 다루는 데에 그쳤다는 문제점들을 아직 심리철학계 일반이 포착하고 있지 못했다는 점이다.[41] 그렇기 때문에 이러한 사례들이 지금까지도 심신 문제에 관한 논의에서 유사한 잘못이 계속 생길 수 있음을 보여주는 데에는 충분하다고 생각한다.

이상의 논의는 지금까지 대부분의 심신 이론들이 속성 일원론, 속성 이원론 등을 다루면서 마치 속성에 관한 논의로 포장되어 있지만, 보다 꼼꼼

---

39 심신 이론에서 '제3의 길'이라고 볼 수 있는 온건한 물리주의 입장인 비환원적 물리주의의 '정신 속성' 위상도 이상의 두 입장과 크게 다르지 않고, 오히려 앞으로 7~8장에서 보겠지만 데카르트식 배타적 심신관의 영향을 어느 입장보다도 더 강하게 받고 있다는 점을 감안한다면, 거의 모든 심신 이론들이 사실상 속성을 그 서술인 술어 차원에서만 다루고 있다고 볼 수 있다. (물리 속성의 실재만을 인정하는 제거주의가 유일한 예외가 될까?)

40 보다 많은 사례들은 7장에서 의식 문제를 다루면서 찾을 수 있다.

41 나는 그런 점에서 심신 문제를 다루면서 심신 속성을 논하는 것이 사실은 심신 술어 수준의 논의에 불과하다는 점에서 심신 유명론을 옹호하는 것이다. 심신 속성을 술어 차원의 서술에 불과한 것으로 보는 유명론은 정신 인과의 문제도 적절하게 답변할 수 있다. 보다 상세한 내용은 9장 참조. 기존의 글로는 백도형(2001A), (2005A) 참조.

히 따져본다면 존재 차원의 속성이 아닌 속성의 서술 차원에 불과한 술어 분석에 그치고 있을 가능성을 보여준다. 물론 심신 문제는 인간과 자연에 관련된 형이상학의 중요한 쟁점이지만, 지금까지 심신 이론들은 이런 식의 분석을 하면서 마치 형이상학으로서 심신 문제를 제대로 다루는 듯한 착각에 빠져 있었기 때문에 심신 문제가 지금까지도 아포리아에 빠져 있는 것이다. 이러한 점을 분명히 인식하고 반성하는 것이 미로에 빠진 심신 문제와 심리철학에 대한 물음을 제대로 던지기 위한 핵심 열쇠다.[42]

어떤 이는 이 글의 이러한 생각에 대해 지나치게 강하고 무거운 속성 관을 전제하고 있다고 비판할지도 모른다. 이 글에서는 줄곧 속성을 존재 범주로 보며 언어 범주인 술어와 대조시켰다. 따라서 속성의 정체성 내지 동일성은 술어의 의미 차원이 아니라 궁극적으로 발달한 최종 과학의 성과에 의해 정해지는 것이라고 주장했다. 하지만 정신 인과의 문제를 논하는 철학자들을 포함해 많은 철학자들이 실제로 나와 같은 방식으로 속성을 술어와 엄격하게 구별하는 것 같지는 않다.

---

42 나는 물리주의와 보편자 문제를 진지하게 받아들인다면 지금까지의 심리철학 역사가 재평가될 수 있다고 생각한다. 지금까지 살펴본 대로 물리주의와 보편자 실재론을 다시 이해한다면 1950년대부터 본격적으로 시작된 현대 심리철학의 역사에서 심신 동일론이 스러지고 비환원적 물리주의가 부상했던 대목은 마땅히 재평가되어야 한다. 즉 최근까지도 주류 입장의 위치를 차지하고 있는 비환원적 물리주의는 태생적인 한계를 지닌 입장으로서 근본적으로 재고되어야 하는 안이한 선택에 불과하지만, 반면에 지금까지 심리철학사의 해프닝 정도로 폄하되었던 심신 동일론 내지 환원주의는 실제 단명했던 역사적 사실과는 달리 기능주의 방식을 통해 진지하게 재고려될 수도 있음을 주목해야 한다. 만일 그렇다면 뜨거운 논의와는 달리 한동안 정체되었던 심리철학계의 판도가 달라질 수도 있을 것이다.

물론 그렇다고 해서 내가 결론적으로 심신 동일론을 옹호하려는 것은 아니다. 복수 실현 가능성 논변이나 데이비슨의 무법칙적 일원론이 보여주는 비판을 동일론은 쉽게 극복할 수 없다고 생각한다. 또 이 책 5장 4절의 비판도 참고할 것.

하지만 나는 이러한 안이함 때문에 정신 인과를 비롯한 심리철학 문제들이 제대로 해결되지 못하고 있다고 생각한다. 정신 인과의 문제는 형이상학 내지 존재론의 문제라고 누구나 이야기한다. 그렇다면 그 문제를 다루면서 '속성', '물리주의' 개념에 대해 존재론적 사유에 걸맞은 수준의 논의가 이루어져야 할 것이다. 그러려면 술어 수준의 언어 사용과 별 차이 없는 속성관은 마땅히 재고되어야 할 것이다. 개별자를 동일한 유형으로 묶어주는 것으로서 속성을 생각한다면, 그리고 거기에 인과 작용이 개입되고 결과적으로 법칙과도 관련되는 것이라면, 도대체 어떻게 보편자가 개입하지 않을 수 있겠는가? 게다가 물리주의가 일종의 대세를 형성하고 있다면 속성의 구별은 언어에 의해 선험적으로 주어지는 것이 아니라 발전된 물리학 등 과학의 성과에 의해 이루어지는 것으로 보아야 하지 않을까? 언어 차원과 구별되는 존재 범주로서의 속성을 확인하는 이러한 속성관이 현대의 상식을 벗어난 지나치게 엄격한 것일까?

앞에서 살펴본 대로 언어 차원과 존재 차원을 제대로 구별하지 않는 안이한 속성관은 '언어적 전환'으로 상징되는 초기 분석철학의 반형이상학적 경향에 크게 영향받고 있다. 그래서 사실상 언어를 넘어서는 존재를 탐구하는 형이상학을 한다고 하면서도 실제로는 언어분석을 하는 데에 그치고 있다. 하지만 언어 차원과 존재 차원은 구별해야 한다. 설사 연구 결과에 의해 나중에는 언어로부터 구별되는 존재 차원에 대해 회의적인 결론을 갖게 되더라도, 연구의 시초 단계에서는 존재는 언어 내지 인식과 구별된다는 것을 일종의 작업가설로 삼을 필요가 있다. 아니면 아예 논리 실증주의나 일상 언어 학파처럼 형이상학 탐구를 대놓고 거부하는 것만 같지 못하다.[43]

심신 이론들에서 다루는 속성은 사실상 속성의 서술을 다루는 것에 불과하다는 생각은 7장 이후 의식 문제를 다루면서 재확인되며 더욱 비중있는 사례들을 통해 강화될 것이다. 의식 문제를 다루는 7~8장의 논의 결론을 미리 요약하면, 속성은 사실상 속성의 서술을 다루는 것에 불과하다는 지금의 생각에 더해 그 서술도 데카르트식 배타적인 심신 개념의 틀에서 벗어나지 못하고 있다는 것이 덧붙는다. 그러한 데카르트식 심신 개념에서 벗어나고 있지 못한 것이, 지금까지 주장해온 보편자로서의 속성 문제를 주목하지 않은 것과 함께 심신 문제가 갖는 아포리아의 근원이라는 점도 더해질 것이다. 심신 속성이 이렇게 데카르트식 심신 개념에 의한 서술에 불과하다면 심신 이론가들이 당연시하고 있는 기본적인 심신 속성들(예컨대 현상적 질적 주관적 의식 속성)도 데카르트라는 우연적인 철학사적 맥락에 바탕을 둔 것이지 절대적이고 보편적인 금과옥조로 당연시할

---

43 나는 이 책을 통해 지금까지 심신 이론들의 속성 논의가 대체로 보편자로서의 속성 실재론을 토대로 성립하고 있다고 주장한다. 그런데 지금 이 대목을 처음 논문으로 발표하고 투고했을 때 논평과 심사 과정에서 보편자 실재론에 의해 성립하는 동일성 대신 보다 약한 유사성(닮음)을 바탕에 두고도 정신 인과를 설명할 수 있다는 지적이 있었다. 즉 이러한 유사성은 예컨대 보편자 실재론보다 약한 입장[예컨대 추상적 개별자론(trope theory) 등 유명론의 입장]들만으로도 충분히 가능하며, 인과법칙에 대해서도 보편자 실재론이 아니라 규칙성 이론을 옹호하는 것만으로 충분할 수 있다는 것이다.

하지만 이러한 지적은 실제 심리철학의 역사에 비추어볼 때 적절치 못하다. 실제로 심리철학에서 문제가 되었던 심신 동일성은 보편자 실재론을 토대로 한 동일성만으로 설명할 수 있다. 심신 동일론이 주장하는 동일성은 물리 속성과 정신 속성 간의 동일성이다. 즉 두 속성이 별개가 아닌 하나임을 주장한다. 그럼으로써 '오컴의 면도날'이라는 경제성 이념을 만족시키는 수적인 동일성(numerical identity)을 옹호한다. 물론 보편자로서의 속성 실재론이 우선적으로 뒷받침하는 것은 심신 속성들 간의 동일성이라기보다는 서로 다른 개별자가 동일한 속성을 공유하는 상황이다. 하지만 심신 동일성을 문제 삼는 그동안의 심리철학 논의 맥락에 비추어볼 때, 개별자들이 공유하는 속성에 동일성이 전제되지 않는다는 생각은 넌센스일 뿐이다. 예컨대 나의 고통과 그의 고통의 동일성도 유지되지 못한다면, 〈고통=C 신경섬유의 활성화〉라는 심신 동일성을 주장한다는 것이 무슨 의미가 있을까? 이 글에서 살펴보았듯이 심리철학의 실제 역사에서 등장했던 라이프니츠 법칙에

속성은 아니다.⁴⁴ 그러므로 심신 문제의 생산적인 논의를 위해 이러한 데카르트식 심신 개념에 대한 깊은 반성과 재고가 필요하고, 이러한 반성과 재고를 시도하는 것이 심신 문제의 함정에서 벗어날 수 있는 첫걸음이 될 것이다. 하여간 이 문제는 7장 이후 충분히 재론할 것이다. 그 전에 다음 절에서는 지금까지의 잠정적인 결론을 정리해보겠다.⁴⁵

어긋나는 차별 속성을 제시하는 비판 논변과 복수 실현 가능성 논변은 바로 그런 동일성을 겨냥한 비판이었다. 만일 정신 속성과 물리 속성이 유사성에 토대를 두고 있다면, 그런 강한 동일성을 표적으로 삼는 비판 논변들이 굳이 등장할 필요가 없었을 것이다.

그리고 나는 비록 유사성이 동일성에 대한 대안으로 철학사에서 많이 거론되었다는 사실을 인정하지만, '유사성'을 정당화하는 것 자체도 그렇게 만만한 일이 아니라고 생각한다. 더구나 물리주의를 논의하는 맥락에서는 더욱 간단치 않다. 특정한 관점이나 이론이 전제되지 않고서 유사성이 적용될 수 있을까? 그렇다면 유사성은 순수하게 존재론적으로 뒷받침될 수 없고 인식, 언어, 이론의 차원이 개입할 수밖에 없다. 게다가 어떤 측면이나 관점을 문제 삼을 때 보편자에 다시 의존할 수밖에 없다[김희정(2003) 참조]. 즉 서로 다른 개별자들 간에 일어나는 동일한 특성의 반복은 유사성만으로는 설명할 수 없다. 더구나 지금 이 글의 논의 맥락에서 중요하게 고려되고 있는 것은 물리주의 입장이다. 그리고 물리주의에서 물리 속성은 양화되는 속성이다. 물론 양으로 표시되는 정도의 차는 있을 수 있지만 그 경우조차도 양화되는 것인 한 유사성만으로 설명할 수 없다. 양화가 된다면 거기에는 수(number)가 전제되고, 수가 전제되려면 단위 존재에 대한 동일성이 전제 되어야 한다. 따라서 결국 다시 보편자가 개입할 수밖에 없다.

44 그래서 어쩌면 심신 문제라는 제대로 된 형이상학 논의를 위해서도 사전에 중심 개념들에 대한 개념사적 고찰이 필요할지도 모른다. 7장 이후, 특히 8장에서 데카르트식 구도에 관한 논의가 바로 그런 취지에서 이루어졌다.

45 이 장의 1~3절의 일부는 백도형(2008A), (2011)에 포함된 내용을 토대로 이루어졌다.

4. 정신 인과의 문제의 잠정 결론

그렇다면 문제는 존재 범주로서 속성의 성격을 분명히 할 수 있는가다. 과연 인식과 언어의 수준을 넘어서는 속성의 존재에 관해 주장할 수 있을까? 이와 관련해 심신 문제 등 환원이 흔히 거론되는 분야에서 암암리에 전제되던 속성에 관한 입장은 속성 실재론이다. 속성 실재론에 따르면, 속성은 인식 주관의 마음이나 이론, 혹은 개념·언어(예컨대 술어) 등을 넘어서서(에 독립적으로) 객관적으로 존재한다. 속성 간의 환원을 언어적 환원이 아닌 존재적 환원으로 당연하게 보는 시각은 이러한 속성 실재론의 바탕 위에서 이루어지고 있다.

하지만 각 분야에 고유한 속성의 존재를 모두 인정하기 위해서 이러한 속성 실재론을 여러 분야에 함께 적용한다면, 그리고 각 분야의 자율성을 인정해 어느 분야든 다른 분야로 환원됨을 부정한다면 여러 다양한 학문 분야의 존재자들이 모두 존재한다는 입장이 되므로 존재론적으로 많은 부담을 갖게 될 수밖에 없다. 예컨대 3장에서도 이미 보았듯이 단지 '학문 분야의 자율성'이란 이유로 이원론을 옹호한다면, 마찬가지 이유로 다원론도 옹호할 수 있기 때문에 마치 100여 년 전 분석철학 초창기의 '마이농의 스캔들'을 연상시키는 지나친 존재 세계의 팽창으로 귀결될 것이다. 즉 다음 ①~⑤의 존재자 계층들이 모두 존재함을 인정해야 하지만, 실은 모두 인정할 경우에 존재계 서로 간에 모종의 중복됨이 있음을 부정하기 어렵기 때문이다. 예컨대 이 모든 것들이 존재하는 세계를 하나의 단일한 세계로 볼 수 있을까?[46] 단일 세계라면 환원을 부정하면서 존재자들 간의 이러한 중복은 어떻게 해결할 수 있을까?[47]

① 미시 물리적 존재자

② 일상 사물(거시 물리적 존재자)

③ 생명체

④ 개인으로서의 인간(정신, 이성)

⑤ 사회

따라서 각 학문 분야의 자율성과 속성 실재론이라는 두 가지 조건을 함께 옹호하기는 어렵다. 그렇다면 남은 선택지는 앞에서 두 가지 조건 중 한 가지를 재고하는 것이다. 우선 각 학문 분야의 자율성이라는 첫 번째 조건을 부정하면서 속성 실재론만을 인정할 경우, 가장 기초적인 존재 세계인 미시 물리계의 존재만을 인정하는 환원주의나 제거주의라는 극단적인 물리주의 입장만 남는다. 이미 5장에서 심신 환원주의 성립의 어려움을 여러 가지로 지적했으니 사실상 제거주의만이 속성 실재론을 인정할 경우의 유일한 귀결이 되는 셈이다. 실로 미시 물리학만이 학문적으로 정당화되는 '통일과학의 시대'가 열리는 것이다. 그것이 참이라면 어쩔 수 없는 일이겠지만, 그것을 '장밋빛 미래'라고[48] 생각할 사람은 별로 없을 것이다.

그러나 제거주의라는 극단적인 물리주의 이외에도 또 하나의 유력한 선택지가 있음을 놓치면 안 된다. 즉 각 학문 분야의 자율성이라는 조건

---

46 마치 우리나라의 각 종교별, 종교기관별 등록 신자수를 모두 더하면 총인구의 몇 배가 될 것이라는 우스갯소리처럼 말이다.

47 앞의 3장 3~4절에서 다루었던 일반화 논변 참조.

48 물론 로크(John Locke)처럼 색(色, color)을 주관적인 제2성질에 속한다고 주장하면서 객관적인 물리 속성에서 배제된다고 보는 엄격한 물리주의자들은 '장밋빛' 존재 자체에 대해 당연히 회의적일 것이다.

은 받아들이면서 두 번째 조건인 속성 실재론을 재고하는 것이다. 즉 일종의 속성 유명론(property nominalism)이다. 심신 문제에 이러한 유명론을 적용하면 심신 유명론이 되며 앞에서 본 데이비슨의 입장을 유명론에 초점을 두고 발전시키면 그러한 입장에 도달할 수 있을 것으로 생각한다. 심신 유명론은 환원과 관련된 문제들을 해결하기 위해 억지로 만들어낸 입장으로 보일지도 모른다. 또 지금까지 실재론을 너무 당연시하는 입장에서는 유명론이 언뜻 속성 자체를 부정하는 것으로 보이기 때문에 무정부주의 또는 허무주의처럼 아무것도 아니라는 주장으로 생각할 수도 있다.

하지만 그렇지 않다. 앞에서 본 대로 각 학문 분야의 속성이 실제로는 그 이론에 고유한 술어를 통해 구성되는 현실을 받아들인다면, 실재론이 옹호하는 '인식주관에 독립적인 객관성'은 실제로는 온전히 구현하기 어려운 이상적인 가치에 불과하다. 최근 과학철학에서 흔히 논의되는 이론-의존적(theory-laden) 특성은 술어에 의한 속성 구성에도 해당될 수 있다.[49] 이렇게 본다면 유명론은 실재론의 '객관성'이 가지고 있던 거품을 빼자는 반성에서 비롯한 입장일 수 있다.

결국 지금까지의 논의로는 제거주의 등 극단적인 물리주의와 유명론이라는 두 가지 입장이 가능한 셈이다. 이것이 지금까지의 잠정적인 결론이다.[50]

서양 형이상학의 전통적인 관점이 당연시된 근대 이후, 더구나 뉴턴

---

49 이에 관해서는 8장 이후를 참조.
50 나는 9장 이후에서는 '4차원 개별자론'이라는 유명론의 새로운 형태를 제시함으로써 이상의 두 가지 선택지 중 유명론 쪽에 좀 더 선택의 무게를 둘 수 있음을 보이려고 한다.

이래 자연과학의 급속한 세력 획득 이후에 학문의 흐름은 크게 과학주의(scientism)의 대세를 벗어나기 어려웠다. 서양의 경우 학문의 역사적 원조는 철학이었다. 모든 학문 분야의 역사를 거슬러 올라가면 철학의 역사로 수렴할 수밖에 없었다. 반면에 근대 이후 학문의 역사는 대체로 철학으로부터 독립되어 학문의 분과화, 전문화가 이루어졌다. 이러한 학문의 분과화는 각 학문 분야의 과학화 역사로 보아도 무방하다. 잘 알려져 있듯이 뉴턴의 고전물리학 체계를 완성한 저서의 이름이 『자연철학의 수학적 원리』(*PHILOSOPHIAE NATURALIS PRINCIPIA MATHEMATICA, Mathematical Principles of Natural Philosophy*, 1686)라는 점은, 고전물리학 체계가 완성되었을 때까지만 해도 물리학 등 자연과학(당시에는 '자연학')이 철학의 한 분과에 불과했음을 보여준다.

18세기 말에서 19세기 초에, 실증주의 철학자로 분류되기도 하는 콩트(Auguste Comte)에 의해 사회학이 실증과학의 영역에서 새롭게 창시됨으로써 사회 영역을 대상으로 하는 소위 '사회과학'이 과학화의 길로 나아가며 철학에서 독립했다. 사회에 관한 영역은 비록 과학화되어 자연과학의 실증적, 계량적 방법을 사용하는 사회과학이 되었지만, 마지막 남은 인간 정신은 과학화가 불가능할 것이라는 마지막 기대가 19세기 말 심리학의 탄생으로 물거품이 되고 말았다. 이후 심리학은 행동주의, 인지과학, 진화 심리학, 신경과학의 방법을 채택하면서 급속히 객관화, 과학화의 길을 걷고 있다. 그러기에 최근에는 (7장에서 더 상세하게 살펴볼) 일인칭적 주관성을 본성으로 한다고 보이는 의식이 심리학의 과학화에 저항하는 최후의 영역으로 불리며 많은 연구가 진행되고 있지만, 이미 대세는 과학화 내지 과학주의, 물리주의 쪽으로 넘어가고 있으며 어쩌면 이는 거의 외길 수순인 것으로 보인다. 5~6장에서 주로 다룬 주제인 '환원'은 지금까지 학문 역사의 외길 수순을 상징하는 학문 분야 간 흡수 통합의 전형적인 방법이다. 따라서 앞에서 본 대로 전통 형이상학의 전제들을 그대로 답습하는 한 환원주의 또는 제거주의라는 극단적인 물리주의 종착점을 피할 수 없다. 또한 지금까지의 잠정적인 결론에서도 심신 유명론과 함께 유력한 선택지의 하나로 놓을 수밖에 없다. 심신 유명론에 관해서는 9장에서 살펴볼 것이고 우선 7장에서는 지금까지 살펴본 정신 인과의 문제와 함께 심신 문제의 또 다른 핵심 쟁점인 의식 문제를 검토할 것이다. 의식 문제는 조금 전에 언급했듯이 물리주의와 과학주의 대세에 저항하는 대표적인 쟁점이기도 하다.

7장
의식의 일인칭적 주관성

1. 의식과 물리주의

의식은 정신·심리 영역에 대한 과학적 탐구에서 '마지막 관심'이라고 볼 수 있다. 학문의 역사는 만학의 왕이던 철학으로부터 특수과학의 영역들이 독립되어 나간 분과화의 역사로 볼 수 있다. 과학 탐구의 이념은 객관성의 추구이기 때문에 객관화가 용이한 분야들이 우선적으로 과학의 영역에 포섭되었다. 결국 인간 주관성의 영역이라고 할 수 있는 인간의 정신 영역, 즉 심리학 영역이 가장 최후까지 철학의 왕국을 지키던 보루였다. 그런데 19세기 중·후반기 이후 심리학마저 철학에서 독립해 과학화를 추구하게 된다.[1]

심리학이 과학으로서 철학으로부터 독립되어 나가는 과정을 살펴보자. 심리 영역에 대한 전통적인 연구 방법은 내성적(introspective)이었지만, 경험적인 연구가 가능한 분야부터 과학으로서 심리학 영역에 포섭되었다. 주지하다시피 프로이트는 정신적인 것의 본질을 무의식적인 것에서 찾음으로써, 경험적인 연구 방법으로는 설명하기 어려웠던 의식 영역을 심리학의 주된 관심으로부터 배제시켜버리고 심리학을 과학의 영역으로 편입시키는 데에 사상사적으로 지대한 영향을 끼쳤다. 객관화를 지향하는 심리학의 이러한 경향은 20세기에 들어와서도 지속되어 행동주의, 기능주의, 인지과학(또는 인지심리학), 진화 심리학, 신경과학 등 객관화와 과학화가 가능한 연구 방법을 지금까지도 지속적으로 추구하고 있다. 하지만 데카르트의 제1원리 이래 주관적인 것의 전형으로 여겨져 온 의식은 지금까지도 경험과학으로서 심리학에서 가장 설명하기 어려운 부분으로 남아 있다. 의식은 본질적으로 주관적이라서 일인칭적이며 사적인 것이므로, 객관적이며 삼인칭적인 과학적 연구 방법으로는 제대로 포착할 수 없는 것이기 때문이다.[2]

그러나 데카르트가 생각하고 의식하는 자아의 존재를 철학의 공리인 제1원리로 삼고 존재 세계를 물질적인 것과 정신적인 것으로 나눈 이래, 의식은 정신적인 것의 가장 중요한 핵심 요소였고 최근의 현대 의학에서조차도 의식이 있느냐 없느냐, 있더라도 그 의식 상태가 어떠한가 하는 것이 인간의 정신 상태에 관한 의과학자들의 주요 관심사라는 점을 감안한다면, 정신적인 것에 관한 연구에서 객관화를 이유로 의식의 영역을 배제

---

1 철학사를 통해 잘 알려져 있듯이 이러한 흐름이 철학의 정체성 위기를 불러일으키게 되어 분석철학 등 20세기 이후 현대 철학으로 하여금 전통 철학에 대한 철저한 반성과 비판을 지향하도록 했다.
2 우리 속담 "열 길 물속은 알아도 한 길 사람 속은 모른다"가 바로 이러한 주관적 특징을 잘 표현한 것이 아닐까?

하고 무의식적인 것에만 관심을 둔다는 것은 심리학을 경험과학의 영역으로 편입시키는 데에는 손쉬운 방법인지는 몰라도 정신 영역에 관한 불완전한 과학으로 남을 수밖에 없다는 문제점을 드러낸다. 하지만 의식은 인지 과학, 신경 과학 등 현대의 발달된 심리학 기법을 이용한 경험적인 연구로도 쉽게 설명할 수 없는 것으로 남아 있고, 따라서 존재 세계에서 의식의 영역을 어떻게 자리매김할 것인가가 심리학이라는 과학의 관점에서도, 또한 철학의 관점에서도 중요한 문제로 떠오르게 되었다.

한편 근대 이후 과학의 급속한 발전으로 인해 물리학으로 세계의 모든 부분을 설명할 수 있다는 물리주의가 과학적인 세계관으로 널리 받아들여지게 되었다. 그런데 이때 '세계의 모든 부분'에는 당연히 정신 영역도 포함된다. 이와 관련해 최근 심리철학에서 또 하나의 핵심 문제로 제기되고 있는 것이 바로 이 책에서 지금까지 살펴보았던 정신 인과의 문제다. 즉 분명히 정신 사건들 사이에 또는 정신 사건과 물리 사건들 간에 인과적 상호작용이 일어나고 있는데, 물리주의가 옹호하는 물리 세계 속에서 정신적인 것이 어떻게 인과적 영향을 끼칠 수 있겠는가 하는 것이 정신 인과의 문제다. 그런데 바로 최근 정신 인과의 문제가 의식을 비롯한 정신적인 것의 영역에 존재론적인 문제를 제기하게 된다. 즉 물리주의를 받아들여서 물리 영역의 인과적 폐쇄성 원칙을 받아들이는 한, 물리 속성과 구별되는 정신 속성은 물리 속성의 인과적 힘을 넘어서서 구별되는 인과적 힘을 가질 수 없고 부수 현상으로 전락하게 된다는 것이다.

따라서 앞에서 언급했듯이 물리 현상과 차별화되는 의식 현상이 과연 그렇게 차별화되어 보일 만큼 존재론에서 자신의 위상을 확보할 수 있겠는가 하는 의문이 정신 인과의 문제를 통해 제기될 수 있다. 의식 현상은 현상 차원에서는 물리적인 것과는 구별되는 독특함을 지니지만, 과연 부수 현상이 아닌 명실상부한 존재론적 위상을 확보할 수 있겠는가?[3] 바로 앞 장 말미에서 보았듯이 환원주의나 제거주의 같은 강한 물리주의를 옹호함으로써 '부수 현상으로서의 의식 등 정신적인 것들'을 포기한다면 정신 인과의 문제는 간단하게 해결될 수 있지만, 데카르트 이래 인간 존재에 가장 핵심적인 요소로 여겨온 의식 등 정신 현상을 그렇게 쉽게 버리는 것은 우리의 상식적인 직관에 매우 어긋나는 일일 것이다. 그리고 환원주의나 심신 동일론처럼 의식을 물리 현상과 동일시하기에 둘은 본질적으로 동화되기 어려운 차이가 있는 것 같다. 앞에서 언급한 대로 의식은 본질적으로 주관적인 데 반해, 물리 현상은 객관적이고 삼인칭적인 경험과학의 대상이기 때문이다.

금세기 이후 심리학의 급속한 발전은 이전에는 철학 등 인문학의 영역으로 여겨졌던 정신 영역의 많은 부분에서 사실상 경험과학적 연구 수행이 가능함을 보여주었다. 하지만 의식 영역은 아직도 경험과학으로서 심리학에는 난제로 남아 있다. 이러한 점 때문에 의식 문제가 최근 심리학계와 철학계에서 뜨거운 쟁점으로 떠오르게 되어 많은 연구가 수행되어왔고 또 현재도 진행 중이지만, 대부분의 연구 작업들이 의식의 특정한 측면을 중심으로만 진행될 뿐 우리가 '의식'이라고 생각해왔던 모든 부분을 남김없이 다루고 있지 못하다는 비판들에 직면해 있다.

이 장에서는 이러한 점들에 착안해 심리학 '최후의 영역'이라 할 수 있는 의식 문제가 왜 이러한 난제가 될 수밖에 없었는지 진단해 보고자 한다.[4]

---

3 데카르트식 이원론처럼 물리적 실재와 별개의 존재로서 의식 등 정신적인 것들을 상정한다면 일단 정신적인 것의 존재론적 위상을 확보할 수 있겠지만, 그 당시에도 이미 문제되었던 여러 문제점들을 극복할 수 없다는 것이 지금은 당연시되기 때문에 데카르트식 실체 이원론을 검토하는 문제는 이 글에서 다루지 않으려고 한다.

2. 잭슨의 지식 논변

프랭크 잭슨(Frank Jackson)의 유명한 '지식 논변(knowledge argument)'[5]에서 논의를 시작해보자. 이 논변은 플라톤의 동굴의 비유와 유사한 상황을 가정함으로써 시작한다. 주인공 격인 메리는 날 때부터 흑백 방에 갇혀 있다. 흑백 방에는 흑백, 무채색 이외의 다른 색은 존재하지 않는다. 이런 점을 배경으로 논변은 다음과 같이 이루어진다.

> ① 메리는 흑백 이외의 색깔은 본 적이 없지만, 그는 흑백 책과 흑백텔레비전을 통해서 세계의 물리적 본성에 관해 알아야 할 것은 모두 배워서 알고 있다.
> ② 그러나 그가 처음으로 색이 있는 물체, 예컨대 잘 익은 토마토를 볼 경우 그는 새로운 사실을 배우게 된다.
> ③ 그가 새로운 사실을 배운다는 것은 물리적인 지식만으로는 세계가 완벽하게 설명될 수 없음을 뜻한다. 고로 물리주의는 부정된다.

논변의 핵심은 ①과 같이 완벽한 물리적인 지식을 갖는 것으로 가정한 상황에서 ②처럼 새로운 사실을 배운다는 것이 정당화될 수 있느냐 하는 것이다. 즉 과연 ②에서 새로 얻은 지식이 ①의 물리적 지식에 포함되느냐 여부다. 만약 포함되지 않는다면 물리적인 지식 이외에도 새로운 지식을 배울 수 있다는 것이고, 이는 물리적 지식만으로는 세계에 대한 완벽한 지

4　이 절의 일부는 백도형(2008B)에 포함된 내용을 토대로 이루어졌다.
5　Jackson(1982/1990), (1986/1991)에 있음.

식을 구축할 수 없다는 것이니 물리주의가 부정된다는 것이다. ②에서 새로 얻은 지식이 바로 최근 심리철학에서 논의되는 감각질이며, 이것은 주체의 생생하고 질적인 느낌으로 양적인 측정으로는 설명될 수 없는 부분이다. 즉 이러한 감각질의 존재를 인정하는 한, 물리적인 지식만으로는 세계에 대한 완벽한 지식을 구축할 수 없다는 것이다. 잭슨의 지식 논변뿐만 아니라 조셉 레바인(Joseph Levine)도 '설명의 틈새'를 주장하면서 의식 등 정신적인 것들은 물리적인 것만으로는 설명되지 않는다는 주장을 폈다.[6]

물리주의자 입장에서는 ②를 부정할 수 있다.[7] 즉 '새로운 사실'이나 '새로운 지식'임을 부정할 것이다. ①의 가정으로 메리가 물리계에 대한 모든 지식을 배워서 알고 있다는 것을 전제한다면 두뇌의 물리적 지식이라고 볼 수 있는 신경과학적 지식도 모두 알고 있는 셈이 되니, 그것을 바탕으로 색 경험 내용을 이미 알 수 있었다는 것이다. 그래서 비록 ②의 상황이 그에게 최초의 경험일지라도 '새로운' 것은 아니라는 것이다. 즉 메리는 각 색깔마다 자신의 신경 체계에 어떤 효과(신경과학의 용어로 서술된)를 가져다주는지 알 수 있으며, 유일하게 남은 일은 자신의 내부로부터 그러한 신경과학적 효과를 확인하는 방식을 이해하는 것뿐이다.[8]

하지만 지식 논변에서 물리주의를 비판하는 핵심은 이것이 아니다. 왜냐하면 지식 논변이 보이고자 하는 것은 감각질이 두뇌 현상에 전혀 의존(유형 동일성이나 개별자 동일성, 혹은 어떤 종류의 수반 형태로)하지 않고 독립적이어서 물리적 토대 없이도 감각질이 생겨날 수 있다거나 감각질의 물

---

6 Levine(1983), 그리고 Levine(1993) 참조.
7 예컨대 Dennett(1991), 398쪽 이하를 보라.
8 Dennett(1991), 400쪽 참조.

리적 실현을 지적할 수 없다는 것이 아니기 때문이다.[9] 예컨대 이렇게 설명할 수 있다. 만약 새로운 색 경험 주체가 제삼자라서 메리가 그의 뇌 신경 상태를 보고 그가 빨간색 경험을 하는지 노란색 경험을 하는지, 또는 어떠한 다른 감각 경험(예컨대 고약한 악취를 맡음, '고향의 맛'을 보고 감탄하는 "그래, 이 맛이야!" 할 때의 경험 등)을 하는지 알아내는 것은 가능할 것이다. 하지만 그것을 알아낸다고 해서 그 '새로운 경험'을 할 때에 그가 느끼는 감각의 생생한 질적 느낌(즉 감각질)을 알 수는 없다. 그렇기 때문에 자기 자신이 ②의 상황과 같은 '새로운 색 경험'을 할 때에 그것은 새로운 경험이 되는 것이다. 즉 경험 주체의 객관적 상태에 대한 인식은 물리적인 지식만으로도 얻어낼 수 있다. 하지만 경험 주체가 새로운 경험 시에 갖는 주관적인 질적 느낌은 물리적인 지식만으로는 알 수 없다.[10]

②에서 말하는 '새로운 사실'이란 바로 이것을 뜻하는 것이다. 만일 메리가 백도형과 동일한 경험을 해본 적이 있다면 그의 감각질을 짐작할 수 있을 것이다.[11] 하지만 그런 경험이 ②의 경험 이전엔 원칙적으로 봉쇄되어 있었다면, 우리는 ②에서 메리가 배운 지식을 **새로운** 것으로 인정할 수 있다. 메리 자신의 두뇌에 대해서도 그것을 대상화시켜서 **객관적으로** 볼

---

9 이 점은 잭슨이 지식 논변으로 데카르트식의 상호작용론(interactionism)이 아닌 부수 현상론을 주장하고 있다는 것에서도 알 수 있다. 이에 관해선 Jackson(1982/1990), 475쪽을 볼 것.

10 데닛(D. Dennett) 같은 정신적인 것의 반실재론자는 이러한 주관적인 질적 느낌이 물리적인 지식에서 배우는 것과 동일하지 않고 환원되지 않는다는 점은 인정하지만 아예 이렇게 물리적인 것으로부터 구별되는 주관적인 질적 느낌의 존재 자체를 부정할 것이다. 제거주의도 마찬가지다. 감각질에 대한 데닛의 비판적 입장에 관해서는 Dennett(1988/1990) 참조.

11 잭슨이 타인의 마음에 대한 회의론을 고려하고 있지 않다는 점에서[예컨대 Jackson(1986/1991), 394쪽을 볼 것], 그는 개인 간의 감각질 차이는 생각하지 않고 있으며, 이 점에 관해서는 Nagel(1974/1980)도 동일하다.

수 있다면, 자신이 지금 소위 '빨간색'에 대한 경험을 하고 있는지 그렇지 않은지를 판별할 수 있을 것이다. 그러나 그렇게 두뇌 상태를 객관적으로 식별할 줄 아는 것과 빨간색의 감각질을 **주관적으로** 체험하는 것은 분명히 다른 것이며, 그 체험이 최초의 것이라면 그것은 분명히 **새로운** 경험일 것이다. 따라서 앞에서 제시된 반론은 잘못된 것이다.[12]

하지만 이에 대해 지식의 종류를 구분함으로써 반박할 수도 있다. 즉 ①에서 메리가 배운 지식의 종류와 ②에서 메리가 새로 배운 지식의 종류가 상이하다는 것이다. ①의 지식은 사실적 지식(knowledge that)임에 반해, ②에서 메리가 새로 배운 지식은 사실적 지식이 아닌 능력(knowledge how), 특히 표상 능력과 상상력이라는 것이다. 그래서 ②에서 메리의 경험은 새로운 지식일 수는 있어도 새로운 사실은 아니라는 것이다.

이에 대해 잭슨은 ②의 지식 역시 사실적 지식이라고 대답한다.[13] ①의 지식이 사실적 지식임은 잭슨도 동의하는 것 같고, 결국 문제의 초점은 ②에서 지식의 성격이다. 잭슨에 의하면 ②에서 메리의 새로운 경험은 심리철학의 주요 문제 중 하나인 '타인의 마음(other minds)' 문제에 나름대로 해답을 줄 수 있는 그런 지식이라는 것이다. 메리는 색에 대한 새로운 경험을 통해 타인의 경험 내용에 관해서 (전에는 결코 알지 못했으나) 새롭게 이해할 수 있게 되었으며, 타인의 마음 존재에 대한 회의론적 견해를 나름대로 반박할 수 있다고 (물론 회의론을 완벽하게 반증할 수는 없다고 하더라도) 생각할 것이다. 그는 "상상력이란 지식을 결여하고 있는 사람들이

---

12 물론 데넷의 반론은 감각질의 존재가 객관적으로 입증될 수 없기 때문에 거부되어야 한다는 더 강한 주장을 바탕으로 하고 있다. 이에 관해선 Dennett(1988/1990)을 참조할 것.

13 Jackson(1986/1991), 393~394쪽.

의존할 필요가 있는 능력이다"[14]라고 함으로써 상상력이 사실적 지식과는 다른 것임을 지적하고 있다.[15]

이러한 잭슨의 논변은 물리주의 일반에 대한 비판으로 적용될 수 있다. '지식 논변'에서 잭슨이 지적하는 것은 결국 정신적인 것이 갖는 일인칭적 주관성은 어떠한 물리주의적 설명으로도 해명할 수 없다는 것이다. 만일 잭슨의 주장이 옳다면, 결국 물리적인 것만으로는 해명될 수 없는 어떤 것이 세계에 남아 있는 셈이다. 그렇다면 결국 물리주의적 설명은 세계에 대한 완전한 설명이 될 수 없기 때문에 세계에는 물리적인 것 이외에 다른 것(아마 정신적인 것)이 존재하게 되는 것이다. 결국 물리주의적이고 일원론적인 세계관은 부정된다. 이 점은 기능주의나 환원주의뿐 아니라 정신적인 것을 물리적인 것으로 보려는 물리주의 일반에 모두 적용될 수 있는 문제점이다.

그러나 잭슨의 대답이 이런 정도라면 물리주의자들은 계속 다음과 같이 반론을 이어갈지도 모른다. 즉 잭슨은 ②의 지식을 타인의 마음 문제에 답할 수 있는 사실적 지식이라고 함으로써 그것을 표상·상상 능력과 구별하지만, 타인의 마음 문제는 과연 사실에 관한 문제라고 할 수 있는가? 물론 거시적인 차원에서 보면, 인간이 마음을 가지고 있다는 것은 사실이다. 그러나 미시적인 차원에서 본다면, 마음이란 결국 두뇌의 신경 생리적인 현상에 불과하다. 따라서 이러한 마음에 관해 생각하는 것 자체가 표상이요 상상이기 때문에 그러한 문제에 의존해서는 ②의 지식이 사

---

14 Jackson(1986/1991), 392쪽.

15 잭슨에 의하면 토머스 네이글(Thomas Nagel)의 '박쥐 논변'은 이러한 점을 분명히 부각시키지 못했다고 비판한다. Jackson(1982/1990), 473쪽을 볼 것.

실적 지식임을 보일 수 없다. 따라서 물리주의의 입장에서 본다면 아직도 잭슨은 ②의 지식이 사실적 지식임을 보이는 데 성공하지 못했다. 만약 물리주의자들이 이처럼 다시 반박한다면 잭슨은 이에 대해 어떻게 답변할 수 있을까? 물리주의자들이 물리적인 지식 이외의 다른 지식은 모두 표상 능력의 산물이라고 몰아붙일 경우, 잭슨은 과연 이런 종류의 반박을 극복할 수 있을까?

게다가 물리주의자들은 다음과 같이 덧붙인다.[16] 잭슨 자신이 인정하고 있듯이[17] 그가 지식 논변으로 제시하고자 하는 감각질은 **부수 현상**에 불과하다. 따라서 그 자체 확고한 존재론적 지위를 확보하고 있지 못하다. 즉 그것은 그것을 이루고 있는 물리 현상들이 사라진다면 같이 사라져야 할 뿐, 독자적인 존재성을 갖고 있지 못하다. 앞에서[18] 정신 인과의 문제를 다룰 때 본 부수 현상론 시비를 극복할 수 없다는 것이다. 물리주의자들이 평소에 심리 현상은 결국 두뇌에서 일어나는 물리 현상에 불과하다고 말하는 것이 이런 이유 때문이다. 마음이니 감정이니 감각이니 하는 것들은 모두 잭슨의 감각질과 마찬가지로 인간의 표상 능력에서 비롯된 개념들일 뿐이라는 것이다.

잭슨은 실제로 감각질이 부수 현상임을 지적하고 있다. 그러나 그는 물리주의자들과는 다른 생각을 갖고 있다. 우리가 감각질을 갖는다는 것은 분명한 사실인데, 이 감각질에 대해서는 물리적으로 결코 완벽하게 설명할 수 없다는 것이다. 감각질의 본질은 주관적인 것으로 어떠한 물리적

---

16 Dennett(1991), 401쪽 이하를 볼 것.
17 Jackson(1982/1990)을 볼 것.
18 이 책 1장 3절과 3장을 참조.

설명으로도 완전히 남김없이 설명되지 않고 항상 찌꺼기 같은 부분이 남는다는 것이다. 이러한 문제는 앞에서도 본 바와 같이 감각질과 (유형적으로든 개별자 간이든) 동일한 물리 현상을 지적하지 못한다는 주장과는 다르다. 감각질에 모종의 동일성 또는 수반 관계로 대응하는 두뇌 현상을 지적할 수 있다고 해도, 감각질의 순수한 주관적 성격은 두뇌 현상의 설명만으로 드러나지 않는다는 것이다. 이러한 잭슨의 주장이 옳다면 유형 물리주의, 개별자 물리주의, 기능주의 등 어떠한 물리주의로도 감각질 문제를 해결할 수 없다. 잭슨은 이것을 물리주의의 한계라고 간주하면서 물리주의는 인간중심주의적인 낙관주의일지도 모른다고 주장한다.

그러나 (다른 더 이상의 근거가 있다면 몰라도) 감각질이 단순한 부수 현상에 불과하다면 물리주의를 인정할 수밖에 없지 않을까? 설사 잭슨처럼 물리주의 이외의 다른 가능성에 호감을 갖고 있다고 하더라도 감각질을 부수 현상으로 놔둔 채 그것을 고려할 수는 없다. 설사 감각질이 물리적으로 설명될 수 없는 것임에 틀림없다고 하더라도 그것이 두뇌 현상 등 물리 현상이 사라지면 함께 사라져버릴 수밖에 없는 것이라면, 즉 그것을 뒷받침해주는 물리적 토대 없이는 결코 홀로 독립적으로 존재할 수 없는 것이라면,[19] 그것이 진정하게 존재한다고 말할 수 없지 않을까? 물리주의를 부정하려면 그것을 뒷받침해주는 존재론을 제시해야 하며, 그렇지 않다면 설득력 없는 넋두리에 지나지 않는다. 인식론적·방법론적 차이로는 존재론적 차이를 결코 대체할 수 없다.

---

19 만일 감각질 등 정신 현상이 물리적인 토대 없이도 홀로 독립적으로 존재할 수 있는 것이라면, 오히려 데카르트식의 실체 이원론 혹은 유심론을 주장할 수 있을 것이다. 하지만 감각질이 부수 현상임을 인정한다는 점에서 잭슨의 의도는 그런 것까지 옹호하려는 것은 결코 아니다.

그렇다면 결국 감각질의 존재론적 지위를 포기해야 옳지 않을까? 설사 물리적으로 완전히 설명되지 않는 부분이 남아 있더라도 그것의 존재성이 보장되지 않는다면 더 이상 그것에 집착할 필요가 없지 않을까? 존재한다고 볼 수 없는 것을 굳이 설명해야 할 필요가 있을까? 혹시 감각질은 우리의 잘못된 직관 탓으로 생긴 사이비 현상일지도 모르지 않나? 그것은 사실상 굳이 설명할 가치도 없는 것이었는데, 공연히 그것의 설명에 계속 집착함으로써 이제까지의 철학적 논의에 혼란만 가져다준 것이 아닌가? 이제 지금까지의 이러한 혼란을 극복하기 위해서 논의의 판을 새로 짜야 할 때가 되지 않았나?

그러나 감각질이 과연 정말 부수 현상에 불과한가? 즉 아무런 인과적 역할을 하지 못한다는 말인가? 우리의 상식으로는 감각질이 다른 정신 현상과 함께 우리의 행위를 야기시키는 충분한 구실을 한다. 경찰에 구타당해 흘리는 데모대의 붉은 피는(혹은 피의 붉음은) 단순히 방관자에 불과했던 많은 군중들을 흥분시킨다. (직격 최루탄에 맞아 쓰러진 이한열의 사진이 6월 항쟁을 더욱 불붙였고, 로드니 킹이 폭행당하는 장면을 담은 영상이 LA 폭동을 야기시켰음을 상기해보라!) 이때의 흥분은 술을 마심으로써 알코올이 섭취되어 야기되는 흥분과 그 인과관계의 성격이 다르지 않은 것 같다. 아니 경우에 따라서는 더 생생한 체험을 제공하여 한 인간의 인생에 두고두고 영향을 끼치기도 한다. 이때 군중들의 흥분 원인을 각 개개인의 물리 현상에서만 인정하고 정작 더 생생한 감각질은 한갓 부수 현상으로 무시되어야 하는가? 색 감각이 이러한 흥분 이외에도 여러 가지 열정, 기쁨, 분노, 슬픔 등을 유발시켜 우리의 물리적인 신체 움직임에 영향을 끼칠 수 있다는 것은 우리의 짧은 경험만을 되돌아보아도 분명한 사실인 것 같다.

감각질을 무시해버리자니 그것은 직관적으로 너무나도 생생하다. 그렇다고 그것을 그냥 인정하자니 물리적인 세계 속에서 조화로운 설명이 불가능하고 한갓 부수 현상으로 전락하고 만다. 그것을 인정하기 위해 물리 현상으로 환원되는 것으로 보고 그것의 인과적 역할을 물리적으로 설명하려고 해도, 환원만으로는 그것의 본질인 주관성이 설명되지 않고 계속 남아 있게 되는 어려움이 있다.

이러한 점은 바로 앞 장까지 본 정신 인과의 문제와 함께 심신 문제에 새로운 난제를 던진다. 심신 문제의 대표적 쟁점인 의식 문제가 바로 그것이다. 의식은 그 본성상 일인칭적이고 주관적이기 때문에 삼인칭적 객관성을 지향하는 물리학, 두뇌 신경 과학 등 과학에 포착되어 해결되지 않는다는 것이 바로 의식 문제의 어려움이다. 물론 아까 말했듯이 의식을 가질 때의 뇌 신경 생리 상태는 파악할 수 있다. 그렇기 때문에 어떤 물리주의자는 물리 상태로 환원될 수 있음을 주장하기도 한다. 하지만 이러한 환원은 본성상 일인칭적이고 주관적인 의식을 삼인칭적으로 객관화하여 파악하는 것이다. 이것은 애초에 의식이 문제 되는 본성을 파괴한 채로 이해하는 것에 불과하다.

또한 의식을 지닌 상태와 겉보기로나 인과적으로 동일한 원인-결과를 갖도록 시뮬레이션하는 것도 가능하다. 이것이 바로 기능주의에서 말하는 기능적 환원이다. 의식의 일인칭적 주관적 본성을 강조하는 이들은 이러한 기능적 환원도 거부한다. 기능적으로 의식을 가진 자와 동일하지만 실제로는 의식이 전혀 없는 좀비이거나 의식이 있더라도 원래의 주체와는 다른 의식을 갖는 것을 상상하는 게 얼마든지 가능하다.[20]

---

20 Block(1978/1991) 참조.

우리는 이 책에서 바로 앞 장까지 정신 인과의 문제를 이미 살펴보았다. 그 결과 거기에서는 오히려 환원주의, 특히 제거주의 같은 확실한 물리주의만이 정신 인과를 제대로 설명할 수 있었다. 비환원적 물리주의는 겉으로는 물리주의를 표방하고 있지만, 정신적인 것의 실재성 내지는 자율성을 확보하기 위해 심신 간에 비환원을 주장함에 따라 이원론적인 요소를 다소나마 가질 수밖에 없고, 그에 따라 정신 인과의 문제에 관해서는 부수 현상론 시비에 빠질 수밖에 없음을 이미 살펴보았다. 그리고 제거주의와 환원주의는 부수 현상론 시비는 피할 수 있지만 각각 나름대로 문제점들을 갖고 있다. 그런데 이제 이 장에서는 지금 본 잭슨의 지식 논변을 비롯해 앞으로 진행될 논의 결과로는 역으로 물리주의에 대해 비판자들이 제기하는 난점들이 드러날 것이다. 앞 장까지 살펴본 정신 인과와 이제 살펴보려는 의식이라는 두 가지 쟁점들은 심신 문제를 다룰 때 반드시 고려해야 할 점들인 것이다. 이러한 두 쟁점들은 심신 문제의 어려움을 그대로 보여준다.[21] 즉 심신 문제가 전통 철학에서부터 제기되기 시작한 해묵은 문제이고 최근까지도 활발히 논의되고 있는 문제이면서도 아직까지도 속 시원한 해결책이 보이지 않는 까닭을 잘 드러내준다.[22]

3. 의식의 '어려운 문제'

잭슨처럼 의식 현상을 옹호하며 문제를 제기하는 철학자들은 정신 인과의 문제에 대해 이 책 앞 부분에서 본 김재권식의 비판과 결론에 동의하지

---

21 김재권은 Kim(1996/1997)의 말미에서 이러한 어려움을 딜레마 형태로 제시한다.

않는다.[23] 인과를 중심으로 존재를 논하는 김재권 등의 방식은 이미 물리주의에 친화적인 방식을 전제하고 있다고 그들은 주장할 것이다.[24] 정신 인과의 문제에서 논의되고 있는 비환원주의에 대한 비판에도 아랑곳하지 않고 주관적 의식 현상의 비환원성을 제기하는 철학자들은 아직도 많다.

앞 장에서 본 잭슨은 지식 논변을 전개하면서 의식 현상의 중요한 사례로 거론되는 감각질이 부수 현상일 수 있음을 인정한다.[25] 또한 레바인은 감각질 등 의식 현상은 물리적인 것과의 사이에 존재론적인 틈새는 아니더라도 설명의 틈새가 있다는 주장을 펴고 있다.[26] 결국 이들의 논의에서는 김재권이 비판하는 식의 존재론적인 귀결 자체가 문제시되고 있는 것은 아니다.[27] 따라서 이들의 주장에 대해서는 물리주의자의 입장에서 존재론적으로 논의되어야 할 문제에 대해 인식론적인 반박, 즉 설명 차원에 불과한 반박을 하고 있다고 비판할 수도 있다.

반면에 데이비드 차머스(David J. Chalmers)는 이러한 인식론적인 설명 차원의 논의를 넘어서는 주장을 하고 있다.[28] 그는 의식에 관한 지금까지의 논의가 대체로 인지과학이나 신경과학 등과 같이 기능적, 인과적, 혹

---

22 이 절의 일부는 백도형(1997)에 포함된 내용을 토대로 이루어졌다.

23 1장 3절에 나온 「비환원적 유물론의 신화」의 논변, 또는 그의 배제 논변, 수반 논변을 말함. 수반 논변에 관해서는 5장 2절 참조.

24 5장 3절에서 본 대로 김재권이나 암스트롱 등이 존재의 중요한 요소로 인과를 지적하면서 물리주의를 옹호한다는 점을 생각해본다면 물리주의에 대한 이런 식의 비판도 일리가 없지 않다고 본다. 하지만 인과가 반드시 물리주의에만 친화적인지는 의심스럽다.

25 Jackson(1982/1990), (1986/1991), 또 백도형(1997) 참조.

26 Levine(1983), (1993) 참조.

27 지식 논변을 다룬 잭슨의 초기 논문이 Jackson(1982/1990), Jackson(1986/1991)이고, 설명의 틈새를 다룬 레바인의 첫 논문이 Levine(1983)이기 때문에 Kim(1989B)보다 먼저 출판되었다는 점도 고려할 만하다.

28 이하 차머스에 관한 내용은 Chalmers(1995/2007A), (1995/2007B)에서 정리했다.

은 물리적 차원에서 이루어지고 있다고 주장한다. 하지만 그는 이런 정도의 논의만으로는 설명될 수 없는 중요한 부분이 의식에 존재한다고 주장한다. 그는 의식에 관한 문제 중 많은 부분이 인지과학처럼 기능적, 인과적 차원으로, 혹은 신경과학 등과 같이 물리적 차원으로 설명될 수 있음을 인정하긴 한다. 하지만 이런 문제를 의식에 관한 '쉬운 문제(easy problems)'라고 말한다. 반면에 의식의 본성에는 이러한 쉬운 문제로 설명될 수 없는 부분이 본질적으로 남아 있는데 차머스는 이것을 의식에 관한 '어려운 문제(hard problems)'라고 부른다. 이러한 어려운 문제는 의식이 갖는 주관적, 현상적, 질적인 요소 때문에 생겨난다고 차머스는 주장한다. 기능적, 인과적, 혹은 물리적 차원으로 설명될 수 없는 이런 차원의 문제가 바로 어려운 문제이며, 이것이 의식 문제를 해결하기 위해서 반드시 설명되어야 하는 문제라는 것이다.

일견 차머스는 이러한 주장을 잭슨이나 레바인처럼 인식 차원, 설명 차원으로 국한해 제기하는 것은 아닌 것 같다. 만약 거기에 국한한다면 사실상 비환원적 물리주의를 옹호하는 것이기 때문에 1장 3절에서 본 김재권의 비판을 피하기 어려울 것이다. 하지만 차머스는 비환원적 물리주의 속성 이원론보다 훨씬 강한 자연주의적 이원론(naturalistic dualism)을 주장한다.

그는 의식의 전형인 현상적 경험을 물리적인 것에 추가해 근본적인(fundamental) 것으로 놓으면서 그것이 물리적인 것으로는 결코 환원되지 않는다고 주장한다. 이런 생각은 분명히 물리적이 아닌 이질적인 존재자를 추가로 상정하는 것이므로 잭슨, 레바인 등의 인식론적인 논의를 넘어서는 존재론적 주장임에 틀림없다. 이런 주장은 형이상학적인 상식의 관점에서 생각할 때 존재론적인 부담을 갖는 듯하다. 하지만 차머스는 그렇게 생각하지 않는다. 그에 따르면 물리학의 역사에서도 이런 식의 존재자를 추가하는 사례가 있었다고 한다. 즉 맥스웰이 전자기학을 도입할 때 기존의 물리학 이론에 전하, 전자기력 등을 추가해 물리학을 확장했는데, 자신의 자연주의적 이원론이 현상적 경험을 물리적인 것에 추가하는 것은 맥스웰이 전자기학을 도입한 것과 마찬가지 사례라고 주장한다. 그러면서 새롭게 현상적 경험을 도입하는 것은 이미 닫힌 체계를 구성하고 있는 물리법칙에 간섭하는 것이 아니고, 물리 이론에 대한 보완이 될 것이라고 주장한다. 하지만 과연 이러한 주장이 어떻게 성립할 수 있는지 모르겠다.

우선 '물리 이론에 대한 보완'이라는 주장은 결국 차머스의 의식 현상이 넓은 의미에서 물리계에 포섭될 수 있음을 말한다. 하지만 차머스 자신이 어려운 문제라고 강변하고 있듯이, 물리적 존재자와 의식의 현상적 경험은 그 속성이 전혀 다르다. 물리계의 특징은 수량화·계량화될 수 있으며, 그에 따라 삼인칭적인 객관적 측정을 통해 객관화·보편화될 수 있는 현상이다. 반면 앞에서 어려운 문제를 논하면서 언급했듯이 의식의 현상적 경험은 질적이며 일인칭적인 주관성을 갖는다. 차머스도 주장했듯이 이러한 의식 현상의 특성이 의식을 물리적으로 환원될 수 없게 만드는 중요한 요소이기도 한 것이다.

맥스웰의 전자기학 도입의 경우는 다르다. 처음 도입될 당시에는 아마도 전하, 전자기장 등이 이질적인 것으로 보였을 수도 있다. 그 이전의 물리학인 뉴턴 물리학은 기본적으로 거시 물체나 천체의 움직임에 적용되는 물리 이론 체계였기 때문에 그 이론의 대상은 데카르트의 물질 속성인 연장을 만족시키는 것들이었다. 반면에 전자기학에서 새로 등장한 전하, 전자기장은 연장의 속성이 없는 것으로 보여서 마치 이질적인 존재자를 추가하는 것처럼 보였을 것이다. 하지만 그것들도 결국 물리학의 가장 기본 속성이라 할 수 있는 힘을 전기력, 자기력, 전자기력 형태로 지니며 고전역학의 기본 법칙들을 충족한다는 점에서 물리학에 완전히 포섭된 것으로 보지 않을 이유가 없다.[29] 그러니 맥스웰의 전자기학은 물리계의 확장·보완일 수 있지만, 현상적 경험 등 의식 현상을 도입하는 것은 물리 영역의 인과적 폐쇄성을 침해하는 이질적인 요소를 더하는 것이 된다.[30][31]

4. 김재권의 거의 충분한, 적절히 충분한 물리주의

앞에서 정신적인 것에 대해 부수 현상론 시비를 제기하면서 기능적 환원주의를 옹호하는 것으로 보았던 김재권도 최근 저서 『거의 충분한, 적절히 충분한 물리주의(Physicalism, or Something Near Enough)』에서[32] 의식 문제에 대한 물리주의적 설명에는 한계가 있다고 인정하기도 한다. 즉 그

---

29 예전에는 '유물론'이란 용어가 주로 쓰인 데 반해 최근에는 '물리주의'란 용어가 더 많이 쓰이는 까닭도 이 문제와 관련 있다. 즉 데카르트식으로 생각하자면 전하나 전자기장 등은 물질 속성인 연장을 가지지 않는 것으로 볼 수도 있기 때문에 데카르트식 '물질' 개념을 적용시키기가 어려운 측면이 있다. 하지만 그렇다고 이것들을 데카르트의 배타적인 심신 이분법적 사고방식을 적용하여 물질이 아닌 정신으로 볼 수는 없다. 그래서 이런 것들에 고전적인 '물질' 개념을 적용하기보다는 '물리적 존재자' 혹은 '물리적인 것들'이라는 용어를 적용하는 것이 더 적절해 보인다. 이런 이유 때문에 최근 철학자들은 전통적인 '유물론'이라는 용어보다는 '물리주의'라는 용어를 더 선호한다.

30 차머스는 의식이 물리적인 것에 자연적으로는 수반하지만 논리적으로는 수반하지 않는다고 주장하면서 그의 자연주의적 이원론을 옹호한다. 이에 대한 보다 자세한 검토와 비판은 이번에 다루지 않고 다음 기회로 미루겠다.

31 이 절의 일부는 백도형(2009)에 포함된 내용을 토대로 이루어졌다.

32 Kim(2005).

의 기능적 환원주의는 단순히 심신 문제에 대한 최선의 설명에 이르는 추론(inference to the best explanation)으로 요청되는 것이 아니라, 감각질의 본래적 성질(intrinsic quality)을 제외하고 지향적 속성을 포함한 대부분의 주요한 정신 속성에 환원적 설명을 가능케 한다며 옹호하고 있다. 그는 기능적 환원주의가 정신 속성의 일부인 감각질의 본래적 성질을 기능화하지 못하는 까닭에 물리주의를 완전한 참으로 만들지 못하지만 물리주의를 옹호하는 데에는 거의 충분하다고 주장한다.

그는 이 책에서 환원주의의 여러 입장들을 검토하면서 그러한 환원주의들이 대체로 정신 인과의 문제에 대한 최선의 설명에 이르는 추론으로서 요청된 것일 뿐이고 '설명의 틈새'를 메우기에는 부족하며, 기능적 환원을 통한 환원적 설명을 대비시키는 대목은 앞으로 인과성을 중심으로 전개되는 자신의 존재론과 관련지어 더 논의되고 발전될 여지가 많은 부분이라고 논한다.[33]

하지만 무엇보다도 이 책에서 주목할 만한 부분은 책의 제목이 의미하는 대로 물리주의를 옹호하는 태도를 재확인하면서도 그 한계를 인정한다는 점이다. 앞 장에서 본 대로 김재권은 의식과 감각질 등 현상적 속성의 본래적 성질은 기능화되지 못하고 환원될 수 없기 때문에[34] 물리계에 적절하게 편입되지 못하고 정신 인과의 문제를 해결하는 데 장애가 된다

---

33 예컨대 앞의 5장 3절에서 나는 인과성을 중심으로 김재권과 암스트롱의 기능적 환원주의를 비교 검토하는 시도를 했다.

34 김재권의 이런 생각과는 달리 의식의 기능화 가능성을 인정하는 입장으로는 Flanagan, O. J. (1992)가 있다. 실제로 의식과 감각질이 정신 인과에 개입함을 인정할 수 있다면 기능화되지 못할 이유가 없어 보인다. 하지만 많은 철학자들이 기능화에 회의적인 입장을 가지는 것은 감각질과 의식은 질적인 성질을 갖고 있으므로 물리계의 양적인 인과법칙에 원초적으로 포섭될 수 없다는 것을 염두에 두고 있기 때문이다.

는 점을 시인하고 있다. 이러한 생각은 그것의 본성이 본질적으로 일인칭적, 사적, 주관적이기 때문에 물리학 등 과학이 지향하는 객관성의 틀에 결코 편입될 수 없다는 반(反)물리주의자들의 잘 알려진 주장에 그도 어느 정도 동의함을 보여준다.[35]

 하지만 나는 감각질에 대한 이러한 회의적 태도를 벗어나서 물리주의를 확고하고 일관성 있게 주장하는 것이 김재권의 이론 틀 내부에서 결코 불가능하다고 생각하지 않는다. 감각질과 의식 등은 본질적으로 주관적인 것이기 때문에 현상론이나 현상학의 관점을 옹호하지 않는 한, 존재론에서 정당한 지위를 갖지 못하는 것으로 볼 수도 있기 때문이다. 즉 어차피 물리주의 입장에서는 객관적인 학문의 탐구 대상이 아니다.[36] 감각질과 의식 등 현상적 속성의 환원 불가능성은 설명의 틈새일 뿐 존재의 틈새는 아니기 때문이다.[37] 속성 이원론을 비판했던 그의 배제 논변과 「비환원적 유물론의 신화」 논변을 왜 감각질과 의식에는 적용할 수 없을까? 감각질과 의식이 적절하게 물리적으로 환원되지 않는다는 것을 인정한다고 해도 그것을 부수 현상에 불과한 것으로 볼 수도 있는 것 아닌가? 왜 다른 정신 속성에 대해 제기했던 비판적 시각을 감각질과 의식에 대해서는 거

---

35 이러한 주장의 대표적인 것으로 Searle, J.(1992)가 있다. 이 책에 대한 필자의 서평인 백도형(1994)도 보라. (또 다음 절도 보라.) 그리고 그와 비슷한 반물리주의 주장의 대표적인 것으로는 McGinn, C. (1989/1991), Nagel, T.(1974), Jackson, F.(1986/1991) 등을 보라. 이 논문들은 모두 Block, N., Flanagan, O., & Güzeldere, G. (eds) (1997)에도 재수록되어 있다.

36 주관적인 의식을 연구 대상으로 하는 현상학에서 자연과학의 실증적 태도에 대해 거부감을 갖는 것도 이 점과 관련이 있다. 하지만 강한 물리주의 입장을 취하는 김재권이라면 이런 생각은 무시하는 것이 더 자연스러울 것 같다.

37 김재권 (2000)의 강연 3, 82쪽을 보라. 여기에 수록된 네 강연중 마지막 강연을 제외한 나머지 세 강연이 Kim(2005)에 재수록됐다.

두는 것인가? 그의 예전 논변대로라면 감각질과 의식의 환원 불가능성은 부수 현상론으로 이어지게 되어 자신의 물리주의적 세계관에는 아무 문제가 없지 않을까?

그럼에도 불구하고 그는 감각질과 의식 등 주관적인 정신 속성의 중요성을 절실하게 인식하고 있는 듯하다.[38] 그래서 자신의 물리주의 일관성과 완전성이 훼손되는 것을 감수하면서도 주관적인 현상 속성의 지위를 중시하고 있다. 그의 '물리주의 또는 거의 충분한 물리주의'라는 결론은 물리주의와, 감각질과 의식 등 정신의 주관성 중 어느 것도 포기할 수 없다는 고심 끝에 나온 것이라고 이해한다. 아마도 주관성을 보이는 현상 속성은 정신적인 것의 작은 일부에 불과하다고 보고 이것이 물리주의의 근본 주장에 큰 장애가 되지 않음을 지적하는 것이 사실상 이 책을 쓸 때 그가 더 큰 비중을 두고 있는 초점인지도 모른다.

나는 그의 이러한 고민을 충분히 이해하지만, 그 고민에서 나온 이 책의 결론이 과연 불가피한 것인가에 대해서는 이견을 가지고 있다. 정신의 주관성은 물론 중요한 것임에 틀림없지만, '설명의 틈새'라는 표현이 보여주듯이 그것의 절실함과 중요함은 설명 차원의 것이지 존재 차원의 것은 아니다. 김재권의 철학적 생애를 통해 줄곧 옹호했던 물리주의라는 일원론은 그의 시대인 최근에 와서야 비로소 심리철학계에서 주류 입장이 된 것으로, 이러한 결과는 사실 철학사를 통해 많은 우여곡절 끝에 이루어진 것이다. 설명 차원의 절실함으로 말하자면 감각질과 의식 같은 정신 속성뿐만 아니라 그가 거론했던 계층적 존재론의 모든 존재 계층이 각각 나름

---

38 주관성에 관해서는 김재권(2000)의 강연 4 「물리주의와 주관적 관점」에서 다루고 있다. 하지만 이 내용은 이번 저서[Kim(2005)]에는 별로 반영되지 않았다.

대로 다른 계층과는 차별화되어 자신의 정체성을 획득하게 되는 고유의 속성들을 가지고 있다. 이러한 각 계층의 고유한 속성은 나름대로 설명되어야 할 절실한 것들이기에 우리 인간은 여러 학문 분야를 세분화하면서까지 이것들을 체계적으로 설명하고 이론화하려고 시도하는 것이다. 존재 차원이 아닌 설명 차원의 절실함이라고 해서 그것의 학문적 비중이 약화된다고는 결코 생각하지 않는다. 다만 형이상학 내지 존재론이라는 철학적 관심에서는 그것의 중요성에 대해 상이한 관점을 적용할 뿐이다. 따라서 의식과 감각질 등 설명 차원의 절실한 속성들은 형이상학의 관점이 아닌 다른 관점에 의해 논의되어야 한다. 그리고 형이상학에서는 세계와 존재에 대한 통일적인 이해를 지향해야 한다.

김재권은 기능적 환원주의를 본격적으로 표방하기 이전에도 정신 실재론을 부정하는 제거주의와 달리 정신 실재론과 물리주의를 함께 옹호하기 위해서 심신 환원주의를 옹호할 수밖에 없다고 주장했다. 이미 여러 번 언급했듯이 그는 정신 인과의 문제를 다루면서도 정신적인 것의 실재를 강조하곤 했다. 나는 혹시 의식과 감각질의 주관성을 버리지 못하는 김재권의 결론이 그가 늘 실재론을 염두에 두고 있는 것과 상관있지 않을까 생각해보기도 한다. 철학에서 실재론은 그것이 무엇에 관한 실재론이든 인식 주체의 인식, 언어, 이론으로부터 독립해서 존재하고 있음을 주장하는 입장이다. 잘 알려져 있듯이 이러한 실재론의 입장은 진리 대응설과 자연스럽게 연관되어 있다. 우리가 의식이나 감각질과 같은 주관적인 정신 현상을 진술할 때 그것이 우리에게 어떤 의미로든 절실한 진술이라면, 그것에 대해 감히 선뜻 거짓 진술이라고 단언하기 어렵다. 그것은 나름대로 참인 진술이라고 말할 수밖에 없을 것 같다. 존재론적인 반성을 필요로 하는 형이상학의 영역이 아니라면, 그러한 진술의 참을 굳이 더 이상 문제 삼지 않는다. 그것이 아무리 절실한 진술이라고 해도 존재론적으로는 참이 아니고 실재하지 않는 대상을 지칭하는 진술에 불과하다고 따지지 않는다. 하지만 형이상학의 관점에서 보자면 모든 존재 계층들에 대한 이러한 '참 진술들'은 이상한 존재론으로 귀결한다.[39] 김재권이 환원주의를 옹호하는 논거 중 하나도 사실은 환원주의가 이런 존재론의 문제들을 해소할 수 있다는 것이다.[40][41]

5. 의식의 존재론적 주관성

물리주의에 대항하는 차머스의 '어려운 문제'는 의식의 주관성에 초점을 둔다. '지식 논변', '설명의 틈새' 등의 논의도 마찬가지다. 토머스 네이글의 '박쥐 논변'도 유명하다.[42] 또 콜린 맥긴은 물리주의를 어느 정도 받아들이면서 의식 등 심신 문제는 해결할 수 없는 문제라고 보는 회의론의 태도를 취한다.[43] 존 써얼(John R. Searle)은 데카르트 이래 전통적인

---

39 3장 3절 참조.

40 하지만 사실은 심신 영역 이외에도 다른 많은 존재 계층들이 있으므로 심신 환원주의를 주장하는 것만으로는 모든 계층 문제가 완전히 해결되는 것은 아니다. 김재권은 이와 관련해 전작인 『물리계 안에서의 마음』에서는 심신 간의 관계를 다른 존재 계층들 간의 관계와 다른 것으로 보고, 그러한 구별을 위해 '위'와 '차'를 구별했다(보다 상세한 내용은 이 책의 5장 참조. 그리고 이 구별의 문제점에 관해서는 앞의 5장 4절 참조). 그는 그 이후 2000년도 서울에서 있었던 석학 연속 강좌[김재권 (2000)]에서도, 또 Kim(2005)에서도 '위'와 '차'에 관해서는 더 논의하지 않고 있다.

41 이 절의 일부는 백도형(2005C)에 포함된 내용을 토대로 이루어졌다. 또한 Kim(2005)과 그것 중 일부의 초고인 김재권(2000)에 대한 논평이 백도형(2008C)와 함께 김선희, 백도형 외(2008)에 수록되어 있다.

42 Nagel(1974/1980) 참조.

심신 개념 때문에 의식 문제를 비롯한 현대 심리철학이 난맥상을 보이고 있다고 주장한다. 써얼도 앞에서 본 차머스나 잭슨, 레바인 등과 같이 이원론 진영에 서서 물리주의를 비판하는 철학자다. 그의 논의를 잠시 따라가보자.

차머스가 의식의 문제를 '어려운 문제'로 보면서 의식의 주관성을 정면으로 다루지 않았던 지금까지의 물리주의자나 기능주의자들이 다루는 심리철학 문제를 '쉬운 문제'라고 보았듯이, 써얼은 지금까지의 물리주의(혹은 유물론)[44] 이론들이 마음의 가장 중요한 특성인 의식을 그 논의에서 배제하고 있다고 주장한다. 그러면서 지금까지 심리철학에서 의식이 배제된 이유를 데카르트 이래 심리철학의 전통에서 물리주의와 이원론이 배타적인 양분법을 이루고 있기 때문이라고 비판한다. 지금까지도 이러한 이분법이 지배하는 상황인 데다가 데카르트식 이원론이 과학적인 현대세계상과 양립할 수 없다고 누구나 인정하고 있기 때문에 물리주의의 여러 형태들에 이견을 제시한다는 것은 비과학적인 이원론을 주장하는 것으로 매도될 수밖에 없다고 써얼은 주장한다.

즉 써얼은 지금까지 심리철학 전통에 다음과 같은 방법론적 전제들이 놓여 있어서 난제에 빠져들 수밖에 없다고 주장한다.[45]

---

43 McGinn(1989/1991) 참조.
44 써얼은 Searle(1992)에서 '물리주의'란 용어 대신에 '유물론'이라는 용어를 쓴다. 나는 지금 이 책의 논의 맥락에서는 이 둘을 굳이 구별할 필요가 없다고 생각해서 구별하지 않고 쓰겠다. 하지만 이 장의 각주 29번에서 밝혔듯이 최근 철학자들은 써얼과 달리 '물리주의'란 용어를 더 많이 사용하고 있다. 그런 점에서 이 책에서도 '물리주의'라는 표현을 주로 썼다.
45 Searle(1992), 10~11쪽.

① 마음에 관한 과학적 연구에서는 의식과 의식이 갖는 독특한 특성은 부차적인 중요성밖에 갖지 않는다. 의식과 주관성에 관한 해명이 없어도 언어, 인지, 그리고 그 밖의 정신 상태 일반에 대해 설명하는 것이 가능하다.

② 실재 자체가 객관적이기 때문에 과학도 객관적이다.

③ 실재가 객관적이기 때문에 마음을 연구하는 최선의 방법은 객관적인 방법, 즉 삼인칭적 방법을 채용하는 것이다.

④ 삼인칭적 객관적 관점에서 정신 현상에 관한 문제는 그 행태를 관찰함으로써 대답할 수밖에 없다.

⑤ 지능적 행태(intelligent behavior)와 그것에 대한 인과관계들이 정신적인 것의 본질이다.

⑥ 우주의 모든 사실은 원칙적으로 인간에 의해 알려질 수 있고 이해될 수 있다.

⑦ 존재하는 모든 것은 궁극적으로 물리적인데, 물리적인 것이란 전통적으로 정신적인 것에 반대되는 것이다.

즉 물리주의는 삼인칭적으로 관찰될 수 있는 객관적인 세계상을 제시하고 있으므로 일인칭적인 주관성을 본질로 하는 의식이 들어설 자리가 없다. 정신 인과의 문제를 다루면서 김재권이 제시한 비환원적 물리주의 비판 논변이나 기능주의, 환원주의, 제거주의 등 물리주의 입장은 의식의 주관성을 진지하게 다루고 있지 않기 때문에, 차머스는 어려운 문제를 회피하고 쉬운 문제만을 다루고 있다고 비판하는 것이며 앞에서 본 레바인, 잭슨 등의 비판도 동일한 맥락에서 나온 것이다. 써얼도 마찬가지의 주장을 하는 것이다.

써얼도 이러한 문제가 데카르트 이래의 이분법적 심신 개념에서 비롯된 것이라고 비판한다. 즉 이러한 이분법은 사실상 데카르트 이래 무비판적으로 쓰인 전통적인 용어법에서 기인했는데, 유물론자들은 데카르트의 실체 이원론은 거부하면서도 데카르트 이원론의 용어와 범주들은 그대로 인정하는 잘못을 범했다는 것이다. 따라서 현대의 유물론자들은 이원론의 잘못된 가정들을 그대로 이어받아서 전통화시켰다고 써얼은 주장한다.[46]

앞 절에서 물리주의를 비판하는 잭슨과 레바인 등의 논변을 살펴보았지만 그들의 논변은 물리주의에 대한 존재론적 측면의 비판이라기보다는 인식론적인 측면의 비판에 불과하다. 그런 점에서 과연 물리주의에 대한 적절한 대응이 될 수 있을지 살펴보았다. 이 책의 앞 부분에서 다룬 정신 인과의 문제, 특히 김재권의 논의는 이러한 잭슨이나 레바인 등의 논의를 부수 현상론으로 몰고 갈 수 있는 여지를 제공하는 것 같다. 하지만 써얼에 의하면 이러한 물리주의 측의 의심과 공격 역시 데카르트식 이원론의 잔재에서 비롯한 것이라고 주장한다. 그러면서 써얼은 '현상(appearance)과 실재(reality)'라는 서양철학의 전통적인 구별 역시 물리주의자들이 선호하는 토대 위에서 이루어진 잘못된 구별이라고 주장한다.[47]

써얼은 우선 의식의 일인칭적 주관성을 '존재론적 주관성'이라고 하면서 '인식론적 주관성'과 대비시킨다. 그에 의하면 '인식론적 주관성'이란 어떤 판단의 진위 여부가 단순한 사실의 문제가 아니라 판단 주체의 태도, 느낌, 혹은 관점에 의존하는 것이기 때문에 객관적이 아니고 주관적

---

46 써얼은 유물론과 이원론의 양분법을 극복하면서 소위 '생물학적 자연주의(biological nat-uralism)'를 제시하고 있지만, 그의 입장도 비환원적 물리주의와 유사한 존재론적 문제점을 갖는다. 이에 대한 비판으로는 백도형(1994)를 참조.

47 써얼에 관한 이하 내용은 Searle(1992), 93~100쪽 참조.

이라 할 때의 '주관성'을 말한다. 이에 반해 그가 의식을 지녔다고 주장하는 '존재론적 주관성'이란 의식 상태가 본성적으로 일인칭적 주관적인 존재임을 말하는 것이다. 즉 의식 상태는 항상 어떤 특정한 주체인 누구의 의식 상태이어야 하므로, 앞에서 '특권적 접근'이라고 했듯이 의식 주체 이외에 어떤 관찰자에게도 동등하게 접근되는 것이 아니라는 것이다.

써얼에 의하면 의식은 주관적이며 이러한 주관적인 의식이 실재 인식의 기초가 된다. 따라서 인식의 기초가 되는 의식의 실재를 그 밖의 다른 현상들의 실재를 파악하듯이 파악할 수는 없다고 그는 주장한다. 그렇다고 의식이 이렇게 독특한 일인칭적 성격을 가졌다고 해서 전통 심리학에서 주장하듯이 내성(introspection)으로 파악할 수 있는 것은 아니라고 한다. 왜냐하면 내성이란 결국 주관 내적으로 일어나는 관찰인데, 의식의 주관성에서는 관찰과 관찰되는 대상 간의 구별이 이루어지지 않기 때문이다. 즉 내적으로 관찰하려는 의식의 주관성이 바로 관찰의 기반이 되는 것이며, 관찰 자체가 바로 관찰된다고 가정되는 의식 상태이기 때문이다.

써얼은 이러한 의식의 존재론적 주관성을 바탕으로 전통적인 '현상과 실재'의 구별에 대해서도 비판한다. 그는 의식에 관해서는 현상과 실재의 구별이 이루어질 수 없다고 주장한다. 왜냐하면 의식이야말로 현상 그 자체에 속하기 때문이다. 현상이 관련되는 곳에서는 현상과 실재의 구별이 이루어질 수 없다. 왜냐하면 의식의 경우에는 현상이 곧 실재이기 때문이다.[48]

---

48 현상과 실재의 구별에 대한 써얼의 비판은 Searle(1992), 121~122쪽. 또한 크립키가 자연 종에 관한 이론적 동일성 진술과 심신 동일성 진술을 구별하는 이유도 마찬가지다. Kripke(1971/1980/1989), Lecture 3 참조.

따라서 써얼에 의하면 의식 등 마음의 인식론적 본성이 아닌 존재론적 본성이 이렇게 일인칭적이므로 그것은 삼인칭적 객관적인 것으로는 결코 환원될 수 없다. 따라서 마음을 객관적인 것으로 분석하려는 유물론 내지 물리주의의 환원주의적인 생각은 잘못된 것이라고 한다. 그에 의하면 열이나 고체성과 같은 자연적 특성들이 환원되듯이 의식 상태가 신경생리학의 상태로 환원될 수 없는 까닭은, 의식에 어떤 신비스런 요소가 있어서 그런 자연성들과 실재에서 구조적 차이를 보이기 때문이 아니고, 인간의 관심에서 유래하는 실용적인 이유 때문이다. 즉 환원된다는 것은 그에 의하면 결국 다른 용어로 재정의되는 것이고 의식은 이미 본 대로 일인칭적인 독특한 성격을 그 정의상 지니고 있는 것인데, 환원이 시도될 경우 그러한 독특한 특성이 제거될 것이기 때문이다.

이러한 주장을 펴면서 써얼은 이 문제들이 잘못된 전제에서 비롯된 것이라고 한다. 여기서 '잘못된 전제'란 바로 유물론과 이원론 간의 배타적인 이분법이라고 그는 주장한다.[49] 이러한 이분법은 사실상 데카르트 이래 무비판적으로 사용해온 전통적인 용어법에서 기인했다고 그는 말한다. 그래서 유물론자(혹은 물리주의자)들은 데카르트의 실체 이원론은 거부하면서도 데카르트 이원론의 용어와 범주들은 그대로 인정하는 잘못을 범했으며, 이원론의 잘못된 가정들을 그대로 이어받아서 전통화시키는 꼴이 되고 말았다고 주장한다. 그러면서 써얼 자신은 다만 이러한 잘못된 용어법을 극복하고 일인칭적인 의식이 부각되는 주관적인 의식의 형이상학을 성립시키려 한다는 것이다.

즉 그가 보기에 의식 문제의 핵심 쟁점은 이렇다. 의식은 본성상 주관

---

49 Searle(1992), 12~18쪽 참조. 특히 14쪽을 볼 것.

적, 일인칭적인데 이것을 객관적이고 삼인칭적인 과학을 통해 설명하려는 시도는 그 나름대로는 인간에 관한 과학적 탐구에 기여할 수 있지만, 원래 철학자나 심리학자 등의 관심 대상이었던 의식의 본성에 관해선 중요한 점을 빠뜨린 불완전한 설명에 불과하다는 것이다. 물리주의 입장에서는 이런 주장에 대해 그러한 의식의 주관성, 일인칭성은 실재와 구별되는 현상적인 것에 불과하다고 반박할 것이다. 이에 대해 써얼은 의식의 주관성이 인식론적 주관성이 아닌 존재론적 주관성임을 주장하면서 '현상과 실재'라는 전통적 구별이 물리주의자들이 선호하는 객관주의에 토대를 두고 있는 잘못된 구별이라고 주장하는 것이다.

나는 써얼이 제시한 의식 문제의 이러한 성격이 주목할 만한 가치가 있다고 생각한다. 예컨대 조금 전에 보았듯이 데카르트 이래 의식의 본질은 주관성으로 여겨져왔는데, 이 점은 물리주의 등 과학 지향적인 세계관이 추구하는 객관성과 원천적인 부조화를 갖는다. 또한 데카르트에 의하면 물질 실체의 기본 속성은 연장이며 연장은 공간적인 속성인 데 반해, 정신 실체는 비공간적 속성을 가진다. 또한 물질은 나누어지는 속성이 있지만, 정신은 불가분적(不可分的)이다.

이러한 대비는 데카르트에 의해 이루어진 것이며, 지금까지도 상당 부분 받아들여지고 있다. 하지만 이렇게 데카르트 때부터 모순적이고 배타적인 대비를 보였기 때문에 이러한 데카르트식 심신 개념을 받아들이는 한 심신 문제는 원초적으로 또 선험적으로 해결 불가능한 것 같다. 예컨대 정신적인 것이 갖는 주관성을 강조하지 않으면 차머스식의 '쉬운 문제'에 불과하다고 비판받거나, 주관적인 형태로서의 의식이나 정신 상태의 존재를 부정하는 '제거주의자'로 매도되기 쉽다.

나는 이 문제가 흔히 알려져 있듯이 심신 문제라는 존재론의 문제가 아니라 일종의 개념 문제, 말의 문제에 불과한 것이라고 생각한다. 다음 장에서 이러한 생각의 근거를 더욱 발전시켜보겠다.[50]

---

50 이 절의 일부는 백도형(2009)에 포함된 내용을 토대로 이루어졌다.

8장

데카르트식 구도 반성

객관성의 추구가 모든 학문이 지향하는 중요한 가치라고 해도 지나치지 않을 텐데, 일인칭적인 주관성이 어떻게 철학의 문제가 될 수 있을까? 앞 장에서 보았듯이 일인칭적 주관성을 지닌 의식은 현상에 불과할 수도 있다. 하지만 현상에 불과할 수 있는 의식이 철학에서 주목받는 것은 데카르트가 확실성의 토대인 제1원리로 이것을 제시했기 때문이다. 잘 알려져 있듯이 이것은 서양 근대 철학을 여는 철학사적 분수령이 된 중요한 사건이다. 데카르트는 학문의 확고한 토대를 처음부터 다시 쌓기 위해서 현재까지 갖고 있던 모든 지식을 의심하는 이른바 '방법적 회의'를 하고 마침내 확고한 토대인 '제1원리'로 생각하는 자아의 존재(cogito ergo sum)를 제시한다. 그런데 이때 생각하는 자아의 존재는 주관적인 사유다. 그는 이렇게 말한다.

나는 사유라는 말로써 우리가 의식하는 한에 있어서 우리 안에서 일어나는 모든 것을 의미한다. 따라서 여기서는 이해나 의지나 상상뿐만 아니라 감각 또한 사유와 동일한 것이다. 내가 〈나는 본다〉라고 말하거나 〈나는 산보를 한다〉라고 말한다면, 나는 존재한다. 그러나 이때 내가 〈나는 본다〉나 〈나는 산보를 한다〉를 가지고 육체로 행해지는 산보나 봄을 의미한다면, 결론은 절대적으로 확실하지는 않게 된다. 왜냐하면 꿈에서 자주 일어나듯이 내가 눈을 뜨고 있지 않거나 움직이지 않고 있음에도 불구하고 그리고 더 나아가 어쩌면 육체를 갖고 있지 않음에도 불구하고 나는 내가 보거나 산보를 한다고 믿을 수 있기 때문이다. 그러나 만일 내가 〈나는 본다〉나 〈나는 산보를 한다〉를 가지고 감각 그 자체를, 즉 보거나 산보하는 것에 대한 의식을 의미한다면 결론은 전적으로 확실하다. 왜냐하면 이 경우 〈나는 본다〉나 〈나는 산보를 한다〉는 단지 내가 보거나 산보한다고 느끼거나 생각하는 정신과 관련되기 때문이다.[1]

데카르트의 주관적 사유에 관해 서론에서 제시했던 예를 통해 다시 한 번 설명해보겠다. 다음의 두 진술을 보자.

① 저 장미는 붉다.
② 저 장미는 내게 붉게 보인다.

조금 전의 인용문을 통해 짐작할 수 있듯이 여기서 데카르트가 제1원리로 삼는 것은 ②다. ①~②는 모두 감각에 의한 인식이다. 다만 ①은 감

1   데카르트, 『철학의 원리』(원석영 옮김, 아카넷) 13~14쪽.

각에 의한 외부 실재, 즉 객관적 사태에 대한 인식인 데 반해, ②는 주관적 현상, 즉 내가 감각을 주관적으로 느낌에 대한 인식이다. 그래서 ①의 경우는 전능한 악마(신)에 의해 기만당하는 것이 가능하여 얼마든지 의심의 여지가 있지만 ②에 대해서는 (설사 기만당하거나 착각을 범하고 있는 상황에서도) 의심의 여지가 없는 주관적 확실성이 보증된다는 것이다. 그는 ①에 관해서는 방법적 회의를 통해 오히려 의심의 여지가 있는 것으로 비판하고 있다. 그런 점에서 사유의 내용(①)은 의심의 여지가 있고 오류 가능성이 있더라도 사유한다는 것 자체(②)는 의심의 여지없이 확실하다고 주장한 것이다. 앞 장에서 본 지식 논변에서 두 번째의 새로운 경험이 바로 ②이고, 이것이 사유라는 점에서 물리적인 것과 구별된다고 하는 반(反)물리주의 주장과 의식 문제가 바로 이런 식으로 데카르트에 의해 제기된 것이다.

데카르트는 방법적 회의를 통해 사유하는 자아 이외에 모든 것을 부정했지만 이후 신 존재 증명에 이은 신의 성실성 증명으로 외부 세계에 대한 지각의 정당성을 복원한다. 그래서 연장을 속성으로 하는 물질 실체를, 사유를 속성으로 하는 정신 실체와 함께 인정하는 심신 실체 이원론을 주장한다. 그리고 실체 개념이 갖는 독립성, 자족성, 폐쇄성으로 인해 상식적으로 가능한 심신 두 실체 간의 인과적 상호작용을 데카르트의 실체 개념으로는 설명할 수 없는 문제점 때문에 앞서 살펴본 정신 인과의 문제가 제기되었다는 점은 이미 서론에서 설명한 바 있다.

우리는 지금까지 1~6장에서는 정신 인과의 문제를, 7장에서는 의식 문제를 살펴보았다. 이제 9장의 대안 제시를 앞두고 지금까지 1~7장에서 진단한 심신 문제를 정리하려고 한다. 그러한 진단과 정리를 위해 이 장에서 주목하려는 것은 서론에서 심신 문제의 기원으로 설명했던 데카르트다. 심신 문제는 데카르트에 의해 제기되었다. 하지만 앞 장에서 본 써얼의 지적대로 데카르트가 심신 문제의 기원이다 보니 그의 심신 이론은 그 후의 심리철학 논의에 몇 가지 통념을 암암리에 전통화시켰다. 즉 심신 문제가 데카르트가 제시한 문제이다 보니 심신 이론의 논의 구도가 데카르트 개념의 영향 아래에서 이루어지고 있다. 20세기 이후 현대의 심신 이론은 대체로 데카르트식 심신 실체 이원론은 받아들이고 있지 않지만, 그가 제시한 개념 구도는 암암리에 아직도 그 흔적이 남아 있어서 때로는 근본적인 사유를 어렵게 하는 장벽이 되고 있는 것 같다. 이제 이 장의 1~4절을 통해 데카르트가 뿌려놓은 통념들을 차례대로 서로 연결해서 추적해보겠다. 이러한 통념들이 데카르트의 잔재임을 인식하지 못하는 것이 앞 장에서 써얼이 지적한 것처럼 오늘날 심신 문제가 어려움에 봉착하게 된 이유라고 생각한다. 이러한 통념들을 분명하게 인식하고 극복하는 길을 찾는 것이 심신 문제를 해결하는 열쇠가 된다고 생각한다.

1. 정신과 물질

우선 데카르트의 실체 이원론을 이루는 정신과 물체 개념이 상반된다는 데에 문제가 있다.[2] 그는 물체는 가분적(可分的)인데 반해, 정신은 불가

---

2 "정신과 물체의 본성은 그저 서로 상이(diversae)할 뿐만 아니라 어떤 점에서는 서로 대립(contrariae)된다는 점이 인정되어야 한다." [데카르트, 『성찰』에서 「여섯 성찰의 요약」(이현복 옮김, 『성찰』, 문예출판사, 29쪽) 참조] 데카르트 심신 개념의 배타성은 심신이 그의 엄격한 실체 개념에 근거해서 이루어졌기 때문이라고도 볼 수 있다. 앞에서도 언급했

분적이라고 한다.[3] 그리고 그가 제1원리로 삼은 생각하는 자아의 존재에서 자아는 그 본성이 사유이며 어떠한 물리 요소도 포함하지 않는 순수 영혼인 반면에, 물체는 그 본성이 연장이고 어떠한 심리 요소도 포함하고 있지 않은 순수한 물질이라고 주장한다.[4] 그가 물질의 속성으로 본 연장은 길이, 너비, 깊이 등 3차원의 공간적인 크기를 말하는데, 이러한 공간적인 물체 개념은 데카르트 이후 흄이나 칸트, 베르그송 등이 자아 동일성의 문제를 논하면서 시간성을 정신적인 것의 특징으로 삼은 것과 대조를 이루기도 한다. 즉 흄이 부정한 자아 동일성의 근거로 이후의 철학자들은 의식을 지속시키는 기억을 제시하는데, 그러한 기억이 시간성을 바탕으로 하는 개념이기 때문이다.

데카르트가 물리 요소가 전혀 섞이지 않은 정신을 강조한 것은 제1원리를 추구하는 과정에서 의심의 여지없는 확실성의 토대를 추구하기 위해서였고, 어떤 심리적 요소도 포함되지 않은 물질을 강조한 것은 중세의 자연관과는 구별되는 기계론적 자연관을 성립시키려는 의도였을 것이다.[5] 하여간 이러한 그의 의도는 상반됨을 넘어서 배타적인 이분법적 사유

듯이 그의 실체 개념은 독립성, 자족성, 폐쇄성을 띠기 때문에 인과적 상호작용이나 상호 간의 중복을 허용하지 않는다. 실체 개념에 관해서는 조금 뒤에 4절에서 다시 다루겠다.

3   데카르트, 『성찰』, 제6성찰 참조.
4   서양근대철학회(2001), 103쪽.
5   서양근대철학회(2001), 103쪽 이하 참조. 이에 대해 데카르트가 엄밀히 구별한 것은 물질-정신이라기보다 주관-객관의 구별이라고 볼 수도 있다. 주관-객관의 구별은 인식론적인 구별로 존재론적인 구별인 물질-정신과는 조금 다른 게 분명하다. 예컨대 앞의 7장에서 잭슨의 지식 논변을 다룰 때 데넷의 비판을 논의하는 과정에서 언급했듯이, 인식 주체도 신경 과학적인 탐구 대상이 될 때에는 대상화되는 경우가 있기 때문이다. 이 두 가지 구별은 분명히 다소 상이한 구별이지만 그러면서도 연결될 수 있다고 생각한다. 이 장의 1~3절이 그 점을 밝히려는 것이다.

로까지 평가받을 수 있는 심신 개념을 확립시켰고,[6] 이러한 그의 심신 개념은 이후의 심신 이론에 큰 영향을 끼치게 되었다. 예컨대 라이프니츠는 그의 단자(monad)에 관해 서술하면서 그것이 실체이고 최종적인 단순체라는 점에서 불가분하다고 말한다. 하지만 연장을 본성으로 지니는 물질은 설사 원자라 하더라도 나누어질 수밖에 없기 때문에 단자는 물질이 아닌 정신적이어야 한다고 주장한다. 이는 라이프니츠가 데카르트의 실체 개념과 상호 배타적인 심신 개념, 그리고 연역적 사유 방식을 이어받았음을 보여주는 사례라고 할 수 있다.[7]

이러한 심신 이분법 구도는 그 후 서양 근대의 인간중심주의적 세계관의 토대가 되어서 현재까지 많은 영향을 끼치고 있다. 게다가 20세기 이후 현대에 들어와서 공산주의와 관련된 이데올로기 대립과 냉전이 인간의 삶을 오래 지배하면서 마르크스주의가 가장 대표적인 유물론이라는 생각은 (때로는 거기에 이념적 독단의 선악 이분법까지도 더해져서) 이러한 심신 이분법의 배타적 대립 구도라는 통념을 실제의 맥락과 어긋난 방향으로 더욱 부추기는 결과를 가져왔다. 하지만 잘 알려져 있듯이 이러한 인간중심주의적 세계관은 서구 학계에서조차 현재 많은 비판의 대상이 되고 있다. 또한 이런 통념은 데카르트 이래 근대 이후에 성립된 것에 불과할 뿐, 서양철학에서조차 보편적인 입장은 아니다. 다음과 같이 생각해볼 수도 있다.

앞에서도(3장 3절에서 일반화 논변과 계층적 존재론을 다루었을 때) 제시한

---

6 서양근대철학회(2004), 166쪽.
7 실체 개념과 관련한 라이프니츠의 이러한 사유에 관해서는 9장에서 라이프니츠의 단자론을 4차원 개별자론과 비교하면서 다시 한 번 언급하겠다.

다음과 같은 존재 계층의 구별을 다시 생각해보자. 이러한 존재 계층은 여러 학문 분야의 대상이기도 하다. 그리고 상위의 존재계는 하위의 존재계를 포함한다고 할 수 있다.

① 미시 물리적 존재자

② 일상 사물(거시 물리적 존재자)

③ 생명체

④ 개인으로서의 인간(정신, 이성)

⑤ 사회

앞에서도 이미 언급했지만 심신 관계란 사실 ①과 ④의 관계일 뿐이다. 두 계층 이외에도 ②, ③, ⑤, 그리고 그보다 더 거시적인 여러 존재 계층들을 생각해볼 수 있다.[8] 이런 계층들을 염두에 둔다면 데카르트의 이원론적 세계관에서 비롯한 심신 문제는 여러 존재 계층 가운데 인간의 이중성과 직접적으로 관련되어 보이는 일부의 제한적인 계층만을 다루고 그 관계를 탐구하는 데에 그치는 것으로 볼 수 있다. 즉 이렇게 다양한 존재 계층들을 모두 고려하지 않은 채, ①과 ④만으로 세계가 이루어져 있다는 인간중심주의적 전제 위에서 성립하고 전개된 것이다. 게다가 그 둘 간의 규정도 상호 배타적이기까지 하다.

데카르트 이래로 지나치게 상반되거나 배타적인 심신 개념이 심신 이

---

8 심신 문제에서 ②, ③, ⑤ 등 다른 존재 계층을 염두에 두지 않는 것은 심신 구별이 주관 - 객관의 구별과 상응하면서 논의되는 측면이 있기 때문이라고도 할 수 있다[이에 관해서는 백도형(2008B)의 각주 20번 참조]. 주관 - 객관의 관계에 관해서는 조금 뒤에 논의하겠다.

론의 기본 구도로 자리 잡고 있는 것이 심신 문제를 아포리아로 몰고 가는 중요한 통념들 중 하나인 것 같다.[9]

2. 주관과 객관

앞에서 본 이분법적 심신 구도가 성행하게 된 서양 근대 이후, 그러한 이분법 구도와 맞물려 주관-객관의 이분법적이고 배타적인 대립 구도가 자연스럽게 형성되었다. 앞에서 본 대로 데카르트는 순수한 정신과 순수한 물질을 강조하면서 각각의 특징으로 주관성과 객관성을 주장했다. 이러한 주관성과 객관성의 대립은 양-질 대립으로 설명할 수도 있다. 조금 전에 언급했듯이 그가 물질의 속성으로 본 연장은 길이, 너비, 깊이 등

---

9 이 대목은 원래 백도형(2009)의 일부로 쓴 것을 수정·보완한 것이다. 백도형(2009)를 처음 투고했을 때 심사 과정에서 『철학과 현상학 연구』의 심사위원 한 분은 이 대목에 관한 필자의 논의가 지나치게 단순하며 "심리철학자들과 과학철학자들은 ①과 ② 또는 ①과 ③의 관계를 모두 논의하며, 심리철학자들이 논의하는 심신 관계가 주로 ①과 ④ 간의 관계라는 것이 '①과 ④만으로 세계가 이루어져 있다'는 것을 전제하고 있는 것은 아니"라고 지적했다. 심리철학자들도 물론 개인적으로 물어보면 ①과 ④뿐만 아니라 ①~⑤, 또는 그 이상의 존재 계층들도 인정할 것이다. 하지만 심리철학 중에서도 특별히 심신 문제를 다루는 논문이나 저작은 심신 문제, 특히 환원을 다루면서도 다른 계층은 별로 언급하지 않고 ①과 ④만 다루고 있는 것도 현실이다. (대체로 '이원론'에 대해 옹호하든 비판하든 논의하고 있지 않나? 또한 이 글의 논의는 심리철학 일반이 아니라 심리철학 중에서도 심신 문제에 초점을 맞추고 있음을 주목하기 바란다. 필자는 분석철학 특유의 분석 방법에 대한 선호와 거대 이론(grand theory)에 대한 혐오도 중요한 원인이라고 생각한다.) 최근에 제기된 '일반화 논변'은 ①과 ④만 다루고 있는 작금의 심신 논의에 대한 반성으로 볼 수도 있다. 일반화 논변에 관해서는 J. Heil & A. Mele(eds)(1993)에 수록된 Baker(1993), Burge(1993), Van Gulick(1993)을 참조하고, 일반화 논변에 관한 나의 비판적인 생각에 관해서는 앞의 3장 3절을 참조하라.

3차원의 공간적인 크기를 말한다. 이러한 물질은 양적으로 이해될 수 있으며, 데카르트 자신도 그러한 생각에서 기계론적 세계관을 염두에 두고 순수 물질을 강조하고 있다. 더구나 뉴턴 이후 고전물리학 등 획기적인 발전을 이룬 자연과학의 영향으로 '객관성'과 '수량적 측정'이 학문적 방법의 확고한 이상으로 자리잡게 됨으로써,[10] 이러한 주관-객관 이분법은 더욱더 의심할 수 없는 것으로 굳어지게 되었다.

하지만 앞에서 보았듯이 데카르트가 제1원리로서 강조한 생각하는 자아는 물질적 요소가 전혀 포함되지 않은 순수한 주관성의 영역이다. 데카르트 이래로 주관성을 정신적인 것의 전형성으로 보는 전통이 서양 심신 이론에 뿌리 깊게 자리 잡았다. 조금 전 7장에서 살펴본 의식의 문제가 바로 이런 역사적인 맥락과 관련해서 제기되는 것이다. 이러한 전통은 이 책에서 중점적으로 다루고 있는 분석철학 계통의 심리철학뿐만 아니라 현상학에 의해서도 계승되고 있다. 사실 7장에서 살펴본 의식 문제는 필자가 아는 한 현상학의 문제이기도 하다.

초기 경험론 철학자도 객관성을 추구하고 논의했다. 베이컨의 우상론과 로크의 백지설은 선입견 없는 객관적 관찰 경험을 지식의 이상적인 토대로 생각했다. 이러한 객관성은 동일한 조건에서는 누구라도(즉 상이한 주관들 간에서도, 또는 주관들의 상이함과 관계없이, 주관성의 개입이 전혀 없이) 동일한 관찰·실험 결과를 얻을 수 있다는 믿음을 바탕으로 하며, 이러한 경험론에 근거해 실험의 전통이 과학에서 뿌리박게 되었다. 이러한 객관성의 믿음을 바탕으로 경험론의 이념은 다음과 같이 표현된다. 첫째, 모

---

10 수량적 사고가 근대 이후 유럽 문명에 끼친 영향에 관해서는 앨프리드 W. 크로스비 (1997/2005) 참조.

든 지식은 관찰로부터 시작된다. 둘째, 관찰은 인식 정당화의 최종적인 토대가 된다. 이러한 경험론의 이념은 '귀납주의'라는 정통 과학관으로 계승되어 20세기 중반의 논리실증주의 시대까지 이어져 내려왔다.[11] 따라서 정통 과학관에서 추구하는 객관성의 이념도 데카르트에서와 같이 주관성이 들어 있지 않은 객관성을 지향했다. 1절에서 살펴본 데카르트의 심신의 배타적인 이분법과 유사하게 주관 – 객관의 배타적인 이분법 전통도 형성되었다.

하지만 논리실증주의 이후 최근 과학철학의 성과는 이러한 순수한 객관성의 이념이 이상에 불과함을 보여준다. 최근의 과학철학과 인식론, 심리학 등에서 제기되는 관찰의 이론 의존(theory–laden)은 전통적인 경험론이 옹호했던 순수한 객관성의 이념을 훼손한다.[12] 첫째, 관찰은 백지 상태에서 일어나 지식의 기원이 되는 것이 아니고 이론적인 선입견이 오히려 관찰에 선행한다. 둘째, 관찰 명제는 그것이 전제하고 있는 이론이 오류를 범할 수 있듯이 오류를 범할 수 있으므로 과학 이론과 법칙을 지지하는 확고한 토대 구실을 할 수 없다. 이제 베이컨이 객관성에 장애가 된다고 배제했던 '선입견'이 오히려 인식에 불가피한 '배경지식'이 될 수 있음이 드러난다. 객관적이라 생각했던 관찰·경험에 의한 인식이 오히려 이론적 선입견에 이미 영향을 받고 있는 것이 된다.

이러한 배경지식 중 중요한 하나가 바로 언어 내지 개념이다. 개인의 감각을 바탕으로 이루어진 관찰이 객관적인 토대를 확보하는 것은 그 관찰이 관찰 명제의 형태로 진술되기 때문이다. 관찰 명제가 됨으로써 관찰

---

11 앨런 차머스(1982/1985), 그리고 Suppes(1974) 참조.
12 관찰의 이론 의존에 관한 보다 상세한 내용은 백도형(2000C) 참조.

은 비로소 공적인 지위를 확보하고 타인과의 의사소통을 통한 정보 전달이 가능하게 된다. 그래야 비로소 그러한 관찰은 과학에 의해 사용될 수 있는 것이 된다. 하지만 이렇게 관찰 명제가 되는 과정에서 언어화, 개념화 과정이 불가피하게 개입한다. 이러한 개념화는 결코 홀로 독립적으로 일어나는 것이 아닌데, 개념들이 서로 관련되면서 모종의 질서를 이루게 되고 그것들이 체계를 이루면서 이론이 구축된다. 수학의 수식 형태로 이루어지는 과학 법칙은 이러한 개념들 간의 양적인 함수관계를 보여준다. 즉 관찰 진술을 이루는 개념들 속에 모종의 이론적 요소가 이미 들어 있는 것이다.

인문사회과학의 탐구에는 이러한 언어와 개념의 개입이 더욱 두드러진다. 20세기 이후 커다란 학문 조류의 하나인 문화상대주의가 언어와 개념의 상대성과 다양성을 바탕으로 이루어진 것은 이미 잘 알려진 사실이다. 언어는 이제 주관과 객관 사이에서 중요한 영향을 끼치는 인식 과정의 불가피한 매체다. 언어의 본질적 기능이 의사소통이기 때문에 언어는 사적(私的, private)인 것이 아니고 공적(公的, public)이라는 뜻에서 사회성을 갖는다. 앞(7장 5절)에서 보았듯이 주관－객관의 이분법과 배타성에는 '일인칭적인 주관성'과 '삼인칭적인 객관성'이라는 통념이 자리 잡고 있다. 그때 '일인칭'은 데카르트의 제1원리에서 보여주었듯이 인식 주체가 되는 일인칭 단수인 나, 즉 자아다. 그러나 이제 언어가 주관－객관 사이에 불가피한 매체로 등장함으로써 '언어적 전환(linguistic turn)'이 철학뿐만 아니라 (그것도 분석철학뿐만 아니라) 많은 학문 분야들의 키워드가 되고 있다.[13] 이

13　예컨대 김영민(2003), 김기봉(2000), 일레인 볼드윈 외(2008), 1부 등 참조. 지금 다루고 있는 주관－객관의 이분법적 사고가 서양 근대 철학의 주요 전제였다면 현대에서는 주

러한 언어의 사회성은 일인칭 단수로서 자아의 주관성과 삼인칭적인 객관성 간의 배타적인 이분법을 재고하는 계기를 제공하고 있다. 그래서 해석학 등에 이러한 언어적 의사소통과 관련해 기존의 주관-객관 이분법을 지양하는 '상호주관성' 개념이 제시되어 있는 것은 잘 알려진 사실이다.[14]

상호 배타성을 바탕으로 서로 간의 순수성과 정체성을 유지했던 '주관성'과 '객관성'의 전통적 개념에는 모종의 거품이 끼어 있는 듯하다. 베이컨의 우상론이 서양 근대의 문을 열면서 새로운 지식을 가로막는 선입견을 부각시켜 제거하려는 취지였듯이, 주관-객관의 구별이라는 통념 자체를 이제는 새 시대의 지식 확장을 가로막는 새로운 선입견으로 볼 수 있지 않을까?[15]

'객관성'은 엄밀히 말하면 인식의 객관성과 존재의 객관성으로 나누어 생각할 수 있다.[16] 이 절에서 지금까지 다룬 것은 인식의 객관성 문제였

관-객관 사이에 언어가 매체로서 불가피하게 개입할 수밖에 없음을 보여주면서 여러 학문 분야에서 '언어적 전환'이 문제시되고 있다. 이러한 점은 다음 3절에서 보겠지만 존재-인식의 이분법적 사고에도 영향을 미쳐 이제는 존재와 존재자를 다루는 형이상학이나 존재론에서도 '언어적 전환'을 고려해야 할지도 모른다. 9장에서 다룰 4차원 개별자론은 그런 점에서 언어적으로 전환될 수 있는 존재자와 존재론을 보여주고 있는데, 특히 문화 형이상학으로서 4차원 개별자론을 다루는 9장 5절 이후를 참조하라.

14 김준성은 이 절의 내용이 순수한 관찰에 대한 비판을 순수한 객관성에 대한 비판으로 연결 지었다고 논평했다. 이상의 두 문단은 그 논평을 염두에 두고 보완되었다.

15 이 대목도 원래 백도형(2009)의 일부로 쓰인 것인데, 투고 시 『철학과 현상학 연구』의 심사위원 한 분은 2절의 논의가 주관과 객관에 대한 단순화된 이분법에 기초한 '허수아비 공격'일 수 있음을 지적했다. 하지만 이 글의 취지는 이러한 단순화된 주관-객관 이분법이 데카르트에 의해 형성된 것이고 의식의 주관성과 '어려운 문제'를 논하는 여러 철학자들이 그러한 이분법에 영향받고 있다는 점을 지적하려는 것이다. 따라서 이 글의 논의를 비판하기 위해서는, 여기서 논의되는 주관-객관 이분법의 단순함을 지적하기보다는(필자 역시 바로 그 단순함을 비판하고 있는 것이니까) 이 글에서 논의된 데카르트와 현대 심리철학자들의 논의가 필자의 주장만큼 그리 단순하지 않음을 구체적으로 지적해야 할 것이다.

다. 존재의 객관성에 관한 문제는 존재와 인식 간의 구별을 문제 삼는 다음 절의 논의로 이어진다.

3. 존재와 인식

이상의 1~2절에서 다룬 통념들이 함께 어우러져서 존재와 인식이 확고하게 구별된다는 또 하나의 통념이 자연스럽게 이루어졌다. 즉 존재와 인식은 서로 간에 상관없이 독립적으로 성립한다는 통념이다. 다음과 같은 생각이 상식으로 통하는 것도 이러한 통념을 고착화한다. 즉 인식이란 결국 모종의 존재에 대한 인식일 수밖에 없는 데 반해, 존재자는 인식되기 이전에도 인식과 상관없이 존재할 수 있다는 것이다. 철학 입문 교과서에서도 존재론 내지 형이상학에서 다루는 존재자와, 인식론에서 다루는 인식 대상을 구별할 때 후자는 인식 주체와 관련을 맺을 수밖에 없지만 전자는 인식 주체와 상관없다는 식의 생각을 바탕으로 한다.[17] 철학사의 상식에서도 칸트가 '코페르니쿠스적 전환'을 통해 인식에서 선험적 주관의 역할을 제기하기 전까지 전통적인 인식론에서 인식이란 대체로 주어진 대상으로서의 객관적 존재에 대한 수동적 인식에 불과했다.

이러한 통념의 사례는 철학사에서 지금까지 종종 등장하는 실재론의 입장을 통해서도 확인해볼 수 있다. 실재론이란 인식 주관의 마음이나 이

---

16 인식의 객관성과 존재의 객관성에 관한 보다 상세한 소견은 백도형(2000C) 참조.
17 이 내용은 나의 철학과 학생 시절 소광희 선생님의 「형이상학」 과목 시험 문제이기도 했다. 소광희, 이석윤, 김정선 (1975), 177쪽 참조.

론, 혹은 개념·언어 등을 넘어서는(에 독립적인) 실재가 객관적으로 존재한다는 철학적 입장이다. 이러한 실재론의 생각을 토대로 진리 대응설과 지시론적 의미론(referential theory of meaning)이 서양철학의 존재론, 인식론, 언어철학의 진리론, 의미론에서 가장 상식적인 입장으로 통용되었다. 힐러리 퍼트남은 이러한 실재론의 입장을 다음의 세 가지로 잘 정리하고 있다.

첫째, 세계는 인간 정신으로부터 독립되어 있는 대상들의 확정된 전체로 구성되어 있다.

둘째, 세계에 대한 참되고 완전한 서술은 오직 하나뿐이다.

셋째, 진리는 단어나 사유 기호와 외부 대상 간에 성립하는 일종의 대응 관계다.[18]

이런 실재론의 상식에서 암묵적으로 받아들였던 생각이 앞 절에서 살펴본 대로 전통 철학에서 인식의 이상으로 간주되었던 객관적이고 보편적인 인식이었다. 즉 앞에서 제시한 퍼트남의 첫째 입론에서 드러나듯이 올바른 인식은 정신, 즉 인식주관으로부터 독립되어 존재하는 대상에 대한 인식이어야 하기 때문에 주관이 개입하지 않는 객관적인 인식이다. 그런 의미에서 이러한 객관적인 세계는 인식 이전에 이미 확정된 전체다. 그리고 확정된 전체로서의 세계는 우리의 유일한 세계이므로, 둘째 입론에서 제시되는 것처럼 세계에 대한 참되고 완전한 서술은 하나(One True Theory)일 수밖에 없다.

---

18 Putnam, H.(1981), 49쪽.

하지만 실재론을 당연한 상식으로 받아들이기에는 사정이 그리 간단치 않다. 실재론에서 중요한 것은 흔히 생각하듯이 '인식 주관으로부터 독립해 실재한다'는 것보다 과연 '무엇이 실재하는가?', '실재하는 것을 무엇으로 보는가?'다. 즉 중요한 것은 'S가 실재한다'라는 주장의 표현에서 '실재한다' 내지 '존재한다'의 주어가 되는 'S'다. 그래서 철학사에서 등장한 실재론도 단순히 외부 세계의 실재를 옹호하는 상식적인 실재론[19]뿐만 아니라, 중세철학의 주요 쟁점이었던 보편자 실재론, 최근 과학철학에서 논의되는 과학적 실재론, 메타 윤리학의 도덕 실재론(moral realism) 등이 있고, 이 책의 주제인 심신 문제와 관련해 앞에서도 언급한 정신 실재론도 있다. 철학사에 등장하는 이러한 모든 형태의 실재론의 원조는 [오히려 지금 시각(특히 물리주의의 시각)에서 보면 관념론 진영에 가까운] 플라톤식 실재론[즉 형상(Idea) 이론]일 것이라는 점이 시사하듯이, 'S가 실재한다'는 실재론의 일반 주장에서 중요한 것은 '실재한다'라는 동사 부분을 당연시하여 주목하는 것보다는 주어인 'S'가 과연 무엇인가를 규명하는 것이다.[20]

---

19 철학사에서 이러한 상식적인 실재론을 옹호한 사람으로는 리드(Thomas Reid)와 무어(G. E. Moore)가 유명하다. 둘의 상식적 실재론은 모두 흄과 영국의 헤겔주의 등 그 이전의 극단적인 관념론에 대한 반발로 제시된 것이라는 점에서 오히려 소극적인 입장 제시로 볼 수도 있다.

20 이 대목도 원래 백도형(2009)의 일부로 쓴 것인데, 투고 시 『철학과 현상학 연구』의 심사위원 한 분은 "실재론의 일반 주장을 'S가 실재한다'라는 주어-술어 형식의 문장으로 이해하는 것은 실재론 주장의 논리적 형식에 대한 현대 논리학 이전의 사고에서나 가능한 것이며, 바로 이런 출발점으로부터 시작하기 때문에 아래의 논의 전체는 현대의 논리적 표준에서 볼 때 극히 불명료한 논의에 불과하"다고 지적했다. 하지만 여기서 'S가 실재한다'는 실재론의 입론 형태로 제시한 것이므로(그리고 바로 전에 본문에서 제시한 철학사의 여러 실재론의 형식적인 입론 형태가 바로 이것이므로) 이러한 비판은 실재론자를 겨냥해야지 실재론을 비판하려는 필자에게 향할 것은 아니다(결국 필자도 심사위원의 지적처럼 실재론자들의 '낡은' 사고를 같은 이유로 비판하는 셈이다). 그리고 이 대목의 논의

'실재한다'라는 동사에 주목할 때에는 인식과 상관없는 실재 또는 존재를 당연시할 수 있지만, 주어에 주목할 경우에는 문제가 만만치 않다. 왜 하필이면 이 진술에서 우리는 S를 문제 삼을까? 이 대목에서 S만이 유일하게 주어가 될 수 있는 것은 아니다. S 부분을 이루는 요소들 중 어느 것도 가능할 것이며, S가 부분으로 참여하는 보다 광범위하고 거시적인 존재자도 주어가 될 수 있다. 또 S의 언저리에서 다른 분류 방식이 적용되면 다르게 개별화될 수 있는 존재자들도 가능할 것이다. 즉 여기에서 특별히 특정 개별자 S를 주어로 당연시하는 것에도 앞 절에서 본 바와 같은 배경지식과 배경 이론적 선입견이 작용하는 것이다. 만약 다른 배경지식이나 이론, 관점이 작용했다면 다른 선택도 가능했을 것이다. 이런 까닭에 'S가 실재한다'라는 진술이 처음에 생각했던 것처럼 그렇게 당연히 객관적이기만 한 것은 아닌 것이다.

결국 'S'란 특정하게 개념화되어 제시된 것이고, 이때의 개념화는 특정한 이론적 배경하에서만 이루어지는 것이다. 그러한 개념화는 결코 각각의 존재자가 독립적으로 이루어지는 것이 아니라, 그 이론 내부에서 유기적으로 모든 개념들이 조직화, 체계화되는 관계를 맺으면서 서로 간에 상충하거나 모순됨이 없이 이루어진다. 따라서 이렇게 모종의 이론에 의해 개념화되면서 비로소 존재자로 성립하는 존재자는 결코 우리의 인식, 언

가 겨냥하는 것은 결국 〈무엇을 실재하는 것으로 볼 것인가?〉의 문제이고, 이러한 문제는 필자와 마찬가지로 유명론의 주장을 펴는 콰인의 사례에서 보듯이[Quine(1948/1953) 참조] 현대 논리학 이후에도 제기할 수 있는 문제 아닐까? 초기 분석철학의 역사를 통해 잘 알려진[또 Quine(1948/1953)도 지적하듯이] 러셀의 기술 이론(theory of description)은 바로 이러한 점에 착안해 문법적인 주어가 아닌 논리적인 주어를 찾으려는 시도였다. 또 Putnam(1988), 110쪽 이하의 사례도 참조.

어, 이론과 별개로 객관적으로 실재하는 것이 아니다. 존재자가 등장하는 모든 과정에는 개념화 과정이라는 언어적 요소가 불가피하게 개입하는 것이다.

물론 앞에서 언급한 대로 존재는 인식에 비해 논리적으로 선행하는 것이라는 점에서도 존재와 인식 자체는 서로 구별되는 차원으로 볼 수 있으며, 존재를 탐구하는 형이상학자나 자연 세계를 탐구하는 과학자들은 실재론을 작업가설로 삼을 수밖에 없을 것이다. 하지만 구체적인 탐구 대상으로 들어가서 존재자와 인식 대상 간의 관계를 생각한다면 그 구별은 그렇게 간단한 문제가 아니다. 예컨대 인식되지 않은 존재자에 관한 탐구가 가능할까? 그런 생각이 가능하더라도 도대체 어떤 의미를 지니고 있을까? 또한 존재하지 않는 것에 대한 인식(만일 그렇다면 그것은 잘못된 인식일 텐데)은 도대체 어떤 의미를 지니고 있을까? 결국 존재자와 인식 대상은 어느 정도는 서로를 통해 탐구될 수밖에 없는 것 같다.

하지만 인식과 상관없는 존재 개념은 정말 무의미한가? 최소한 이렇게 말할 수는 있다. 존재자가 어떤 배경지식에 의해 개념화된다고 해도, 그래서 세계를 어떤 존재 단위로 나누고 분류하는지는 특정한 배경지식에 기초한 개념화에 의존한다고 해도 그러한 모든 존재자들의 총체로서 세계는 인식과 언어에 상관없이 존재한다. 하지만 어쩌면 이러한 주장은 '세계'라는 개념의 언어적 규정이라고도 할 수 있을 만큼 사실 차원의 진술로는 하나마나한 시시한(trivial) 주장일지도 모른다. 하여간 나는 다음 장인 9장에서 지금 이 장에서 제시되는 여러 통념들을 극복하면서 방금 제시한 '존재' 개념의 최소한을 만족시키는 심신 이론, 아니 단지 심신 이론이 아니라 심신 문제까지도 포괄할 수 있는 형이상학 이론으로 '심신 유명론으로서의 4차원 개별자론'을 제시하려고 한다. 다만 바로 그 전에 4절에서는 이 장의 1~3절에서 제시한 데카르트 이래의 통념들을 토대로 지금까지의 심신 이론들에 암묵적으로 전제되어 있는 통념 한 가지를 더 제시하려고 한다. 4절에서 제시하는 실체와 속성에 관한 통념이야말로 지금까지의 심신 이론들이 왜 아포리아에 빠질 수밖에 없었는지를 보여줄 수 있을 것이다.

4. 실체와 속성

실체와 속성은 서양 형이상학의 대표적인 두 범주다. 그런데 심신 문제는 태생적으로 실체-속성의 두 범주와 밀접한 관련을 맺고 있다. 서론에서 데카르트의 실체 개념으로 인해 정신 인과의 문제가 생겨났다는 점을 설명하면서 이미 언급한 그의 실체 개념을 다시 한 번 상기해보자. 데카르트는 실체를 "존재하기 위해서 다른 어떤 것도 필요로 하지 않는 것"이라고[21] 규정하면서 신, 정신, 물체를 실체로 보았다. 이러한 그의 실체 개념은 독립성, 자족성, 폐쇄성을 특징으로 한다. 이러한 실체 개념 때문에 심신 두 실체 간의 인과적 상호작용을 설명할 수가 없어서 정신 인과의 문제가 생겨났음을 서론에서 이미 보았다.[22] 실체의 이러한 정의를 엄밀히 적용하면 신만이 실체이지만 세계와 분리된 신만을 실체로 놓는다면 피조물인 세계의 존재를 설명할 수 없기 때문에 데카르트는 신을 무한 실체로, 정신과 물체를 유한 실체라고 하면서 후자에 관해 "그것들이 존재하기 위해서 필요로 하는 것은 단지 신의 조력뿐"이라고[23] 원래의 규정을 완

---

21 데카르트, 『철학의 원리』 51절(원석영 옮김, 아카넷, 43쪽).
22 서론 2절 참조.

화시킨 새로운 실체 규정을 제시한다. 이러한 실체 규정의 완화에 대해 스피노자는 데카르트의 첫 번째 실체 정의를 밀고 나가면서 신만이 실체이며 정신과 물체는 실체인 신의 두 가지 양태(실체의 변화 상태)라고[24] 주장한다. 이러한 초기 근대 철학사의 흐름은 현대 심리철학에서 실체 차원에서는 물리주의 일원론을 옹호하면서 속성 차원에서는 이원론을 옹호하는 비환원적 물리주의가 최근의 주류 입장인 상황을 연상케 한다. 하여간 이러한 초기 근대 철학의 실체 문제는 그 자체 심신 문제와 밀접한 관련을 맺으며, 이러한 관련은 앞에서 잠시 언급했듯이 이후 라이프니츠에게도 이어진다. 이러한 합리론 철학자들과 마찬가지로 경험론 진영의 버클리나 흄도 실체 문제를 심신 문제로서 다루고 있다.

사실 실체-속성의 두 범주는 데카르트 이전에도 아리스토텔레스에게까지 소급되는 유서 깊은 것으로, 그리스어를 원조로 하는 유럽 언어의 주어-술어 구조에 지칭 대상으로 대응되는 존재 범주로서 자연스럽게 제시되었다. 그리고 앞 절에서 제시한 통념들의 영향으로, 특별히 주관과 객관의 구별, 또 존재와 언어의 구별이라는 통념 때문에 주어-술어 구조에 대응해 실체와 속성을 언급할 때, 주어-술어의 지칭 대상으로서 실체와 속성이 주어와 술어를 이루고 있는 언어에 전혀 의존하지 않고 독립적으로 존재한다는 실재론을 당연시하면서 논의를 전개했던 것이다.

그런 식으로 최근까지의 심신 이론들도 실체와 속성의 실재론을 암묵적으로 당연시하고 있다. 예컨대 데카르트의 실체 이원론에서 정신 실체와 물리 실체, 20세기 이후의 입장으로서 실체 일원론이면서 동시에 속

---

23 데카르트, 『철학의 원리』 52절(원석영 옮김, 아카넷, 43쪽).

24 서양근대철학회, 『서양근대철학의 열 가지 쟁점』, 166쪽.

성 일원론의 입장인 심신 동일론, 그리고 실체 일원론이면서 속성 이원론의 입장인 비환원적 물리주의의 정신 속성과 물리 속성에 대해서 각각의 심신 이론들은 모두 당연히 실재론을 옹호하고 있는 것이다. 즉 최근 심신 이론들 중 제거주의를 제외하고는 대부분의 심신 이론들은 대체로 정신적인 것의 실재를 옹호한다. 이러한 생각은 흔히 '정신 실재론'으로 불린다. 그런데 정신 실재론은 사실상 정신 속성 실재론에 다름 아니다. 하지만 이런 식으로 실체와 속성에 관한 실재론을 당연시하면서도 이에 대한 정당화나 반성이 전혀 없었다. 그렇게 암암리에 실체나 속성 실재론을 옹호하는 것이 심신 문제 전반에 어떤 의미와 함축을 가지는지 진지한 탐구나 반성이 전혀 없었던 점이 바로 지금까지 심신 문제를 꼬이게 만들고 아포리아로 빠져들게 하는 핵심적인 요인이라고 생각한다.[25]

예컨대 실체 일원론이나 이원론, 속성 일원론이나 이원론을 옹호 또는 비판하면서 다루는 심신 이론들이라면 마땅히 주어나 술어의 언어 차원을 넘어서는 실체나 속성 자체에 관한 논의를 해야 하며, 그러기 위해서는 존재 차원의 주장임을 보여주는 근거가 제시되어야 하는데, 전혀 그러한 반성 없이 실제 전개되는 논의는 주어-술어 차원에서 보이는 언어적 차이만을 가지고 논의하는 것 같다. 존재론으로서 심신 문제를 다루는 것 같지만, 실제 전개되는 모습은 언어 분석 내지 언어 차원의 비교에 불과한 수준이다.[26]

---

25 이러한 생각은 예전의 다음 글들에서도 주장했다. 백도형(1993), (1995), (2004B), 그리고 백도형(2008A).

26 이종관은 데카르트의 실체-속성 형이상학에 대한 이러한 비판이, 데카르트 이후 헤겔, 니체, 베르그송 등이 데카르트를 극복하는 존재론을 제시한 철학사의 중요한 사례들을 반영하지 못하고 있다고 지적하면서 그러한 역사적인 사례들로부터 단절되어 있는 분석철학

필자가 이 책에서, 또 심신 문제를 다룬 예전의 글들에서 암스트롱의 보편자 실재론을 심신 문제와 관련된 속성 실재론의 중요한 모형으로 강조한 것은,[27] 그나마 그의 보편자 실재론이 (설사 내가 그 결론에 동의하는 것은 아닐지라도) 물리 속성의 경우에 언어 차원을 넘어서서 존재 차원의 논의를 하려는 진지한 시도를 보인 드문 경우라고 판단했기 때문이다. 그의 보편자 실재론에서는 술어 차원을 넘어서는 속성 차원의 존재론을 전개하기 위해 플라톤식의 선험적 실재론이 아닌 경험적 실재론을 주장하면서 무엇이 진정한 속성인가는,[28] 현재의 술어나 현재의 물리학 이론이 아닌 궁극적으로 발전한 최종 과학 이론에 의해 정해져야 한다고 주장한다. 물론 이러한 속성 개념은 매우 강한 속성관임에 틀림없으나 이 정도 속성 개념의 바탕 위에서만 언어 차원의 문제가 아닌 실재론을 옹호할 수 있다고 생각한다. 이런 정도의 속성관을 갖지 않는다면 심신 문제가 명실상부한 인간에 관한 존재론 문제가 아닌 언어 차원의 의미론 문제가 되어버리기 때문이다.[29]

적 심리철학에만 적용될 수 있을 뿐이라는 의견을 제시했다. 여러 가지 이유로 분석철학이 헤겔, 니체, 베르그송 등의 사례를 반영하지 않은 것은 사실이다. 또한 중요한 현대 영미 철학자 중 하나인 화이트헤드의 형이상학 입장도 주류 분석철학 전통에서는 별로 반영되어 있지 않은 것도 사실이다. 하지만 이러한 형이상학들도 인식·언어 차원을 넘어서는 존재 자체에 관해 논하고 있는 것인지 의심스럽다. 나중에 기회가 되면 다루어보고 싶다.

27 백도형(1995), 그리고 백도형(2004A)를 참조하라.

28 물론 암스트롱은 강한 물리주의자이고 심신 문제에서도 환원주의를 옹호하는 입장이므로 여기서 '진정한 속성'이란 물리 속성만을 말하는 것이다. 이 책 2장과 5장에서 암스트롱에 관한 논의 참조.

29 내가 알기로 지금까지 심신 이론들 중 언어 차원의 논의임을 명시적으로 드러낸 경우는 헴펠이나 라일 등의 논리행동주의뿐이다. 분석철학의 역사를 통해 잘 알려져 있듯이 두 입장은 모두 반(反)형이상학적 태도를 지닌 논리실증주의와 일상 언어 학파의 입장을 토대로 두고 있다.

나는 지금까지 그리고 이 책에서도 다음과 같이 주장하고 있다. 즉 이러한 속성관을 전제로 할 경우, 비환원적 물리주의는 속성 이원론이라고 하지만 그때의 이원적인 속성이 서로 존재론적으로 중복되어 과잉 결정되거나 어느 하나(특히 정신 속성)가 존재론적 지위를 상실할 수밖에 없는 등 앞에서 정신 인과의 문제 논의에서 살펴보았던 문제점에 직면하기 때문에 결코 의미 있는 입장으로 살아남을 수 없다.[30] 그렇다면 앞의 3장에서 보았듯이 데이비슨식의 유명론을 제외하고 포더처럼 속성의 실재에 관해 전혀 반성하지 않으면서 비환원적 물리주의를 주장할 때 옹호하는 것은 속성 이원론이 될 수밖에 없는데, 이때의 '속성' 특히 '정신 속성'이 과연 술어 이상의 정신 속성이라고 정당화할 수 있을지 의심스럽다.

또한 7장에서부터 조금 전까지 본 대로 의식 문제가 '어려운 문제'가 되어버린 이유가 심신 문제가 데카르트식의 배타적인 이분법에 의해 개념 지어진 심신관에 의해 정초된 것 때문이라면, 그러한 심신관은 데카르트라는 역사적·우연적 맥락에 의해 영향받으며 개념화된 것으로 볼 수 있으므로 그런 바탕 위에서 성립한 심신 문제의 '심신 속성'을 술어라는 언어 차원을 넘어서는 명실상부한 존재 범주로 당연시하고 있었던 것이 심신 문제 어려움의 근원이 된다고 생각한다. 즉 심신 문제를 다루면서 속성의 실재를 별 반성 없이 당연시해왔기 때문에 의식 문제를 비롯한 심신 문제가 아포리아로 빠지게 됐다.

심신 환원주의나 동일론과 관련해서도 속성과 술어의 구별 문제가 연

---

30 과잉 결정 등 존재론적인 중복은 속성의 경우에만 일어나는 것이 아니다. 그 속성의 주어 또는 담지자가 되는 실체의 경우에도 과잉 구성의 존재론적인 중복이 일어날 수 있다. 김재권의 기능적 환원주의에 대한 실체의 과잉 구성을 지적한 논변으로는 앞의 5장 4절을 보라.

루될 수 있다. 환원주의는 어떤 형태이든 심신 동일론과 유사한 형태로 남을 수밖에 없을 텐데, 정신 속성과 물리 속성의 동일성 내지 그와 유사한 환원주의를 성립시키는 것이 그리 간단한 문제인지 의심스럽다. 이미 앞의 6장에서 스마트 등 초기 심신 동일론과 관련된 논의에 존재 범주인 속성을 언어 표현의 전환(paraphrase) 정도로 다루는 등 속성 자체가 아닌 속성의 서술만을 취급하는 데에 그치는 사례들이 있었음을 보았다. 김재권이 이러한 초기 동일론의 어려움을 극복하기 위해 기능적 환원주의를 통한 새로운 심신 동일론을 제창했지만 그 문제점도 이미 5장에서 살펴보았다.[31]

그렇다면 (6장까지 정신 인과의 문제에 관해 살펴보면서 정신 인과의 문제의 잠정 결론으로 6장 4절에서 제시한 것과 같이) 속성 실재론을 부정하지 않는 경우 남은 선택지는 제거주의인데, 이 입장은 물리학과 신경 과학의 발전에 편승하기만 하는 입장에 불과하다. 즉 우리가 역사적으로 오래 논의했고 관심 가져온 정신적인 것에 관한 부분을 너무나도 쉽게 무시해버리고 우리의 상식적인 직관을 정면으로 거부하는 입장이라서 많은 철학자들은 제거주의에 대해 거부감을 보이고 있다.

그런데 이제 이 장 앞 절의 논의를 생각해본다면, 제거주의가 (심신 유명론을 제외한) 유일한 가능성이라는 이러한 생각은 앞 절에서 거론했던 통념들과 지금 논의하고 있는 실체, 속성 범주에 관한 통념을 당연 전제하고 있을 때의 귀결에 불과하다. 그래서 앞 절들에서 살펴본 통념들과

---

31 특히 5장 4절에서 제시한 문제점은 김재권의 기능적 환원주의에서 실체 개념 문제를 지적한 것으로서 1, 3장에서 제시한 속성의 문제와 함께, 심신 문제에서 실체-속성의 두 범주가 가진 문제점을 잘 보여주는 중요한 사례라고 볼 수 있다.

함께 실체, 속성에 관한 통념도 재검토해볼 필요가 있다. 조금 전에 논의한 속성 실재론에 관한 통념들도 재검토에 포함되어야 함은 물론이다. 또한 실체와 속성 등 존재 범주가 주어-술어의 언어 범주를 넘어서서 존재한다는 실재론은 역시 조금 전에 살펴본 대로 배경지식이나 이론적인 맥락에서 자유로울 수 있는가 하는 의문도 낳는다. 조금 전에 관찰의 이론 의존성에 관해 살펴본 것처럼 '속성' 역시 술어화가 이루어질 때(또는 술어로 표현될 때) 배경지식과 배경 이론에 의한 개념화의 영향을 받는다고 보는 것이 별 반성 없이 실재론을 당연시하는 것보다 더 설득력이 있을 것이다.[32]

5. 잠정 결론: 지금까지의 심신 문제에 대한 진단

의식의 쟁점에서 핵심은 결국 본래적 속성으로서 현상적 의식이다. 예컨대 김재권의 최근 저서 제목에서 **『거의 충분한, 적절히 충분한 물리주의』**라고 굳이 강조한 부분을 첨가한 이유도[33] 현상적 의식이 갖는 질적 속성과 주관성 때문이며, 차머스의 '어려운 문제' 그리고 레바인의 '설명의 틈새'도 바로 그것 때문이다. 이 문제는 의식의 관계적 속성[감각질 간의 유사성-차별성에 관한 인식에서 비롯하는, 또는 외래적(extrinsic) 속성]에서는 나오지 않는다. 후자는 충분히 기능적으로 설명될 수 있으며 이것은 차

---

32 이 장의 1~4절의 일부는 백도형(2009)에 포함된 내용을 토대로 이루어졌다.

33 참고로 Kim(2005)의 한국어판 제목은 그냥 『물리주의』(하종호 역, 철학과현실사 2007)로만 되어 있음.

머스의 '쉬운 문제', 네드 블록(Ned Block)의 '접속-의식(access-consciousness)'에[34] 불과하지 본래적 속성으로서의 현상적 질적 의식은 아니다.

지금까지 본 대로 현상적 질적 의식을 인정하는 철학자들은 김재권을 제외하고는 대체로 그것을 근거로 물리주의를 비판한다. 현상적 의식이 부수 현상에 불과할지 모른다는 정신 인과 논의도 그들의 비판을 침묵시키지 못하고 있다. 현상적 의식은 본래적으로 질적이고 주관적, 일인칭적이기 때문에 물리적으로도 기능적으로도 설명되거나 환원되지 않기 때문이라고 그들은 주장한다. 바로 이 점이 심신 문제를 아포리아에 빠지게 한다. 지금까지의 논의를 정리해볼 때, 이러한 현상적 의식의 문제, 그리고 더 나아가 정신 인과의 문제까지도 포함한 심신 문제 일반이 발생하는 두 가지 이유가 있다.

첫째, 지금까지의 심신 이론들이 이제는 더 이상 데카르트의 실체 이원론을 받아들이지 않고 있지만 그의 배타적인 심신 개념을 아직도 전통으로 받아들이면서 그 틀 안에서 문제를 보고 있기 때문에 그 틀의 기초를 유지하는 한 심신 문제는 그 자체로 해결 불가능하다. 데카르트의 정신 실체는 그가 확실성의 토대라고 주장한 제1원리(cogito ergo sum)에서 기인한 것으로 어떠한 물리 요소도 포함되어 있지 않은(방법적 회의 과정에서 이미 배제됐기 때문) 순수 사유, 순수 의식, 순수 자아이며 순수한 주관성이고, 이러한 그의 정신 개념으로 인해 방금 본 대로 지금까지도 심리철학에서 주관적, 현상적 의식이 중요시되고 있다. 반면에 그의 물리 실체

---

34 Block, N.(1995/2007), 164쪽. 블록은 거기에서 '접속-의식' 개념을 '현상적 의식(phenomenal consciousness)'과 대조하고 있다. 즉 후자와는 달리 전자는 정보처리 과정에서 기능에 의해 형성된 것으로 본다.

는 중세의 자연관과 구별되는 기계론적 자연관의 토대가 되는 것이기 때문에 어떠한 정신 요소도 포함되어 있지 않다. 이러한 데카르트의 배타적인 심신 개념이 지금까지도 심신 문제의 기본 전제이기 때문에 심신 문제가 해결될 수 없는 것이며, 현상적 의식의 문제가 바로 심신 문제 어려움의 핵심이 된다. 그래서 나는 이 장에서 살펴본 대로 심신 문제를 해결하기 위해서는 이러한 데카르트식 심신 개념에 대한 깊은 반성이 필요하다고 생각하는 것이다. 그의 실체 이원론을 비판하는 것만으로는 부족하다. 그의 틀 자체에 대해서도 비판적 검토가 필요하다.

둘째, 거의 모든 심신 이론들은 속성을 중심으로 논의하고 있는데, 자세히 살펴보면 속성에 관한 논의가 사실은 속성에 관한 서술을 논하는 것에 불과하다. 이 책에서 초지일관 주장한 것이 대부분의 심신 이론에는 보편자로서의 속성 실재론이 암묵적으로 전제되어 있다는 것이었는데, 이 주장을 다르게 표현한다면 지금까지의 심신 이론들이 속성과 속성의 서술을 혼동하고 있다고 말할 수 있다. 작금의 심신 이론에서는 데카르트의 실체 이원론 대신 실체 차원에서는 일원론, 즉 물리주의를 받아들이는 것이 주류 입장이다. 다만 속성에 관해서 일원론이냐(환원주의 혹은 제거주의) 이원론(비환원적 물리주의)이냐가 주된 쟁점이다. 그런데 이렇게 논의의 중심이 되는 속성에 관해 논할 때 형이상학적 존재 범주로서 속성에 관해 논하는 것으로 많은 철학자들이 여기고 있지만 사실 그들의 논의는 대체로 속성의 서술에 관한 언어 차원의 논의에 불과하다는 것이다. 그러면서 언어적으로 서술된 속성(사실상 술어에 불과한)을 그 자체 실재하는 것으로 생각하기 때문에 자신도 모르게 속성 실재론을 옹호하게 되는데, 이렇게 언어 차원의 논의에 불과한 것을 존재 차원의 형이상학적 논의로 혼동하는 데에서 심신 문제의 아포리아가 발생하는 것이다.[35]

이상의 두 가지 이유를 하나로 연결할 수도 있다. 심신 이론들에서 다루는 속성은 사실상 속성의 서술을 다루는 것에 불과한데, 그 서술도 데카르트식 배타적인 심신 개념에서 벗어나지 못하고 있으므로 아포리아에 빠질 수밖에 없다는 것이다. 어떤 이는 20세기 이후 현대 심리철학의 주류는 물리주의, 행동주의, 기능주의 등이며 이러한 입장은 대체로 데카르트식 이원론에 대한 부정에서 나온 것이므로 이러한 나의 진단이 지나친 과장이라고 말할 수도 있다.[36] 하지만 문제의 핵심은 물리주의자, 행동주의자, 기능주의자들이 비록 데카르트식 심신 실체 이원론은 거부하고 있지만 데카르트식 심신 개념(Cartesian concept of mind or Cartesian framework)은 공유·전제하고 있다는 것이고, 이러한 데카르트식 심신 개념이 이후의 심신 문제와 관련한 거의 모든 논의에 개념적 토대가 되고 있다는 점이다. 즉 이렇게 말할 수도 있지 않을까? 즉 그들 역시 데카르트의 마음·정신 개념이 주관적, 질적, 현상적이라는 점은 공유하지만, 정작 그런 특징을 가진 주관적, 질적, 현상적인 마음·정신은 그 물리적 기초(physical base) 이외에는 존재하지 않는다고 보는 입장이 바로 그들의 물리주의라는 점에서, 데카르트의 심신 실체 이원론이라는 결론은 받아들이지 않더라도 현상적, 주관적, 질적인 그의 정신 개념은 그대로 물려받고 있는 데에서 지금까지의 심신 문제가 해결되기 어려운 난제로 남아 있게 되었다고 말이다.

---

35 앞에서 정신 인과의 문제에서 제시됐던 김재권의 배제 논변과 속성의 과잉 결정 문제도 이러한 시각에서 보면 서로 다르게 서술된 술어들 간의 문제로 볼 수 있다. 따라서 속성을 단지 술어인 것으로 보는 심신 유명론은 정신 인과의 문제를 피할 수 있다. 보다 자세한 내용은 다음 장 참조.

36 실제로 김재권 선생도 나와의 사적인 이메일 대화에서 그러한 비판 의견을 제시했다.

지금까지 여러 물리주의 입장을 살펴보았지만 물리주의자들이 대체로 정신적인 것에 대한 비실재론자(mental irrealists)가 되기 쉬운 이유도 데카르트식 심신 개념을 공유하는 것과 관련이 있지 않을까? 이러한 정신적인 것에 대한 비실재론에 불만을 갖고 물리주의와 함께 정신 실재론을 옹호하려는 입장이 비환원적 물리주의이지만, 앞에서 본 대로 설사 이 입장이 많은 인기를 얻고 있더라도 배제 논변에 빠질 수밖에 없을 정도로 존재론적으로 탄탄하지 못하고 취약한 입장이기 때문에 심신 문제가 지금까지도 속 시원히 해결되지 못하는 것 아닌가?[37] 지금까지 심신 이론의 흐름을 이런 식으로 볼 수도 있지 않을까?

그런데 심신 속성이 이렇게 데카르트식 심신 개념에 의한 서술에 불과하다면 심신 이론가들이 당연시하고 있는 기본적인 심신 속성들(예컨대 현상적, 질적, 주관적 의식 속성)도 데카르트라는 우연적인 철학사적 맥락에 바탕을 둔 것이지, 결코 절대적이고 보편적인 금과옥조로 당연시할 속성은 아니다.[38] 그러므로 생산적인 심신 문제의 논의를 위해 이러한 데카르트식 심신 개념은 깊은 반성과 재고가 필요하다.[39] 이 책에서 보편자로서의 속성 문제와 이 장에서 살펴본 데카르트식 통념을 주목하고 재고하려

---

37 물론 앞에서 본 대로 김재권처럼 환원주의를 통해 정신 실재론을 옹호하려는 주장도 있다. 보다 상세한 내용은 이 책의 5장 참조.

38 예컨대 데카르트 이전의 서양 고중세 철학이나 유학, 불교, 노장 등 동양철학의 심신관은 내가 아는 한 데카르트처럼 배타적이지 않다.

39 예컨대 최근 철학이나 인문학에서 관심을 받고 있는 매체로서의 언어는 데카르트식의 배타적인 심신 개념에서 비롯한 배타적인 주관-객관 분리를 재고할 수 있는 유력한 단서가 될 수 있다. '언어적으로 전환된' 세계는 더 이상 데카르트나 초기 경험론식의 '객관적인' 세계는 아니지만 상대적이거나 허구적인 것이라기보다 해석학에서 말하는 (또 후기 비트겐슈타인에도 적용할 수 있는) '상호 주관적인' 세계일 수 있다. 다음 장에서 살펴볼 '심신 유명론(또는 4차원 개별자론)'이 바로 이런 생각을 바탕으로 하고 있다.

는 것이 바로 이러한 이유 때문이다.[40]

　이 장에서는 데카르트 이래로 지금까지 심신 문제가 토대를 두고 있는 여러 통념들을 드러내는 작업을 했다. 이러한 통념들은 언뜻 보면 심신 문제 자체와는 밀접한 상관이 없는 것처럼 보였기 때문에 심신 문제를 연구하는 심리철학자들도 자신들이 이러한 통념에 빠져 있음을 뚜렷하게 의식하지 못하고 있으며, 이것이 심신 문제의 속 시원한 해결을 어렵게 하는 중요한 요인이라고 생각한다. 사실상 심신 문제는 그것의 주변과 바탕을 이루는 형이상학의 문제와 별개가 아니다. 형이상학이 존재 세계 일반을 다루는 것이라면 심신 문제는 인간과 자연계에 관한 형이상학적 문제라고 볼 수 있기 때문이다. 심신 문제를 둘러싼 통념들을 밝혀내는 것에 진력한 이 장은 심신 문제가 그러한 형이상학의 일반적 문제와 결코 아무 관련 없이 별개로 논의될 수 없다는 점을 보여주었다.

　형이상학의 문제를 현대 과학과 관련지어 재검토할 필요도 있다. 앞에서 언급했듯이 실체와 속성은 데카르트가 새로운 규정을 하면서 재정의하고 있지만, 원래는 아리스토텔레스에서부터 유래한 오랜 전통을 가진 형이상학 범주다. 그런데 문제는 이러한 두 범주가 동일성에 바탕을 두고 이루어져 있다는 것이다.[41] 이때의 '동일성'은 시간을 초월한 통시간성, 영

40　지금까지 5절의 내용은 인제대학교 인간환경미래연구원 주최로 2011년 6월 27일에 있었던 김재권 교수 강연(그 며칠 전에 서울대학교에서 있었던 김영정 교수 추모 강연)에 관한 콜로퀴엄에서 김재권 선생에 대한 필자의 지정 질의 내용과 그 이후 있었던 김재권 선생과의 이메일 대화 내용을 바탕으로 작성됐다. 여러 가지 질문과 논평에 상세하게 답변해주신 김재권 선생님께 다시 한 번 감사드린다.

41　예컨대 보편자로서의 속성에 관해 설명한 이 책 2장을 보라.

속성, 영원성을 띠는 것으로서 현대 과학에서 두드러지는 시간성이 별로 반영되지 않은 정적이고 공간적인 범주다. 따라서 이러한 실체-속성 범주를 토대로 이루어진 서양 형이상학은 실제로 서양 근대 이후의 학문처럼 수학적이고 연역적인 필연성을 지나치게 강조하게 되는 것이다. 근대 이후 고전물리학의 세계관은 수량적 체계로서 이러한 연역적 필연성에 의해 지배받는다고 말할 수 있다. 하지만 이러한 연역적 세계관은 세계의 무한성을 함축하고 있으며 시간성이 강조되고 있는 현대 과학과 잘 어울리지 않는 측면이 있다.[42]

이제 다음 9장에서는 이러한 문제점들을 좀 더 상세하게 살펴보면서 이 장에서 지금까지 제시된 여러 통념들을 극복할 수 있는 대안적 형이상학 이론을 제시하려고 한다.

---

42 다음 장에서 보다 상세하게 살펴 보겠다.

9장

시론: 심신 유명론으로서의 4차원 개별자론

나는 이 장에서 유명론을 바탕으로 한 심신 이론을 제시해보려고 한다. 특별히 심신 문제에서 유명론에 주목하게 된 것은 6장까지 정신 인과의 문제를 통해 보았듯이 데이비슨의 심신 이론을 유명론으로 해석했을 때 정신 인과의 문제의 유력한 대안이 될 수 있다고 생각하기 때문이다. 즉 비환원주의 입장 중 속성 유명론을 띠는 데이비슨과 같은 경우에만 정신 인과의 문제를 만족스럽게 해결할 수 있다는 생각이다. 정신 인과의 문제를 다루면서 살펴보았듯이 속성 이원론으로 속성 실재론을 옹호하는 비환원주의는 김재권의 배제 논변 등의 비판을 극복할 수가 없다. 그리고 심신 환원주의는 스마트 등 초창기 심신 동일론이든 김재권의 기능적 환원을 통한 새로운 심신 동일론이든 모두 여러 문제점이 남아 있는 어려운 과업임을 재확인했다.

제거주의는 잘 알려진 대로 정신 현상과 상식 심리학의 가능성을 전면적으로 부정하는 반직관적이고 파괴적인 특성 때문에 많은 이들이 거부감을 갖는 입장이다. 물론 거부감이 있다고 해서 이론적 가능성을 그냥 포기하거나 무시할 수는 없고 최근 신경 과학 등의 발전에 의해 고려할 수도 있는 입장이 되었다. 하지만 그 입장을 고려하는 경우에는 정신 현상의 부정 등 우리의 상식이나 직관과 어긋나는 부분을 어떻게 설명하고 이해할 수 있을까 하는 추가 과제가 남는다. 4장에서 검토한 바로는 제거주의가 그 입장을 유의미하게 유지하기 위해서는 속성 실재론을 그 토대로 삼아야 한다. 어떻게 보면 이러한 나의 검토 결과는 제거주의의 가능성을 실재론으로 다소 제약하는 효과를 거두었다고 생각한다.

하여간 이러한 논의 결과를 토대로 6장까지 정신 인과의 문제를 다룬 나의 잠정적인 결론은 이렇다. 속성 실재론을 받아들이면 제거주의만이 유일한 가능성일 뿐이며, 속성 실재론을 거부하고 유명론을 받아들이는 경우에는 데이비슨의 심신 이론인 무법칙적 일원론과 유사한 이론을 유명론적으로 해석해야 유력한 대안이 될 수 있다는 것이다.

심신 문제에서 유명론을 고려하려는 또 하나의 의의가 있다. 지금까지의 논의를 통해 얻은 또 다른 생각은 심신 문제에서 속성을 다루는 그동안의 논의들이 많은 경우 존재 범주로서 속성을 다루었다기보다 언어 범주로서 술어 차원을 다루는 데에 그쳤다는 점이다. 혹은 '속성'에 관해 다룬다고 하는 것도 술어를 다룬 것 이상의 의미를 갖는다고 볼 수 없는 경우가 많았다. 그런데 존재 범주로서의 속성은 엄연한 존재자로서 세계에 내재하는 것으로 볼 수 있지만, 술어 등 언어의 경우는 그 의미가 세계뿐 아니라 언어 사용자 주체의 주관에도 속한다는 점이 문제다. 게다가 이러한 언어는 앞서 8장에서 살펴보았듯이 강한 형이상학적 실재론으로 뒷받침하지 않는 한, 특정한 배경 이론 체계[개념 구도(conceptual schemes), 패러다임 등으로 볼 수도 있고 역사적·문화적 맥락이라고 이해할 수도 있다] 내에서 의미를 갖는다. 이미 앞의 8장에서 의식 문제 등 심신 문제가 데카르트식 구도를 전제로 통념화되고 있음을 보았으며, 그러한 구도는 데카르트라는 특정의 우연적이면서 역사적인 맥락을 토대로 성립한 것임도 살펴보았는데, 이러한 점은 속성 실재론의 입장과 그것을 토대로 성립한 심신 문제 구도에 대한 반성의 적절한 근거가 된다. 속성을 다룬 이론들이 사실상 술어를 다루는 것 이상의 의미를 갖지 못하는 상황에서라면, 속성을 술어 이상의 것으로 보지 않는 유명론이야말로 그러한 현실을 적절하게 반영할 수 있는 최선의 입장이라고 할 수 있지 않을까? 형이상학적 실재론과 그것에 근거한 객관성 개념을 반성해야 할 필요가 있다면 오히려 유명론은 유망한 대안이 될 수 있을 것이다.[1]

그래서 이러한 유망한 대안을 좀 더 검토한다는 취지에서 이 장에서는 유명론 형태의 심신 이론과 형이상학을 구상하면서 다듬어보려고 한다. 조금 전에도 언급했지만 지금까지의 논의상 나는 데이비슨식의 유명론을 가장 유망한 대안으로 생각하고 있다. 즉 보편자로서의 속성 실재론을 옹호하면서 비환원적 물리주의를 옹호하는 것은 김재권의 배제 논변 등의 비판이 적용될 수 있지만, 내가 해석하는 데이비슨처럼 유명론의 입장을 취한다면 정신 인과를 잘 해명할 수 있을 것이다.[2] 하지만 데이비슨 자신은 유명론자로서의 정체성을 명시적으로 언급하거나 부각시킨 적이 없

---

1   앞으로 이 장에서는 이러한 유명론적 심신 이론을 더욱 발전시켜서 심신 이론으로서뿐 아니라 일반적인 형이상학 이론으로 적용할 수 있는 4차원 개별자론을 제시하려고 한다. 지금 언급하고 있는 유명론의 두 번째 의의는 4차원 개별자론을 제시할 때 더 확실하게 드러날 것이다.
2   이 책의 3장 1절 참조. 또 이것은 6장까지의 잠정적인 결론이기도 하다.

다. 이 글에서는 그런 뜻에서 데이비슨의 사건 이론과 심신 이론의 유명론적 성격을 강하게 부각·발전시켜서 4차원 개별자론이라는 대안 형이상학과, 그것을 심신 문제에 적용시킨 심신 유명론의 입장을 구성해보려고 한다. 이러한 입장은 단지 심신 문제의 어려움을 해결하는 것을 넘어 기존 형이상학의 문제들을 반성하는 문제 제기가 될 것으로 기대한다.

1. 데이비슨의 사건 이론과 4차원 개별자론

1, 3장 등에서 이미 살펴보았듯이 데이비슨의 존재론은 사건을 기본 존재자로 두는 사건 존재론이다. 그의 사건은 구체적인 개별자(concrete particulars, token)이고, 시공간 내에서 자기 위치를 점하고 있으며, 반복되지 않고 일회적인 개별자다.[3] 그는 사건과 사건의 서술을 구별한다. 앞에서 말했듯이 그의 존재론에서 기본 존재자인 사건을 존재 차원으로 본다면 사건 서술은 언어 차원이라 볼 수 있다. 그와 흔히 대조되는 김재권의 사건 개념과 비교해볼 때, 그의 사건은 철저한 개별자 사건이며 그런 뜻에서 김재권의 사건이 보편자 실재론을 전제하고 있다면[4] 그의 사건은 유명론적인 사건이라고 할 수 있다.[5] 앞에서 보았듯이 반복되지 않고 일회적인

---

3 Davidson(1970/1980), 209쪽.
4 이미 보았듯이 김재권은 사건을 〈어떤 개체가 어떤 시간에 어떤 속성을 예시화함〉으로 본다. 즉 그의 사건 개념은 개체, 속성, 시간의 세 가지 요소로 되어 있으며, 개체 그리고 시간과 함께 속성이 중요한 구성 요소로 포함되어 있다. 김영정은 이러한 김재권의 사건 이론을 '속성 예화 사건론'이라는 잘 알려진 명칭과 함께 '구조적 구체자 사건론'이라고 칭하면서 데이비슨의 '비구조적 구체자 사건론'과 대조시켰다. Kim, Y. J.(1985), 1~4쪽.
5 3장 1절 참조. 이 내용은 백도형(1993), (1995A), (1995C) 이래 줄곧 주장한 내용이다.

개별자라는 점에서도 그렇다.

따라서 데이비슨의 사건 서술은 보편자를 내재하고 있지 않은 일회적인 독특한 사건을 술어로 서술하는 것이다. 이러한 경우 유일하게 참인 서술이 있다고 생각할 수 없다.[6] 서술 주체가 가진 관점에 따라 여러 서술이 있을 수 있다. 데이비슨의 경우, 어떤 사건이 물리 사건인가 정신 사건인가 하는 것은 김재권의 경우처럼 그 사건이 물리 속성을 갖느냐 정신 속성을 갖느냐에 의한 것이 아니고, 물리 술어에 의해 서술되면 물리 사건이 되고 정신 술어에 의해 서술되면 정신 사건이 된다. 즉 그에 따르면 "정신적인 것은 존재론적 범주가 아닌 개념적 범주일 뿐"[7]이다. 그런데 그는 모든 사건은 물리적이라고 주장하는 물리주의자다.[8] 그러므로 데이비슨의 정신 사건은 물리 사건이지만 정신 술어에 의해 서술된 사건을 말한다.

이러한 데이비슨의 사건 개념을 바탕으로 한 그의 심신 이론이 정신 인과의 문제의 해결책일 수 있다.[9] 그의 심신 이론인 무법칙적 일원론은 비환원적 물리주의이지만 다른 철학자들의 비환원적 물리주의처럼 보편자 실재론을 토대로 한 속성 이원론이 아니고 유명론이므로, 김재권의 배제 논변과 같은 부수 현상론 시비에 빠지지 않는다. 앞에서 보았듯이 김재권의 논문 「비환원적 유물론의 신화」에서 비환원적 물리주의에 대해 흔히 제기되는 비판은 그것의 정신 속성이 부수 현상에 불과하거나, 또는 속성 이

---

6 이에 관해서는 다음 절인 2절에서 술어화 불가능성을 설명하면서 다시 논의할 것이다.

7 Davidson(1987), 46쪽.

8 Davidson(1970/1980), 214쪽.

9 데이비슨의 사건론과 행위론, 심신론에 관한 보다 상세한 내용은 백도형(1988), (2012A) 참조. 그리고 앞의 1장 2절도 참조.

원론의 정신 인과가 과잉 결정 등 존재론적 부조리에 빠진다는 것이다. 하지만 데이비슨의 유명론에서 '속성'이라고 할 수 있는 것은 술어에 의한 서술에 불과하므로 이상의 문제점들은 그에게 해당하지 않는다. 즉 그의 사건 개념에서 인과력을 갖는 것은 속성이 아닌 개별자 사건이므로 특별히 정신 속성이 부수 현상이 되는 것은 아니다.[10] 과잉 결정의 문제도 데이비슨의 경우는 하나의 사건에 대한 두 술어 간의 문제이므로 해당하지 않는다. 즉 데이비슨의 사건 개념에서는 어떻게 서술하느냐에 따라 정신 사건도 물리 사건도 될 수 있으므로 과잉 결정의 문제에 빠지지 않는다.[11]

그런데 데이비슨의 입장이 유명론이라는 것은 간혹 거론되어왔지만 그 스스로 유명론자임을 명시적으로 표명한 적이 없었고, 그의 유명론이 거론된 경우도 그것과 정신 인과의 문제를 관련지은 나의 작업 이외에는 거의 없었다. 따라서 그의 입장이 유명론임을 부각시키는 것은 심신 문제를 해결하기 위한 적극적인 해석일 수 있다. 하여간 나는 데이비슨식의 유명론이 심신 문제를 해결하는 최선의 입장으로 판단해 그의 입장을 더욱 확장·발전시켜 심신 유명론으로서의 4차원 개별자론을 구상했다. 보다 상세하게 논의해 보겠다.[12]

데이비슨의 기본 존재자인 개별자 사건에 대해 좀 더 살펴보자. 우선 사건은 시간적 존재자다. 그러면서 그의 사건은 앞에서 본 대로 반복 없

---

10 김재권은 무법칙적 일원론이 제거주의와 별 차이가 없다고 비판했다. 하지만 의미 있는 제거주의는 실재론을 전제로 하기 때문에 유명론으로 해석할 수 있는 무법칙적 일원론과는 큰 차이가 있다. 예컨대 제거주의는 물리 속성은 인정하면서 정신 속성만을 부정하는 입장인데 반해, 데이비슨의 유명론은 속성 자체를(물리 속성의 경우조차도) 존재론적으로 중시하지 않는 입장이기 때문이다. 이 책의 3장 1절, 그리고 4장 2절 참조.

11 이런 점에서 물리 영역의 인과적 폐쇄성 원칙도 범하지 않으며 어떤 의미에서는 물리주의도 유지할 수 있다. 이에 관해서는 조금 뒤의 9장 4절 참조.

는 일회적인 존재자이고, 보편자로서의 속성 없는 개별자다. 보편자로서의 속성이 없다는 뜻은 모든 사건이 각각 상이하다는, 즉 어떠한 동일함도 없다는 뜻이다. 이러한 사건 개념을 시공간적 위치를 갖는 점으로 생각할 수 있다. 길이, 크기, 부피 등 연장이 없는 점이라야 수량화를 벗어나서 질적인 차이를 말할 수 있기 때문이다. 라이프니츠의 단자론에서 보듯이 크기가 있다면 양화되어 동일한 단위를 가지므로 보편자를 지닌다고 말할 수 있기 때문이다. 그리고 양화될 수 없다는 것에서 더 이상 나누어질 수 없는 단순체라는 점도 도출된다. 공간적으로만 점이 아니라 시간적으로도 점이기 때문에 순간적이고 찰나적인 무상한 존재자다.[13]

심신 유명론을 구성하려는 사건 개념이기 때문에 모든 사건이 각각 상이한 독특함을 지녀 어떠한 동일함도 존재하지 않는다고 했지만, 이것이 동일성이나 유사성을 전혀 인식할 수 없다는 뜻은 아니다. 인식 차원에서는 언어 차원의 서술을 통해 인식이 이루어지므로 동일한 술어에 의한 동일성 인식은 가능하다. 다만 언어 차원이니만큼 인식 주관의 관점이나 배경 이론, 개념 구도 등을 바탕으로 하는 것이지 그것과 상관없이 독립적으로 이루어지는 것은 아니다.[14] 이런 뜻에서 심신 유명론의 바탕이 되는

---

12 심신 유명론과 4차원 개별자론에 대해서 필자는 예전의 논문인 백도형(2001A), 백도형(2005A), (2009)를 통해 이미 제시한 바 있다. 여기에서 심신 유명론과 4차원 개별자론을 연결 지어 설명하는 이하의 내용은 예전 글의 내용을 다르게 표현한 부분과 보다 개선·발전시킨 내용이 들어 있다.

13 보통 '무상(無常)'이란 말이 의미하는 초점은 지속되지 않고 변화하고 사라진다는 것이다. 예컨대 불교에서 그런 의미로 쓰이며 '헛되다'는 가치 표현과 관련시켜 함께 쓰이곤 한다 (기독교도 구약 「전도서」 서두의 사례가 있다). 4차원 개별자론에서 '무상'의 의미는 시간 차원의 단순체라는 점에 초점을 두고 있다. '헛되다'는 가치는 4차원 개별자론의 관심이 아니다. '사라지다'라는 현상도 4차원 개별자론으로 설명할 수 있지만 사라진다는 측면보다 각 순간에 서로 다른 시간적 개별자가 각기 존재한다는 측면에 더 초점을 둔다.

데이비슨식의 개별자 사건은 4차원 개별자라고 볼 수 있다.[15]

4차원 개별자는 라이프니츠의 단자와 비교해 이해할 수 있다. 잘 알려진 대로 라이프니츠의 단자는 점과 같이 연장 없는 개별자이긴 해도 시간 차원까지 개별자인 것은 아니라서 시간의 흐름과 상관없는 통시간적이며 영속적인 지속성과 동일성을 지닌 개별자다.[16] 라이프니츠가 단자를 연장 없는 점과 같은 존재로 본 것은 그것이 더 이상 나누어지지 않는 단순체임을 주장하기 위해서였다. 즉 원자 역시 더 이상 나누어지지 않는 물질적 단순체로 이해되지만 물질이기 때문에 연장을 가진 존재자이므로 나

---

14 이에 대해 선우환은 2009년 6월에 있었던 한국분석철학회에서 백도형(2009)의 초고 발표 후의 사적인 이메일 대화를 통해 동일한 시간에 존재하는 복수의 개별자 존재를 상상할 수 있다는 반론을 제시했다. 어쩌면 그러한 가능성을 억지로 배제하는 것이 오히려 반직관적이라는 생각도 가능하다. 그런데 4차원 개별자론이 보편자로서의 속성 실재를 인정치 않는 유명론임을 감안해야 한다. 공간이나 일반 속성 차원의 동일성도 배경 이론이 전제된 술어에 의해 구성된 '동일성'이다. 여러 4차원 개별자들의 동시 존재도 적절한 시간 이론에 바탕을 둔 술어에 의해 구성되는 '동시'일 뿐이다. 사실 현대 물리학의 특수상대성이론에 의하면 동시라는 것도 상대적으로 결정될 수밖에 없다. 4차원 개별자론은 이러한 특수상대성이론의 직관도 만족시킬 수 있다. 그렇다면 바로 앞에서 언급한 4차원 개별자의 자기동일성의 기준틀이 되는 '시간 좌표' 역시 상대적으로 결정될 수 있는 것이지, 꼭 고정된 시간 좌표를 상정해야 하는 것은 아니다.

　사실 4차원 개별자론의 아이디어가 유명론에 근거해 발전한 것이기 때문에 '4차원'이라는 것도 배경 이론이 전제된 술어에 의해 구성된 것이라고 볼 수도 있다. 사실 4차원 개별자론은 현재 상식화되어 있는 3차원 세계관에 대한 'n+1'차원의 의미가 있다. 예컨대 최근 물리학계에서 논의되고 있는 초끈이론과 같은 4차원 이상의 다차원 세계관이 옳다고 해도 유명론의 기본 아이디어를 토대로 4차원 개별자론에 준해 설명할 수 있다고 생각한다.

15 속성을 부정하는 격인 유명론은 속성에 관해 특히 물리 속성과 정신 속성 간의 구별에 관해 우리의 상식적 직관을 무시하고 있는 것처럼 보일 수 있다. 이러한 직관은 속성 실재론을 전제로 당연시 여기는 직관일 뿐이다. 이러한 지적에 대해 이렇게 답변할 수도 있다. 속성 실재론의 직관은 그러한 속성이 배경 이론이나 관점 등에 전혀 의존하지 않는 객관적인 것임을 전제할 때에 확고할 수 있다. 전자의 '직관'에 비해 후자의 '전제'가 상식적이라고 당연시하기에는 다소 강한 주장이 아닐까?

누어질 여지가 있는 모순이 있다는 것이다. 따라서 그의 단자는 비연장적인 점과 같은 존재자다.[17] 하지만 단자는 시간 차원에서는 통시간적 동일성을 지닌 존재이므로 그의 주장과는 달리 시간 차원의 연장을 지녔다고 볼 여지가 있어서 결코 단순체라고 할 수 없다. 반면에 4차원 개별자는 시간적 존재자인 개별자 사건을 통해 이해할 수 있듯이 시간 차원에서도 점과 같은 개별자로 순간적인 찰나적 존재자이므로 3차원 공간뿐만 아니라 4차원 시간 측면에서도 단순체다.[18]

이러한 4차원 개별자론은 심신 유명론으로 발전해 심신 문제, 특히 정신 인과의 문제를 잘 설명할 수 있을 뿐 아니라 현대 과학의 세계관과 보다 잘 어울리는 몇 가지 장점을 갖는다. 첫째 시간의 흐름을 설명할 수 있다. 근대 과학인 고전물리학에서도 시간이 언급되지 않은 것은 아니다. 다만 고전물리학에서 시간은 일방향적인 흐름을 반영하지 않은 대칭적인 개념 뿐이었다. 그런 점에서 사실상 고전물리학에서 시간은 공간의 속성

---

16 나는 4차원 개별자론을 처음 제시한 백도형(2005A)에서는 원래 4차원 개별자와 비교하면서 라이프니츠의 단자를 '3차원 개별자'로 해석했다. 하지만 단자는 4차원 개별자와 같은 시간적인 개별자가 아니라는 점은 맞지만 비연장적이고 비공간적인 존재자라는 점에서 3차원 개별자로 볼 수는 없을 것 같다(이석재가 이 점을 지적해주었다). 하지만 백도형(2005A)에서 라이프니츠의 단자를 언급한 것은 그의 단자론을 해석하는 것이 주 목적은 아니었고 그러한 해석의 수정은 원래의 글에서 4차원 개별자론을 옹호하는 애초의 논변에는 전혀 영향을 끼치지 않는다.

17 그래서 물질 실체의 기본 속성이 연장이라는 데카르트의 물질관을 라이프니츠도 받아들이기 때문에 단자는 물질이 아닌 정신적 존재자라고 주장하는 것이다.

18 왜 유명론을 위해서 이런 식의 궁극적인 단순체를 요구하는가 하는 의문이 있을 수 있다. 동일성과 수량화가 개입하여 보편자의 가능성을 봉쇄해야 유명론을 유지할 수 있기 때문이다. 그렇다면 왜 꼭 그렇게까지 하면서 유명론을 유지해야 하는가? 보편자 실재론을 옹호할 경우 정신 인과의 문제에 관해서는 제거주의 이외에 다른 선택지가 있을 수 없다는 생각 때문이다. 이에 관한 대략적인 생각은 백도형(1995C)에서 밝힌 바 있으며, 이 장의 후반부에서 드러날 것이다.

과 큰 차이를 보이지 않는다. 즉 공간에서의 다른 물리 속성들과 같이 수량적으로만 취급됐기 때문에 심지어는 가역적인 대칭성도 띨 수 있는 것일 뿐이었다. 그런데 시간의 독특한 특성은 과거-현재-미래의 일방향성, 즉 되돌릴 수 없는 비가역적 시간의 흐름이다. 이러한 시간의 특성은 흔히 비유적으로 '시간의 화살'이라고 표현되기도 한다.

고전물리학이 지배했던 근대에 비해 현대는 시간을 보다 중요하게 다룬다. 우선 아인슈타인의 특수상대성이론과 일반상대성이론에서는 근대의 고전물리학보다 시간이 더욱 중시됐고 이후 시공간을 함께 고려하고 있다. 그에 따라 현대 형이상학은 데이비슨과 같이 사건을 기본 존재자로 두는 경향이 생겼다. 근대까지 서양 형이상학은 공간적 존재자인 실체(substance)나 사물(thing) 등을 기본 존재자로 삼곤 했다. 그리고 이러한 공간적 존재자들은 인식의 측면에서는 대상(또는 객체)이 된다. 이에 반해 사건은 시간적 존재자이며 시간과 공간의 관점을 함께 다룰 수 있는 존재자다. 또한 엔트로피 법칙, 즉 열역학 제2법칙은 시간의 일방향성, 소위 '시간의 화살'을 잘 보여주어서 고전물리학과는 달리 시간의 일방향성을 잘 반영하고 있다.[19] 4차원 개별자론은 순간순간을 나타내는 시간적인 개별자이므로 이러한 시간의 일방향성 같은 중요한 특성을 잘 보여줄 수 있다.

4차원 개별자론이 예전의 다른 형이상학 입장, 그리고 고전 과학의 세계관과 차별화되는 또 하나의 특성은 4차원 개별자론은 시공간의 유한성을 옹호한다는 점이다. 반면에 고전물리학이나 기존의 많은 형이상학 입장은 시공간의 무한을 지향했다. 기존의 형이상학 이론들이나 고전물리

---

19 이 문단과 엔트로피 법칙에 따른 새로운 시간관에 관해선 제레미 리프킨(1992) 참조.

학은 수학적·연역적 사유에 바탕을 두고 있기 때문에 무한 사례를 지향하고 있다. 또한 기존 대부분의 형이상학은 실체, 동일성, 본질 등 통시간적인 영원성, 영속성과 어울리는 개념을 중심으로 이루어졌다. 기존 입장들에서는 이러한 특성이 모두 존재 차원에 속하는 것이었다. 하지만 내가 생각하는 4차원 개별자론은 데이비슨의 사건 이론을 유명론의 측면에 초점을 두어 확장·발전시킨 것이니만큼, 데이비슨이 "법칙은 언어적"이라고[20] 한 것과 같이 수학적·연역적 필연성의 성격이 들어 있는 자연법칙은 존재 차원의 사건이나 4차원 개별자에 내재한 것이 아니라 언어 차원의 서술에 속하는 것이다. 그래서 전통적인 서양 형이상학의 중심 개념이었던 필연성이 존재 차원이 아닌 언어 차원에 속하기 때문에 4차원 개별자론의 '필연성'은[21] 고전물리학이나 기존 형이상학처럼 무한을 지향해야 할 필요가 없이 시공간의 유한성에 적절하며, 이러한 점 또한 현대 과학의 세계관과 잘 어울리는 특징이다. 잘 알려져 있듯이 현대 과학에서는 빅뱅 이론과 엔트로피 법칙 등이 정설화되면서 시공간의 시작과 끝을 인정하는 경향을 보이고 있다.

2. 술어화 불가능성

그런 의미에서 4차원 개별자는 기존 형이상학의 개별자와 다르게 이해할 수 있다. 서양 전통 형이상학에서 개별자의 존재론적 특성으로 언급되

---

20 Davidson(1970/1980), 215쪽.
21 4차원 개별자론의 인과와 필연성에 관해서는 조금 뒤 3절에서 다시 논함.

는 것들 중 하나가 술어화 불가능성(impredicability)이다.[22] 기존 형이상학에서 개별자들이 술어화 불가능성을 갖는다는 것은 보편자와는 달리 속성을 갖지 않으므로 술어화될 수 없다는 의미였다. 또한 개별자가 단순체로서 더 이상 분석될 수 없는 존재자라는 점도 관여한다. 술어화된다는 것은 지금까지의 형이상학에서는 대체로 속성을 지닌다는 뜻이므로 더 이상 단순체라고 할 수 없기 때문이다. 이러한 전통 형이상학의 술어화 불가능성은 실체-속성이라는 서양 형이상학의 전통적인 두 범주의 구별을 전제로 한 것이다. 하지만 4차원 개별자론 등 개별자만 존재한다는 유명론의 경우에는 이러한 구별을 재고해야 한다. 지금까지는 유명론의 입장들도 대체로 실체-속성의 구별을 당연시하면서 개별자의 술어화 불가능성을 옹호했는데, 조금 더 검토해야 한다.

기존 형이상학에서 보편자 유명론이란 보편자는 이름뿐이라고 주장하면서 그 존재를 부정하고 개별자만이 존재한다는 입장이었다. 이때의 개별자가 실체로서의 개별자이면 구체적 유명론, 속성으로서의 개별자라면 추상적 유명론[또는 추상적 개별자론(trope theory)]으로 분류됐다. 이러한 유명론의 두 가지 종류를 구분하는 분류 방식은 기존 유명론도 보편자 실재론과 마찬가지로 모두 전통 범주인 실체-속성을 바탕으로 성립하고 있음을 보여준다.

---

22 술어화 불가능성과 함께 불가분할성(indivisibility), 구별(distinction), 구분(division), 동일성 등이 전통적으로 개별자들의 존재론적 특성으로 거론되는 것들이다. 박우석(1992/1997), 100쪽 이하, 그리고 Gracia, Jorge, J. E.(ed)(1994/2003)의 26쪽 이하도 참조. 이러한 특성들에 관한 자세한 검토는 다음 기회로 미루겠다. 다만 실체-속성 범주를 재고해보려는 나의 관점에서는 이들 두 범주와 밀접한 관계를 갖는다고 보이는 구분, 동일성은 받아들일 수 없다. 시간성이 개입된 4차원 개별자는 순간순간의 자기동일성만이 있을 뿐, 시간을 넘어서는 동일성 내지 지속은 보존할 수 없다.

전통 범주인 실체와 속성은 그 동일성과 존재 조건이 다르고 전혀 별개일 수 있다. 특히 보편자로서의 속성은 개별자와 전혀 다른 존재 방식을 갖는다. 예컨대 모양과 크기가 같은 다섯 개의 물질이 있을 때, 그 경우의 특정한 모양과 크기라는 보편자로서의 속성은 다섯 개의 개별자에 존재하는 것이다. 서로 다른 별개의 다섯 개별자가 공통적인 특정한 모양과 크기를 공유하는 존재론적 근거가 바로 보편자로서의 속성으로, 상이한 별개의 개별자가 동일한 모양과 크기를 갖게 하는 존재론적 근거가 된다. 즉 보편자로서의 속성은 다수의 별개 개별자에 하나의 속성으로 존재할 수 있다.[23] 이렇게 전통적으로는 속성의 동일성과 존재 조건이 개별자의 그것과는 상이할 수 있었다. 특히 개별자와 보편자라는 두 범주의 실재를 모두 옹호하는 입장의 경우에는[24] 이러한 보편자로서의 속성과 개별자 간에 동일성과 존재, 구별의 조건에서 차이가 두드러진다. 또한 간혹 개별자 없는 보편자로서의 속성들만의 실재론을 옹호한 경우도 있는데 그런 입장에서는 보통 개별자를 속성들의 다발이라고 주장한다. 이 경우 엄밀하게는 보편자만이 존재하는 것이며 일상에 보이는 개별자는 보편자들의 다발로 이루어진 2차 존재자에 불과한 것이다. 즉 개별자는 보편자로 환원되는 셈이다.

하지만 개별자들만의 실재를 옹호하는 유명론에서는, 특히 시간적 개별자를 옹호하는 4차원 개별자에서는 실체-속성의 전통적인 구별이 무의미하다. 조금 전에 본 것처럼 보편자 실재론의 경우에는 개체와 보편자로

---

23 즉 개별자는 보편자를 나누어 가진(分有, methexis, participation)다.
24 이러한 입장의 원조로는 아리스토텔레스를 들 수 있고 최근의 사례로는 데이비드 암스트롱이 있다. 암스트롱의 보편자론에 관해서는 이 책의 2장과 5장 3절을 참조하라.

서의 속성의 존재 방식과 동일성 방식이 서로 다르기 때문에 두 범주 모두를 각각 인정해야 한다. 하지만 보편자 실재론을 부정해 개별자들 간에 어떠한 동일함도 인정하지 않는 유명론의 경우 결과적으로 실체-속성의 구별이 무의미해진다. 더 이상 분석되지 않는 단순체로서의 개별자를 실체로 보아야 하는지, 속성으로 보아야 하는지가 얼마나 중요할까?

실체와 속성, 그리고 그것의 원조가 되는 고대 형이상학의 질료와 형상에서 속성과 형상의 담지자(bearer)는 각각 실체와 질료였다. 다만 조금 전에 보았듯이 보편자 실재론의 경우에는 보편자로서의 속성이 다수의 (실체 차원의) 개별자에 존재하는 것이며, 보편자만의 실재를 옹호할 경우에 실체란 보편자들의 다발로 이루어진 2차 존재자에 불과했다. 하지만 유명론과 같이 개별자들의 존재만 인정하는 경우, 그 경우의 개별자를 실체로서의 개별자[속성 없는 개별자(bare particular)]로 보든 속성 차원의 개별자[즉 추상적 개별자(trope, abstract particular)]로 보든 무슨 상관이 있을까?

물론 어떤 측면에서는 4차원 개별자도 '속성'을 갖는다고 볼 수도 있다. 어느 두 4차원 개별자도 동일하지 않고 서로 다른 각각의 독특함을 갖는 개별자라는 점에서 그렇다. 그런 점에서 속성으로서의 개별자인 추상적 개별자와 유사한 것으로 볼 수도 있다. 마찬가지로 어느 두 단자도 서로 동일함이 없다고 하는 라이프니츠의 단자도 앞에서 보았듯이 시간적 개별자가 아니라는 점 이외에는 4차원 개별자와 유사하다.[25] 하지만 이러한 4차원 개별자가 갖는 독특한 '속성'은 보편자 실재론의 경우처럼 존재 방식과 동일성 조건을 개체와 달리하는 그런 속성이 아니다. 4차원 개별자론의 경우에는 각각의 개별자에 독특한 각각의 '속성'이 있을 뿐이다. 그

---

25 이런 점에서 라이프니츠의 단자론을 현대의 추상적 유명론의 중요한 원조로 볼 수 있다.

러니 4차원 개별자론은 속성과 개별자의 존재 조건과 동일성 조건이 결코 상이하지 않다. 즉 속성과 개별자의 존재 조건과 동일성 조건이 각각 둘이 아니라 이미 하나다. 이렇게 한 가지의 동일성 조건과 존재 조건, 구별 조건을 갖는 개별자를 속성 차원으로 보아야 하는지, 실체 차원으로 보아야 하는지가 무슨 중요한 의미를 가질까? 사소한 말싸움(verbal question)에 불과하다.[26]

개별자만의 존재를 인정하는 유명론의 경우 그 개별자를 전통 유명론처럼 실체-속성 범주를 통해 이해한다고 해도 결국 두 범주는 개념상, 명목상으로만 구별될 수 있을 뿐, 실질적으로 어느 한쪽으로든 환원될 수 있다. 지금까지 유명론에서 구체적 유명론과 추상적 유명론의 구별은 실체-속성의 두 범주 구별을 인정하고 두 범주 중 어느 하나만 개별자로서 존재한다고 보는 입장이었다. 그런데 유명론으로서 두 범주 중 결국 하나만이 존재한다는 입장이라면 애초의 두 범주 구별 자체가 무의미해진다고 볼 수 있지 않을까? 두 범주 중 하나만이 존재한다고 주장하여 다른 하나의 존재를 부정하는 정도가 아니라 처음 두 범주를 나누었던 분류 기준 자체를 재고해야 하는 것 아닐까? 일상 상황에서도 여러 개체들 중 하나가 없어지는 경우와, 둘 뿐인데 하나가 없어지고 다른 하나만 남는 경우는 무게, 함축, 의미가 다르지 않을까? 왜냐하면 남는 하나는 단위(unit)가 될 수 있으니 그 단위를 기본으로 놓고 전체 구성을 원초적으로 재검토할 수 있기 때문이다.

이렇게 볼 때 추상적 유명론의 속성 개별자도 실체 개별자와 차별화될

---

26 김희정(2001)은 추상적 유명론에서 개별 실체와 개별 속성(그 논문에서는 '사물', '성질'이라 함) 간의 의존에 따른 우선성 여부에 관한 논쟁을 논했다(특히 242쪽 이하).

만한 의미 있는 범주가 아니다. 둘 중 하나만 존재하는데 그것을 굳이 '추상적 개별자'(또는 '구체적 개별자'의 경우도 마찬가지)라고 하여 애초의 두 범주에서 속성의 요소만을 온전히 가질 뿐 실체의 요소는 전혀 가지지 않는다고 말할 의미 있는 이유가 없다. 사실 전통적인 서양 형이상학에서 실체-속성의 범주는 유럽 언어의 주어-술어 구조에 대한 상응(correspondence)과 의미의 지시체(reference)라는 상식적 실재론의 발상에서 이루어진 것이다. 형이상학적 실재론이나 언어와 세계와의 동형성(isomorphism)을 강한 의미로 주장하지 않는 한, 당연하게 절대시하면서 받아들이지 않고 재고해볼 수 있다.

따라서 내가 4차원 개별자론을 제창하면서 주장하는 술어화 불가능성은 기존 유명론의 술어화 불가능성과는 다르다.[27] 조금 전에 언급한 대로 4차원 개별자도 각 개별자마다 어느 개별자들과도 다른 각각의 독특함과 고유함을 가지며 이것을 '속성'이라고 볼 수도 있다. 하지만 이렇게 속성을 가질 수 있음을 인정한다고 해도 술어화가 불가능하다는 것이다. 왜냐하면 각 개별자들마다 갖는 독특함 때문이며, 그러한 독특함은 술어에 의해서는 포착될 수 없기 때문이다. 술어 등 일반 언사는 모종의 일반화·유형화를 전제로 했을 때 역할을 가지게 되는 것이다. 어느 두 개별자도 서로 동일하지 않은 고유함과 독특함은 (설사 그것을 '속성'이라고 하더라도) 고유명사에 의해서만 명명될 수 있을 뿐이지, 술어 등 일반 언사로는 있는 그대로 포착되지 않는다.[28] 다만 인간은 술어화를 통해 인식할 수 있을 뿐

---

27 물론 나는 이하에서 제시하는 나의 '술어화 불가능성' 개념이 4차원 개별자론이 아닌 기존의 개별자론(예컨대 특별히 시간적 개별자를 염두에 두지 않는 3차원 개별자 또는 라이프니츠 식의 단자 등)에도 적용되어야 한다고 본다. 앞에서 본 기존의 술어화 불가능성은 실체-속성의 구별을 전제로 한 것으로 재고할 수 있다고 생각한다.

이어서 데이비슨의 사건 서술에서 보듯이 그러한 술어화의 경우는 서술 주체의 관점에 따라[29] 유일한 한 가지 참인 방식이 아닌 상이하고 다양한 여러 술어화 서술 방식이 있을 수 있다. 서술 주체의 관점이 없는 상태에서 개별자 자체는 결코 있는 그대로 온전히 술어화될 수 없다.[30]

3. 인과와 필연성

4차원 개별자론은 심신 문제에 어떤 대답을 할 것인가? 4차원 개별자론은 유명론이기 때문에 거기에서 실체-속성은 명목상의 범주일 뿐이다. 따라서 심신 문제에서 정신적(또는 심리적), 물리적인 것은 개념상의 구별일 뿐이지 존재 차원의 구별이 아니다. 4차원 개별자론에서 도출되는 이러한 심신 이론이 심신 유명론이다. 조금 전에 본 대로 개별자 자체는 정신적, 물리적 등등의 속성을 갖지 않으며 '술어화가 불가능'하므로 이러한 4차원 개별자론을 '심신 유명론'이라 할 수 있는 것은, 4차원 개별자가 그 자체로는 어떠한 속성도 갖지 않으면서 서술 주체의 관점에 따라 물리적으로든 정신적으로든 술어화될 수 있고 그 경우 각각 물리 사건, 정신 사건이 된다는 의미다. 마치 데이비슨의 사건 이론과 심신 이론

---

28 존재를 무상하고 찰나적인 것으로 보는 불교, 특히 선불교의 '불립문자(不立文字)'도 이런 생각에서 나온 것 아닐까?

29 과학철학에서 관찰의 이론 의존성과 관련한 선택적 관점이 적용될 수 있다. 백도형(2000C), 239~240쪽 참조.

30 '술어화 불가능성'에 관한 이상의 2절 내용은 백도형(2005A)에서도 다룬 바 있으며 그때의 내용을 데이비슨의 사건 존재론과 관련지어 상당 부분 수정 보완한 것이다.

의 경우와 같다. 이렇게 술어화된 '속성'은 더 이상 존재 차원에 속하는 범주가 아니다. 그것은 특정한 관점에 의거하는 것이므로 관점에 따라 다르게 술어화될 수 있다. 이제 심신 문제에 대한 심신 유명론의 입장을 구성해보겠다.

가장 기본적인 존재자는 데이비슨의 경우와 같이 구체적인 개별자 사건이다. 이것은 4차원 개별자로서 시공간 좌표상에서 자기 위치를 갖고 있지만 점과 같은 개별자로 시간상의 지속이나 반복이 없는 일회적인 사건이다. 이러한 사건은 어떤 다른 사건과도 동일함을 공유하지 않으며 각각 독특함을 지녀서 앞 절에서 보았듯이 그 자체로는 술어화가 불가능하다. 사건이 존재 차원에서 가장 기본적인 존재자라면, 사건은 그것의 언어 차원인 서술과 구별된다. 그리고 서술 주체의 관점에 따라 동일한 하나의 사건이 여러 다른 방식으로 서술될 수 있다. 즉 각 사건의 독특함은 주체의 관점과 무관하게 있는 그대로 서술될 수는 없으며, 서술될 경우에는 주체의 관점이 개입될 수밖에 없다. 사건을 서술하는 우리의 언어는 개별자 사건의 독특함을 있는 그대로 서술할 수는 없으며, 다른 사건과 비교해 모종의 유형화·일반화를 통해 서술이 이루어진다.

데이비슨의 경우에는 동일성과 인과성은 모두 존재 차원인 사건들 간의 관계이고, 법칙과 설명은 언어 차원의 것이었다. 마찬가지로 4차원 개별자론을 바탕으로 한 심신 유명론에서도 법칙과 설명은 언어 차원의 것이고 서술 주체의 관점과 배경 이론을 토대로 성립한다. 하지만 동일성과 인과성의 경우에는 데이비슨과의 미묘한 차별화를 제시하려고 한다.[31]

---

31 데이비슨의 경우 사건 동일성은 다르게 서술된 사건들 간의 동일성으로 사실 서로 다른 사건 서술들 중 어떤 것들을 동일한 사건에 대한 서술로 볼 것인가의 문제다(이 책의 1장

4차원 개별자로서의 사건은 순간순간의 찰나적인 개별자이므로, 사건 동일성은 각 사건 간의 자기동일성뿐이다. 그것도 통시간적인 지속성이 있는 자기동일성이 아닌 순간순간의 개별자 각각이 갖는 자기동일성에 불과하다.

4차원 개별자로서의 사건은 서술 주체의 관점과 배경 이론을 통해 서술되기 이전에는 사건들 간에 어떠한 관계도 갖지 않는 독립적인 개별자다. 이러한 개별자들의 세계에서 인과란 사건들의 존재에 부가하여 따로 덧붙여 존재하는 것이 아니고 각 사건들의 독특함에 의해 발생하는 것이다. 라이프니츠 단자론과의 비교를 통해 이해할 수 있다. 단자론에서는 인과가 따로 존재하는 것이 아니라 단지 단자들의 내적 본성들이 서로 조화를 이루어 인과성이 존재하는 것처럼 보일 뿐이다.[32] 마찬가지로 심신 유명론에서도 4차원 개별자로서의 사건들 이외에 인과가 따로 존재하는 것이 아니라 각각의 독특함을 지닌 4차원 개별자들만 존재할 뿐이며, 그것이 언어 차원의 서술을 통해 배경 이론의 인과법칙에 의해 자리매김되어 인과를 이루는 것이다.[33]

하지만 라이프니츠의 단자론과는 많이 다르다. 앞에서 언급했듯이 라

2절, 3장 1절 참조). 데이비슨은 "사건들이 정확하게 동일한 원인들과 결과들을 갖는다면, 그리고 그때에만 그 사건들은 동일하다"고 말했다[Davidson(1969/1980), 179쪽].

32 잘 알려져 있듯이 이것이 라이프니츠의 예정조화설이다.

33 따라서 인과가 사건들 이외에 따로 존재하지 않는다고 해도 사건들의 존재에 흄식 수반(Humean supervenience)이 적용되는 인과가 존재하는 것으로 볼 수도 있다. 존재 차원만 놓고 본다면 그렇게도 볼 수 있지만 엄밀히 말하면 4차원 개별자론의 인과는 언어 차원에서 언어적으로 구성된 것이다. 비인과적인 다른 모형으로 서술하고 설명하는 것도 가능하다. 다만 인과 모형이 지금까지 우리에게 가장 친숙하고 널리 쓰이고 있는 모형이기에 채택할 수 있다.

이프니츠의 단자는 4차원 개별자와는 달리 시간 속에서 변화하지 않고 영속하는 통시간적인 지속성을 갖는다. 그래서 그의 세계관은 운동 내지 변화를 부정하는 정적인 것이다. 반면에 심신 유명론은 시간적으로도 개별자인 4차원 개별자들로 세계가 이루어져 있다는 입장이기 때문에, 각 개별 사건들의 존재 이외에 따로 인과가 존재하지 않는다는 점은 유사해 보여도 시간적인 지속성을 지닌 개별자가 아니다. 마치 수학에서 미분을 통해 운동과 변화를 설명하듯이 시공간적인 4차원 개별자는 라이프니츠의 단자에 비해 운동과 변화를 설명하기가 용이하다. 이 점은 라이프니츠의 단자론을 비롯한 전통 형이상학 이론들과는 달리 4차원 개별자론이 실체-속성 범주 중심의 존재론이 아니라는 점과도 같은 맥락에서 이해할 수 있다. 그동안 서양 전통 형이상학의 중요한 토대였던 동일성(혹은 정체성)이 바로 실체-속성 범주의 토대가 된다고 볼 수 있는데, 이러한 전통 형이상학은 운동과 변화를 설명하는 데 어려움이 있었다.[34]

4차원 개별자론은 유명론이므로 이러한 개별자들로만 구성된 세계에는 각 개별자의 자기동일성 이외에 어떠한 동일성도 존재하지 않는다. 그런 점에서 보편자로서의 속성은 존재하지 않는다. 우리가 보통 보편자로서의 속성이라고 생각하는 것은 4차원 개별자론에서는 언어 차원의 술어에 의한 서술에 불과하다. 즉 보편자로서의 속성에 의한 존재론적인 동일함은 전혀 없지만, 우리의 인식에 의해 개별자들 간의 상이함과 독특함을 추상화하여 술어화·개념화·유형화하면서 유사성을 인식하는 것이다. 따라서 동일성과 유사성을 인식할 수 있지만 그때의 '동일성'과 '유사성'은 인간 주관에 상관없이 독립하여 객관적으로 존재하는 것이 아니고 인간

---

34 예컨대 형이상학 입문서에서 많이 언급하는 '테시우스의 배'의 사례를 보라.

정신에 의해, 서술에 의해 술어화되는 것으로 어느 정도 구성되는 것이다. 인간 정신 내지 주관에 독립하여 상관없이 존재한다고 말할 수 있는 것은 서로 간에 아무 동일성도 갖지 않은 4차원 개별자들뿐이다. 이 개별자들은 아직 언어에 의해 서술되기 이전의 존재자들이라는 점에서도 인간의 정신·인식·언어·이론 등으로부터 독립적이다. 하지만 앞 절에서 본 대로 술어화가 불가능한 개별자일 뿐이다.

자연법칙 등 인과법칙은 인과성이 반복적으로 일어나는 것으로 볼 수 있어서 인과법칙을 형이상학적으로 설명하고 그 근거를 세우기 위해서는 보편자로서의 속성 실재론이 필요하다. 암스트롱의 보편자 실재론이 전형적인 사례다.[35] 유명론인 4차원 개별자론에서는 인과법칙, 인과적 설명도 보편자로서의 속성과 같이 술어에 의한 서술을 통해 이루어진다. 존재론적으로는 인과의 어떠한 반복도 법칙성도 없다. 다만 인과법칙은 어떤 배경 이론하에서 적절한 술어에 의한 서술을 통해 구성된다. 그런 점에서 "법칙은 언어적"이라는 데이비슨의 생각과 마찬가지다.

데이비슨의 경우는 법칙은 언어적이라고 하면서 개별 인과(singular causation)의 존재는 별 설명 없이 원초적으로 존재하는 것으로 설정하는 것 같다.[36] 하지만 4차원 개별자론은 조금 전에 언급했듯이 미묘한 차이가 있다. 4차원 개별자론에서는 존재하는 것은 서로 다른 독특한 4차원 개별자들뿐이다. 개별자들 이외에 개별 인과성이 따로 존재하는 것은 아니다. 인과성 자체가 언어적인 인과법칙을 통해 우리가 이해하는 것이다. 그리

---

35 보다 상세한 내용은 이 책의 2장, 5장 참조.

36 사실 예전 논문인 백도형(2001A)에서 제시한 심신 유명론의 인과는 데이비슨과 같은 그런 정도의 내용이었지만 백도형(2011)을 쓰면서 개선하고 보다 명확하게 발전시켰다.

고 언어적인 인과법칙은 배경 이론 체계 안에서 구성된다. 4차원 개별자론에서는 개별자 사건들에 관한 서술, '속성'에 해당하는 술어, 그리고 인과법칙은 모두 언어 차원의 것으로 설명의 요소, 특히 인과적 설명의 요소가 될 수 있다. 언어 차원에 속하기 때문에 이것들은 모두 존재 세계를 있는 그대로 반영한다기보다 다소 인식 주체의 관점에 의존한다. 그리고 어떤 배경 이론 체계의 토대 위에서 구성된다. 이 경우의 이론 체계 역시 존재 세계를 있는 그대로 객관적으로 반영하는 것이 아니고, 세계를 설명하기 위해 우리가 어느 정도 구성한 모형이다.

또한 4차원 개별자들은 그 자체로는 서로 간에 어떠한 관계도 갖지 않는 독립적인 개별자들이다. 인과관계를 포함한 모든 관계는 어떤 관점에서, 어떤 배경 이론을 가지고 술어화하여 서술하느냐에 달려 있다. 심지어는 4차원 개별자가 시공간상의 점이라고 했지만 시공간상의 위치와 관련된 '속성'조차도 어떠한 시공 좌표를 적용하느냐에 따라 상이하게 술어화되고 서술될 수 있다.[37] 즉 존재 차원에서는 그 자체로 비관계적이고 본래적인(intrinsic) 개별자들뿐이며 관계는 언어 차원에서 규정되는 것이다. 그리고 언어 차원의 술어는 배경 이론을 토대로 이루어지는 것이지 배경 이론과 상관없이 독립적으로 이루어지지 않는다는 점에서 4차원 개별자론에서 모든 술어는 관계적(relational) 또는 외재적(extrinsic)이라고 볼 수 있으며, 배경 이론을 토대로 성립하고 이해되어야 한다는 점에서 배경 이론에 의존하며 전체론적(holistic)이다.

단순체이면서 비관계적이라는 점에서 4차원 개별자는 라이프니츠의 단자처럼 '창이 없는' 개별자로 볼 수도 있다. 단자론에서 '창이 없다'는 의

---

37 앞 절의 각주 14번 참조.

미는 라이프니츠의 경우 한 실체가 타자와 관계를 맺을 수 있다는 사실을 부정함으로써 타자로부터 오는 영향을 차단해버린다는 것이다. 즉 실체에서 일어나는 일은 어떤 것이든 실체 외부의 타자와는 무관한 순전히 실체 내부의 일로 취급된다. 이런 점은 4차원 개별자도 공유한다. 오히려 4차원 개별자는 앞에서도 언급했듯이 시간 차원에서도 단순체로서 단자보다도 더 궁극적인 단순체라고 할 수 있다.

잘 알려져 있듯이 그동안 형이상학이나 과학철학 분야에서 자연법칙 등 인과법칙을 형이상학적으로 설명하기 위해 필연성 등 양상 개념에 호소하곤 했다. 이러한 인과법칙의 필연성을 형이상학적으로 어떻게 설명하고 근거를 세우는가 하는 뜨거운 논쟁이 지금까지도 계속되고 있다. 흄식의 경험론을 토대로 필연성 자체에 회의적인 태도를 보이는 규칙성 이론, 그리고 필연성의 실재를 인정하는 필연성 이론 등 두 입장을 큰 틀로 중요한 쟁점을 형성하고 있다. 이 쟁점의 내용을 요약하면 이렇다. 인과법칙에는 모종의 '필연성'과 같은 양상의 힘(modal force)이 있으며 이러한 필연성이 자연에 내재하는 듯하다. 하지만 이러한 필연성은 흄이 의심했듯이 경험에 의해 정당화될 수 있는 규칙성만으로는 설명할 수 없다. 그렇다고 모든 가능 세계에서 성립하는 논리적 필연성과도 다르다. 이러한 모종의 필연성을 어떻게 철학적으로 형이상학적으로 설명할 수 있을까 하는 것이 문제다.[38]

이 문제에 관해 4차원 개별자론은 인과의 필연성이나 자연의 필연성이 실재함을 옹호하지 않는다. 여러 번 언급했듯이 유명론 입장이기 때문에 그러한 필연성의 존재론적 근거가 되는 보편자 실재론을 인정하지 않

---

38 이 쟁점에 관한 보다 상세한 내용은 2장 2절 참조.

는다. 다만 앞에서도 보았듯이 인과, 그리고 인과적 설명이나 인과법칙을 언어적인 것으로 보는 연장선상에서 이러한 인과법칙의 필연성을 존재 차원이 아닌 언어 차원에서 이해할 수는 있다. 이 경우의 '필연성'은 형이상학적인 필연성이 아니며 이론 내부의 정합성과 일관성, 그리고 언어적인 인과법칙과 그것의 토대를 이루는 배경 이론 체계, 그리고 인과법칙과 그 구체적인 사례의 서술을 구하는 논리적이고 연역적인 관계에서 보이는 인식 차원의 연역적·논리적 필연성이다. 즉 예컨대 '인과법칙의 필연성'을 헴펠식의 인과법칙에 의한 설명 모형(포괄 법칙 설명 모형)에서 보이는 연역적 필연성과 같은 종류로 환원시켜 이해할 수 있다.[39]

인과법칙이 갖는 모종의 필연성을 해명하는 문제가 지금까지도 쟁점이되는 이유는, 전통 형이상학의 틀에서 논리적 필연성보다는 약하면서도모종의 양상의 힘을 지닌 듯한 '인과적 필연성'을 철학적으로 해명하기가어려웠기 때문이다. 4차원 개별자론에서는 이러한 어려움을 앞에서 보았던 연역 논리의 무한 지향성과 자연의 유한성 간 괴리를 통해 이해할 수도 있다. 조금 전에 언급했지만 논리적 필연성은 모든 가능 세계에서 성립함에 반해, 인과법칙의 필연성으로 보이는 자연의 필연성은 결코 자연법칙을 넘어서는 가능성을 생각할 수 없다. 전통 형이상학 중 합리론 계열의 형이상학에서는 간혹 이러한 논리적 필연성을 존재 차원에 속하는것으로 보곤 해서 형이상학이 공허한 사변에 불과하다는 혐의를 받게 하기도 했다.[40][41] 4차원 개별자론에서 '필연성'과 '가능성' 같은 양상의 힘은

---

39 헴펠의 포괄 법칙 설명 모형에서 볼 수 있는 법칙과 개별 사례들 간의 연역적 관계, 그리고 그런 법칙들과 기본 공리, 정리들의 연언으로 이루어진 연역적 이론 체계를 생각하면된다.

특정한 배경 이론을 바탕으로 해서 이론 내부적으로 언어 차원에서 성립하는 것이다.[42]

4. 과학의 다양성과 물리주의

이 책의 앞 부분에서 본 정신 인과의 문제의 경우 보편자로서의 속성 실재론을 옹호하는 속성 이원론은 정신 인과의 두 원인 문제를 해결할 수 없다.[43] 4차원 개별자론을 토대로 하는 심신 유명론은 정신 속성과 물리 속성이라는 '속성'이 개념적 범주이고 술어에 의한 서술로 정해지는 것이므로 속성 이원론이 갖는 형이상학적 부담을 갖지 않는다. 이미 보았듯이 개별자는 다양하게 술어화될 수 있다. 서술 주체의 관점이나 배경 이론에 따라 다르게 술어화되고 서술될 수 있다. 앞에서도 언급했던 여러 학문 분야에서 논의되는 아래와 같은 '존재 계층'은 4차원 개별자론에 따르면 4차원 개별자의 세계가 각각 다르게 술어화된 것이다.

---

40 칸트의 순수이성 이율배반론이 바로 이러한 지적이라고도 볼 수 있다.

41 이러한 생각이 옳다면 철학, 특히 형이상학에서 유용한 방법론의 하나인 사고실험의 방법은 제한적으로 쓰일 필요가 있다. 왜냐하면 술어화는 항상 일정한 배경 이론의 관점에서만 이루어질 수밖에 없고, 그 경우 그 이론 내부에서 쓰이는 술어 등의 개념들은 서로 밀접하게 논리적으로 연결될 수밖에 없기 때문에 논리적으로 독립되는 것처럼 특정한 측면을 따로 떼어 가정하는 사고실험을 할 수 없는 경우가 발생한다. 조금 전에 모든 술어는 관계적 혹은 외재적이며 전체론적으로 성립하고 이해되어야 한다는 점과도 일맥상통한다.

42 이상욱(2004)은 토머스 쿤식의 패러다임을 가능 세계로 이해하고 있다. 가능 세계를 인식 내지 언어 차원의 이론 내부의 것으로 이해하는 4차원 개별자론의 시각과 유사하다고 볼 수 있다.

43 이 책의 3장(특히 2~3절) 참조.

① 미시 물리적 존재자

② 일상 사물(거시 물리적 존재자)

③ 생명체

④ 개인으로서의 인간(정신, 이성)

⑤ 사회

이제 이러한 각각의 '존재 계층'은 사실상 '언어 계층', '술어 계층'이 되며, 언어 차원의 서술이 배경 이론을 전제로만 이루진다고 본다면, 존재 계층은 술어화의 토대가 되는 이론 계층들이라고 볼 수 있다. 이러한 계층들에 따라 다양한 과학과 학문 분야의 계층이 성립하는 것이다. 이 계층들은 서로 다른 배경 이론과 관점에 따라 상이하게 술어화된 계층들이므로 다른 계층 영역으로 환원하려는 것은 데이비슨의 표현대로 "주제를 바꾸는"[44] 부적절함을 야기하기 때문에 서로 간에 환원되지 않고 각각 자율성을 띤 영역이다. 하지만 존재론적으로는 4차원 개별자들의 세계 중 하나일 뿐이다. 그러므로 심신 유명론으로서의 4차원 개별자론에서는 과학의 다양성을 인정할 수 있으며, 그러면서도 속성 이원론 등 비환원주의가 갖는 정신 인과의 문제의 어려움은 갖지 않는다. 동일한 하나의 사건에 대해 여러 상이한 서술들이 가능한 것처럼 각 이론 계층에서는 그 이론 계층에 고유한 법칙을 통해 각각 나름의 인과적 설명이 있을 수 있다. 각 이론 계층의 인과적 설명 상호 간에는 환원이 성립하지 않지만,[45] 4차

---

44 Davidson(1970/1980) 216쪽.

45 여기서의 '환원이 성립하지 않는다'는 말은 전면적인 환원이 불가능하다는 의미다. 각 계층들의 일부 요소들 간에 환원이 존재할 수 있음을 부정할 필요는 없다.

원 개별자론의 '인과'는 언어와 서술 차원의 법칙과 설명이지 자연의 필연성과 같은 존재 차원에 내재된 인과성과 필연성이 아니므로 부수 현상론 시비와 같은 문제는 발생하지 않는다.

그런데 이러한 계층 간에는 모종의 의존 관계가 성립하는 것 같다. 예컨대 '심신 수반'으로 부르는 관계가 대표적인 사례다. 4차원 개별자론에서 심신 간의 의존 관계는 단순한 외연적인 포함 관계에 불과하다.[46] 즉 모든 정신 사건은 물리 사건이고 물리계는 정신계를 포함하지만, 그 역은 성립하지 않는다. 정신적인 것들과 물리적인 것들 간에는 개별 사건들 간의 동일성만이 상정될 수 있을 뿐, 각 술어들 간의 어떠한 환원과 동일성도 부정한다. 이러한 점은 '정신적'인 것들뿐만 아니라 그 이외의 다른 거시적 단계의 특성들, 즉 '생물학적', '사회적', '역사학적' 등에도 적용될 수 있다.[47] 모든 거시적인 특성들은 개념적 범주에 불과하며, 그러한 거시적인 것들과 가장 근본적으로 미시적인 물리적인 것들 간의 관계는 단순한 외연적인 포함 관계를 이룬다. 그러한 단계들의 관계에는 개별 사건들 사이의 동일성만 성립할 수 있을 뿐, 그 이상의 어떠한 의존 관계도 불필요하다.

여기서 한 가지 문제점이 있다면, 물리학의 대상인 물리 세계 이외의 다른 학문들의 영역은 물리 세계의 부분에 불과하고 자기 영역 밖의 물리 세계로부터 항상 간섭을 받을 수 있다는 점에서 닫혀 있지 않다는 것이다. 그러나 이 점은 4차원 개별자론에 큰 위협이 되지 않는다. 지금 논의하는 환원 불가능성은 **공시적인 구성의 측면에서(constitutive)만** 말하는 것

---

46 나는 백도형(1993)에서 '심신 수반' 개념에 대해 그것이 지금까지 알려진 바와는 달리 심신 간의 관계를 보여주는 데에 그리 효과적인 개념이 될 수 없음을 지적했다. 이러한 입장은 데이비슨의 무법칙적 일원론과는 다르다고 할 수 있다.
47 백도형(2000C), 126쪽 이하를 참조할 것.

으로, 인과 사슬을 통한 물리 세계의 간섭을 말하는 것이 아니다. 후자는 얼마든지 자체 내에서 소화할 수 있다.

이 대목에서 심신 유명론으로서의 4차원 개별자론이 과연 물리주의인지 물을 수 있다. 즉 보편자로서의 속성을 부정함으로써 정신 속성뿐 아니라 물리 속성까지 부정하게 되는 셈이다. 부수 현상론이나 제거주의는 정신 속성만 부정하는 데에 반해 심신 유명론은 물리 속성을 부정하는 것이니 물리주의까지도 부정되는 것이 아닐까? 일리 있는 지적이다. 이런 지적은 데이비슨의 무법칙적 일원론에도 해당될 수 있다. 앞에서 보았듯이 데이비슨은 "정신적인 것은 존재론적 범주가 아닌 개념적 범주일 뿐"이라고 말하는데, 정신적인 것뿐만 아니라 물리적인 것도 과연 개념적 범주 이상의 것이라고 말할 수 있는지 의심스럽다. 데이비슨 자신은 무법칙적 일원론의 초기 논문인 「정신 사건들」에서 "모든 사건은 물리적"이라고 주장하여[48] 물리주의 입장을 분명히 표명하지만 이러한 표명 이외에 더 이상 자세한 설명은 하지 않았다. 그런데 최근에 김재권 등의 부수 현상론 비판에 대해 해명하면서 인과적 힘을 가진 것은 사건들이지 그 사건들을 어떻게 서술하느냐 하는 우리의 다양한 방식은 아니라고 말하면서, 심리 용어 등 거시 용어로 서술된 심리 사건(또는 거시 사건)이 인과적 효력을 갖기에 적절치 못하다면 물리 용어로 서술될 수 있는 물리 사건들도 인과적 효력에 적절치 못하다는 말을 하기도 한다.[49] 이런 점에서 물리주의까지도 포기하는 것 아니냐는 비판은 데이비슨에게도 해당된다. 하지만 데이비슨은 "모든 사건은 물리적"이라는 말 이외에 터 이상의 설명을 안 하

---

48 Davidson(1970/1980), 214쪽.
49 Davidson(1993), 12쪽.

고 있어서 이러한 문제를 별로 의식하고 있지 않다. 이제 데이비슨 대신 이 문제에 대한 대답을 시도해보자.

4차원 개별자론과 심신 유명론은 이 문제에 대해 두 가지 방향으로 답할 수 있다. 첫 번째는 물리주의가 아니라는 그러한 의심 자체를 그대로 받아들이면서 서로 다르고 어떠한 공통성도 없이 각각 독특한 4차원 개별자들의 존재만 인정할 뿐 그 이상의 어떤 다른 주장도 할 수 없음을 인정하는 것이다. 그 점을 인정하면 여기에 '물리주의', '일원론'의 규정을 가하는 것은 술어에 의한 서술 이후 언어 차원의 일이다. 4차원 개별자로 이루어진 세계는 특정한 인식 관점이 전제되지 않고서는 그 자체로는 술어화될 수 없기 때문에 무규정적인, 하지만 향후 언어에 의해 다양하게 규정될 수 있는 세계다. 그런 의미에서 4차원 개별자론은 최소 존재론, 최소 실재론이며 형이상학의 언어적 전환(linguistic turn)으로 볼 수도 있다.[50]

---

50 이 대목에서 물리주의가 우리의 상식이라는 말을 좀 더 따져봐야 한다. 물리주의가 당연시된 것은 사실 물리 영역의 인과적 폐쇄성 원칙 때문이다. 즉 전통 철학에서 많이 받아들이던 이원론은 일견 정신적인 것이 물리적인 것으로부터 구별되는 것 같다는 우리의 상식과는 더 부합할지는 모르지만, 이원론은 존재론적으로 정신 영역과 물리 영역을 분리해놓은 것이기 때문에 정신적인 것과 물리적인 것 간에 일어나는 인과적 상호작용을 설명할 수 없다. 세계 속의 모든 존재자는 원칙적으로 인과적인 영향을 서로 간에 주고받을 수 있는데, 그러한 점을 설명할 수 있으려면 세계는 인과적으로 닫혀 있어야 한다. 그렇다면 물리 영역의 인과적 폐쇄성 원칙이 상식이라고 말할 때, 보다 중요한 것은 그중 '물리 영역'이 아니라 '인과적 폐쇄성 원칙'인 것이다.

그렇다면 심신 유명론은 별 문제가 없는 것이 된다. 지금까지 계속 논의했듯이 심신 유명론은 정신 속성과 함께 물리 속성까지도 부정하는 것이 되므로 물리주의도 그대로는 인정하지 않는 셈이 되지만, 그렇다고 인과적 폐쇄성 원칙을 어기는 것은 아니다. 단지 그 원칙 앞에 '물리 영역의'라는 수식어를 붙이지 않을 따름이다. 왜냐하면 심신 유명론도 존재론적으로는 일원론을 옹호하기 때문에 인과적 폐쇄성 원칙을 어길 이유가 없다. 오히려 물리주의가 그러한 상식을 넘어서는 입장이 아니냐고 반문할 수도 있다.

다만 이 장 앞 절들에서 보았듯이 내가 옹호하는 심신 유명론으로서의 4차원 개별자론에 두 번째 선택지는 4차원 개별자론에서도 필요하다면 물리주의를 옹호할 수 있다는 것이다. 다만 그 경우의 물리주의는 언어 차원의 물리주의로, 〈물리 언어의 전 세계에 대한 포괄적 적용 가능성〉이라는 전제를 언어 차원에서 받아들이는 물리주의다.[51] 물리주의는 현재 심리철학계의 일반적인 주류 입장이다. 자연과학계의 일반적인 상식도 크게 다르지 않을 것이다. 다만 물리주의 진영 내부에서 강한 입장과 온건한 입장의 차이는 있다. 심신 이론들 중 제거주의와 환원주의는 강한 물리주의 입장이고 비환원적 물리주의 혹은 속성 이원론의 입장은 온건하고 약한 물리주의 입장이다.[52] 4차원 개별자론에서 채택하는 언어적 물리주의는 이러한 '물리주의'라는 상식이 현재 학계의 지배적인 패러다임임을 반영하며 4차원 개별자론이라는 최소 실재론에 물리주의 패러다임을 언어 차원에서 추가할 수 있고, 그리고 그렇게 현재 추가된 것임을 보여준다. 물론 현재의 분위기가 그런 것이니만큼 물리주의 이외의 다른 대안적 패러다임으로 대체하는 것도 가능하다. 예컨대 존재 세계 전체에 포괄적으로 적용할 수 있는 언어를 물리 언어가 아닌 생명 현상을 서술하는 언어로 대치하여, 이른바 생태주의 혹은 유기체론의 입장을 취할 수도 있다. 다만 어느 경우

서는 '인과' 또한 개별자 자체에 내재해 있는 것이 아닌 언어 차원의 문제가 되므로 인과적 폐쇄성 문제가 해소된다고 할 수 있다.

51 이러한 물리주의를 옹호한 사례로는 Carnap(1955/1991)이 있다. 나는 백도형(2001A)에서 데이비슨도 이런 식의 언어 차원의 물리주의를 옹호하는 것으로 해석했다.

52 이 장의 1절(각주 11번 참조)에서 데이비슨의 유명론이 물리주의를 유지할 수 있다고 할 때의 '물리주의'는 이러한 언어적 물리주의로 데이비슨도 최소한 이러한 언어적 물리주의는 충족할 수 있다고 본다. 물리 영역의 인과적 폐쇄성 원칙도 그런 뜻에서 충족할 수 있다고 생각한다. 또한 최소한 비환원적 일원론으로 보면서 인과적 폐쇄성 원칙을 충족하는 것으로 볼 수도 있다.

든 4차원 개별자론의 바탕 위에서 옹호할 수 있는 물리주의나 유기체론은 '세계관'으로 옹호되고 있지만 사실상 언어 차원의 언어적 전제에 의한 패러다임일 뿐이다.

5. 문화 형이상학으로서 4차원 개별자론

4차원 개별자로 이루어진 세계는 특정한 인식 관점이 전제되지 않고서는 술어화될 수 없기 때문에 그 자체로는 무규정적인, 하지만 향후 언어에 의해 다양하게 규정될 수 있는 세계다. 그런 의미에서 4차원 개별자론은 최소 존재론, 최소 실재론이다. '인식'과 대비되는 기존의 '존재', '실재' 개념에 의하면 궁극의 단순체인 4차원 개별자의 실재를 주장할 수 있을 뿐이지만 조금 전에 설명한 대로 4차원 개별자는 술어화될 수 없는 개별자로서 무규정적이고 설명력이 없다. 그러다 보니 4차원 개별자론에서는 4차원 개별자를 기본 존재자로 상정할지라도 4차원 개별자에 대해 규정할 수도 술어화할 수도 없다. 즉 앞 장에서 실재론을 논할 때 예시했던 'S는 존재한다'라는 존재 명제에 대해 4차원 개별자는 개별자 그 자체로는 술어화될 수 없기 때문에 주어 S의 자리를 차지하면서 의미 있는 존재 명제를 구성할 수 없다. 따라서 실질적으로 규정할 수 있는 존재자는 4차원 개별자가 아니라 그것이 언어에 의해 술어화되고 규정된 이후의 존재자라 할 것이고 그때에야 비로소 'S는 존재한다'의 주어 S 자리에 들어갈 수 있다. 이렇게 언어에 의해 술어화된 존재자가 되어서야 비로소 그 '존재자'에 대해 서술하고 규정할 수 있다는 점에서 4차원 개별자론은 '형이상학의 언어적 전환'이라고 할 수 있다. 그리고 4차원 개별자론에서 4차원 개별자는 그 자체로는 자연에 속하지만 언어·개념에 의해 '존재자'로 규정될 때 문화적 존재자가 된다.[53]

'문화'의 영어 표현인 'culture'가 '경작하다', '재배하다'를 의미하는 'cultivate'라는 동사와 어원상 관련 있다는 것은 많이 알려져 있다. 마치 구석기 채집 경제 시절 사냥하고 열매를 따 먹는 등 자연 그대로를 섭취하다가 신석기 농업혁명 이후 농업과 목축업을 통해 자연을 양식·가공하여 섭취하는 원시 인류의 모습을 보여주는 표현이기도 하다. 이렇듯 스스로[自] 그런[然] 것이고 본성(nature)대로 있는 '자연'(自然, nature)과는 대조적으로, '문화'는 '인위적이고 인공적으로 가공한 것'이라는 의미를 갖는다. 한마디로 인간에 의해 창조된, 즉 인간의 노동을 통해 자연에 부가된 물질적이고 정신적인 모든 것을 포함하는 내적, 외적 생활양식의 총체를 말한다. 문화가 이렇게 자연과 대조되면서 인간에 의해 이루어진 모든 것이라는 점에서 자연과학과 대비되는 인문사회과학의 대상을 포괄적으로 말할 때에도 언급된다.[54]

이런 점에서 바로 앞 절에서 본 '존재 계층' ①~⑤는 엄밀히 말하면 문화 존재자의 계층, 문화 계층이다. 전통적으로 자연과학에 대비되는 인문사회과학의 대상을 포괄적으로 문화라고 할 수 있지만, 4차원 개별자론에 의하면 자연을 탐구 대상으로 삼는 자연과학에 속하는 분야들도 각 분야에 고유한 배경 이론에 의해 형성된 개념(또는 패러다임)을 통해 '기본 존재자'가 정해진다는 뜻에서 문화에 속한다고 할 수 있다. 문화는 너무나도

---

53 이런 점은 8장에서 보았던 데카르트의 주관-객관 이분법의 통념을 극복하는 입장이라는 의미에서 4차원 개별자론을 바라보게 해준다. 4차원 개별자론에서 보이는 '형이상학의 언어적 전환'은 매체로서의 언어 역할을 강조하는 현대 사조의 흐름과도 상통할 수 있다.

54 리케르트(2004) 참조.

다양하고 광범위한 영역을 포함하고 있어서 문화에 관한 포괄적이면서도 본격적인 연구와 개념 규정 방법은 지극히 다양하고 다의적이다. 그러나 이러한 광범위한 '문화' 개념에서 우리 논의와 관련해 중요한 핵심을 하나 제시하라면 문화는 언어의 성격과 기능을 지니고 있다는 점이다.

언어는 분명히 이러한 문화의 중요한 한 가지 사례이자 요소이지만, 다른 요소들과는 다른 독특하고 특권적인 지위를 갖는다. 그것은 문화가 다른 어떤 요소보다도 언어와 유사성을 띠며 언어적인 특성을 공유하고 있다는 점 때문이다.[55] 문화는 우선 인간에 의해 특정한 목적을 갖고 창조된 것으로서 생겨날 때부터 본래적으로 인간의 사유 능력과 지향 능력에 의해 배태된 것이다. 그러다 보니 문화는 인간의 사유와 지향의 매개 역할을 담당하는 언어의 상징성, 지향성, 유의미성 등을 함께 갖지 않을 수 없다. 또한 문화는 언어와 마찬가지로 그 의미가 맥락(context)에 의존하는 특색을 갖고 있다. 이때의 '맥락'으로는 역사적인 종적 맥락, 그리고 동시대의 다른 문화 요소들을 포함한 문화 체계 전체와 논리적, 이론적으로 연결되는 횡적인 맥락을 들 수 있다. 또한 문화의 의미는 마치 언어의 의미가 그렇듯이 관행적으로 정해지며, 이러한 관행이 개인적, 사적으로 임의로 정해지는 것이 아니라 사회적, 공적인 특징을 지닌다는 점에서 언어와 그 특성을 공유한다.[56]

이러한 문화의 언어적 특성을 고려할 때, 4차원 개별자론이 의미하는 형이상학의 언어적 전환은 4차원 개별자로 이루어진 언어 이전의 자연 세

---

55 이러한 생각은 해석학, 기호학, 신칸트학파의 카시러 등 20세기 이후의 여러 사조에서 인정하는 생각으로 20세기 철학의 '언어적 전환'과도 밀접한 관련이 있다. 이규호(1974) 참조.
56 언어와 문화에 관한 보다 상세한 논의는 백도형(2010) 참조.

계가 언어에 의해 서술됨으로써 문화적 존재자로 거듭날 수 있음을 보여준다. 이제 4차원 개별자론은 문화의 형이상학이 될 수 있다.[57]

6. 4차원 개별자론과 제거주의

공간적인 존재자 중심이었던 고전적인 과학이나 형이상학의 세계관 대신 심신 유명론과 4차원 개별자론을 받아들임으로써, 하나의 세계를 상정하는 존재론을 채택하면서도 다양한 과학의 가능성을 설명할 수 있다. 그리고 전통적인 세계관으로 설명하기 어려웠던 여러 가지 형이상학, 인식론의 문제들이 4차원 개별자론으로 잘 해명될 수 있음을 보였다. 어쩌면 이 장의 논의 방식은 일종의 '최선의 형이상학적 설명에 이르는 추론'이라고 할 수 있겠다.[58] 실체-속성 범주의 3차원 형이상학 토대에서 유명

---

57 4차원 개별자론이나 데이비슨의 사건 존재론이 술어화 불가능성의 특징을 갖는다면, 데이비슨의 '정신 사건들(mental events)' 개념은 어떻게 이해해야 하는가를 정대현 선생이 물었을 때, 나는 데이비슨의 사건 존재론을 엄격하게 적용한다면 'mental'로 따옴표를 붙여야 한다고 답했다. 마찬가지로 4차원 개별자론을 엄격하게 이해한다면 '문화'의 형이상학, '문화적' 존재자로 표현해야 할 것 같다. '정신적', '문화적'이란 규정은 4차원 개별자론에서는 순수한 존재론적 시각이 아니라 관점 내지 개념틀, 배경지식 등에 의해 이루어진 시각이기 때문이다. 서양 형이상학의 전통에서 논의되었던 '존재론'이라는 (인식 차원과는 구별되는) 개념으로는 최소 존재론인 (그래서 설명력이 전혀 없는) 4차원 개별자론까지만 옹호할 수 있을 뿐이다.

58 암스트롱식의 물리주의와 보편자 실재론을 함께 인정하는 경우에(그는 그것을 '과학적 실재론'이라고 함) 심리철학은 환원주의, 또는 제거주의가 될 수밖에 없다(암스트롱은 환원주의를 옹호한다). 심리철학과 정신 인과의 문제에 관한 필자의 예전 글들에서 필자는 제거주의와 심신 유명론의 두 가지 선택지가 가능함을 주장했는데, 심리철학에 관한 필자의 이런 주장은 보편자 실재론에 관해 형이상학적으로는 결정적으로 논박하기 어렵다는 이 글의 한계와 그 맥을 같이하는 것이다.

론을 옹호하는 것은 사실상 무의미할 수도 있다는 것과, 4차원 개별자론이 실체-속성 범주를 중심으로 이루어지는 전통 형이상학으로는 설명하기 어려운 몇 가지 문제들을 더 잘 해명할 수 있으면서 현대 과학에서 부각되고 있는 시간성과 시공간의 유한성을 더욱 잘 반영할 수 있음을 보인 것이다. 따라서 4차원 개별자론을 옹호하는 이 장에서 채택한 방법론이나 이 장의 결론이 결정적인 것은 아니라는 비판도 있을 수 있다. 하지만 실증적인 차원을 넘어서는 형이상학의 사변성을 감안한다면 이러한 제한은 불가피하다고 보며 현대 과학의 세계관과 좀 더 잘 어울릴 수 있음을 보인 것으로 충분하다고 생각한다.

이제 4차원 개별자론에 대한 논의를 가지고 원래의 주제인 심신 문제로 다시 돌아가보자. 이 책에서 부각하려는 관점 중 하나는 사실상 심신 문제가 그것의 주변과 바탕을 이루는 형이상학의 문제와 별개가 아니기 때문에 형이상학으로서 심신 문제를 다루어야 한다는 것이다. 형이상학이 존재 세계 일반을 다루는 것이라면 심신 문제는 이 책의 부제처럼 인간과 자연에 관한 형이상학적 문제라고 볼 수 있기 때문이다. 앞 장에서 전개한 심신 유명론과 이 장에서 그것을 연장시켜 발전시킨 4차원 개별자론도 심신 문제가 형이상학의 일반적 문제와 결코 아무 관련 없이 별개로 논의될 수 없다는 점을 보여주었다.[59]

---

59 또한 이러한 점을 통해 심리철학을 포함한 분석철학 논의들이 문제 하나하나를 각각 독립적으로 보는 분석의 전통 때문에 문제의 근본 성격을 놓칠 수 있음도 보였다고 생각한다. 분석철학은 헤겔주의와 같은 그 이전 철학의 거대 이론에 대한 비판에서 출발한 전통을 갖고 있지만, 이제는 분석철학계에서도 더 이상 '분석'에만 몰두하지 않고 형이상학과 같은 큰 문제를 다루기도 한다. 학부 과정에서 분석철학과 서양 고전 철학뿐 아니라 유럽 철학과 동양철학까지 공부하는 우리 철학계에서는 오히려 거리를 두면서 큰 틀을 음미해보는 것도 분석철학 등 현대 철학 논의에 기여할 수 있는 좋은 방법이라고 생각한다.

8장에서 살펴본 통념들과 이 장의 논의를 염두에 두고 생각해볼 때, 4차원 개별자론은 단지 심신 문제에 대한 대안이 될 수 있을 뿐 아니라, 현대 과학의 입장과 잘 조화될 수 있는 형이상학적 대안도 될 수 있다. 어떤 이는 심신 유명론에 토대를 둔 4차원 개별자론이 제거주의나 부수 현상론과 무슨 중요한 차별성이 있느냐고 따질지도 모르겠다. 하지만 제거주의나 부수 현상론은 물리주의(즉 물리 실체와 물리 속성의 실재론을 토대로 한) 입장을 취하면서 정신 속성의 존재를 부정하는데 반해, 심신 유명론으로서 4차원 개별자론은 기존의 실체−속성의 범주와 데카르트식 심신 개념 자체를 재고함으로써 인간중심주의를 벗어난 자연주의라고 할 수는 있을지언정 제거주의로 볼 수는 없다. 4차원 개별자론과 제거주의 간에 별 차별성을 못 느끼는 사람들은 인간중심주의적인 심신 개념과 기존의 실체−속성 범주를 당연시하고 있을 것이다.

따라서 6장까지 정신 인과의 문제를 다루면서 심신 문제의 잠정적인 결론으로 제시했던 두 가지 선택지 중에서 보편자로서의 속성 실재론을 옹호할 경우의 선택지인 제거주의보다 4차원 개별자론으로 발전할 수 있는 심신 유명론을 마지막 하나의 선택지로 선택할 수 있는 대목에 도달했다. 단지 제거주의가 갖는 거부감을 피할 수 있고 다양한 학문 분야의 자율성을 옹호할 수 있다는 장점 때문만이 아니다. 주관−객관의 이분법과 실체−속성의 전통 형이상학 범주와 동행하는 제거주의보다 4차원 개별자론이 현대 과학의 세계관과 더 잘 어울리며 전통적인 철학의 난제에도 답할 수 있는 참신한 시각을 제공해준다는 측면에서 더 유망하고 유력한 대안이라는 것을 심신 문제와 형이상학 일반에 관한 이 책의 결론으로 삼을 수 있다.

제거주의도 인간의 과학적 작업이라 할 수 있는 신경 과학, 두뇌 과학의 발전에 대한 낙관적인 전망을 바탕으로 이루어진 입장이기 때문에 어떤 의미에서 인간중심주의적 시각을 벗어나지 못한다고 볼 수 있다. 인간의 과학적 작업 결과로 그동안 인간을 인간답게 했던 모든 가치와 특성을 부정하는 결론을 갖는다는 것이 제거주의의 역설적인 면으로 보이기 때문에 제거주의에 대해 철학자들의 거부감이 큰 것 같다.

하지만 이러한 제거주의 입장에 동의하지 않고 거부하더라도 인간이 자연에 속한다는 사실까지 외면할 수는 없다. 자연은 인간을 단지 공간적으로만 포괄하는 것이 아니라 시간적으로도 완벽하게 포괄한다. 인간사가 자연사의 지극히 작은 일부라는 점에서도 인간은 자연의 지극히 작은 부분일 뿐이다. 150억 년에 이르는 우주의 역사를 1년이라는 기간으로 압축해서 빅뱅으로 우주가 탄생하는 시간을 1월 1일로 본다면 최초의 인간이 나타난 때는 12월 31일 저녁 10시 30분경이고, 인간에 의해 기록된 역사는 마지막 10초에 모여 있을 뿐이라고 한다.[60] 인간을 자연의 미미한 일부로 보는 겸허한 태도는, 제거주의와 같이 인간 작업에 대한 지나친 낙관주의와는 전혀 그 관점이 다르다. 4차원 개별자론은 그런 의미에서 자연과 인간, 그리고 인간이 만든 문화에 대해 일관성 있으면서도 균형 잡힌 세계관을 제공한다.

앞의 8장 1절에서 종래의 심신 이론들이 앞의 존재 계층에서 ①, ④ 간의 관계만을 문제 삼은 것이기 때문에 '인간중심주의적'이라고 비판했다. 이제 심신 유명론으로서 4차원 개별자론은 이러한 통념들과 함께 '인간중심주의'를 지양하는 형이상학이라 할 수 있다. 그런 점에서 심신 유명론도 심신 문제에만 국한한 형이상학이 아닌 일반적인 형이상학 입장으로서

---

60 세이건(2006), 1장 참조.

4차원 개별자론으로 확대 발전시키는 것이 전혀 과도하고 무리한 일반화가 아니며 적절하며 설득력 있는 입장이라고 할 수 있다.[61][62]

7. 맺음말: 최소 존재론의 이중 의미

심신 문제를 탐구하면서 기존 입장을 비판적으로 검토하다가 심신 유명론과 4차원 개별자론이라는 형이상학 입장까지 대안으로 제시하게 됐다. 이 책을 마무리 지으면서 내가 제시한 이러한 제안이 갖는 의미를 원래 주제인 심신 문제와 형이상학 일반의 관점에서 짚어보겠다.

우선 이 책에서 나는 이중의 시도를 했다. 기존의 심신 이론들에 대체로 암암리에 깔려 있으면서도 거의 아무도 문제 삼지 않는 전제가 있고, 또 그것과 관련해 심신 문제 자체를 규정지어온, 그래서 암암리에 모두들 당연시해온 논의 구도가 있다. 지금까지 대부분의 심신 이론들은 이러한

---

61 최훈(2004)은 기존의 나의 입장을 "보편자로서의 속성을 인정하면 제거주의만이 유일하게 옹호될 수 있고, 그것을 인정하지 않으면, 다시 말해서 심신 유명론의 입장을 취하면 비환원적 물리주의를 고수할 수 있는데, 첫 번째 선택지는 곤란하므로 두 번째 선택지를 골라야 한다"(101쪽)는 선언지 제거법 논증으로 해석했다. 그러면서 그는 첫 번째 선택지인 제거주의가 곤란하다는 논증이 충분히 뒷받침되지 않았기 때문에 두 번째 선택지를 골라야 한다는 결론이 나올 수 없다고 비판했다. 하지만 조금 전에 언급한 대로 나는 그동안 심신 유명론을 심정적으로 더 선호했을 뿐 그것을 유일하게 가능한 선택지라고 주장한 적은 없었다. 제거주의를 배제하는 논증이 충분히 뒷받침되지 않는다는 최훈의 비판은 그 당시 나의 생각과 전혀 다르지 않다고 말할 수밖에 없다. 하지만 이 장에서 전개한 심신 유명론으로서의 4차원 개별자론이 정당화된다면 심신 유명론을 심정적으로만이 아니라 논증에 의해서도 제거주의보다 선호할 수 있는 근거를 마련했다고 생각한다.

62 이 장의 지금까지 내용 중 일부는 백도형(2001A), (2005A), (2009), (2012B)에 포함된 논의들을 토대로 이루어졌다.

전제와 구도에 대해 암묵적으로 당연시하면서 전혀 문제 제기를 하지 않았다. 그러한 전제와 구도를 바탕으로 놓은 채 대체로 그 바탕 위에서 문제를 제기하고 대안을 찾은 셈이다. 그러다 보니 심신 문제가 지금까지도 어딘가 꼬여 있고 속 시원한 해결이 제시될 수 없었다고 생각한다.

이 책 전체에서 나는 먼저 심신 문제에 보이지 않게 내재해 있는 이러한 전제와 구도를 드러내는 작업을 했다. 그러한 전제로 보편자로서의 속성 실재론이 들어 있다고 주장했고, 또한 심신 이론들의 논의 구도에 들어 있는 데카르트가 설정해놓은 개념 구도에 의해 발생한 통념들을 드러냈다. 그리고 나서 이러한 전제와 구도가 갖고 있는 문제점들을 제시하고 이 전제와 구도를 반성하고 지양하는 새로운 대안으로 유명론을 제시했다. 그리고 대안으로 심신 문제에 대한 해결책을 원점부터 다시 구상했다. 그것이 바로 심신 유명론이었고 심신 유명론을 형이상학 일반의 문제에까지 확대 적용한 것이 4차원 개별자론이다.

조금 전에 보았듯이 4차원 개별자론은 이중의 의미를 갖는다. 4차원 개별자 실재론으로 본다면 최소 존재론이라고 할 수 있으며, 술어화나 언어 차원에서 보자면 문화 형이상학이라는 의미를 갖는다. 이중의 의미를 갖는다고 해서 이 두 의미가 서로 상충하는 것은 아니다. 4차원 개별자론의 입장이 갖는 의미를 어느 쪽에서 보느냐에 따라 강조 초점이 상이한 두 가지 의미일 뿐이다.

이러한 두 가지 의미는 이 책 전체를 이끌어간 이중의 시도와 연결된다. 4차원 개별자론을 술어화되지 않는 개별자 실재론으로 보아 최소 존재론으로 보는 것은 어쩌면 이 책 전체에서 드러냈던 기존의 틀(전제와 구도)을 바탕으로 하는 최선의 선택으로 제시한 것이고, 그러한 4차원 개별자를 서로 상이한 언어 술어에 의해 서술할 때 다양한 과학과 문화를 낳을 수 있는 문화 형이상학이 된다는 관점은 기존의 전제와 구도를 넘어서서 유명론이라는 새로운 대안을 토대로 구상한 입장이라고 할 수 있다. 혹시 최소 존재론, 혹은 문화 형이상학이라는 4차원 개별자론의 이중적인 의미 모두 만족스럽지 못하다고 할지 모른다. 당연히 한계가 있다. 문화 형이상학은 순수한 존재자가 아닌 언어에 의해 형성된 것을 기초로 하는 것이기에 진정한 형이상학이나 존재론이라고 할 수 없다는 비판도 가능하겠지만 기존 형이상학의 틀을 반성하고 재고한다면 형이상학의 새로운 관점과 시각으로 볼 수 있다. 또한 최소 존재론은 그 자체 설명력이 부족한 입장일 수 있지만 기존 형이상학의 틀을 유지한 채로 전개한 최선의 결과라고 할 수 있다. 이렇게 볼 때 4차원 개별자론은 인식에 대한 존재의 논리적 우선성을 충족하면서도 존재의 인식 의존성을 설명해줄 수 있는 조화로운 입장으로 볼 수 있다.

어떤 이는 4차원 개별자의 무규정성과 술어화 불가능성에 의한 설명력 없음을 지적하면서 그것의 존재 의미를 무화(無化)하고 이러한 방법론상 결론상의 제약을 이유로 해서 4차원 개별자론 논의, 더 나아가서 형이상학 논의 자체를 폄하할 수도 있겠다. 즉 관념론이나 반실재론의 경우처럼 인식론을 넘는 존재론이나 형이상학이 무의미해진 것이 아니냐는 것이다. 그러나 형이상학 논의는 세계를 포괄적으로 보는 이론을 구성·완결하는 데 있어서 일종의 초기 작업이나 마무리 작업이 될 수 있다고 생각한다. 형이상학은 탐구의 초기 작업으로서도 필요하고, 또 철학이나 과학 탐구 성과들에 관한 일관적인 해석과 이해를 위한 마무리 작업으로서도 필요하다. 양자 역학에 관한 논의에서 알 수 있듯이 현대 과학의 논의조차도 우리의 직관과 완전히 조화하면서 일관성을 갖춘 해석을 제시하는 데에 아직 충분히 성공하지 못하고 있는 실정이다. 따라서 현대 과학의 성과를 이끌어내고 재해석하는 형이상학의 사변적 작업은 과학적 세계관의 구성에 중요한 기여가 된다고 생각한다. 4차원 개별자론이 비록 최소 존재론이기는 하지만 그런 점에서 중요한 의미와 시사를 줄 수 있는 형이상학이 될 수 있다.

　문화 형이상학이라는 측면만 염두에 둔다면 이 입장이 상대주의나 무정부주의와 다른 점이 없다는 평가를 받을 수도 있지만 종래의 상대주의나 무정부주의에서는 보이지 않는 존재론을 비록 최소한의 형태라도 제시하고 있다는 점이 다르고 의미 있다고 할 수 있다. 4차원 개별자론은 인식의 다원성을 어느 정도는 받아들이더라도 세계의 존재 자체에 대해 나름대로 최소 존재론, 최소 실재론을 제시함으로써 극단적인 허무주의, 반실재론, 상대주의가 아닌 건전한 다원주의를 옹호할 수 있는 길을 제공했다. 실재하는 세계 자체의 존재를 최소한이나마 인정함으로써 술어화, 이론화를 통한 다양한 과학의 가능성을 인정하면서도 결코 무제한적으로 허용하지 않는 토대를 상정하기 때문이다. 문화 형이상학의 측면에서는 관념론의 특성을 많이 받아들인다고 할 수 있지만 그렇다고 전면적인 반실재론으로까지 나아가지 않는다.

　술어화도 안 되고 지속성이나 통시간적 동일성도 없는 4차원 개별자의 존재론은 설명력이 전혀 없지 않느냐는 비판도 가능할 것이다. 하지만 기존의 전제와 구도를 바탕으로 한다면 이 정도의 최소 존재론으로 만족할 수밖에 없다는 것이 4차원 개별자론이 보여주는 의미이기도 하다. 최소 존재론으로서 4차원 개별자론은 기존의 전제와 구도를 틀로 삼을 때 가능한 최선의 입장으로 구성한 것이다.[63] 따라서 4차원 개별자론은 기존의 전

63　강진호는 백도형(2009)의 초고를 발표한 후 나와의 이메일 토론에서 4차원 개별자론이

제와 구도를 틀로 삼는다는 조건에서 성립하는 가언명제의 주장으로 볼 수도 있다.

그러한 틀을 넘어서서 새로운 대안으로 유명론을 받아들인다면 새로운 문화 형이상학을 제시할 수 있다. 문화의 형이상학, 문화의 존재론이라 할 때 '형이상학', '존재론'은 8장에서 살펴본 기존의 인식–존재 틀에서의 '존재'가 아닌 유명론을 바탕으로 '언어적으로 전환된 형이상학'에서의 '존재'요 '형이상학'이다. 앞에서도 보았지만 'S가 존재한다'에서 보다 주목해야 할 것은 '존재한다'는 동사가 아닌 주어 'S'라고 할 때, 이때의 '존재자 S'는 이미 개념과 술어에 의해 '언어적으로 전환된 존재자'인 것이다. 기존의 틀을 바탕으로 한 최소 존재론의 관점에서는 4차원 개별자론은 전혀 설명력이 없는 이론으로 보일 수 있지만, 언어적으로 전환된 형이상학으로서 문화 형이상학의 관점에서 본다면 다양한 과학과 학문을 이루는 설명을 제공할 수 있다고 생각한다. 하지만 이러한 '다양한' 과학과 설명은 상대주의와 무정부주의, 또는 전면적인 관념론의 그것들과는 다를 수 있다. 종래의 틀로 보면 술어화는 안 되지만 최소한의 실재가 상정된 4차원

4차원 개별자 실재론이라는 의미에서 4차원 개별자에 대한 형이상학적 실재론으로 볼 수 있다면, 퍼트남의 형이상학적 실재론에 제기되었던 문제점들이 4차원 개별자론에도 해당될 수 있다고 지적했다. 물론 4차원 개별자론을 4차원 개별자 실재론으로 볼 수 있다. 하지만 궁극적인 단순체인 개별자가 존재한다는 말은 '개별자가 존재한다'는 것에 주안점을 두는 적극적인 존재 주장이라기보다는(어차피 적극적인 존재 주장을 하고 싶어도 설명력이 없는 주장에 불과하므로 존재 주장의 효과가 반감될 것임) 기존 틀을 바탕으로 한 '실재', '존재' 개념으로는 4차원 개별자 정도만이 '존재'한다고 말할 수 있을 뿐이라는 것에 더 초점을 둔 것으로 해석할 수 있다. 이 경우 어쩌면 역으로 기존 틀에 문제가 있다는 것을 강조하는 것으로 해석할 수도 있다. 존재 차원에서 최소 존재론이라는 것이 언어 차원의 문화 형이상학보다 존재론적으로 우선적이라고 할 수도 있지만, 전자가 후자보다 '존재론적으로 더 중요하다'고 하기에는 그 '존재'의 힘, 특히 설명력이 너무 미약한 것이 아닐까?

개별자론은 무차별적인 술어화, 이론화에 대해 거짓임을 판단할 수 있는 최소한의 규제 한계를 가질 수 있을 것이다.[64] 기존의 틀에 익숙한 시각에서는 만족스러운 해결이 아닐지 모르지만 그러한 불만족은 어쩌면 기존의 관점이 갖는 이분법적 시각을 당연시하는 데에서 온 것이다.

4차원개별자론은 기존의 문제에 대해서 별 설명력을 갖고 있지 못한 것처럼 보일 수 있다. 4차원 개별자 자체가 무규정적이고 술어화 불가능한 데다 '기존의 문제'라는 것이 특정한 배경지식을 전제로 구성된 것인데, 그러한 전제들에서 최대한 거리를 두려는 것이 4차원 개별자론이기 때문이다. 물론 4차원 개별자론은 최소 존재론, 최소 실재론의 입장으로서 그 자체만으로는 별다른 설명력을 추구하지 않는다. 설명을 위해서는 설명의 대상을 우선 문화적인 배경지식을 바탕으로 상정해야 하는 등 언어적·문화적 구성 작업이 선행되어야 한다. 4차원 개별자론은 이러한 설명 작업의 다양한 틀에 바탕이 되지만, 그 자체는 어떠한 설명력도 지니지 않는다. 기존의 존재론 내지 형이상학 이론은 존재 자체에 관한 이론을 지향하면서도, 마치 심신 이론이 주어-술어 구조를 토대로 한 실체-속성의 존재 범주를 바탕으로 성립했듯이 나름대로의 인식적, 언어적 틀을 기초로 이루어진 것 같다.[65] 4차원 개별자론은 이러한 인식적, 언어적

---

64 이런 비유가 적절할지 모르겠다. 명분을 가지고 자신의 행위를 정당화할 수 있다. 우리는 때로 실질성 없는 명분에 대해 비판하기도 한다. 하지만 어떠한 명분으로도 정당화할 수 없는 행위도 있는 법이다. 마찬가지로 상대성이나 다원성이 적용된다고 해도 참이거나 옳을 수 없는 것이 있다.

65 물론 이 글에서는 심신 문제 이외의 다른 형이상학 문제나 이론들은 검토하지 못했다. 그래서 서양 형이상학의 모든 이론이 존재 자체를 탐구하고 지향한다고 하지만 언어적·인식적 틀을 기초로 이루어졌다는 주장을 일반화하는 것은 아직 적절치 않다. 이 주장을 위해서는 더 많은 연구가 필요하다. 다만 이 주장을 위한 연구 동기가 되는 한 가지 단서가

틀에서 가능한 최대한 벗어나서 서양 형이상학이 본래 지향한 존재 자체에 최대한 접근하는 존재론을, 그리고 그것을 위한 최소한의 존재자 규정을 시도한 것이다.[66]

4차원 개별자론은 기존 틀에서의 불가피한 대안이라는 점에서 일종의 가언 주장이라고 생각한다. 어쩌면 초점은 가언명제의 후건(귀결이 되는 주절)이 되는 '심신 유명론'이나 '4차원 개별자론'의 대안보다는, 전건이 되는 조건절로서의 기존 틀의 존재일 수 있다. 이 책에서 심신 문제의 기존 틀로 제시한 것은 데카르트식 심신관과 실체-속성 구도로 이루어진 서양 심리철학과 형이상학의 전통이다. 그래서 지금까지의 심신 이론들이 데카르트식의 배타적인 심신 이분법과 보편자 실재론을 암암리에 전제하고 있는 것이다. 하지만 우리 논의는 부분적으로는 최소한이라도 이 틀 위에서 전개될 수밖에 없다. 지금 이 틀을 완전히 벗어나서 논의를 발전시키기는 어렵다. 심신 유명론은 이러한 기존 틀에 대한 최대한 반성의 결과이며, 4차원 개별자론은 최소한의 기존 틀에서 최선의, 또는 불가피한 대안일 수 있다.

있다. 동양철학과 달리 서양철학은 언어에 대한 비판 의식이 별로 없었던 것 같다. 아마도 이것은 서양철학의 중요한 뿌리인 플라톤주의와 기독교가 본질주의에 친화적이기 때문인 것 같다. 그래서 자신의 인식이나 개념화의 성과가 마치 존재자 자체인 것처럼 생각하는 경향이 있다. 암스트롱의 플라톤식 선험적 보편자 실재론에 대한 비판을 바로 이러한 경향에 대한 비판으로 볼 수 있을 것 같다. Armstrong, D.(1978A), 특히 7장 참조.

66 이 절의 많은 부분은 2009년 6월 현상학회에서 백도형(2009)의 초고를 발표한 후 한정선, 이종관, 이남인 등 현상학회의 여러 선생님들의 질문과 비판에 답변하면서 구성했다. 또한 2009년 6월 분석철학회에서도, 또 2012년 7월 과학철학회에서도 4차원 개별자론에 관해 발표했다. [또한 2011년 6월 범한철학회에서도 4차원 개별자론이 조금 언급된 발표를 했고, 이때 발표한 내용은 이후 백도형(2011)로 게재되었다.] 이 절에는 그때의 토론 내용이 상당 부분 반영되어 있다. 좋은 지적과 토론을 해주신 모든 분들께 다시 한 번 감사드린다.

| 참고문헌 |

김광수(1994), 「하향적 인과작용」, 김재권 외 지음, 『수반의 형이상학』, 철학과현실사.
_____(2000), 「유물론과 자유」, 한국분석철학회 편, 『21세기와 분석철학』, 철학과현
실사.
_____(2003), 「심리철학과 정신의 자율성」, 《철학적 분석》 제7호 2003년 여름, 한국
분석철학회, 1~27쪽.
김기봉(2000), 「역사적 사실과 '언어로의 전환'」, 《호서사학》 제28집, 2000. 1., 호서사
학회.
김선희(1991), 「인간행위의 인과성과 합리성의 조화가능성 논의」, 서강대학교 박사학
위논문.
김선희, 백도형 외(2008), 『김재권과 물리주의』, 아카넷.
김영민(2003), 「바깥에서 보기: 기호학에 얹힌 현대철학」, 《철학과 현실》 2003년 겨울
호(통권 제59호), 철학문화연구소.
김영정(1997), 「사건 존재론」, 《언어·논리·존재》, 철학과현실사.
김재권(1984), 「심신론: 그 쟁점과 전망」, 《철학》 제22집 1984년 가을호, 한국철학회.
_____(2000), *Taking Physicalism to the Limit*, 김영정 외 옮김, 『극단에 선 물리주의』,
제1회 석학연속강좌 강연집, 아카넷.
김효명(1988), 「인과의 필연성과 규칙성」, 《미국학》 제11집, 서울대학교 미국학연구소.
김희정(2001), 「트롭 이론(trope theory)의 두 논증에 대한 비판」, 《철학》 제68집
2001년 가을호, 한국철학회.

_____(2003), 「보편자에 대한 유사성 이론들의 문제점 - 트롭 유사성 이론을 중심으로」, 《철학적 분석》 제7호 2003년 여름호, 한국분석철학회.

_____(2006), 「비관계적인 임재적 실재론에 대하여: 암스트롱의 보편자 이론 비판」, 《철학적 분석》 14호 겨울호, 한국분석철학회.

데카르트(1641/1997), 이현복 옮김, 『성찰』, 문예출판사.

_____(1644/2002), 원석영 옮김, 『철학의 원리』, 아카넷.

박우석(1992/1997), 「개체화 문제: 중세인의 가슴앓이」, 『중세철학의 유혹』, 철학과현실사.

박준호(2010), 「제거주의의 자기반박성」, 《철학연구》 제116집, 대한철학회.

_____(2011), 『철학과 형이상학』, 서광사.

백도형(1988), 「데이비슨의 행위론」, 《哲學論究》 제16집, 서울대학교 철학과.

_____(1993), 「심신 수반에 관하여」, 《哲學論究》 제21집, 서울대학교 철학과.

_____(1994), 「주관적 의식의 형이상학: 문제의 책, 존 써얼 『마음의 재발견』」, 《철학과현실》, 1994년 봄호(통권 제20호), 철학문화연구소.

_____(1995A), 「환원, 속성, 실재론」, 《哲學》 제43집 1995년 봄호, 한국철학회.

_____(1995B), 「제거주의와 실재론」, 《哲學研究》 제36집 1995년 봄호, 철학연구회.

_____(1995C), 「정신 인과와 보편자」, 서울대학교 박사학위논문

_____(1995D), 「심신 문제와 실재론」, 과학사상연구회 편, 《과학과 철학》 제6집, 통나무.

_____(1997), 「심신 문제의 두 가지 쟁점」, 김여수 외 지음, 『언어, 진리, 문화 2』, 철학과현실사.

_____(1997B), "형이상학으로서의 심리철학" 〈철학과 현실〉 36호(1997 봄호)

_____(1999), 「사회 생물학에 관한 형이상학적 분석」, 《哲學》 제58집 1999년 봄호, 한국철학회.

_____(2000A), 「자연법칙의 필연성」, 《哲學研究》 제49집 2000년 여름호, 철학연구회.

_____(2000B), 「김재권의 새로운 심신 동일론」, 《철학적 분석》 제2호 2000년 겨울, 한국분석철학회.

_____(2000C), 「'과학의 시대'에 돌아보는 인문학의 역할」, 숭실대학교 편, 《論文集: 인문과학편》 제30호, 숭실대학교.

_____(2001A), 「심신 유명론」, 《哲學硏究》 제54집 2001년 가을호, 철학연구회.

_____(2001B), 「자유, 필연, 책임」, 《思索》 제17집, 숭실대학교 철학과.

_____(2002), 「참을 수 없는 존재론의 가벼움: 속성 이원론에 대한 비판」, 《철학적 분석》 제6호 2002년 겨울호, 한국분석철학회.

_____(2003), 「제거주의와 인지적 자살 논변」, 《인지과학》 14권 4호, 한국인지과학회.

_____(2004A), 「기능적 환원주의와 인과적 세계관: 김재권과 암스트롱의 실재론」, 《철학적 분석》 9호 2004년 여름호, 한국분석철학회.

_____(2004B), 「정신적인 것의 자율성과 세계의 존재론적 무차별성: 김광수, "심리철학과 정신의 자율성"에 대한 대답」, 《철학적 분석》 제9호 2004년 여름호, 한국분석철학회.

_____(2004C), 「물리주의와 보편자」, 《철학적 분석》 제10호 2004년 겨울호, 한국분석철학회.

_____(2005A), 「4차원 개별자론」, 《哲學硏究》 68집 2005년 봄호, 철학연구회.

_____(2005B), 「일반화 논변과 심신 환원」, 《철학적 분석》 제11호 2005년 여름호, 한국분석철학회.

_____(2005C), 「서평: 김재권, 『물리주의, 또는 거의 충분한 물리주의』」, 《철학적 분석》 제11호 2005년 여름호, 한국분석철학회.

_____(2008A), 「환원과 속성: 자율성과 통합」, 《철학사상》 29호, 서울대학교 철학사상연구소.

_____(2008B), 「의식과 정신 인과」, 《과학철학》 11권 2호, 한국과학철학회.

_____(2008C), 「철저하지 못한 물리주의」, 김선희, 백도형 외(2008), 『김재권과 물리주의』, 아카넷.

_____(2009), 「현상과 실재: 심신 문제에 대한 반성」, 《철학과 현상학 연구》 42집, 한국현상학회.

_____(2010), 「문화와 언어: 인문교육의 지평」, 《인간·환경·미래》 4집, 인제대학교 인간환경미래연구원.

_____(2011), 「심신 문제: 존재와 언어」, 《범한철학》 63집, 범한철학회.

_____(2012A), 「데이비슨 무법칙적 일원론」, 서울대학교 철학사상연구소 엮음, 『마음과 철학: 서양편 하』, 서울대학교출판문화원.

_____(2012B), 「심신 유명론으로서의 4차원개별자론」, 《철학탐구》 32집, 중앙대학교 중앙철학연구소.

서양근대철학회(2001), 『서양근대철학』, 창작과비평사.

서양근대철학회(2004), 『서양근대철학의 열 가지 쟁점』, 창작과비평사.

칼 세이건(2006), 임지원 옮김, 『에덴의 용』, 사이언스북스.

소광희, 이석윤, 김정선(1973), 『철학의 제문제』, 지학사.

소흥렬(1994), 『자연주의적 유신론』, 서광사.

_____(1996), 『문화적 자연주의』, 소나무.

_____(2000), 「과학과 철학의 만남: 그 두 번째 관계」, 한국분석철학회 편, 『21세기와 분석철학』, 철학과현실사.

앨프리드 W. 크로스비(1997/2005), 김병화 옮김, 『수량화 혁명』, 심산출판사.

오창희(1998), 「과학에서의 목적론」, 《哲學》 제54집 1998년 봄호, 한국철학회.

이규호(1974), 『말의 힘』, 제일출판사.

이명현(1981/1982), 「사회과학의 방법론」, 『이성과 언어: 현대철학의 지평을 찾아서』, 문학과지성사.

이상욱(2004), 「가능세계와 과학철학: 쿤의 견해를 중심으로」, 제17회 한국철학자대회 발표문.

이승종(1999), 「대칭적 전체론을 위하여」, 한국분석철학회 편, 『언어·표상·실재』, 철학과현실사.

이종왕(2001), 「김재권식 기능주의와 새로운 기능주의적 환원이론의 가능성」, 《哲學》 제66집 2001년 봄호, 한국철학회.

이좌용(1987), 「경험적 실재론에서 본 보편자의 문제」, 서울대학교 박사학위 논문.

_____(1996), 「인과성과 법칙성」, 한국분석철학회 편, 『인과와 인과이론』, 철학과현실사.

일레인 볼드윈 외(2008), 조애리 외 옮김, 『문화코드, 어떻게 읽을 것인가?』, 한울.

탁석산(1996), 「툴리(Tooley)의 인과 실재론 비판」, 한국분석철학회 편, 『인과와 인과이론』, 철학과현실사.

정대현(2001), 『심성내용의 신체성』, 아카넷.

제레미 리프킨(1992), 김명자, 김건 옮김, 『엔트로피』, 동아출판사.

조승옥(1983), 「심리물리적 수반론」(서울대학교 박사학위 논문).

앨런 찰머스(1982/1985), 신일철, 신중섭 옮김, 『현대의 과학철학』, 서광사.

최 훈(2004), 「데이비슨의 무법칙적 일원론과 백도형의 심신 유명론」, 《철학적 분석》 제10호 2004년 겨울호, 한국분석철학회.

하인리히 리케르트(2004), 이상엽 옮김, 『문화과학과 자연과학』 책세상.

Anscombe, G.(1971), "CAUSALITY AND DETERMINATION" rp. in: eds. Sosa & Tooley(1993).

Antony, L.(1989), "Anomalous monism and the problem of explanatory force" in : *Philosophical Review* 98, Cornell University Press.

Armstrong, D.(1966/1980), "The Nature of Mind" rp. in : Block, N.(ed.)(1980)

_____(1968), *A Materialist Theory of The Mind*, Routleldge.

_____(1977/1991), "The Causal Theory of Mind" rp. in: Rosenthal(ed.)(1991).

_____(1978A), *Nominalism & Realism: Universals and Scientific Realism vol. 1.*, Cambridge University Press.

_____(1978B), *A Theory of Universals: Universals and Scientific Realism vol. 2.*, Cambridge University Press.

_____(1983), *What is the Laws of Nature?*, Cambridge University Press.

_____(1986), "The Nature of Possibility" in : *Canadian Journal of Philosophy* vol. 16.

_____(1989), *Universals: An Opinionated Introduction*, Westview Press.

_____(1997), *A World of States of Affairs*, Cambridge University Press.

_____(1999), "A Naturalist Program: Epistemology and Ontology" in : *Proceedings and Addresses of the American Philosophical Association* Vol. 73, No. 2(Nov., 1999), American Philosophical Association, pp. 77-89.

_____(2010), *Sketch for a systematic metaphysics*, Clarendon Press.

Baker, L. R.(1987), *Saving Belief*, Princeton University Press.

_____(1988), "Cognitive Suicide" in : *Contents of Thought*, ed. Robert H. Grimm & Daniel D. Merrill, University of Arizona Press.

_____(1993), "Metaphysics and mental causation" in : eds. John Heil & Alfred

Mele, *Mental Causation*, Oxford University Press.

Block, N.(1978/1991), "Troubles with Functionalism" rp. in : Rosenthal(ed.) (1991).

_____(ed)(1980), *Readings in Philosophy of Psychology* vol.1. Methuen.

_____(1990), "Can the mind change the world?" in: *Meaning and Method: Essays In Honor Of Hilary Putnam*, Cambridge University Press.

_____(1995/2007), "On a confusion about the function of consciousness" *Behavioral and Brain Sciences* 18 rp. in : Block, N. *Consciousness, Function, and Representation*, The MIT Press.

Block, N., Flanagan, O., & Güzeldere, G.(eds)(1997), *The Nature of Consciousness: Philosophical Debates*, The MIT Press.

Brand, M.(1984), *Intending and Acting*, The MIT Press.

Burge, T.(1993) "Mind–body causation and explanatory practice" in : eds. John Heil & Alfred Mele, *Mental Causation*, Oxford University Press.

Campbell, K.(1990), *Abstract Particulars*, Basil Blackwell.

Carnap, R.(1955/1991) "Logical Foundations of the Unity of Science" rp. in: eds. R. Boyd, P. Gasper, and J. D. Trout, *The Philosophy of Science*, The MIT Press.

Cartwright, N.(1983), *How The Laws of Physics Lie*, Oxford University Press.

Chalmers, D. J.(1995/2007A), "Naturalistic dualism" rp. in : eds. Max Velmans & Susan Schneider, *The Blackwell Companion to Consciousness* , Blackwell Publishing(2007).

_____(1995/2007B), "The hard problem of consciousness" rp. in : eds. Max Velmans & Susan Schneider, *The Blackwell Companion to Consciousness*, Blackwell Publishing(2007).

Churchland, Paul(1979), *Scientific realism and the plasticity of mind*, Cambridge University Press.

_____(1981/1989), "Eliminative materialism and the Propositional Attitudes" rp. in : Churchland(1989).

_____(1985/1989), "Conceptual Progress and Word–World Relations: In Search of the Essence of Natural Kinds" rp. in : Churchland(1989).

_____(1988/1992), *Matter and Consciousness: A Contemporary Introduction to the Philosophy of Mind*(2nd edition), The MIT Press., (석봉래 옮김, 『물질과 의식: 현대심리철학입문』, 서광사, 1992).

_____(1989), *A Neurocomputational Perspective*, The MIT Press.

Churchland, Patricia S.(1980), "A Perspectiveon Mind–Brain Research" in : *The Journal of Philosophy* vol. 77 no. 4.

_____(1989), *Neurophilosophy : Toward a Unified Science of the Mind-Brain*, The MIT Press.

_____(1994), "Can Neurobiology Teach Us Anything About Consciousness?" in : *Proceedings and Addresses of the American Philosophical Association*, 67:4.

Crisp, T. & Warfield, F.(2001), "Kim's Master Argument" forthcoming in : *Nous* 35 no. 2 (2001. 6)

Davidson, D.(1963/1980), "Actions, Reasons and Causes" rp. in : Davidson(1980).

_____(1969/1980), "The Individuation of Events" rp. in : Davidson(1980).

_____(1970/1980), "Mental Events" rp. in : Davidson(1980).

_____(1971/1980), "Agency" rp. in : Davidson(1980).

_____(1973A/1980), "Freedom to Act" rp. in : Davidson(1980).

_____(1973B/1980), "The Material Mind" rp. in : Davidson(1980).

_____(1974/1980), "Psychology as Philosophy" rp. in : Davidson(1980).

_____(1975/1991), "Thought and Talk" rp. in : Rosenthal(ed.)(1991).

_____(1976/1980), "Hempel on Explaining Action" rp. in : Davidson(1980).

_____(1980), *Essays on Actions and Events*, Oxford university Press.

_____(1985), "Replies to Essays X–XII" in : eds. Vermazen & Hintikka(1985).

_____(1987), "Problems in the Explanation of Action" in : eds. Pettit, Sylvan & Norman, *Metaphysics and Morality*, Basil Blackwell.

_____(1993), "Thinking Causes" in : Heil & Mele(eds.)(1993)

Dennett, D.(1988/1990), "Quining Qualia" rp. in : ed. W. Lycan, *Mind and Cognition*, The MIT Press(1990).

_____(1991), *Consciousness Explained*, Little, Brown & Company.

Devitt, M.(1991), *Realism & Truth(2nd edition)*, Blackwell.

Dretske, F.(1977), "Laws of Nature" in : *Philosophy of Science* 44.

Dupré, J.(1993), *The Disorder of Things*, Harvard University Press.

Fales(1993), "Are Causal Laws Contingent?", eds. Bacon, Campbell & Reinhardt, *Ontology, Causality and Mind : Essays in Honour of D. M. Armstrong*, Cambridge University Press.

Feyerabend, P.(1963), "Mental Events and the Brain" rp. in: Rosenthal(ed.)(1991).

Flanagan, O. J.(1992), *Consciousness Reconsidered*, The MIT Press.

Fodor, J.(1974), "Special Sciences, or The Disunity of Science as a Working Hypothesis" rp. in : Block, N.(ed.)(1980).

_____(1975), *The Language of Thought*, Harvard University Press.

_____(1978/1981), "Propositional Attitudes" rp. in : Fodor(1981A).

_____(1981A), *Representation*. The MIT Press.

_____(1981B), "The Mind–Body Problem" in : *Scientific American* vol. 244.

_____(1985/1990), "Fodor's Guide to Mental Representation" rp. in : Fodor(1990B).

_____(1987), *Psychosemantics*, The MIT Press.

_____(1989/1990), "Making Mind Matter More" rp. in : Fodor(1990B).

_____(1990A), "A Theory of Content, II: The Theory" rp. in : Fodor(1990B).

_____(1990B), *A Theory of Content and Other Essays*, The MIT Press.

_____(1994), "Fodor, Jerry A." in : ed. Samuel Guttenplan, *A Companion to the Philosophy of Mind*, Blackwell.

Gozzano, Simone and Orilia, Francesco(eds.)(2008), *Tropes, Universals and the Philosophy of Mind: Essays at the Boundary of Ontology and Philosophical Psychology*, Ontos Verlag.

Gracia, Jorge, J. E.(ed.)(1994/2003), *Individuation in Scholasticism*, State University of New York Press.,(이재룡, 이재경 옮김, 『스콜라철학에서의 개체화』 가톨릭출판사, 2003).

Hacking, I.(1983), *REPRESENTING AND INTERVENING: INTRODUCTORY TOPICS IN THE PHILOSOPHY OF NATURAL SCIENCE* (Cambridge University Press)

Hanson, N. R. (1958), *Patterns of Discovery* (Cambridge University Press)

Heisenberg, W.(1958/1985), *Physics and Philosophy*., (최종덕 옮김, 『철학과 물리학의 만남』, 한겨레, 1985).

Hempel, C.(1935), "The Logical Analysis of Psychology" rp. in : Block, N.(ed.) (1980).

_____(1988), "Proviso:A Problem Concerning the Inferential Function of Scientific Theories" in : eds. A. Grünbaum & W. C. Salmon, *The Limitation of Deductivism*, University of California Press.

Heil, J. (2003), *from an Ontological Point of View*, Oxford University Press.

Heil, J. & Mele, A.(eds)(1993), *Mental Causation*, Oxford university Press.

Heil, J. & Robb, D. (2003) "Mental Properties" in *American Philosophical Quarterly* Vol. 40, No. 3, Jul., University of Pittsburgh, Department of Philosophy.

Honderich, T.(1982), "The Argument for Anomalous Monism" in : *Analysis* 42.

Horgan, T.(1981), "Token Physicalism, Supervenience, and The Generality of Physics" in : *Synthese* 49.

_____(1989), "Mental Quausation" in : *Philosophical Perspectives* 3

Horgan, T. & Woodward, J.(1985/1990) "Folk Psychology is Here to Stay" rp. in : ed. W. Lycan, *Mind and Cognition*, Basil Blackwell(1990).

Jackson, F.(1982/1990), "Epiphenomenal Qualia" rp. in : ed. W. Lycan, *Mind and Cognition*, Basil Blackwell(1990).

_____(1986/1991), "What Mary Didn't Know" rp. in : Rosenthal(ed.)(1991).

Johnson-Laird, P.(1988/1991) *THE COMPUTER AND THE MIND* (이정모·조혜자

옮김, 『컴퓨터와 마음』, 민음사, 1991)

Kim, J.(1966/1987), "On the Psycho-Physical Identity Theory" rp. in : ed. David M. Rosenthal, *MATERIALISM AND THE MIND-BODY PROBLEM,* Hackett Publishing Company, Inc.,(1987).

_____(1969), "Events and Their Descriptions: Some Considerations" in : *Essays in Honor of Carl G. Hempel,* D. Reidel Publishing Company.

_____(1972), "Phenomenal Properties, Psychophysical Laws, and the Identity Theory" in : *Monist* 56, Hegeler Institute.

_____(1973/1993), "Causation, Nomic Subsumption and the Concept of Event" rp. in : *Supervenience and Mind,* Cambridge University Press(1993).

_____(1976/1993), "Events as Property Exemplications" rp. in : *Supervenience and Mind* (Cambridge University Press, 1993),

_____(1984A), "Concepts of Supervenience" in : *Philosophy and Phenomenological Research* 45(1984).

_____(1984B), "Epiphenomenal and Supervenient Causation" in : P.A. French et al (eds.) *Causation and Causal Theories, Midwest Studies in Philosophy vol. 9.* (1984).

_____(1984C), "Self-Understanding and Rationalizing Explanations" in : *PHILOSOPHIA NATURALIS 21.*

_____(1985), "Psychophysical Laws" in : ed. LePore and McLaughlin, *Actions and Events : Perspectives on the Philosophy of Donald Davidson,* Basil Blackwell.

_____(1986), "Possible Worlds and Armstrong's Combinatorialism" in : *Canadian Journal of Philosophy* 16.

_____(1987), "'Strong' and 'Global' Supervenience Revisited" in : *Philosophy and Phenomenological Research* 48.

_____(1988), "Explanatory Realism, Causal Realism, and Explanatory Exclusion" in : eds. Peter French et al., *Realism and Antirealism(Midwest Studies in Philosophy X II),* university of Minnesota Press.

_____(1989A), "Mechanism, Purpose, and Explanatory Exclusion" in : *Philosophical perspectives 3*.

_____(1989B), "The Myth of Nonreductive Materialism" in : *Proceedings and Addresses of the American Philosophical Association*.

_____(1990A), "Explanatory Exclusion and the Problem of Mental Causation" in : ed. E. Villanueva, *Information, Semantics & Epistemology*, Basil Blackwell.

_____(1990B), "Supervenience as a Philosophical Concept" in : *Metaphilosophy 21*.

_____(1992A) "'Downward Causation' in Emergentism and Nonreductive Physicalism" *in :* eds. Ansgar Beckermann, Hans Flohr, & Jaegwon Kim, *Emergence or Reduction?*, Walter de Gruyter.

_____(1992B), "Multiple Realization and the Metaphysics of Reduction" in : *Philosophy and Phenomenalogical Research* 1992. 3.

_____(1993A), "Can Supervenience and "Nonsrtict Laws" save Anomalous Monism?" in : Heil & Mele(eds.)(1993)

_____(1993B), "Mental Causation in a Physical World" in : ed. E. Villanueva, *Science and Knowledge: Philosophical Issues 3*, Ridgeview Publishing Company.

_____(1993C), "Postscripts on mental causation" in : *Supervenience and Mind*, Cambridge University Press.

_____(1993D), "Postscripts on supervenience" in : *Supervenience and Mind*, Cambridge University Press.

_____(1994), "Explanatory Knowledge and Metaphysical Dependence" in : ed. E. Villanueva, *Truth and Rationality: Philosophical Issues 5*, Ridgeview Publishing Company.

_____(1996/1997), *Philosophy of Mind*, Westview press.(하종호, 김선희 옮김, 『심리철학』, 철학과현실사, 1997).

_____(1998), *Mind in a Physical World*, the MIT press.

_____(1999A) "Making Sense of Emergence" in *Philosophical Studies* 95.

_____(1999B), "Hempel, Explanation, Metaphysics" in ： *Philosophical Studies* 94： pp. 1-20.

_____(2003), "The American Origins of Philosophical Naturalism" in ： *Journal of Philosophical Research* APA Centennial Volume, 2003.

_____(2005), *Physicalism, or Something Near Enough*, Princeton University Press.

Kim, Young-Jung(1985), *No Event Theory of Events*, Brown University.

Kitcher, P.(1984), "In Defense of Intentional Psychology" in ： *Journal of Philosophy* 81.

Kripke(1971/1980/1989) *Naming and Necessity*, rp. by Harvard university Press, 1980., (정대현, 김영주 옮김, 『이름과 필연』, 서광사, 1989).

Lee, Jong-Wang(2000), *Events, Functional Reductionism, and Mental Causation: An Examination of Kim's Theory*, University of Nebraska - Lincoln.

LePore, E. & Loewer, B.(1989), "More on Making Mind Matter" in ： *Philosophical Topics* 17.

Levine, J.(1983), "Materialism and qualia: The explanatory gap" in ： *Pacific Philosophical Quarterly* 64.

_____(1993), "On leaving out what it's like", in ： eds. M. Davies and G. Humphreys, *Consciousness: Psychological and Philosophical Essays*, Blackwell.

Lewis, D.(1972/1980), "Psychophysical and Theoretical Identifications" rp. in ： ed. Block, N.(1980).

Lewis, H.(1985), "Is the Mental Supervenient on the Physical?" in ： Vermazen & Hintikka(eds.)(1985)

Lycan, W.(1981/1982), "Psychological Laws" rp. in ： ed. Biro and Shahan, *Mind, Brain, and Function*, University of Oklahoma Press.

McGinn, C.(1989/1991), "Can We Solve the Mind-Body Problem?" rp. in ： *The Problem of Consciousness*, Blackwell(1991).

McLaughlin, B.(1989), "Type Epiphenomenalism, Type Dualism, and the Causal

Priority of the Physical" in : *Philosophical Perspectives* 3.

Nagel, T.(1974), "What Is Like to Be a Bat?" rp. in : Block, N.(ed.)(1980).

Neurath, O.(1932/1959) "Protocol Sentences" trans. G. Shick, rp. in :ed. A. J. Ayer, *Logical Positivism*, The Free Press(1959).

Noordhof, Paul (1998), "Do Tropes Resolve the Problem of Mental Causation?", in *The Philosophical Quarterly* Vol. 48, No. 191, Apr., 1998.

Pereboom, D. & Kornblith, H.(1991), "The Metaphysics of Irreduciblity" in: *Philosophical Studies* 63.

Place, U.T.(1956/1990) "Is consciousness a brain process?" rp. in : ed. W. Lycan, *Mind and Cognition*, Blackwell(1990).

Putnam, H.(1967), "The Nature of Mental States" rp. in : Block, N.(ed.)(1980)

_____(1973), "Philosophy and Our Mental Life" rp. in : Block, N.(ed.)(1980)

_____(1981), *Reason, Truth and History*, Cambridge university Press.

_____(1988), *Representation and Reality*, the MIT Press.

Quine, W. V. O.(1948/1953), "On What There Is" rp. in : *From a Logical Point of View*, Harper & Row(1953).

_____(1992), *Pursuit of Truth*(revised edition), Harvard University Press.

Robb, David(1997), "The Properties of Mental Causation", in *The Philosophical Quarterly* Vol. 47, No. 187, Apr., 1997.

_____(2001), "Reply to Noordhof on Mental Causation", in *The Philosophical Quarterly* January 2001 − Volume 51 Issue 202.

Rorty, R.(1965/1970), "Mind-body identity, privacy and categories" rp. in : ed. C.V. Borst, *The Mind/Brain Identity Theory*, MACMILLAN(1970)

_____(1987/1991), "Nonreductive Physicalism" rp. in : *Objectivity, relativism and truth*, Cambridge University Press(1991).

Rosenthal, D.(ed)(1991), *The Nature of Mind*, Oxford university Press.

Ryle, G.(1949), *The Concept of Mind*, Hutchinson and Co.

Scriven, M.(1975), "Causation as Explanation" in : *Noûs* 9, No. 1(1975. 3).

Schiffer, S.(1987), *Remnants of Meaning*, The MIT Press.

_____(1990) "Physicalism" in : *Philosophical Perspectives* 4.

Searle, J.(1984), *Minds, Brains, and Science,* Harvard university Press.

_____(1992), *The Rediscovery of the Mind,* The MIT Press.

Smart, J.J.C.(1959/1991), "Sensations and Brain Processes" rp. in : ed. David M. Rosenthal, *The Nature of Mind,* Oxford university Press(1991).

_____(1987), "Replies" in : eds. Pettit, Sylvan & Norman, *Metaphysics and Morality,* Basil Blackwell.

Sosa, E.(1984), "Mind–Body Interaction and Supervenient Causation" in : eds. French, P., Uehling, Jr., T. & Wettstein, H., *Midwest Studies in Philosophy 9 : Causation and Causal Theories,* University of Minnesota Press.

Sosa, E. & Tooley, M.(eds.)(1993), *Causation,* Oxford university Press.

Stich, S.(1983), *From Folk Psychology to Cognitive Science,* The MIT Press.

Stoutland, F.(1980), "Oblique Causation and Reasons for Action" in: *Synthese* 43.

Suppes, P.(1974), *The Structure of scientific theories,* University of Illinois Press.

Tooley, M.(1977), "The Nature of Laws" in : *Canadian Journal of Philosophy* 7.

_____(1987), *Causation,* Oxford university Press.

van Gulick, R.(1993) "Who's in charge here? And who's doing all the work?" in : eds. J. Heil & A. Mele, *Mental Causation,* Oxford University Press.

Vermazen, B. & Hintikka, M.(eds.)(1985), *Essays on Davidson,* Oxford university Press.

Von Wright, G.(1971), *Explanation and Understanding,* Cornell university Press.

Weinert, F.(ed)(1995), *Laws of Nature: Essays on the Philosophical, Scientific and Historical Dimensions,* Walter de Gruyter.

Wilson, Edward O.(1998), *Consilience,* Random House.

ㄱ

가능 세계 066, 071, 074, 387
감각질 051, 211, 215, 288, 310, 319, 323, 358
개별자 026, 030, 038, 043, 058, 061, 074, 078, 089, 098, 099, 113, 117, 121, 131, 136, 146, 160, 164, 187, 199, 213, 221, 230, 232, 236, 245, 248, 258, 262, 270, 297, 302, 310, 315, 340, 346, 350, 362, 365, 370, 371, 372, 373, 374, 375, 376, 377, 390, 400, 408
개별자 동일론 038, 046, 047, 113, 117, 213, 221, 270
개별자 물리주의 038, 047, 117, 315
개별자 존재론 063, 079, 146
객관성 134, 302, 305, 317, 324, 333, 335, 342, 367
경험론 064, 071, 072, 073, 076, 081, 343, 353, 362, 387
경험적 실재론 065, 067, 069, 071, 073, 078, 083, 091, 098, 107, 182, 185, 204, 208, 210, 218, 245, 286, 287, 355
계층적 세계관 226
과학적 실재론 066, 068, 071, 185, 246, 349, 398
과학주의 130, 142, 150, 303,
국지적 환원 205, 208, 211, 266, 268
규칙성 이론 070, 075, 078, 298, 387
기능적 환원 034, 049, 117, 151, 201, 211, 221, 222, 224, 226, 228, 232, 234, 241, 243, 255, 258, 260, 263, 265, 267, 270, 294, 317, 322, 323, 326, 356, 365
기능적 환원주의 012, 034, 049, 117, 151, 201-2, 211, 221-8, 232, 234, 241-3, 255, 258-60, 263-70, 294, 317, 322-3, 326, 356-7, 365
기능주의 037-8, 046, 049-51, 093, 104n, 116n, 123, 164, 194, 200, 202, 211, 233, 240-4, 249, 252-4, 271, 282, 293-4, 296, 306, 313, 315, 317, 328-9, 361
기술 이론 350

김광수 007, 054, 085, 125, 136, 138, 142
김선희 028, 236, 327
김영정 235, 255, 363, 368
김재권(Jaegwon Kim) 007, 008, 026,
　　034, 047, 049, 050, 054, 058, 060,
　　067, 069, 086, 101, 103, 108, 120,
　　127, 134, 135, 137, 139, 141, 146,
　　148, 151, 153, 156, 159, 161, 163,
　　168, 176, 189, 193, 194, 198, 199,
　　200, 201, 207, 209, 211, 215, 217,
　　222, 223, 224, 231, 232, 233, 238,
　　239, 240, 250, 251, 261, 262, 269,
　　270, 272, 274, 285, 292, 293, 294,
　　318, 319, 320, 322, 323, 324, 330,
　　356, 357, 367, 370, 392
김희정 083, 299, 379

ㄴ

네이글(Ernest Nagel) 223, 242
네이글(Thomas Nagel) 313, 327
노이라트의 배 028
논리실증주의 032, 039, 064, 077, 081,
　　150, 237, 238, 250, 251, 275, 278,
　　279, 283, 284, 286, 291, 297, 344,
　　355
뉴턴 155, 302, 321, 343

ㄷ

다원주의 153, 157, 159, 160, 405
단순체 340, 371, 373, 376, 378, 386,
　　387, 395, 406
단자 063, 090, 340, 371, 373, 378, 380,

383, 384, 386, 387
대응설 084, 326, 348
데이비슨(Donald Davidson) 026, 030,
　　035, 036, 038, 039, 041, 042, 045,
　　046, 047, 050, 051, 052, 058, 060,
　　080, 087, 093, 096, 099, 102, 103,
　　119, 121, 123, 128, 132, 139, 146,
　　159, 161, 163, 164, 166, 168, 176,
　　182, 183, 187, 188, 189, 196, 198,
　　199, 202, 203, 209, 215, 230, 235,
　　255, 262, 272, 281, 296, 302, 356,
　　365, 366, 369, 370, 372, 374, 375,
　　381, 382, 383, 385, 390, 391, 392,
　　393, 394, 398
데카르트(René Descartes) 019, 020, 022,
　　027, 029, 031, 032, 036, 037, 046,
　　047, 059, 077, 081, 082, 093, 124,
　　131, 136, 137, 142, 143, 145, 154,
　　155, 157, 219, 220, 274, 289, 295,
　　298, 299, 306, 308, 311, 315, 321,
　　322, 327, 328, 330, 332, 335, 345,
　　346, 352, 353, 354, 356, 359, 360,
　　363, 367, 373, 396, 400, 403
데카르트식 심신관(개념), 데카르트식 구도
　　027, 143, 220, 289, 299, 335, 367
데카르트식 이원론 047, 142, 143, 145,
　　308, 328, 330, 361
동일성/정체성(identity) 044, 045, 046,
　　049, 050, 060, 063, 064, 079, 081,
　　084, 089, 090, 091, 092, 095, 099,
　　110, 113, 117, 188, 211, 213, 215,
　　217, 224, 225, 230, 231, 232, 233,
　　235, 236, 237, 238, 239, 240, 241,
　　243, 244, 247, 248, 252, 253, 254,

258, 259, 262, 266, 268, 269, 274,
282, 286, 287, 288, 291, 292, 293,
294, 296, 298, 299, 306, 310, 315,
326, 331, 339, 346, 357, 363, 367,
371, 372, 373, 375, 376, 377, 378,
379, 382, 383, 384, 385, 391, 405

ㄹ

라이프니츠 063, 090, 288, 289, 291,
298, 340, 353, 371, 372, 373, 378,
380, 383, 384, 386, 387
라이프니츠 법칙 288, 289, 291, 298
라일(Gilbert Ryle) 252, 355
러셀(Bertrand Russell) 350
레바인(Joseph Levine) 310, 319, 320,
328, 329, 330, 358

ㅁ

마이농의 스캔들 152, 227, 300
맥긴(Colin McGinn) 327
맥락 019, 117, 149, 150, 179, 192, 207,
219, 243, 249, 251, 274, 281, 282,
287, 298, 299, 328, 329, 340, 343,
356, 358, 362, 367, 384, 397
명제 태도 119, 133, 170, 175, 177, 178,
179, 214, 215
문화상대주의 345
물리적 폐쇄 원칙 024, 045, 052, 085,
088, 094, 121, 127, 159, 222, 232,
248, 264, 307, 322, 370, 393, 394
물리주의 011-3, 027-9, 031n, 043n,
059-60, 064-6, 069, 074, 080n,

103n, 113, 115n, 124n, 146n, 183,
186, 188-90, 193, 196-200, 202-
4, 209, 213-5, 219-22, 225-7,
237-40, 246-50, 258n, 282, 284n,
292, 295n, 302-4, 305n, 313n,
318n, 322n, 327n, 337, 340, 349,
353n, 358n, 367, 369-70, 389,
392-5, 398, 400, 402

ㅂ

박우석 376
박준호 179
방법론 017, 039, 040, 041, 140, 141,
145, 150, 152, 153, 180, 181, 183,
190, 191, 192, 194, 195, 196, 197,
198, 275, 315, 328, 389, 399, 404
배제 논변 135, 147, 148, 153, 154, 159,
161, 226, 227, 236, 247, 257, 259,
260, 261, 319, 324, 361, 362, 365,
367, 369
범주 오류론 252
법칙 실재론 068, 071, 078, 107, 246,
247
베이커(Lynne Rudder Baker) 115, 169n,
195
보편자 009, 011-3, 026n, 028, 029, 030,
031n, 046-9, 052-4, 057n, 058,
060, 064, 069, 070n, 071, 073, 077,
080n, 082, 085, 087n, 089, 091,
092, 101, 102, 103, 104n, 114-
7, 119n, 121, 122, 123, 124-5,
131, 135-6, 138-40, 146n, 160-
1, 164-5, 168, 177-8, 179n, 180,

187, 192-4, 199-201, 202n, 212,
217, 219, 221, 223n, 233, 234, 236,
240, 244, 245, 247, 249, 252, 254,
259n, 270, 273-4, 279n, 283n,
287, 291, 296, 298, 300-2, 307,
320n, 333, 337, 339, 342, 349,
352n, 354, 355, 358n, 368n, 369,
373, 375n, 376, 377, 378, 381n,
385, 387, 389-90, 392-4, 398n,
400, 403, 408
본래적 080, 224, 243, 254, 323, 358,
359, 386, 397
본질주의 187, 245, 246, 271, 408
부수 현상(론) 050, 051, 053, 054, 087,
094, 102, 114, 122, 137, 138, 144,
145, 147, 148, 152, 154, 164, 166,
167, 182, 185, 186, 193, 197, 198,
216, 222, 226, 237, 247, 258, 260,
263, 265, 307, 308, 311, 314, 319,
322, 324, 325, 330, 359, 369, 370,
391, 392, 400
불가통약성 149, 155, 156, 177, 281
비환원적 물리주의 028, 032, 035, 038,
046, 047, 048, 049, 051, 054, 060,
069, 086, 087, 092, 093, 103, 107,
109, 113, 118, 120, 124, 134, 135,
137, 139, 146, 151, 154, 156, 159,
163, 164, 167, 183, 186, 189, 190,
193, 196, 197, 198, 199, 200, 213,
214, 219, 220, 221, 222, 226, 227,
236, 238, 240, 247, 249, 258, 260,
261, 270, 282, 284, 286, 295, 296,
318, 320, 329, 330, 353, 354, 356,
360, 362, 367, 369, 394, 402

비환원적 유물론의 신화 046, 051, 053,
087, 092, 120, 165, 193, 209, 258,
319, 324, 369

ㅅ

사건 024, 026, 030, 036, 038, 042, 046,
052, 059, 067, 087, 099, 100, 103,
111, 116, 117, 135, 164, 187, 189,
203, 207, 213, 215, 216, 222, 226,
229, 230, 233, 235, 236, 237, 238,
240, 241, 244, 246, 248, 254, 259,
261, 262, 270, 274, 307, 335, 368,
370, 375, 381, 384, 386, 390, 391,
392, 398
사례화 042, 052, 065, 066, 068, 074,
083, 084, 096, 117, 245, 248
4차원 개별자(론) 030, 058, 069, 121,
131, 136, 146, 160, 199, 302, 340,
346, 351, 362, 365, 367, 368, 370,
377, 384, 387, 391, 392, 397, 400,
405, 406, 407, 408
사태 019, 066, 067, 075, 226, 244, 245,
246, 248, 337
사회과학 016, 018, 035, 039, 140, 141,
145, 155, 276, 303, 345, 396
상호주관성 346
서술(description) 036, 042, 044, 045,
052, 068, 079, 090, 091, 094, 097,
100, 116, 121, 123, 147, 164, 185,
188, 215, 232, 244, 247, 248, 255,
258, 262, 265, 267, 273, 274, 279,
280, 283, 294, 295, 296, 297, 298,
310, 340, 348, 357, 360, 361, 362,

368, 371, 375, 381, 382, 383, 388,
389, 390, 391, 392, 393, 394, 395,
398, 403
선언 속성 206, 208-11, 217, 267
설명 실재론 069, 237, 247
소광희 347
소흥렬 125, 135n
속성 유명론 302, 365
속성 이원론 047, 054, 081, 093, 104,
105, 119, 122, 124, 125, 135, 136,
139, 140, 160, 183, 194, 199, 240,
258, 295, 320, 324, 354, 356, 365,
369, 389, 390, 394
수반 논변 159, 222, 260, 261, 319
수반 인과 100, 215, 216, 217
스마트(J. J. C. Smart) 199, 239, 249,
252, 254, 287, 290n, 357, 365
스티치(Stephen P. Stich) 193, 194
신경과학 275, 303, 306, 310, 319, 320
실재론 026, 028, 029, 030, 052, 053,
057, 065, 071, 073, 080, 082, 086,
089, 090, 091, 094, 098, 099, 109,
114, 115, 118, 120, 121, 122, 123,
135, 136, 150, 153, 160, 161, 164,
168, 177, 178, 179, 186, 194, 202,
210, 217, 225, 228, 232, 233, 234,
239, 244, 249, 252, 254, 257, 259,
268, 270, 280, 281, 285, 286, 287,
291, 292, 296, 298, 300, 301, 302,
311, 326, 347, 348, 349, 351, 353,
354, 355, 357, 358, 360, 362, 365,
368, 369, 370, 372, 373, 376, 377,
378, 380, 385, 387, 389, 393, 395,
398, 400, 403, 408
실체 019, 022, 027, 031, 037, 046, 059,
077, 081, 082, 092, 093, 124, 131,
138, 143, 153, 159, 195, 219, 230,
231, 232, 236, 246, 250, 262, 264,
265, 274, 279, 285, 286, 308, 315,
330, 332, 333, 337, 338, 339, 340,
352, 353, 354, 356, 357, 358, 359,
360, 361, 363, 364, 373, 374, 375,
376, 377, 378, 379, 380, 381, 384,
387, 398, 399, 400, 407
심리학 017, 018, 020, 021, 028, 032,
033, 035, 037, 039, 040, 048, 050,
058, 081, 106, 118, 121, 122, 123,
155, 163, 170, 174, 175, 177, 179,
180, 182, 184, 186, 190, 199, 205,
208, 210, 211, 215, 217, 250, 276,
277, 278, 284, 285, 303, 305, 308,
331, 333, 344, 365
심리학의 과학성 033, 058, 081, 106n,
285
심신 동일론 032, 034, 036, 037, 046,
082, 199, 202, 221, 222, 223, 228,
231, 234, 238, 239, 240, 249, 250,
251, 252, 253, 254, 259, 260, 264,
268, 279, 284, 285, 286, 288, 289,
290, 291, 295, 296, 298, 308, 354,
357, 365
심신 상관관계 240, 242
심신 유명론 026, 030, 035, 058, 069,
131, 136, 146, 159, 160, 161, 199,
295, 302, 304, 351, 357, 361, 362,
365, 368, 370, 371, 373, 381, 382,
383, 385, 389, 390, 392, 393, 398,
399, 400, 401, 402, 403

써얼(John R. Searle) 327n, 338

ㅇ

아리스토텔레스 028, 040, 252, 353, 363, 377
알렉산더의 논제 225, 236, 257, 259, 261, 293
암스트롱(David M. Armstrong) 034, 058, 062, 064, 065, 067, 068, 069, 070, 076, 082, 086, 089, 091, 098, 178, 185, 187, 200, 202, 208, 214, 219, 226, 232, 234, 236, 239, 244, 245, 246, 247, 248, 249, 250, 256, 257, 258, 259, 260, 286, 287, 292, 293, 294, 319, 323, 355, 377, 385, 398, 408
어려운 문제 015, 020, 128, 270, 318, 320, 321, 327, 328, 329, 346, 356, 358
언어적 전환 069, 251, 286, 297, 345, 346, 393, 395, 396, 397
언어적 환원 012, 274n, 292n, 300
오창희 140, 141
오컴의 면도날 298
외재적 227, 243, 271, 386, 389
유명론 026, 030, 035, 058, 063, 064, 066, 078, 079, 080, 089, 091, 094, 098, 099, 102, 103, 104, 108, 114, 122, 131, 136, 146, 159, 160, 161, 163, 164, 166, 181, 182, 187, 188, 190, 191, 192, 194, 218, 219, 220, 221, 295, 298, 302, 304, 350, 351, 356, 357, 361, 362, 365, 366, 367,

368, 369, 370, 373, 375, 376, 377, 378, 379, 380, 381, 382, 383, 384, 385, 387, 389, 390, 392, 393, 394, 398, 399, 400, 401, 402, 403, 404, 406
유한성/무한성 364, 374, 375, 388, 399
유형 동일론 046, 047, 113, 117
의도적 행위 203, 229
이론-의존(theory-laden) 302
이명현 006, 007, 039, 215
이분법 036, 047, 155, 157, 219, 220, 322, 328, 330, 332, 339, 340, 342, 345, 346, 356, 396, 400, 407
이상욱 389
이원론 023, 024, 025, 026, 027, 031, 032, 037, 039, 040, 046, 047, 049, 051, 053, 054, 059, 081, 093, 104, 105, 119, 121, 122, 124, 125, 131, 135, 136, 138, 139, 140, 141, 142, 143, 145, 153, 154, 160, 167, 183, 190, 193, 194, 199, 219, 240, 258, 279, 295, 300, 308, 315, 318, 320, 321, 322, 324, 328, 330, 332, 337, 338, 341, 342, 353, 354, 356, 359, 360, 361, 365, 369, 389, 390, 393, 394
이종왕 255n
이좌용 065, 071, 083, 085
인간중심주의 315, 340, 341, 400, 401
인과 실재론 068, 069, 236, 237, 246, 247
인과적 역할 033, 034, 052, 067, 092, 097, 098, 102, 185, 186, 203, 225, 232, 236, 237, 243, 244, 253, 254,

259, 260, 265, 267, 268, 269, 293,
316, 317
인과적 효력 033, 034, 060, 068, 069,
070, 075, 083, 084, 092, 094, 097,
098, 100, 101, 107, 108, 109, 114,
119, 121, 122, 147, 164, 185, 186,
188, 193, 203, 204, 208, 210, 211,
225, 226, 236, 237, 245, 246, 248,
249, 252, 257, 261, 262, 268, 270,
293, 307, 392
인지과학 017, 018, 037, 048, 049, 050,
119, 120, 122, 123, 229, 275, 276,
282, 303, 306, 307, 319, 320
인지적 자살 115, 167, 168, 169, 170,
171, 175, 176, 177, 178, 179, 195
인지주의 037
일반화 논변 146, 147, 148, 151, 152,
153, 154, 158, 160, 226, 227, 228,
231, 260, 265, 266, 301, 340, 342

ㅈ

자아 019, 020, 021, 306, 335, 337, 339,
343, 345, 346, 359
자연과학 017, 018, 022, 031, 035, 039,
059, 072, 073, 074, 075, 108, 140,
141, 218, 275, 276, 303, 324, 343,
394, 396
자연법칙 058, 068, 070, 071, 072, 073,
074, 075, 076, 077, 078, 084, 085,
187, 223, 245, 246, 247, 248, 254,
294, 375, 385, 387, 388
자연주의 058, 065, 066, 067, 071, 073,
086, 135, 136, 138, 155, 246, 247,

248, 320, 321, 322, 330, 400
자유 (/결정론) 017, 048, 125, 126, 127,
128, 130, 132, 202, 203, 207, 210,
358
잭슨(Frank Jackson) 012, 289, 309n,
318-20, 328-30, 339
전체론 136, 137, 138, 149, 155, 263,
386, 389
정대현 007, 240, 398
정신 실재론 026, 052, 053, 059, 060,
082, 092, 093, 094, 100, 101, 102,
104, 105, 106, 108, 109, 115, 118,
120, 121, 122, 123, 164, 165, 167,
189, 202, 203, 204, 206, 209, 210,
211, 212, 213, 215, 217, 218, 219,
220, 221, 225, 239, 258, 268, 292,
326, 349, 354, 362
정신 인과 018, 020, 023, 024, 025, 026,
027, 028, 029, 031, 033, 034, 045,
046, 049, 050, 051, 054, 057, 058,
059, 060, 061, 069, 081, 082, 085,
086, 088, 092, 095, 101, 102, 108,
119, 121, 131, 134, 147, 152, 160,
176, 183, 190, 192, 202, 209, 215,
216, 217, 219, 225, 233, 234, 236,
237, 238, 247, 248, 249, 256, 259,
270, 271, 272, 277, 286, 295, 296,
297, 298, 300, 304, 307, 308, 314,
317, 318, 319, 323, 326, 329, 330,
337, 352, 356, 357, 359, 361, 365,
366, 367, 369, 370, 373, 389, 390,
398, 400
제2성질 301
제거주의 028, 029, 030, 032, 033, 035,

051, 052, 053, 069, 092, 099, 102,
103, 108, 111, 115, 122, 123, 133,
134, 139, 144, 148, 157, 158, 159,
161, 163, 168, 170, 175, 182, 188,
200, 209, 210, 212, 215, 221, 222,
240, 258, 268, 282, 284, 285, 295,
301, 302, 304, 308, 311, 318, 326,
329, 333, 354, 357, 360, 365, 366,
370, 373, 392, 394, 398, 400, 401,
402
조건부 법칙(ceteris paribus law) 107,
113, 271
존재론적 경제성 294
존재적 환원 274, 275, 277, 278, 279,
280, 282, 283, 284, 286, 287, 289,
294, 295, 300
종특정 쌍조건 법칙 212
주관성 022, 124, 134, 215, 303, 305,
313, 317, 321, 325, 326, 327, 328,
329, 330, 331, 333, 335, 342, 343,
344, 345, 346, 358, 359
지식 논변 289, 309, 310, 311, 313, 314,
318, 319, 327, 337, 339
지향성 115, 118, 119, 120, 211, 214,
215, 388, 397
지향 심리학 028, 035, 040, 106, 107,
108, 111, 115, 122, 123, 163, 164,
165, 166, 167, 168, 169, 170, 174,
175, 177, 179, 180, 182, 188, 189,
190, 193, 195, 196, 197, 198, 199,
205, 209, 210, 211, 215
진화 심리학 018, 155, 275, 303, 306

ㅊ

차머스(David J. Chalmers) 319-22,
327-9, 333-4, 358-9
창발론 093, 104, 105, 106, 194, 223,
228, 232, 260
처치랜드(Paul M. Churchland/Patricia S.
Churchland) 069, 166, 169, 170,
171, 176, 178, 182, 185, 188, 189
총체적 환원 205, 206, 267
최종(적인) 과학 068, 070, 075, 079, 084,
086, 123, 173, 178, 185, 186, 187,
188, 189, 194, 195, 204, 208, 210,
211, 213, 214, 218, 246, 296, 355
최훈 402
추상적 개별자 026, 063, 298, 376, 378,
380

ㅋ

칸트(Immanuel Kant) 039, 072, 106,
128, 132, 339, 347, 389, 397
컴퓨터 017, 018, 050, 119, 120, 229, 275
콩트(Auguste Comte) 303
콰인(W. V. O. Quine) 195, 219, 350
쿤(Thomas Kuhn) 281, 389

ㅌ

타인의 마음 문제 313
탁석산 071
특권적 접근 021, 331

ㅍ

패러다임 048, 155, 281, 366, 389, 394,
  395, 396
퍼트남(Hilary Putnam) 033, 036, 037,
  049, 065, 083, 204, 348, 406
포더(Jerry A. Fodor) 033, 036, 037, 047,
  049, 050, 058, 068, 069, 093, 104,
  133, 139, 164, 183, 194, 199, 204,
  356
프레게(G. Frege) 273, 274, 279, 280
프로이트(Sigmund Freud) 022, 306
플라톤주의 064, 073, 082, 149, 245,
  246, 249, 257, 408
플레이스(U. T. Place) 199, 239, 249,
  252, 287
필연성 이론 070, 071, 076, 387

ㅎ

하향 인과 160
행위 007, 028, 038, 039, 040, 041, 042,
  043, 048, 050, 099, 100, 101, 106,
  108, 109, 115, 125, 126, 127, 169,
  175, 203, 221, 222, 229, 316, 369,
  407
헴펠(Carl G. Hempel) 039, 040, 041,
  072, 109, 112, 237, 238, 247, 355,
  388
현상학 324, 342, 343, 346, 349, 408
현실계주의 066, 067, 248
환원주의 031n, 046n, 081, 115-8, 120-
  3, 134-6, 146n, 164-5, 199-206,
  213-5, 219, 221-3, 225-7, 238n,
  249-50, 258-61, 265-8, 275-8,
  281-5, 285, 292, 294, 296, 301,
  304, 308, 313, 318, 319, 322, 323,
  326, 327, 329, 332, 355, 356, 357,
  360, 362, 365, 390, 394, 398
회의론 064, 072, 311, 312, 327
흄(David Hume) 064, 071, 072, 077,
  203, 339, 349, 353, 383, 387
흄식 수반 383

백도형

서울대학교 철학과를 졸업하고 동 대학원에서 철학박사 학위를 받았다. 현재는 숭실대학교 철학과 교수로 재직하고 있다. 박사학위 논문을 쓰던 1992년부터 1994년까지, 그리고 연구년 이던 2003년에 심리철학 분야의 세계적인 권위자인 김재권 선생이 재직하는 브라운대학교 철학과에서 방문학자로 연구했다. 석사과정에서는 역사학과 사회과학의 과학철학에 흥미를 갖고 있다가 그 연장선상에서 데이비슨의 행위론을 주제로 석사논문을 썼다. 박사과정에서 심리철학과 형이상학, 특히 심신 문제로 관심을 전환한 이래 지금까지도 연구를 이어 가고 있다. 그리고 심리철학을 연구하면서 보편자와 인과, 자연법칙에 관한 형이상학과 과학철학의 문제로 관심을 확대하여 인간과 자연의 형이상학을 체계화하려고 구상하고 있다. 최근에는 교양교육과 인문교육의 모형을 생각하면서 언어와 문화에 대한 형이상학도 모색하고 있다.

인간과 자연의 형이상학
심신
문제

1판 1쇄 찍음 2014년 6월 20일
1판 1쇄 펴냄 2014년 6월 30일

지은이 | 백도형
펴낸이 | 김정호
펴낸곳 | 아카넷

출판 등록 2000년 1월 24일(제2-3009호)
100-802 서울시 중구 남대문로5가 526번지 대우재단빌딩 16층
전화 | 02-6366-0511
팩스 | 02-6366-0515
책임편집 | 박병규
www.acanet.co.kr

Printed in Seoul, Korea.

ISBN 978-89-5733-370-9 (94130)
ISBN 978-89-5733-226-9 (세트)

이 도서의 국립중앙도서관 출판예정도서목록(CIP)은 서지정보유통지원시스템 홈페이지
(http://seoji.nl.go.kr)와 국가자료공동목록시스템(http://www.nl.go.kr/kolisnet)에서
이용하실 수 있습니다.(CIP제어번호: CIP2014018856)